江苏省集成电路产业发展研究报告

（2016 年度）

Research Report for Development of Integrated
Circuit Industry of Jiangsu Province 2016

江苏省经济和信息化委员会
编
江苏省半导体行业协会

电子工业出版社
Publishing House of Electronics Industry
北京 · BEIJING

内 容 简 介

本书以 2016 年江苏省集成电路产业发展为主线，以产业分类营运为板块，辅以世界和中国半导体产业市场、集成电路产业发展等，在集成电路产业发展规模、市场、产品、技术、产品结构、投资兼并、产业政策环境等方面进行研究、分析、探讨；对江苏省集成电路设计业、晶圆业、封测业、支撑业、分立器件业以及与半导体相关的专用设备业、材料业和太阳能光伏业、多晶硅业进行研究、探讨、分析，并对省内各地集成电路产业发展、主要企业经营状况进行研究、探讨、分析。本书可供各级政府部门、企事业单位作为参考资料，也可供集成电路相关领域的管理者、科技工作者阅读参考。

图书在版编目（CIP）数据

江苏省集成电路产业发展研究报告. 2016 年度 / 江苏省经济和信息化委员会，江苏省半导体行业协会编. —北京：电子工业出版社，2017.8

ISBN 978-7-121-32398-0

Ⅰ. ①江… Ⅱ. ①江… ②江… Ⅲ. ①集成电路－电子工业－产业发展－研究报告－江苏－2016 Ⅳ. ①F426.63

中国版本图书馆 CIP 数据核字（2017）第 185520 号

策划编辑：徐蔷薇

责任编辑：赵　娜　　　文字编辑：徐　烨

印　　刷：三河市鑫金马印装有限公司

装　　订：三河市鑫金马印装有限公司

出版发行：电子工业出版社

　　　　　北京市海淀区万寿路 173 信箱　邮编　100036

开　　本：787×1092　1/16　印张：27　字数：606 千字

版　　次：2017 年 8 月第 1 版

印　　次：2017 年 8 月第 1 次印刷

定　　价：198.00 元

江苏省集成电路产业发展研究报告（2016 年度）

编辑委员会

编辑人员

前　言

2016 年是中国国民经济发展"十三五"规划的开局之年。在国家一系列政策引导和国内市场需求的拉动下，中国集成电路产业得到了快速发展，产业经济指标强劲提升，实现了首年开门红。

江苏省委、省政府高度重视和支持本省集成电路产业的发展，颁发了《省政府关于加快全省集成电路产业发展的意见》，明确提出了全省加快发展集成电路的目标和要求，颁布了一系列支持本省集成电路产业发展的政策，制订了设立产业发展专项资金等各项具体措施。各级地方政府也积极贯彻落实支持集成电路产业发展的相关政策，建立地方集成电路产业发展基金，支持集成电路设计、制造、封测、设备、材料等重大项目的开展，支持产、学、研、用相结合，收到了卓越的成效。

2016 年江苏省集成电路产业销售收入为 1096.81 亿元，同比增长 25.19%，占全国集成电路产业销售收入的 25.30%；集成电路产品产量为 459.97 亿块，同比增长 12.50%，占全国集成电路产品产量的 34.60%；江苏省集成电路支撑业销售收入为 377.37 亿元，同比增长 6.73%。江苏省集成电路产业取得了可喜的成绩。

为认真总结江苏省集成电路产业在 2016 年取得的成绩，寻找与国内外同业先进水平的差距，剖析不足与薄弱环节，更好地贯彻落实"十三五"规划的各项目标任务，进一步促进江苏省集成电路产业快速发展，江苏省半导体行业协会受江苏省经济和信息化委员会的委托，组织业内专家开展调研分析，编撰了《江苏省集成电路产业发展研究报告（2016 年度）》（以下简称《研究报告》），呈予各级领导和业界人士作产业分析、决策参考之用。

《研究报告》共分 7 章 70 节。通过收集整理大量的数据资料，运用统计分析工具，对 2016 年世界半导体产业市场和中国、江苏省集成电路产业发展情况进行了研究分析。《研究报告》侧重在集成电路产业发展规模、市场行情、技术进步、产品结构、投资兼并、产业政策、产业环境、城市区域等层面，较详细地分析了江苏省集成电路设计业、晶圆业、封测业、支撑业、分立器件业的发展状况。同时，也简析了多晶硅、太阳能光伏业等泛半导体产业发展情况。《研究报告》以江苏省集成电路产业和市场发展为主线，以产业分类营运为板块，自成一体，便于研读。对江苏省集成电路产业链各重点企业的情况在相应章节中予以表述，力求做到较为系统、全面、真实地反映江苏省集成电路产业的现状、业界人士顽强拼搏的艰辛历程、勇于创新的企业精神风貌和取得的丰硕成果。

《研究报告》的统计口径依据国家《统计法》及相关规定，以"2016 年江苏省半导体产业发展运行分析报告"统计报表中各企事业单位上报数据为依据。统计范围包括：集成电路产业（含分立器件产业）和支撑业，集成电路产业为集成电路设计、晶圆制造和封测业数据之和。中国半导体产业和集成电路产业销售收入为中国大陆之销售收入，未包括中国港、澳、台地区同业销售收入。《研究报告》引用了中国半导体行业协会、CCID、《中国电子报》、《经济参考报》及上海市集成电路行业协会等有关省市兄弟协会、专业协会和相关咨询公司、报纸杂志等发布的数据和分析资料，以及协会会员单位报送的资料。在此，一并表示感谢。

由于收集的资料有限、编撰水平不高，《研究报告》中不当或错误之处，诚望各位领导、业界专家和同仁批评指正，并致谢意。

编委会

2017 年 6 月

目 录

第一章

2016 年世界半导体产业发展情况

第一节 2016 年世界半导体产业发展面临的经济形势

2016 年世界经济面临多重挑战，这些重大挑战包括：全球经济依旧徘徊不前，潜在增长率下降；持续低通胀和低利率使金融市场更加脆弱；能源投资乏力，英国脱欧，贸易保护主义抬头已成为世界经济不稳定的主要来源，经济反全球化趋势日益明显等，这些因素抑制世界经济可持续发展。同时，地缘政治风险、难民危机、恐怖主义等问题依然严重影响到世界经济的稳定与发展。

一、2016 年世界经济发展简况

根据国际货币基金组织（IMF）预测报道，2016 年世界经济（GDP）增长率为 3.1%，2017 年预计为 2.9%；据世界经济合作与发展组织（以下简称经合组织）（OECD）预测，2016 年世界经济（GDP）增长率为 2.9%，2017 年预计为 3.2%。2016—2017 年世界经济发展情况见表 1.1.1～表 1.1.4。

表1.1.1 2016—2017年世界经济发展情况（GDP）

机构名称	2016 年	2017 年（E）	机构名称	2016 年	2017 年（E）
IMF	3.1%	3.4%	经合组织	2.9%	3.2%
中国社科院	2.9%	3.1%	世界银行	2.3	2.7

表1.1.2 2016—2017年世界主要经济地区发展情况（GDP）

地区名称	2016 年	2017 年（E）	地区名称	2016 年	2017 年（E）
欧元区	1.1%	1.5%	东亚地区	5.0%	5.6%
发达经济体	1.4%	1.8%	南亚地区	7.0%	7.3%
欧盟	1.8%	1.6%	东南亚地区	4.4%	4.6%
新兴市场	4.2%	4.6%	中亚地区	2.1%	2.6%

表1.1.3 2016—2017年世界主要国家经济发展情况（GDP）

国家名称	2016 年	2017 年（E）	国家名称	2016 年	2017 年（E）
中国	6.7%	6.5%	日本	1.0%	0.8%
美国	1.5%	2.5%	意大利	0.8%	1.0%
英国	1.8%	1.1%	印度	7.4%	7.5%
法国	1.2%	1.3%	俄罗斯	−0.7%	1.6%
德国	1.9%	1.3%	巴西	−3.4%	0.0%

表1.1.4 2016年世界主要国家GDP占比情况

序号	国家名称	占比（%）	序号	国家名称	占比（%）	序号	国家名称	占比（%）
1	美国	24.32	6	法国	3.26	11	韩国	1.86
2	中国	14.82	7	印度	2.83	12	澳大利亚	1.81
3	日本	5.91	8	意大利	2.46	13	俄国	1.80
4	德国	4.54	9	巴西	2.39	14	西班牙	1.62
5	英国	3.85	10	加拿大	2.09	15	墨西哥	1.54

注：2016年世界经济总值约为74万亿美元。

资料来源：经济参考报 JSSIA 整理。

二、2016年世界制造业采购经理人指数（PMI）

2016年世界制造业采购经理人指数、世界主要发达经济体 PMI 指数、世界主要国家/地区 PMI 指数情况分别见表 1.1.5～表 1.1.7。

表1.1.5 2016年世界制造业采购经理人指数（PMI）

单位：%

月度	1	2	3	4	5	6	7	8	9	10	11	12	全年
同比	50.9	50.0	50.6	50.1	50.0	50.4	51.0	50.8	51.0	52.0	52.1	52.7	51.0
环比	-0.6	0.9	0.6	-0.5	-0.1	0.4	-0.4	0.8	0.2	1.0	0.1	0.6	0.3

资料来源：摩根大通（2017.1）。

表1.1.6 2016年世界主要发达经济体PMI指数情况

国家名称/地区	PMI 均值	国家名称/地区	PMI 均值	国家名称/地区	PMI 均值	国家名称/地区	PMI 均值
欧元区	53.5%	德国	53.8%	意大利	51.2%	荷兰	53.2%
美国	53.6%	法国	48.6%	英国	48.2%	西班牙	51.5%

资料来源：经济参考报/JSSIA 整理。

表1.1.7 2016年12月世界主要国家/地区PMI指数情况

国家名称/地区	PMI 值	环比	国家名称/地区	PMI 值	环比	国家名称/地区	PMI 均值	环比
美国	54.7%	上升 1.5 点	印度	49.6%	下降 2.7 点	俄国	53.7%	上升 0.1 点
欧元区	54.9%	上升 1.2 点	巴西	45.2%	下降 1.0 点	东盟地区	49.1%	下降 0.3 点
日本	52.4%	上升 1.1 点	中国	51.9%	上升 1.0 点			

资料来源：摩根大通（2017.1）。

三、2016年第一至第四季度国际大宗商品期货价格变动情况

2016年国际大宗商品期货价格变动情况见表1.1.8。

表1.1.8　2016年国际大宗商品期货价格变动情况

商品名称	单位	2015年12月31日	2016年4月1日		2016年7月1日		2016年9月30日		2016年12月23日		
		价格	价格	环比(%)	价格	环比(%)	价格	环比(%)	价格	环比(%)	同比(%)
北海布伦特原油	美元/桶	37.28	38.67	3.7	50.35	30.2	49.24	-2.2	55.16	12.0	47.9
纽约轻质原油	美元/桶	37.04	36.79	-0.7	48.99	33.2	48.24	-1.5	53.02	9.9	43.1
伦敦黄金（LBM）	美元/盎司	1062.23	1222.23	15.1	1341.41	9.8	1317.10	-1.8	1133.15	-14.0	6.7
伦敦白银（LBM）	美元/盎司	13.88	15.04	8.4	19.75	31.3	19.21	-2.7	15.74	-18.1	13.4
伦敦铂（LPPM）	美元/盎司	890.68	953.94	1.1	1065.00	11.6	1034.00	-2.9	891.01	-13.8	平
伦敦钯（LPPM）	美元/盎司	552.00	—	—	—	—	720.00	—	—	—	30.4
铜（LME）	美元/吨	4705.00	4705.00	平	4888.00	3.9	4864.00	-0.5	5469.50	12.4	16.2
铝（LME）	美元/吨	1506.50	1569.50	4.2	1663.50	6.0	1601.00	-3.8	1715.00	7.1	13.8
镍（LME）	美元/吨	8815.00	8587.50	-2.6	9785.00	13.9	10625.00	8.6	10430.00	-1.8	18.3
铅（LME）	美元/吨	1793.25	1771.00	-1.2	1838.00	3.8	2130.00	15.9	2067.00	-3.0	15.3
锌（LME）	美元/吨	1609.30	1775.00	10.3	2149.00	21.1	2381.00	10.8	2577.00	8.2	60.1
锡（LME）	美元/吨	14557.50	15937.50	9.5	17400.00	9.2	19262.50	10.7	21025.00	9.1	44.4

从表1.1.8可以看出，2016年第四季度以来，由于欧佩克石油限产导致涨价，世界大宗商品期货的贵重金属价格下跌的占到45%。但从全年同比来看，普遍为上涨的态势，其中石油普涨40%以上，锌价上涨60%。集成电路产业使用量比较大的黄金上涨6.7%、白银上涨13.4%、铜材上涨16.2%、铝材上涨13.8%、镍材上涨18.3%、锡材上涨44.4%，这都

影响到全球半导体产品成本上升，对集成电路产业发展产生了不利的影响。

四、2017 年世界经济形势发展预测

据 IMF（国际货币基金组织）预测，2017 年世界经济（GDP）为 3.4%，同比上升 0.3 个百分点，仍略显疲软上升。

2017 年世界经济发展形势不确定因素增多，其原因有：一是 2016 年 6 月英国脱离欧盟，在 2017 年可能引发震荡；二是美国特朗普总统上台，实行美国制造业回归，美联储加息；三是巴西总统遭弹劾，韩国总统被弹劾调查，英国首相自引下台等，发达国家政坛发生动荡，部分国家右翼民粹人士掌权；四是中东政局战乱，恐怖分子猖獗，难民潮涌动；五是世界贸易保护主义抬头，美元坚挺，各国货币贬值，大宗商品价格巨幅波动；六是美国对世界第二大经济体中国的打压，必将伤及两国经济的正常发展等。

第二节 2016 年世界半导体产业发展简况

一、2016 年世界半导体产业营收情况

1. 2016 年世界半导体产业总体情况

2016 年世界半导体市场受世界经济复苏滞缓疲弱的影响，总体上与 2015 年相较呈基本持平、略有上升的状态。虽有物联网、大数据、云计算和汽车电子、工业机器人、无人机、虚拟现实（VR/AR）等新兴市场的推动，但仍未形成大的市场规模，对当今世界半导体市场贡献力还不大，尚不能抵消由于智能手机成长率处于饱和低迷、笔记本电脑、平板电脑、计算机（PC）出货量的下滑等诸多不利因素的困扰。

综观 2016 年世界半导体产业，上半年起步缓慢，同比下降；年中由于受存储器、微处理器产品市场抬升以及智能手机市场见好的推动，使集成电路产品市场需求开始加速成长。特别是在第四季度，集成电路产品市场创下历史新高，达到 932 亿美元的好业绩，确保了 2016 年世界半导体产业较 2015 年止跌反升的较为理想的结局。相关机构报道 2016 年世界半导体产业营收情况见表 1.2.1 和图 1.2.1。

表1.2.1 相关机构报道2016年世界半导体产业营收情况

机构名称	营收额（亿美元）	同比（%）
美国半导体产业协会（SIA）	3389	1.1
世界半导体贸易统计组织（WSTS）	3350	-0.10
高德纳咨询公司（Gartner）	3435	2.6
IC Insights	3570	1.0

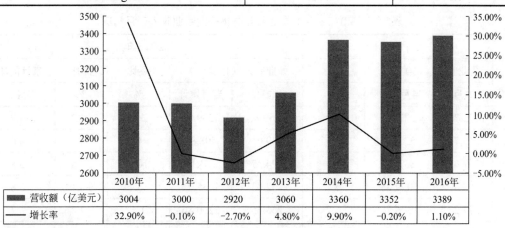

	2010年	2011年	2012年	2013年	2014年	2015年	2016年
营收额（亿美元）	3004	3000	2920	3060	3360	3352	3389
增长率	32.90%	-0.10%	-2.70%	4.80%	9.90%	-0.20%	1.10%

CAGR=1.74%

资料来源：SIA/WSTS/JSSIA整理（2017.2）。

图 1.2.1 2010—2016 年世界半导体产业营收额规模及增长情况

2. 2016 年世界半导体产业运营分析

从表 1.2.2 可见，2016 年上半年世界半导体产业处于低迷状况，由于存储器和微处理器市场抬升和中国（增长 5.4%）、美国（增长 4.6%）的拉动，使第三季度同比上升 3.6%，环比增长 11.60%，促进了世界半导体产品市场有所回升。世界半导体市场在消费电子拉动及电动汽车、VR/AR、可穿戴设备等新的增长点发力的情势下，第四季度与第三季度相比世界半导体产业环比增长 5.5%，同比增长 12.5%，并以 932 亿美元的营收额再创历史新纪录。

正是由于 2016 年上半年世界半导体产业欠账太多的缘故，致使 2016 年与 2015 年相比增幅仅为 1.1%，期望在 2017 年有一个较好的增长率（3.3%）。

表1.2.2 　2014—2016年世界半导体产业营业收入分季情况

指标名称	2014 年				2015 年				2016 年			
	Q1	Q2	Q3	Q4	Q1	Q2	Q3	Q4	Q1	Q2	Q3	Q4
营收额（亿美元）	784.7	821.8	877.5	874.4	831.0	840.0	852.0	828.7	783.0	791.0	883.0	932.0
同比（%）	11.4	7.5	8.9	9.4	5.9	2.2	-2.9	-5.2	-5.8	-5.8	3.6	12.5
环比（%）	-1.8	4.7	6.8	-0.4	-5.0	1.1	1.4	-2.7	-5.5	1.0	11.6	5.5

资料来源：SIA/WSTS/JSSIA 整理。

据美国半导体产业协会（SIA）报道：2016 年 12 月世界半导体市场以强势环比增长 25.9%，同比增长 28.3% 收官，创历史新高。从分月销售额同比来看，2016 年 6 月前，世界半导体市场已连续 12 个月为负增长的窘境，从 2016 年 7 月起，市场回暖，全球半导体市场呈逐月上升之势，使下滑的态势拉回一把。2016 年世界半导体产业营业收入分月情况见表 1.2.3 和图 1.2.2。

表1.2.3 　2015—2016年世界半导体产业营业收入分月情况

月度	2015 年			2016 年				
	营业收入（亿美元）		同比	营业收入（亿美元）		环比	同比	累计同比
	本月	当月累计	%	本月	当月累计	%	%	%
1	272.73	272.73	9.0	259.8	259.8	—	-4.7	-4.7
2	260.74	533.47	5.9	249.01	508.81	-4.2	-4.5	-4.6
3	297.61	831.08	5.9	274.37	783.18	10.2	-7.8	-5.8
4	268.4	1099.48	5.7	252.03	1035.21	-8.1	-6.1	-5.8
5	277.28	1376.76	5.2	255.65	1290.86	1.4	-7.8	-6.2
6	294.09	1670.85	3.9	284.50	1575.36	11.3	-3.3	-5.7
7	264.7	1935.55	2.7	274.38	1849.74	-3.6	3.7	-4.4

续表

月度	2015 年			2016 年				
	营业收入（亿美元）		同比	营业收入（亿美元）		环比	同比	累计同比
	本月	当月累计	%	本月	当月累计	%	%	%
8	277.71	2213.26	2.2	288.31	2138.05	5.1	3.8	-3.4
9	309.91	2523.17	1.5	320.35	2458.40	11.1	3.4	-2.6
10	281.57	2804.74	1.1	304.92	2763.32	-4.8	8.3	-1.5
11	274.93	3079.67	0.7	276.95	3040.27	-9.2	0.7	-1.3
12	272.01	3351.68	1.0	348.73	3389.00	25.9	28.3	+1.1
全年合计		3352.0	-0.2	—	3389.00	—	—	+1.1

资料来源：SIA/WSTS/DEC/JSSIA 整理（2016.12）。

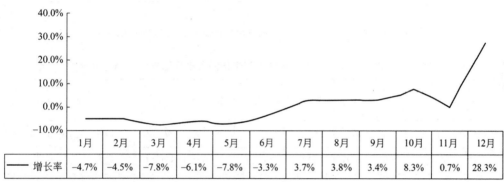

	1月	2月	3月	4月	5月	6月	7月	8月	9月	10月	11月	12月
增长率	-4.7%	-4.5%	-7.8%	-6.1%	-7.8%	-3.3%	3.7%	3.8%	3.4%	8.3%	0.7%	28.3%

资料来源：SIA/WSTS/JSSIA整理。

图 1.2.2　2016 年世界半导体市场分月同比增长情况

2016 年下半年各国/各地区半导体市场增长情况见表 1.2.4。

表1.2.4　2016年下半年各国/各地区半导体市场增长情况

单位：%

国家/地区	2016 年			国家/地区	2016 年		
	Q3	Q4	同比		Q3	Q4	同比
中国	5.4	3.2	14.0	日本	4.2	3.0	7.2
美国	4.6	6.5	0.1	亚太地区	1.9	2.0	1.8
欧洲	负增长	2.2	-3.0				

二、2016 年世界半导体产业销售额分类

1. 2016 年世界半导体产业销售额分类规模及占比情况

2016 年世界半导体销售额为 3389.3 亿美元，同比增长 1.1%。其中，2016 年世界集成

电路销售额为 2767.0 亿美元，同比增长 0.8%，占总值的 81.6%；2016 年世界半导体分立器件（D-O-S）销售额为 622.3 亿美元，同比增长 2.6%，占总值的 18.4%。

2. 2016 年世界集成电路产业销售额规模及增长情况

2016 年世界集成电路产业销售额为 2767.0 亿美元，同比增长 0.8%，增幅同比提升 1.8 个百分点，参见图 1.2.3 和表 1.2.5。

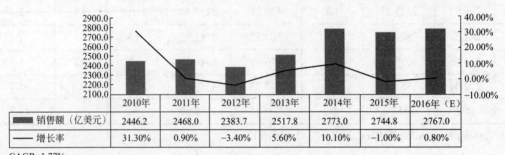

CAGR=1.77%

图 1.2.3　2010—2016 年世界集成电路产业销售额规模及增长情况

表1.2.5　2010—2016年世界集成电路销售额占半导体产业销售额的比重

指标名称	单位	2010 年	2011 年	2012 年	2013 年	2014 年	2015 年	2016 年	CAGR（%）
集成电路销售额	亿美元	2446.2	2468.0	2383.7	2517.8	2773.0	2744.8	2767.0	1.77
半导体销售额	亿美元	3004.0	3000.0	2920.0	3060.0	3360.0	3352.0	3389.0	1.74
占比	%	81.4	82.3	81.6	82.3	82.5	81.9	81.6	—

3. 2016 年世界半导体分立器件（D-O-S）产业销售额规模及增长

2016 年世界半导体分立器件（D-O-S）产业销售额约为 622.3 亿美元，同比增长 2.6%，增速下降 1.1 个百分点，参见图 1.2.4 和表 1.2.6。

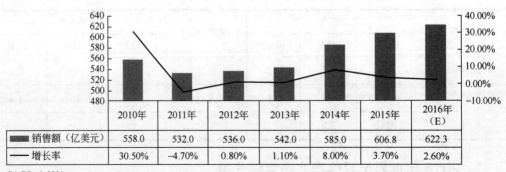

CAGR=1.59%

资料来源：CCID/JSSIA整理（2017.4）。

图 1.2.4　2010—2016 年世界半导体分立器件（D-O-S）产业销售额规模及增长情况

表1.2.6　2010—2016年世界半导体（D-O-S）销售额占半导体产业销售额的比重

指标名称	单位	2010 年	2011 年	2012 年	2013 年	2014 年	2015 年	2016 年	CAGR（%）
D-O-S 销售额	亿美元	558	532	536	542	585	607	622	1.59
半导体销售额	亿美元	3004	3000	2920	3060	3360	3352	3389	1.74
占比	%	18.6	17.7	18.4	17.7	17.5	18.1	18.4	—

三、2016 年世界集成电路产业三业发展情况

2016 年世界集成电路产业销售额为 2767 亿美元，同比增长 0.8%。其中，集成电路设计业营收额约为 774.9 亿美元，同比下降 3.5%（拓璞研究所）；集成电路晶圆业销售额约为 1482.4 亿美元，同比增长 3.4%；集成电路封测业销售额约为 509.7 亿美元，同比增长 0.2%，参见表 1.2.7 和图 1.2.5。

表1.2.7　2010—2016年世界集成电路营业收入及三业分布

单位：亿美元

指标名称	IC 合计			IC 设计		
	实绩	同比	占比	实绩	同比	占比
2010 年	2446.2	31.3%	100.0%	635.0	15.6%	26.0%
2011 年	2468.0	0.9%	100.0%	685.0	7.9%	27.8%
2012 年	2383.7	-3.4%	100.0%	721.1	5.3%	30.2%
2013 年	2517.8	5.6%	100.0%	779.1	8.0%	30.9%
2014 年	2773.0	10.1%	100.0%	899.5	15.5%	32.4%
2015 年	2744.8	-1.0%	100.0%	802.8	-10.8%	29.2%
2016 年	2767.0	0.8%	100.0%	774.9	-3.5%	28.0%
指标名称	IC 晶圆			IC 封测		
	实绩	同比	占比	实绩	同比	占比
2010 年	1326.3	41.9%	54.2%	484.9	27.8%	19.8%
2011 年	1302.8	-1.8%	52.8%	480.2	-1.0%	19.4%
2012 年	1172.2	-10.0%	49.2%	490.4	2.1%	20.6%
2013 年	1230.7	5.0%	48.9%	508.0	3.6%	20.2%
2014 年	1334.5	8.4%	48.2%	539.0	6.1%	19.4%
2015 年	1433.2	7.4%	52.3%	508.8	-5.6%	18.5%
2016 年	1482.4	3.4%	53.6%	509.7	0.2%	18.4%

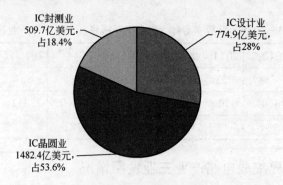

图 1.2.5　2016 年世界集成电路产业三业所占比例

第三节 2016 年世界半导体产品产量和价格情况

一、2016 年世界半导体产品产量及均价

据 SIA 统计：2016 年世界半导体总销售量为 8241 亿颗（块/只），同比增长 4.7%。其中，集成电路产品产销量约为 2481 亿块，同比增长 5.3%；D-O-S（分立器件、光电器件、传感器）产品产销量约为 5760 亿只，同比增长 4.4%，见表 1.3.1。

表1.3.1 2005—2016年世界半导体产品产量发展规模及增长情况

年度	单位	2005	2006	2007	2008	2009	2010	2011	2012	2013	2014	2015	2016	CAGR（%）
产品产量	亿颗	4900	5562	6237	6000	5645	6615	6608	6726	7055	7664	7872	8241	4.43
同比	%	—	13.5	12.1	-3.8	-5.0	17.2	-0.1	1.8	4.9	8.6	2.7	4.7	—

资料来源：SIAJSSIA 整理（2017.2）。

据 SIA 报告显示：2016 年世界半导体总销售量为 8241 亿颗（块/只），总营收额为 3389.31 亿元，则 2016 年世界半导体产品销售均价约为 0.411 美元/颗，同比衰退 3.5%，见表 1.3.2。

表1.3.2 2008—2016年世界半导体产品销售均价

年度	单位	2008	2009	2010	2011	2012	2013	2014	2015	2016	CAGR（%）
平均价格	美元/颗	0.435	0.428	0.451	0.453	0.433	0.433	0.438	0.426	0.411	-0.63
均价同比	%	—	-1.6	5.4	0.4	-4.4	平	1.2	-2.8	-3.4	—

资料来源：SIA/JSSIA 整理（2017.2）。

二、2016 年世界集成电路产品产量及均价

2016 年世界集成电路产品产量约为 2481 亿块，同比增长 5.3%，见表 1.3.3。根据 2016 年世界集成电路产品销售收入为 2766.98 亿元，可测算销售均价约为 1.1153 美元/块（见表 1.3.4）。

表1.3.3 2010—2016年世界集成电路产品产量规模及增长情况

指标名称	2010 年	2011 年	2012 年	2013 年	2014 年	2015 年	2016 年	CAGR（%）
产品产量	1898	1942	1972	2060	2307	2356	2481	3.90
同比	35.1%	2.3%	1.5%	4.5%	12.0%	2.1%	5.3%	—

表1.3.4　2010—2016年世界集成电路产品销售均价

指标名称	单位	2010 年	2011 年	2012 年	2013 年	2014 年	2015 年	2016 年
销售收入	亿美元	2446.2	2468.0	2383.7	2517.8	2773.0	2744.8	2767.0
销售量（产量）	亿块	1898	1942	1972	2060	2307	2356	2481
平均价格	美元/块	1.2888	1.2709	1.2087	1.2221	1.2020	1.1650	1.1153
均价同比	%	5.7	-1.4	-4.9	1.1	-1.6	-3.1	-4.3

从表1.3.4中可以看出，2016年世界集成电路产品产量同比增长5.3%，但平均售价仍同比下降4.3%。这是因为单位产品售价在下降，属于增产不增收的现象仍在发生。这也反映出在2015年下半年出现的售价偏低现象影响到2016年上半年。但在2016年下半年因存储器市场出现供不应求，产品售价出现反弹，拉动了市场产品局部走高。

三、2016年世界半导体分立器件产品产量及均价

2016年世界半导体（D-O-S）产品产量为5760亿只，同比增长4.40%。根据2016年世界半导体（D-O-S）销售收入622.33亿元，测算均价约为0.108美元/只，参见表1.3.5和表1.3.6。

表1.3.5　2010—2016年世界（D-O-S）产品产量规模及增长情况

单位：亿只

指标名称	2010 年	2011 年	2012 年	2013 年	2014 年	2015 年	2016 年	CAGR（%）
产品产量	4717	4666	4754	4995	5357	5516	5760	2.89
同比	21.7%	-1.1%	1.9%	5.1%	7.2%	3.0%	4.4%	—

表1.3.6　2010—2016年世界（D-S-O）产品销售均价

指标名称	单位	2010 年	2011 年	2012 年	2013 年	2014 年	2015 年	2016 年
销售收入	亿美元	558	532	536	542	585.4	606.8	622.3
销售量	亿只	4717	4666	4754	4995	5357	5516	5760
平均价格	美元/只	0.1183	0.1140	0.1127	0.1085	0.1093	0.1100	0.1080
均价同比	—	—	14.70%	-3.6%	-1.1%	-3.7%	0.7%	0.6%	-1.8%

第四节　2016 年世界半导体产业主要企业发展情况

一、2016 年世界半导体产业前二十大企业情况

据 WSTS/SIA 报道：2016 年世界半导体产业总销售收入为 3389.3 亿美元，同比增长 1.1%；前二十大企业销售额为 2821.3 亿美元，占比为 83.20%，占比同比增长 1.8 个百分点。2016 年世界半导体产业前二十大企业排名情况见表 1.4.1。

表1.4.1　2016年世界半导体产业前二十大企业排名情况

单位：百万美元

排名		公司名称	型别	国家/地区	2016 年收入（E）	2015 年收入	同比（%）	占比（%）
2016 年（E）	2015 年							
1	1	英特尔（Intel）	IDM	美国	56313	52144	8.0	20.0
2	2	三星（Samsung）	IDM	韩国	43535	42043	3.5	15.4
3	3	台积电（TSMC）	Foundry	中国台湾	29324	26439	10.9	10.4
4	5	高通（Qualcomm）	Fabless	美国	15436	16008	−3.6	5.5
5	6	博通（Broadcom）	Fabless	新加坡	15332	15183	1.0	5.4
6	4	SK 海力士（SK Hynix）	IDM	韩国	14234	16649	−14.5	5.0
7	7	美光（Micron）	IDM	美国	12842	14483	−11.3	4.6
8	8	德仪（TI）	IDM	美国	12349	12112	2.0	4.4
9	10	东芝（Toshiba）	IDM	日本	10922	9429	15.8	3.9
10	9	恩智浦（NXP）	IDM	欧洲	9498	10563	−10.1	3.4
11	13	联发科（Media Tek）	Fabless	中国台湾	8610	6699	28.5	3.1
12	11	英飞凌（Infineon）	IDM	欧洲	7343	6916	6.2	2.6
13	12	意法半导体（ST）	IDM	欧洲	6944	6873	1.0	2.5
14	17	苹果（APPLE）	Fabless	美国	6493	5531	17.4	2.3
15	14	索尼（Sony）	IDM	日本	6466	6263	3.2	2.3
16	18	英伟达（Nvidia）	Fabless	美国	6340	4696	35.0	2.2
17	16	瑞萨（Renesas）	IDM	日本	5751	5682	1.2	2.0
18	15	格罗方德（GF）	Foundry	美国	5085	5729	−11.2	1.8

排名		公司名称	型别	国家/地区	2016年收入（E）	2015年收入	同比（%）	占比（%）
2016年（E）	2015年							
19	19	安森美（ON Semi）	IDM	美国	4858	4866	-0.2	1.7
20	20	联电（UMC）	Foundry	中国台湾	4455	4464	-0.2	1.6
前二十大合计			—	—	282130	272772	3.4	100.0
不含晶圆代工			—	—	243266	236140	3.0	—
半导体产业合计			—	—	338931	335168	1.1	—
前二十大企业占比（%）			—	—	83.2	81.4	提升1.8个百分点	

资料来源：IC Insights/JSSIA 整理（2017.4）。

二、2016年世界半导体产业前二十大企业分布情况

1．前二十大企业型别分布

前二十大企业中，集成电路设计公司占到 5 家，占 25%（高通、博通、联发科、苹果和英伟达）；晶圆代工企业有 3 家，占 15%（台积电、格罗方德、联电）；垂直型（IDM）企业有 12 家，占 60%（英特尔、三星、SK 海力士、美光、德仪、东芝、恩智浦、英飞凌、意法、索尼、瑞萨、安森美等）。

2．前二十大企业地区分布

前二十大企业中，亚洲有 9 家，占 45%，其中，中国台湾地区有 3 家（台积电、联发科、联电）、韩国有 2 家（三星、SK 海力士）、日本有 3 家（东芝、索尼、瑞萨）、新加坡有 1 家（博通）。欧洲有 3 家，占 15%（恩智浦、英飞凌、意法）。美国有 8 家，占 40%（英特尔、高通、美光、德仪、苹果、英伟达、格罗方德、安森美）。

3．前二十大企业营收分布情况

在前二十大企业中：集成电路设计企业营业收入为 523.01 亿美元，占 18.5%，同比增长 2.3%；

集成电路晶圆代工企业营业收入为 388.64 亿美元，占 13.8%，同比下降 0.1%；

IDM 型企业营业收入为 1909.65 亿美元，占 67.7%，同比下降 2.2%。

在前二十大企业中，亚洲地区企业营业收入为 1386.29 亿美元，占 49.1%，同比上升 0.4%；

欧洲地区企业营业收入为 237.85 亿美元，占 8.4%，同比下降 0.4%；

美国营业收入为 1197.16 亿美元，占 42.4%，同比持平。

4．前二十大企业延伸变化情况

如果 3 家晶圆代工企业（台积电、格罗方德、联电）不包括在前二十大企业中，则超微（AMD）以 42.28 亿美元、海思以 37.62 亿美元和夏普以 37.06 亿美元进入前二十大企业名单。它们可分居第十八、十九、二十位。延伸变化以后，2016 年世界半导体产业前二十大企业的企业型别也相应有所变化，集成电路设计企业变为 6 家（增加海思公司），占30%；IDM 型企业变为 14 家（增加 AMD、夏普），占 70%。

三、2016 年世界半导体产业前二十大企业发展分析

2016 年世界半导体产业前二十大企业销售收入为 2821.30 亿美元，较 2015 年前二十大企业销售收入 2727.72 亿美元，增长 3.4%（含晶圆代工）；如不含集成电路晶圆代工，则 17 家企业销售收入为 2432.66 亿美元，较 2015 年 17 家企业 2361.40 亿美元，增长 3.0%。

2016 年世界半导体前二十大企业入围门槛为 44.55 亿美元，较 2015 年 44.64 亿美元，略下降 0.20%。

1．2016 年世界半导体产业前二十大企业营业收入同比增减情况

● 2016 年世界半导体产业前二十大企业中，销售收入同比增长的有 13 家，占 65%，在 13 家增长企业中，同比超过 10%的有 5 家企业，分别是：英伟达（35.0%）、联发科（28.50%）、苹果（17.40%）、东芝（15.80%）、台积电（10.9%）。其中，英伟达成长最快的原因是，其 GPU 和 Tegra 处理器在市场上大受欢迎、游戏业务同比增长 63%、数据中心同比增长 193%、汽车电子同比增长 61%等；联发科增长速度居第二位，其原因为世界智能手机出货量同比增长 4%，联发科手机芯片受到中国大陆手机厂商的青睐（如 OPPO、vivo）；苹果的芯片及其产品以自用为主，随着苹果手机的热销，水涨船高，也在情理中；台积电依靠 16/14 纳米工艺技术，击败三星、格罗方德等稳居世界集成电路晶圆代工第一把交椅，处于前二十大企业第三位；安森美按照 2015 年公布的世界半导体产业前二十大企业中，还未入围，但在 2016 年已挤入第 19 位，其主要是完成收购美国飞兆（仙童）公司，增加了其体量，技术功底更加深厚。

● 2016 年世界半导体产业前二十大企业中，销售收入同比下降的有 7 家，占 35%。在 7 家企业中，同比下降超过 10%的有：SK 海力士（-14.5%）、美光（-11.3%）、格罗方德（-11.2%）、恩智浦（-10.1%）。究其原因：SK 海力士因 PC 减少，在存储器上落后一步，16/14 纳米生产未形成规模；格罗方德自接收 IBM 晶圆业后仍无大的起色，16/14 纳米无大的进展，现欲跳过 10 纳米，直冲 7 纳米，按目前状况谈何容易；恩智浦在一年前收购飞思卡尔，在 2016 年又被高通收购，其下降也在情理之中；高通公司同比下降 3.6%，主要因其移动通信芯片业务，其一是手机市场的饱和和智能手机处于低迷状态，其二是被海思、联发科等企业瓜分而降低。其他如安森美、联电同比下降 0.2%，也可属持平状态。

2．2016 年世界半导体产业前二十大企业排名情况

● 2016 年世界半导体产业前二十大企业排名情况，英特尔、三星、台积电居前三位，英特尔龙头老大地位难以撼动，占到前二十大企业的 20%，同比上升 0.1 个百分点；三星居第二位，占 15.4%，同比下降 0.7 个百分点；台积电居第三位，占 10.9%，同比上升 0.7 个百分点。前五位中，高通、博通分居第四、第五位，各前进 1 位；SK 海力士同比后退 2 位，居第六位。

● 2016 年世界半导体产业前二十大企业排名前进的企业：

前进 3 位的有：苹果由 2015 年第 17 位进到 2016 年第 14 位；

前进 2 位的有：联发科由第 13 位前进到第 11 位；英伟达由第 18 位前进到第 16 位；

前进 1 位的有：高通、博通、东芝。

● 2016 年世界半导体产业前二十大企业排名后退的企业：

后退 3 位的有：格罗方德由 2015 年的第 15 位，后退到 2016 年的第 18 位；

后退 2 位的有：SK 海力士由 2015 年的第 4 位，后退到 2016 年的第 6 位；

后退 1 位的有：恩智浦、英飞凌、意法、索尼、瑞萨。

3．2016 年世界半导体产业前二十企业发生的变化

追溯到 2015 年，由于三星在手机方面凭借全产业链优势（手机处理器、存储器芯片、相关元器件、软件、操作系统、品牌等），有追赶和迫近英特尔，两者相距 11%，比 2014 年提升 25 个百分点。但在 2016 年发生很大变化。主要原因是英特尔在手机开发方面明显落后，且因投入巨大、受益甚微而收手，转入重点发展物联网、智能硬件，凭借雄厚的技术和经验积累，并采取收购兼并等经营手段，业绩重回正增长的状态（2016 年同比增长 8%）。由此，英特尔与三星之比，2016 年又扩大到 29%，比 2015 年扩大 18 个百分点。

从手机市场的变化看三星的情况：由于前几年手机市场太旺，近两年手机市场转为下降，智能手机处于饱和状况，世界手机市场竞争更为激烈。中国的华为、红米、OPPO、ViVo 等，瓜分了三星的手机市场。更使三星雪上加霜的是新推出的盖乐世（Galaxy Note 7）发生爆燃事件，召回 280 万部手机，使三星品牌形象大受影响。

2015 年世界半导体排名前二十大企业的名单中的 AMD 在 2016 年被挤出前二十大企业名单，有其在槟城和苏州的分公司被中国通富微电收购的原因；2015 年名单中的飞思卡尔已被恩智浦收购兼并。

4．2016 年世界半导体产业前二十企业资产兼并整合

2016 年世界半导体产业前二十大企业发生资产兼并整合的有：英特尔兼并阿尔特拉、安华高科兼并博通（新加坡博通）、恩智浦兼并飞思卡尔、格罗方德收购 IBM 晶圆制造业等。使 2016 年世界半导体产业格局发生喜剧性变化的是刚成立一年多的新恩智浦又被美国高通公司收购了，这将促使高通公司 2017 年业绩继续提升（按 2016 年计算为 249.34 亿美元，仍落后于台积电293.24亿美元），有可能仍居第四位。

5. 今后几年中国半导体企业进入世界前二十大寄予厚望

2016年中国华为海思以37.62亿美元销售收入居世界半导体产业第22位，因其移动通信芯片在华为手机居世界市场前列的有利之势和视频解码芯片方面的强悍进取，有望在今后几年里进入世界半导体产业前二十大企业；中国紫光集团（紫光展锐）在2G、3G、4G领域有强势表现，以及其投资晶圆制造业、大力推进存储器产业，有望在今后几年里得到快速发展，进入世界半导体产业前二十大企业同样寄予厚望。

四、2016年世界集成电路产业前十大企业情况

2016年世界集成电路产业前十大企业营收额为1891.9（1903.3）亿美元，同比增长8.1%（9.1%），占到总值的55.1%（55.4%），增幅同比提升3.6（4.8）个百分点，见表1.4.2。

表1.4.2　2016年世界集成电路产业前十大企业排名情况

序号	企业名称	国家/地区	2016年		2015年	同比（%）
			营收额（百万美元）	占比（%）	营收额（百万美元）	
1	英特尔（Intel）	美国	53996（54091）	15.9	51690	4.5（4.6）
2	三星（Samsung）	韩国	40143（40104）	11.8	37852	6.1（5.9）
3	高通（Qualcomm）	美国	15351（15415）	4.5	16079	-4.5（-4.1）
4	SK海力士（SK Hynix）	韩国	14267（14700）	4.2	16374	-12.9（-10.2）
5	新博通（Arago /Broadcom LTD）	新加坡	13149（13223）	3.9	5216（4543）	152.1（191.1）
6	美光（Micron）	美国	12585（12950）	3.7	13816	-8.9（-6.3）
7	德仪（TI）	美国	11776（11901）	3.5	11533（11635）	2.1（2.3）
8	东芝（Toshiba）	日本	10051（9918）	3.0	9162	9.7（8.3）
9	恩智浦（NXP）	欧洲	9170（9306）	2.7	6543（6517）	40.1（42.8）
10	联发科（Media Tek）	中国台湾	8697（8725）	2.6	6704	29.7（30.1）
	前十名小计		189185（190333）	55.8	174969（174372）	8.1（9.2）
	其他		150499（153181）	44.2	159799（160562）	-5.8（-4.6）
	合计		339684（343514）	100.0	334768（334934）	1.5（2.6）

资料来源：Gartner/JSSIA整理（2017.1/2017.5）。

从表 1.4.2 中可以看出：

在 2016 年世界半导体产业前十大企业中，安华高科（Formerly Avago）并购博通（Broadcom ltd）成立新博通后，营收额大幅度上升，同比增长达 152.1%；恩智浦（NXP）收购飞思卡尔（Freescale）后，营收额大幅度上升，同比增长 40.1%，尤其在汽车电子领域实力大增；联发科（Media TEK）整合中国台湾地区一些小型设计企业后，营收额同比增长 29.7%。由此可见，通过兼并整合重组后，企业得到快速发展是一条捷径。

同时，也可以看到英特尔、三星、德仪、东芝等公司仍有个位数的增长，更显得吃力，增长缓慢。

在 2016 年里，SK 海力士同比下降 12.9%，美光同比下降 8.9%，出乎同业的期待。高通是因在手机芯片业务上受世界手机市场的饱和及中国大陆的海思强势发展和中国台湾联发科的发力，以及苹果、三星手机芯片的自产自足的困扰，同比下降 4.5%，也属在情理之中。

Gartner 在 2017 年 5 月做出修订和补充：2016 年世界半导体产业销售收入为 3435.14 亿美元，同比增长 2.6%。其中，前十大企业销售收入为 1903.33 亿美元，同比增长 9.20%。

第五节　2016 年世界集成电路设计业发展情况

一、2016 年世界集成电路设计业简况

因世界半导体市场发展滞缓，且一些成长性的产品领域尚未开发成功和面市的推动力不足等因素的影响，2016 年世界集成电路设计业（Fabless）销售额为 774.9 亿美元，同比衰退 3.5%，见图 1.5.1 和表 1.5.1。引起业界关注的是：苹果、华为、三星自己设计芯片和用自产芯片，已实现了由 Fabless 过渡到 IDM 形态；其次是 14 纳米产品大量面市，28 纳米已成隔夜黄花（现还为主力之一）；其三是 10 纳米新品还未大量上市，还处在青黄不接之期；其四是 10 纳米产品成本居高不下，整机厂商不敢贸然使用；其五是老产品市场已趋饱和之局，前进动力不强；其六是高通兼并恩智浦；安华高兼并博通，其整体效益还未呈现出来等。

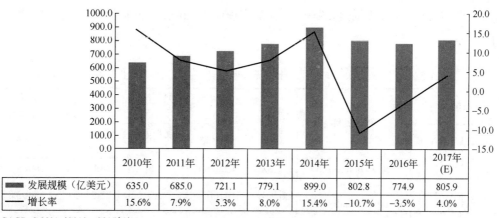

	2010年	2011年	2012年	2013年	2014年	2015年	2016年	2017年（E）
发展规模（亿美元）	635.0	685.0	721.1	779.1	899.0	802.8	774.9	805.9
增长率	15.6%	7.9%	5.3%	8.0%	15.4%	-10.7%	-3.5%	4.0%

CAGR=3.02%（2010—2017年）

资料来源：IC Insights/JSSIA 整理。

图 1.5.1　2010—2016 年世界集成电路设计业发展规模及预测

表1.5.1　2011—2016年世界集成电路设计业发展规模及增长情况

指标名称	2011 年	2012 年	2013 年	2014 年	2015 年	2016 年	CAGR（%）
销售收入（亿美元）	729.6	772.0	822.0	880.0	805.2	774.9	1.01
同比（%）	—	5.8	6.5	7.1	8.5	-3.5	—

资料来源：拓墣产研所（2017.1）。

2016 年世界集成电路设计业（Fabless）主产地情况见图 1.5.2。

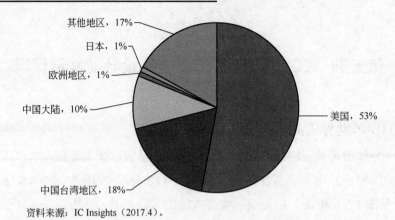

资料来源：IC Insights（2017.4）。

图 1.5.2　2016 年世界集成电路设计业（Fabless）主产地情况（按总部所在地划分）

2017 年世界集成电路设计业受惠于汽车电子和转向服务器等带来较为强劲的市场，预计销售额为 805.9 亿美元，同比增长 4.0%。

二、2016 年世界集成电路设计业前十大企业情况

2015—2016 年世界集成电路前十大无晶圆设计（Fabless）企业营业收入排名如表 1.5.2 所示。

表1.5.2　2015—2016年世界前十大无晶圆设计（Fabless）企业营业收入排名

排名		企业名称	国家/地区	2016 年（百万美元）			2015 年（百万美元）
2016 年	2015 年			营收额	成长率（%）	占比（%）	营收额
1	1	高通（Qualcomm）	美国	15284.0	-4.5	25.8	16008.0
2	2	博通（新）（Arago Broadcom）	新加坡	14166.0	-8.0	23.9	15402.0
3	3	联发科（Media Tek）	中国台湾	8922.0	17.6	15.1	7588.6
4	5	英伟达（Nvidia）	美国	4585.9	10.4	7.7	4152.7
5	6	超微（AMD）	美国	4183.0	4.8	7.1	3990.0
6	6	华为海思（Hisili）	中国大陆	3978.0	11.8	6.7	3558.0
7	7	迈威尔（Marvell）	美国	2402.9	平	4.1	2403.0
8	8	赛灵思（Xilinx）	美国	2300.0	3.6	3.9	2219.0
9	—	紫光展锐（SPreadtrum+RDA）	中国大陆	1912.0	8.1	3.2	1769
10	9	联咏科技（Novatek）	中国台湾	1483.0	-9.6	2.7	1641.0
前十大 Fabless 合计			—	59216.8	0.8	100.0	58731.3
世界集成电路设计业营收合计			—	77490	-3.5	—	—

资料来源：拓璞产研所（2017.3）。

从表 1.5.2 中可以看出：

2016 年世界 IC 设计（Fabless）前十大企业销售收入为 592.17 亿美元，同比微增长 0.80%，占到 IC 设计业总值 774.9 亿美元的 76.40%，占比同比提升 7.7 个百分点。这主要是海思和展锐加入其中而提升。

2015 年世界 IC 设计前十大企业名单中的瑞昱科技（Realtek）和 Dialog 被挤出前十名。瑞昱科技 2016 年营业收入为 12.54 亿美元，同比增长 22.50%，Dialog 营业收入为 11.58 亿美元，同比下降 14.60%。

在 2016 年前十大 IC 设计企业中，美国占到 5 家（高通、英伟达、超微、迈威尔、赛灵思），中国台湾地区 2 家（联发科、联咏）、中国大陆 2 家（华为海思、紫光展锐）、新加坡 1 家（新博通）。

在 2016 年前十大 IC 设计企业中，高通、新博通、联咏科技都有不同程度的下降，其主要原因有：三星 Note7 爆燃带来负面影响；新博通因物联网产品出售给赛普拉斯（Cypress）后营收额减少；联咏科技因消费电子产品受阻，缺少动力等。迈威尔与 2015 年同期持平。

在前十大 IC 设计企业中，中国大陆的华为海思因受惠于大陆智能手机市场的快速成长的动能，表现不俗；紫光展锐因受惠于汽车电子、物联网和无线通信市场的成长而发力。

联发科因收购中国台湾地区四家 IC 设计公司后营业收入明显提升，同比增长 17.6%；英伟达因布局游戏领域、数据中心和车用电子，增长了 10.4%；超微（AMD）因半定制化、嵌入式与企业终端领域渐现成效，在第三季度增长 7.5%。

三、2016 年世界集成电路设计业发展情况

1980 年之前，世界集成电路采用的是垂直集成加工模式，简称"IDM"型。20 世纪 80 年代前期，世界集成电路设计业有了快速发展，初步形成了 Fabless 雏形，并开始形成一个产业气候。20 世纪 80 年代后期，世界集成电路在中国台湾地区首推晶圆代工（Foundry），专门为 Fabless 加工产品，由于得到风险资本（VC）的支持，Fabless 技术快速进步，即与全球晶圆代工技术同步发展；由于投资少，周转期缩短，Fabless 盈利能力强，形成了集成电路四大板块，即设计、制造、代工和封测。

Fabless 火红了很多年，但近两年呈现消退状态。其主要原因有：一是 IP 成熟，但新技术和知识产权控制在第三方，有所束缚发展；二是晶圆代工处于垄断，价格坚挺，Fabless 在矛盾中滞行；三是为突出产品差异化，增强竞争力，终端厂商自行设计芯片，如苹果、海思、三星、小米、Facebook 等；四是随着晶圆工艺尺寸进入 10 纳米、7 纳米及以下时，芯片设计费用急剧上升，随着加工工艺对 Fabless 支持能力减弱及晶圆加工费用的上升等，也都影响到 Fabless 产业的发展。

2016—2017 年集成电路设计发展趋势：

高通采用三星 14nm FinFET 工艺，抢占中端芯片骁龙 660/630 以及系统级芯片（SoC）、

射频（RF）、整合 WiFi、电源管理、音讯转码器和扬声放大器等。2017 年高通骁龙由 821 向下一代 835 发展，自研 GPU 等；

三星猎户座由 8890 过渡到下一代 8895，自研 CPU、GPU；

联发科用台积电 12nmFin FET 制程布局下一代 P30 移动芯片；

华为海思麒麟开发 960，CPU 采用 ARM 的 A73 核心。

在未来 Fabless 的发展中，总体上仍会是 Fabless+Foundry 相结合，但增速仍会减慢。今后如没有面广量大的产品出现，Fabless 将呈碎片化，或与晶圆代工相结合，走轻晶圆（Fablite）之路，或收购生产线等。

第六节　2016年世界集成电路晶圆业发展情况

一、2016年世界集成电路晶圆业简况

1．2016年世界集成电路晶圆业营业收入情况

2016年世界集成电路晶圆业营业收入情况为1482.4亿美元,同比增长3.4%,见图1.6.1。

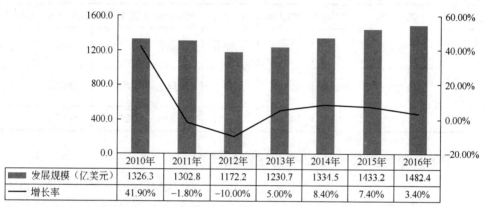

	2010年	2011年	2012年	2013年	2014年	2015年	2016年
发展规模(亿美元)	1326.3	1302.8	1172.2	1230.7	1334.5	1433.2	1482.4
增长率	41.90%	−1.80%	−10.00%	5.00%	8.40%	7.40%	3.40%

CAGR=1.60%(2010—2016年)
资料来源:JSSIA整理。

图1.6.1　2010—2016年世界集成电路晶圆业发展规模及增长情况

2016年世界集成电路晶圆业营业收入增长的主要因素:一是世界半导体市场在2016年下半年有所增长,拉动了集成电路晶圆业的增长;二是集成电路产品市场总体为2767亿美元,年增长0.80%,其中,模拟电路产品增长5.80%,逻辑电路产品增长0.80%;三是集成电路晶圆制造业有6条12英寸生产线新开工,扩大了产能;四是自2016年下半年起在DRAM和NAND Flash涨价(20%～40%)的带动下,世界集成电路主要晶圆厂家营业收入有较大的提升,如台积电为294.88亿美元,同比增长近11.00%;格罗方德为45.82亿美元,同比增长10.5%;中芯国际为29.21亿美元,同比增长30.60%;塔富为9.61亿美元,同比增长近30%等。

2．2016年世界集成电路晶圆业在总值中所占比重

2016年世界集成电路晶圆业营业收入为1482.4亿美元,占到集成电路产业营业收入2767亿美元的53.5%,占比率同比提升1.4个百分点,见表1.6.1和表1.6.2。

表1.6.1　2010—2016年世界集成电路晶圆业在集成电路产业中所占比重

指标名称	单位	2010年	2011年	2012年	2013年	2014年	2015年	2016年	CAGR(%)
全球集成电路销售额	亿美元	2446.2	2468.0	2383.7	2517.8	2773.0	2744.8	2767.0	1.78

续表

指标名称	单位	2010 年	2011 年	2012 年	2013 年	2014 年	2015 年	2016 年	CAGR（%）
全球集成电路晶圆业销售额	亿美元	1326.3	1302.8	1172.2	1230.7	1334.5	1433.2	1482.4	1.60%
占比	%	54.2	52.8	49.2	48.9	48.1	52.2	53.6	—

表1.6.2　2010—2016年世界集成电路晶圆业营业收入占半导体总值之比

单位：亿美元

指标名称	2010 年	2011 年	2012 年	2013 年	2014 年	2015 年	2016 年	CAGR（%）
全球半导体销售额	3004.0	3000.0	2920.0	3060.0	3360.0	3352.0	3389.0	1.74
全球 IC 晶圆业销售额	1326.3	1302.8	1172.2	1230.7	1334.5	1433.2	1482.4	1.60
占比	44.20%	43.40%	40.10%	40.20%	39.70%	42.80%	43.7	—

二、2016 年世界集成电路晶圆生产线情况

2016 年世界集成电路晶圆线拥有量见表 1.6.3。据 SEMI 及芯思想等报道，2016 年世界集成电路晶圆 12 英寸生产线已达到 100 条，同比增长 5.3%，如表 1.6.4 所示。

表1.6.3　2016年世界集成电路晶圆线拥有量

晶圆尺寸	4 英寸（100mm）	5 英寸（125mm）	6 英寸（150mm）	8 英寸（200mm）	12 英寸（300mm）
生产线（条）	78	55	164	150	100

表1.6.4　2002—2016年世界集成电路12英寸晶圆生产线拥有数量

年度	数量（条）	同比（%）
2002	8	—
2003	13	62.5
2004	18	38.5
2005	26	44.4
2006	43	65.4
2007	57	32.6
2008	63	10.5
2009	66	4.8
2010	73	10.6
2011	78	6.8
2012	82	5.1
2013	84	2.4

续表

年度	数量（条）	同比（%）
2014	87	3.6
2015	95	9.2
2016	100	5.3
2017（E）	108	8.0
2018（E）	115	6.5

资料来源：芯思想/JSSIA 整理。

2016 年世界集成电路 12 英寸晶圆生产线有 100 条左右，分布情况见表 1.6.5。其中中国台湾地区有 32 条，占到全球的 32%；美国、日本各有 15 条，韩国有 13 条；中国大陆目前有 10 条，同比增长 11.10%〔其中包括三星（西安）、英特尔（大连）、SK 海力士（无锡）的生产线〕。欧洲地区：德国有 3 条、爱尔兰有 3 条、法国有 1 条、奥地利有 1 条、俄罗斯有 1 条、以色列有 1 条。东南亚地区：新加坡有 5 条。

表1.6.5 2016年世界集成电路12英寸晶圆生产线分布情况

国家/地区	中国台湾地区	美国	日本	韩国	中国大陆	欧洲/中东	东南亚地区	合计
数量（条）	32	15	15	13	10	10	5	100
占比（%）	32	15	15	13	10	10	5%	100

自 2009 年以来，晶圆 12 英寸生产线有所变动，例如，奇梦达破产，结束运营；位于美国 Richmond 的生产线关闭，设备出售给德州仪器；2010 年飞索由于经营不善，位于日本的 12 英寸线关闭，设备出售给德州仪器，改生产模拟电路；2013 年台湾茂德破产，有两条 12 英寸线关闭。

在 2016 年 12 英寸晶圆生产线统计中，英特尔在爱尔兰的 Fab24 目前已完成三期厂房，所以按 3 座计算；台积电 Fab14 日前已完成 7 期厂房，所以按 7 座计算。日本不包括 CIS 生产用 12 英寸厂房和精工的 12 英寸的 HTPS 生产线等，具有一定的不可比性。

12 英寸晶圆生产线自 1999 年开始投入运行，但在 2008 年以前，世界集成电路晶圆生产线是以 8 英寸晶圆生产线为主。2009 年以后，12 英寸晶圆生产线成为主流。2016 年世界集成电路晶圆业 12 英寸生产线十大厂家产能占比见表 1.6.6。

表1.6.6 2016年世界集成电路晶圆业12英寸生产线十大厂家产能占比

厂家名称	三星	美光	台积电	SK 海力士	东芝西数	英特尔	格罗方德	联电	力晶	中芯国际	其他	合计
产能占比（%）	22	14	13	13	11	7	6	3	2	2	7	100

资料来源：IC Insights（2017.1.12）。

目前全球十大 12 英寸晶圆供应商中：三星、美光、SK 海力士、东芝以生产存储器为主；台积电、格罗方德、联电、力晶、中芯国际以代工生产为主；英特尔为全球最大的晶圆制造商，处于领先的地位。

据 SEMI 报道：2017—2020 年前后，世界将有 62 座新的晶圆厂建成并投入运营，其中 7 座为研发型，55 座为量产型工厂；其中，有 32%的生产线用于代工，有 21%用于生产存储器，有 11%用于生产 LED，有 36%用于其他产品生产（电源管理、MEMS、逻辑芯片、模拟芯片与光电器件等）。其中，中国大陆将建成 26 座（含 8 英寸、12 英寸），占到 42%左右，居世界首位；美国有 10 座，中国台湾地区有 9 座。

三、2016 年世界集成电路晶圆代工情况分析

1. 2016 年世界集成电路晶圆代工业概况

据 IC Insights 报道，2016 年世界集成电路晶圆代工营收额为 500.05 亿美元，同比增长 10.54%，为历年来的新高（见图 1.6.2）。2016 年世界集成电路晶圆代工营收占到世界集成电路销售收入 2726.98 亿美元的 18.30%。尽管已经比 2015 年的占比提升了 1.8 个百分点，但总体上看，世界集成电路晶圆业在整个产业链中的占比还是较低，由此可见，产业还是比较倾向于轻晶圆业（Fab-Lite）发展。

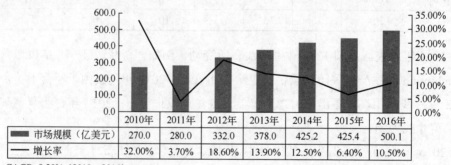

	2010年	2011年	2012年	2013年	2014年	2015年	2016年
市场规模（亿美元）	270.0	280.0	332.0	378.0	425.2	425.4	500.1
增长率	32.00%	3.70%	18.60%	13.90%	12.50%	6.40%	10.50%

CAGR=9.20%（2010—2016）
资料来源：IC Insights/JSSIA整理。

图 1.6.2　2010—2016 年世界集成电路晶圆代工市场规模及增长情况

2. 2016 年世界集成电路代工前十大企业情况

2016 年世界集成电路晶圆代工前十大企业营收额为 477.54 亿美元，同比增长 11.5%，占到全部晶圆代工收入的 95.5%，与 2015 年相比，占比提高 8.5 个百分点，晶圆代工集中度更为提高。

在 2016 年世界集成电路晶圆代工前十大企业中，中国台湾地区占到 4 家（台积电、联电、力晶、先进）、中国大陆占到 2 家（中芯国际、华虹宏力）、美国 1 家（格罗方德）、韩国 1 家（东部高科）、以色列 1 家（塔富）、德国 1 家（爱克斯）。

在 2016 年世界集成电路晶圆代工前十大企业中，由于受到集成电路设计业由弱向好

转变的形势影响，都呈现不同程度的增长，其中，爱克斯（XFAB）大涨54.1%、中芯国际大涨30.6%、塔富大涨近30.00%；增长10%以上的有台积电、格罗方德等（见表1.6.7）。

表1.6.7　2015—2016年世界集成电路晶圆代工（Foundry）厂商排行

2016年排名	2015年排名	公司名称	国家/地区	2016年营收额（百万美元）	2015年营收额（百万美元）	同比（%）	占比（%）
1	1	台积电（TSMC）	中国台湾	29488	26574	10.97	58.97
2	2	格罗方德（GF）	美国	5545	5019	10.48	11.09
3	3	联电（UMC）	中国台湾	4582	4464	2.64	9.15
4	4	中芯国际（SMIC）	中国	2921	2236	30.64	5.84
5	5	力晶科技（PSC）	中国台湾	1275	1268	0.55	2.55
6	6	塔富（Tower Jazz）	以色列	1249	961	29.97	2.50
7	7	世界先进（VIS）	中国台湾	800	736	8.70	1.60
8	8	华虹宏力（HHGR）	中国大陆	712	650	9.54	1.42
9	9	东部高科（Dongbu Tek）	韩国	672	593	13.32	1.34
10	11	爱克斯（XFAB）	德国	510	331	54.08	1.02
前十大企业合计				47754	42832	11.49	95.50
其他企业合计				2251	2405	−6.40	4.50
总计				50005	45237	10.54	100.00

资料来源：IC Insights（2017.1）。

特别要指出的是：

中国台湾地区的台积电的营收额为294.88亿美元，同比增长近11.00%，占到世界集成电路晶圆代工营收额的58.97%（近六成），居榜首，其代工收入主要来源于28～16/14纳米工艺技术，尤其在10纳米工艺技术上已战胜三星半导体，取得了苹果的代工业务，预计2017年将有快速的增长。

中芯国际28纳米工艺技术已有较大进步，取得了中国大陆集成电路设计业较多的份额，2016年在90-65-32-28纳米晶圆代工的收益同比增长30.6%，占比提升1个百分点。由于中芯国际收购了意大利代工商LFoundry，对2016年的增量益发产生了积极的影响。

德国爱克斯（XFAB）公司因收购法国代工商ALtis后，也增加了代工实力，增长率达54.1%。

其他一些晶圆代工企业营收额同比下降6.40%。

3. 2016年世界集成电路主要晶圆代工企业技术区间产出比例情况

依据IC Insights以2016年9月推估2016年全年全球集成电路晶圆代工收入中，在高阶段制程中（≤40nm），台积电占到 54% 的份额，比 2015 年大增 7 个百分点，而其他制程节点都呈减少的状态。另有报道，台积电先进制程代工业务已占到全球先进代工业务的近 80%。紧随台积电之后的格罗方德（GF）也在努力追赶。中芯国际在先进制程中仍欠不足，代工总值仅占 2%（小于 28nm 仅占 1.5%），其主要晶圆代工工艺技术还集中在 0.13～0.18～≥0.18 微米（占总值的 53% 以上）。主要晶圆代工企业技术区间产出比例情况见表 1.6.8。2016 年世界集成电路晶圆 28 纳米制程占比情况见图 1.6.3。

表1.6.8　主要晶圆代工企业技术区间产出比例情况

单位：%

企业＼区间	≤40nm			≤45nm			≤65nm			≤90nm			≤0.13μm			≤0.18μm			>0.18μm		
	A	B	±%	A	B	±%	A	B	±%	A	B	±%	A	B	±%	A	B	±%	A	B	±%
台积电	54	47	7	14	15	-1	11	12	-1	5	7	-2	2	2	平	10	12	-2	4	5	-1
格罗方德	52	51	1	14	13	1	6	7	-1	7	7	平	6	7	-1	10	9	1	4	5	-1
联电	18	10	8	25	24	1	17	22	-5	3	5	-2	11	13	-2	12	12	平	13	14	-1
中芯国际	2	0	2	22	16	6	20	24	-4	3	4	-1	10	11	-1	40	42	-2	3	3	平
其他厂商	5	4	1	10	8	2	6	6	平	8	9	-1	17	18	-1	25	26	-1	29	29	平
合计（%）	40	35	5	15	14	1	11	12	-1	5	7	-2	6	7	-1	14	15	-1	9	10	-1

注：A 表示 2016 年的产出比例；B 表示 2015 年的产出比例。

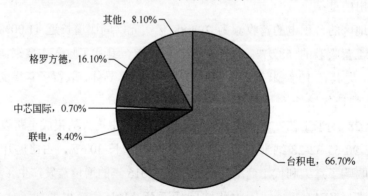

图 1.6.3　2016 年世界集成电路晶圆 28 纳米制程占比情况

四、2016 年世界集成电路晶圆投片产能情况

据 IC Insights 研究报告指出：2016 年全球晶圆产能（折 8 英寸晶圆计）达每月 1711.4 万片，同比增长 4.5%。其中中国大陆地区增长最快，同比增长 16.2%，占全球总产能的

近 11%，其总产能排全球第五位。2016 年世界集成电路晶圆制造地区产能及占比情况见表 1.6.9。

表1.6.9　2016年世界集成电路晶圆制造地区产能及占比情况

序号	国家/地区	2016 年		2015 年		2016/2015 同比（%）
		产能（千片/月）	占比（%）	产能（千片/月）	占比（%）	
1	中国台湾地区	3645	21.3	3547	21.7	2.8
2	韩国	3569	20.9	3357	20.5	6.3
3	日本	2925	17.1	2824	17.3	3.6
4	北美	2297	13.4	2320	14.2	−1.0
5	中国大陆地区	1849	10.8	1591	9.7	16.2
6	欧洲	1099	6.4	1046	6.4	5.1
7	其他	1730	10.1	1665	10.2	3.9
	合计	17114	100.0	16350	100.0	4.5

资料来源：IC Insights/JSSIA 整理（2017.2）。

从表 1.6.9 中可以看出：

● 中国大陆集成电路晶圆投片生产能率大幅上升，同比增长 16.2%。

● 中国台湾地区集成电路晶圆投片产能居全球第一位，达到月产 364.5 万片（折 8 英寸），同比增长 2.8%，增长速度放缓；占全球总产能的 21.30%，占比率同比下滑 0.4 个百分点。其中，台积电和联电占到中国台湾地区集成电路晶圆制造产能的 73%。

● 韩国集成电路晶圆制造投片总产能月投片量为 356.9 万片，同比增长 6.30%。占全球总产能的 20.9%，占比率同比下降 0.4 个百分点。其中，三星和 SK 海力士两家公司占到韩国总产能的 93%。

● 日本集成电路晶圆制造投片总产能为月投片量 292.5 万片，同比增长 3.6%，占全球总产能的 17.1%，同比上升 0.2 个百分点。自美光收购尔必达后，日本占全球总产能有所下降，但东芝和瑞萨两家公司占到日本总产能的 64%。在 2016—2017 年，日本东芝公司因核电业务失败而造成巨额亏损，还在准备出售其核心的内存制造业务，这对日本集成电路产业是一个重大的打击。

● 美国集成电路晶圆制造投片总产能为月投 229.7 万片（折 8 英寸），同比下降 1%，占全球总产能的 13.4%，占比同比下降 0.8 个百分点；其原因是美国控股的公司晶圆制造不在美国而在世界各地，分散而不便统计。

● 欧洲地区集成电路晶圆投片总产能为 109.9 万片，同比增长 5.1%，占全球总产能的 6.4%，与 2015 年占比持平。

2016 年世界集成电路晶圆制造（12-8-6 英寸）主要厂商产能占比见表 1.6.10。

表1.6.10 2016年世界集成电路晶圆制造（12～8～6英寸）主要厂商产能占比

序号	12 英寸产能占比		8 英寸产能占比		6 英寸产能占比	
	企业名称	占比（%）	企业名称	占比（%）	企业名称	占比（%）
1	三星	22	台积电	11	意法	12
2	美光	14	德仪	7	安森美	11
3	SK 海力士	14	意法	6	松下	7
4	台积电	13	联电	6	华润微	6
5	东芝	11	英飞凌	5	士兰微	5
6	英特尔	7	恩智浦	4	瑞萨	4
7	格罗方德	6	东芝	4	德仪	3
8	联电	3	中芯国际	4	台积电	3
9	力晶	2	三星	4	罗姆	3
10	中芯国际	2	华虹宏力	3	东芝	3
	其他厂商	6	其他厂商	46	其他厂商	43
	合计	100	合计	100.0	合计	100.0

资料来源：IC Insights/JSSIA 整理（2016.12.20）。

12 英寸晶圆制造生产线中，前十大企业占到全球总产能的 94%，其中前三大企业（三星、美光和海力士）占到总产能的 50% 以上。

8 英寸晶圆制造生产线中，前十大企业占到全球总产能的 54% 以上，其占比率略有些分散，其他一些厂商占到 46%，可生产一些市场大宗类 IC 产品。

6 英寸晶圆制造生产线中，前十大企业仍占到 57%，生产一些面广量大的产品，其他一些厂商在 43% 中，努力前行。

五、2016 年世界集成电路晶圆业技术发展情况

2005—2016 年世界集成电路晶圆制造技术特征尺寸演进情况见表 1.6.11。

表1.6.11 2005—2016年世界集成电路晶圆制造技术特征尺寸演进情况

年度	2005	2006	2007	2008	2009	2010	2011	2012	2013	2014	2015	2016
特征尺寸（纳米）	130	110	90	65～60	55～50	45～40	32～28	22	20～16	14/10	14/10	10/7

资料来源：JSSIA 整理。

1．英特尔（Intel）

● 英特尔在 14 纳米制程领域仍领先国际同行，其 14 纳米制程的闸极间距约为 50 纳

米，与台积电、三星的10纳米制程的闸极间距相当。

● 英特尔将在2017年下半年开始启动10纳米制程量产，首款选定10纳米Cannon Lake处理器，进程安排在2018年下半年量产。

● 英特尔正在有序推进7～5纳米制程技术的研发，已宣布在2017年将投资70亿美元（工厂设在亚利桑那州），导入（EUV）紫外光微影技术，建设7纳米晶圆厂，2018—2019年7纳米有望试产。

2. 台积电（TSMC）

● 台积电28纳米及以下代工占全球80%以上。

● 台积电20～16纳米产能占33%、28纳米产能占24%、45～40纳米产能占12%、65纳米产能占11%、90纳米产能占5%，即90纳米及以下产能占85%。

● 2015年台积电14纳米进入大量生产。

● 2016年台积电10纳米进入量产。2017年第一季度进入对外供货（可于2017年第一季度对苹果10纳米A11芯片进行生产）。

● 7纳米可于2017年四季度进行（认证）试产。2018年可进入量产（目前有近3000名工程师和500名员工投入研制）。

● 5纳米可于2019年第二季度进入试产，于2020年进入量产。

● 3纳米在2016年年底/2017年起进入初期开发（有数百名工程师进入研制）。

● 台积电7纳米制程厂区放在中科，5纳米制程厂区放在南科。

● 台积电10纳米工艺技术产品拿下苹果新一代A11处理器、联发科Helio X_{30} 系列手机芯片、华为海思Kirin970订单。

● 台积电预计在2019年以EUV制程加入7纳米制程，于2020年加入5纳米技术制程。

● 台积电在晶圆制程技术上已拉近与英特尔、三星的距离。在5纳米制程上有可能与英特尔持平，超越三星制程技术。

3. 三星（Samsung）

● 三星半导体制程芯片主要是以自产自配为主。

● 三星在西安增资43.5亿美元，打造3D NAND Flash，月投达12万片。

● 三星在3D NAND Flash，主流技术已达64层，占全球总出货量的40%，目标向72层发展。

● 三星半导体近几年来已进入晶圆代工，主要为苹果A10制造代工，几近逼退台积电，包揽苹果订单。

● 三星半导体在2016年宣布进入10纳米量产，越过台积电首个进入10纳米制程量产，与英特尔之间差距拉近。

- 三星 10 纳米制程除生产自家设计的 ExynoS 处理器外，还取得了高通 Snapdragon835 订单。

- 三星 10 纳米制程 Helio X_{30} 处理器导入新智能手机。

- 三星 20～14 纳米制造还进入了 VR/AR 头盔、IP 网络产品、平板电脑、移动 PC 等终端产品。

- 三星 2017 年进入 7 纳米试产和 5 纳米研制。

- 三星在 2017 年 2 月宣布 5G 射频（RFIC）技术投入商用，RFIC 采用三星 2016 年 6 月发布的高增益/高效率功率放大器，可克服高频波谱带来的技术挑战，可使毫米波频带扩展覆盖。

4．格罗方德（GFMC）

- 格罗方德无偿得到 IBM12 英寸晶圆生产线、工艺技术和倒贴 15 亿美元补贴，实力大增。

- 格罗方德跨越 16 纳米，现已为超微（AMD）于 2017 年生产 14 纳米新一代 Ryzen 处理器，制程若顺利，将于 2018 年进入 10 纳米制程量产，可于 2020 年进入 7 纳米时代（有信息称为跨越 10 纳米制程）。

- 格罗方德工艺技术范围从 0.6 微米到 14 纳米，拥有 5 座 8 英寸厂，6 座 12 英寸厂。

5．联电（UMC）

- 联电自主研发的 14 纳米鳍式场效应晶体管（FinFET）制程技术，已成功进入客户芯片量产阶段，良品率已达先进制程竞争水平，速度较 28 纳米增快 55%，闸密度达 2 倍，功耗减少 50%。14 纳米放在中国台南 Fab 12A 厂生产。

- 联电在南科 P5 厂对 28 纳米进行扩产，目前月投 1.5 万片。

- 联电厦门联芯于 2016 年 11 月进行量产。技术水平为 55～40 纳米制程技术，自 2017 年以后将重点定在推进 28 纳米制程。目前联电与和舰科技共有厦门联芯 50% 的股份。

- 联电与福建泉州市共同投资福建晋华 12 英寸存储器项目，制程技术由 28 纳米导入，目标定在 16 纳米。

- 联电独自经营和舰科技（苏州）有限公司，制程在 0.35～0.15～0.13～0.11 微米级水平，月投片 10 万余片的产能。

6．SK 海力士（SK Hynik）

- 2015 年 SK 海力士量产 36 层堆叠 3D MLC NAND（3D-V2），单品容量为 128Gb（16GB）。

- 2016 年 SK 海力士量产 48 层堆叠的 3D-V3 达到 256Gb（32GB），封装芯片最高容量可达到 4096Gb（512GB）。

● 2017 年 SK 海力士将推出第四代 3D-V4 达到 72 层堆叠，单颗晶粒容量为 256Gb～512Gb～8192Gb（1TB）。

● SK 海力士在京畿道利川市工厂研发 72 层 3D NAND Flash。

● SK 海力士将投资 2.2 兆韩元，在清州建高等级半导体厂。

● SK 海力士在无锡投资 1 兆韩元（36 亿美元），扩大 DRAM 生产。

7. 中芯国际（SMIC）

● 中芯国际晶圆产能技术主要集中在 180～150 纳米（占 38.1%）和 65～40 纳米（占 43%）两大区域的制程阶段上。

● 中芯国际 28 纳米自 2016 年年初量产后，在 2016 年第三季度占比达到总值的 1.4%，到第四季度达到占总值的 3.5%，增长速率达到 150%。

● 中芯国际 2016 年 28 纳米销售收入占到总值的 1.6%；其技术先进度和产能与国际先进水平（台积电相比）还差一大段距离。

● 中芯国际与高通合作，已在 28 纳米工艺技术上站稳脚跟，并向更先进的 20～16～14 纳米前进。

● 中芯国际已以 5 亿美元成为长电科技最大股东，成为"制造+封装"作战略探索。

● 2016 年 10 月，中芯国际连续公布以投资 675 亿元在上海开工第二条 12 英寸生产线，技术水平为 14 纳米，月投 7 万片能力；将天津 8 英寸生产线扩产到月投 15 万片（原为 4.5 万片），成为全球最大的 8 英寸单体生产线；将在深圳新建一座 12 英寸生产线，预期产能为 4 万片。

8. 华虹宏力（HHGR）

● 华虹金融 IC 卡芯片出货量同比增加超一倍，实现翻番，其中，纯金融 IC 卡、社保卡、居民健康卡等带金融支付功能的智能卡芯片出货量约 2 亿颗，有成熟的 0.13～0.11μm 嵌入式非易失性存储（eNM）工艺技术，现已推出更先进的 90nm 嵌入式非易失性存储器，工艺进一步缩小芯片尺寸。2016 年华虹半导体采用 eNVM 技术制作的金融 IC 卡芯片产品，分别成功获得国际权威机构颁发的 CCEAL5+ 和 EMVC0 安全证书，以及万事达 CQM 认证，证明华虹半导体金融 IC 卡芯片制造工艺技术，安全管理体系已达到国际领先水平，得到国际认可，同时为拓展海内外金融市场打下了良好的基础。

● 华虹宏力已有"第二代深槽型超级结工艺平台"，为国内首创深沟槽（超过 38 微米）的刻蚀和填充技术。

● 华虹宏力公司研制的"600V-1200V 场截止型 IGBT 芯片制造工艺技术"获 2016 年第十一届中国半导体创新产品和技术项目称号。

● 华虹宏力拥有 3 条 8 英寸生产线，技术水平从 0.35 微米到 90 纳米各节点，月产能 15 万片。

第七节　2016 年世界集成电路封测业发展情况

一、2016 年世界集成电路封测产业概况

2016 年世界集成电路封测产业总体上呈现为平淡无奇，销售收入为 509.7 亿美元，同比仅增长 0.02%。2016 年世界集成电路封测业营业收入占世界半导体产业总值 3389.3 亿美元的 15.0%，占世界集成电路产业总值 2766.98 亿美元的 18.40%。

据预测，2017 年世界集成电路封测产业将有一个较好的发展，销售收入预计为 529.0 亿美元，同比增长 3.80%（见图 1.7.1）。

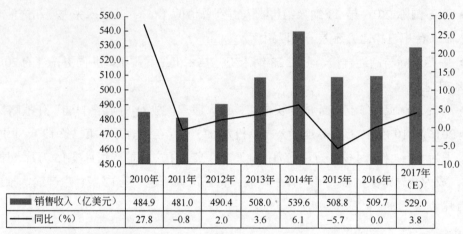

	2010年	2011年	2012年	2013年	2014年	2015年	2016年	2017年（E）
销售收入（亿美元）	484.9	481.0	490.4	508.0	539.6	508.8	509.7	529.0
同比（%）	27.8	−0.8	2.0	3.6	6.1	−5.7	0.0	3.8

CAGR=1.09%（2010—2017年）
资料来源：台湾拓墣产研院/JSSIA整理（2017.3）。

图 1.7.1　2010—2017 年世界集成电路封测业发展规模及增长情况

2016 年世界封测业 IDM 型企业营业收入为 214.4 亿美元，同比下降 5.0%，占到全球封测业总值的 42.1%；代工型（OSAT）封测企业营业收入为 295.3 亿美元，同比增长 4.30%，占全球封测业总值的 57.9%，见表 1.7.1 和表 1.7.2。

表1.7.1　2010—2016年世界集成电路封测业（IDM型）企业销售收入情况

指标名称	单位	2010 年	2011 年	2012 年	2013 年	2014 年	2015 年	2016 年	CAGR（%）
销售收入	亿美元	249	240.8	245.1	257.2	272.8	225.7	214.4	−2.11
同比	%	—	−3.3	1.8	4.9	6.1	−17.3	−5.0	
占比	%	51.4	50.1	50.0	50.6	50.6	44.4	42.1	

表1.7.2 2010—2016年世界集成电路封测业代工（OSAT）企业销售收入情况

指标名称	单位	2010 年	2011 年	2012 年	2013 年	2014 年	2015 年	2016 年	CAGR(%)
销售收入	亿美元	235.9	240.2	245.3	250.8	266.8	283.1	295.3	3.26
同比	%	—	1.8	2.1	2.2	6.3	6.1	4.3	—
占比	%	48.6	49.9	50.0	49.4	49.4	55.6	57.9	—

资料来源：JSSIA 整理（2017.4）。

从表 1.7.1 和表 1.7.2 可见：

集成电路封测业 IDM 型企业的销售收入，2014 年以前能够占到世界集成电路封测企业销售总值的一半以上，2015 年开始呈下降的趋势，2016 年只占到总值的 42.1%。

集成电路封测业代工型（OSAT）企业的销售收入，2014 年前低于世界集成电路封测企业销售总值的 50%，2015 年开始升高到 50%以上；2016 年达到 57.9%，创历史新高。

由此可见，世界集成电路封测业态在悄然变化之中，封测代工业营销收入在逐年上升；封测业 IDM 型企业营销收入在逐步下滑。究其原因主要有：

一是世界半导体制造技术探索前行的结果。为了延续摩尔定律，晶圆工厂与封测厂商分工合作，提高封装技术水平，扩展封测代工业。

二是世界半导体市场激烈竞争的结果。市场竞争强者胜，封装测试厂家为做大做强，纷纷采取兼并整合方式，提升市场占有份额和技术水平，如日月光整合矽品科技、长电科技并购星科金朋、通富微电并购入股 AMD 槟城和苏州工厂、华天科技收购西钛，封测代工能力迅速得到扩大。

三是近年来封测业 IDM 型企业新增不多。由于封测业原有的 IDM 型企业规模扩大速度缓慢，且新增企业不多，世界封测业 IDM 型企业的营销总额下降成为必然。

据 Gartner 报道：2017 年世界集成电路封测代工（OSAT）市场发展规模预计为 311.9 亿美元，同比增长 5.6%；2018 年世界集成电路封测代工市场发展规模预计为 331.4 亿美元，同比增长 6.30%。

二、2016 年世界集成电路封测业前十大企业情况

据 IC Insights 报道，2016 年世界集成电路封测业前十大企业营业收入为 193.99 亿美元，同比增长 9.9%，占到集成电路封测业营收总值的 38.1%，占到集成电路封测代工企业营业收入总额的 65.7%，取得了令人鼓舞的业绩（见表 1.7.3）。

表1.7.3 2016年世界集成电路封测业前十大企业排名

排名		企业名称	国家/地区	2016 年销售额（百万美元）	2015 年销售额（百万美元）	同比（%）	占比（%）
2016 年	2015 年						
1	1	日月光（ASE）	中国台湾地区	4871	4751	2.5	25.1
2	2	安靠（Amker）	美国	3894	3372	15.5	20.1
3	4	长电科技（JCET）	中国大陆地区	2899	2575	12.6	14.9
4	3	矽品（SPIL）	中国台湾地区	2641	2609	1.2	13.6
5	5	力成（Powertech）	中国台湾地区	1501	1337	12.3	7.7
6	6	联合科技（UTAC）	新加坡	875	878	−0.3	4.5
7	7	天水华天（Huatian）	中国大陆地区	823	616	33.6	4.2
8	12	通富微电（TFAMD）	中国大陆地区	688	369	86.4	3.5
9	9	京元电子（KYEC）	中国台湾地区	624	540	15.6	3.2
10	8	南茂科技（ChipMos）	中国台湾地区	583	606	−3.8	3.0
前十大企业合计			—	19399	17653	9.9	100.0

资料来源：IC Insights/JSSIA 整理（2017.4）。

长电科技在 2016 年世界集成电路封测前十大企业中以销售额为 28.99 亿美元，同比增长 12.6%，占世界集成电路封测十大企业营业收入总额的 14.90%，跃居第三位。

2016 年世界集成电路封测前十大企业中，中国台湾地区有 5 家企业入选，日月光位居第一，占到十大企业市场 25.1%的份额，中国台湾地区 5 家企业销售额占到前十大企业的 52.7%。

2016 年世界集成电路封测前十大企业中，长电科技比 2015 年前进 1 位，通富微电和京元电子新晋升至前十位；矽品精密后退 1 位。日本 J-DEVICES 公司是 2015 年的前十大企业，2016 年被挤出前十。

在前十大企业中，以通富微电进步最大，同比增长 86.4%（有兼并 AMD 槟城和苏州工厂的因素），其次为天水华天同比增长 33.6%，以及京元电子（15.6%）、安靠（15.5%）、长电科技（12.6%）、力成科技（12.3%）等，都有较好的表现。但南茂科技和联合科技（测试）有小幅下滑。

三、2016 年世界集成电路封装业技术进步情况

1. 2016 年世界集成电路封装技术有显著进步

世界集成电路封装业技术主要聚焦于先进的覆晶封装（FC）、金属凸点封装（Bumping）、

晶圆级封装（WLP）、扇出型封装（Fan-out）、系统级封装（SiP）、2.5/3D TSV 等，以适应市场的需求。

● 三星推出全球第一款 3D 主体硅穿孔封装（TSV）技术打造内存芯片，容量翻一倍。

● 在移动终端芯片的推动下，轻、薄、小的系统级封装（SiP）已蔚然成主流。

● 受到移动智能终端基带芯片、应用处理器、无线通信芯片、高端视频芯片市场的推动，扇出型晶圆级先进封装（Fan-out WLP）近年备受青睐。从 2013 年的 3 亿颗预计到 2018 年达 19 亿颗，5 年内增长 6 倍。

● 2.5D/3D 硅穿孔（TSV）封装技术仍是属于具有挑战的高阶封装领域，在今后的市场中有广泛的应用。

2. 集成电路封装中道时代来临

● 由于先进封装要求在晶圆划片前就融入封装工艺步骤，包括晶圆研磨薄化、重布线（RDL）、凸点制作及 3D TSV 等制程，晶圆制造与封测前后道制程出现中道交叉区域，使得晶圆厂的技术布局逐渐向封测技术延伸，如中芯国际与长电科技结合，形成中道加工（BumPing）的专业化封装工厂。

● 应用于苹果 A10 芯片上的 InFo WLP 技术由台积电独立研发生产。台积电的 InFo 技术在 16nm FinFET 上可以实现 RF 与 WiFi、AP 与 BB、GPU 与网络芯片的三种组合。

3. 集成电路先进封装技术快速提升业务量

● 中国 IC 先进封装市场由 2016 年的 25 亿美元，到 2020 年市场规模将达到 46 亿美元，复合年增长率达到 16%，约当 12 英寸晶圆数 CAGR 则预计为 18%。

● 据 Yole Develpopment 报告：先进封装市场将在 2020 年达到整体 IC 封装业务的 44%，年营收额约为 315 亿美元，约当 12 英寸晶圆数由 2015 年的 0.25 亿片增至 2019 年的 0.37 亿片，年复合增长为 48%。

● IC 先进封装技术的快速实现，催生了先进封装的业务量上升，使先进封装技术和生产的效益更好地推进集成电路产业的发展，延伸摩尔定律前行。

第八节　2016 年世界半导体市场情况

一、2016 年世界半导体产品市场概况

据美国半导体产业协会（SIA）报道，2016 年世界半导体产品市场为 3389.3 亿美元，同比增长 1.1%（见图 1.8.1）。全球逻辑芯片居冠，年销售额为 915 亿美元，占比为 27.0%；存储器年销售额为 768 亿美元，占比为 22.6%，居第二位；微处理器年销售额为 606 亿美元，占比为 17.9%，居第三位；模拟电路销售额为 479 亿美元，占比为 14.1%；传感器年增长率为 22.7%；NAND Flash 同比增长 11.00%。

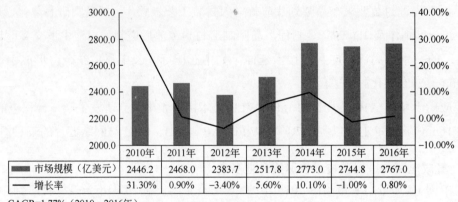

	2010年	2011年	2012年	2013年	2014年	2015年	2016年
市场规模（亿美元）	2446.2	2468.0	2383.7	2517.8	2773.0	2744.8	2767.0
增长率	31.30%	0.90%	-3.40%	5.60%	10.10%	-1.00%	0.80%

CAGR=1.77%（2010—2016年）
资料来源：SIA/IC Insights/JSSIA整理（2017.2）。

图 1.8.1　2010—2016 年世界集成电路产品市场总体规模及增长情况

据 IC Insights 报道：2016 年世界 D-O-S 行业产品市场总体规模为 622.3 亿美元（见图 1.8.2）。分立器件年销售额为 194 亿美元，光电器件年销售额为 321 亿美元，传感器年销售额为 108 亿美元（增长最多）。

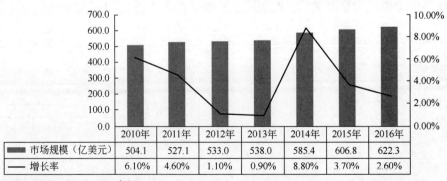

	2010年	2011年	2012年	2013年	2014年	2015年	2016年
市场规模（亿美元）	504.1	527.1	533.0	538.0	585.4	606.8	622.3
增长率	6.10%	4.60%	1.10%	0.90%	8.80%	3.70%	2.60%

CAGR=3.07%（2010—2016年）
资料来源：SIA/IC Insights/JSSIA整理（2017.2）。

图 1.8.2　2010—2016 年世界 D-O-S 行业产品市场总体规模及增长情况

分析 2016 年世界半导体产品结构规模及增长情况（见表 1.8.1）可以看出： 2016 年集成电路市场中，模拟电路同比增长 5.8%，增长最快；存储器和微处理器同比分别下滑 0.6%和 1.2%。

在 D-O-S 行业中，分立器件增长 4.3%；光电子产品因市场趋于饱和和缺乏新品面市，下降 3.8%；传感器因汽车电子、工控、物联网、家居等应用需求扩大而剧增 22.7%，增幅同比提升 18.8 个百分点。

表1.8.1 2014—2017年世界半导体市场产品结构规模及增长情况

产品类别	产品结构规模（百万美元）				同比增长率（%）			
	2014年	2015年	2016年	2017年（E）	2014年	2015年	2016年	2017年（E）
D-O-S 合计（D-O-S/Total）	58540	60684	62233	64499	8.8	3.7	2.6	10.4
其中：分立器件（DS）	20170	18612	19418	20023	10.8	-7.7	4.3	3.1
光电子器件（Optoelec-tromics）	29868	33256	31994	32679	8.3	11.3	-3.8	2.1
传感器（sensors）	8502	8816	10821	11797	5.8	3.7	22.7	9.0
集成电路合计（IC/Total）	277302	274484	276698	296404	10.1	-1.0	0.8	7.1
其中：模拟电路（Analog）	44365	45228	47848	51570	10.6	1.9	5.8	7.8
微处理器（Micro）	62072	61298	60585	61106	5.8	-1.2	-1.2	0.9
逻辑电路（Logic）	91633	90753	91498	97154	6.6	-1.0	0.8	6.2
存储器电路（Memory）	79232	77205	76767	86574	18.2	-2.6	-0.6	12.8
总计（Total）	335843	335168	338931	360903	9.9	-0.2	1.1	6.5

资料来源：SIA/IC Insights/JSSIA 整理（2017.4）。

2016 年世界半导体市场各类产品占比情况见图 1.8.3 和表 1.8.2、表 1.8.3。

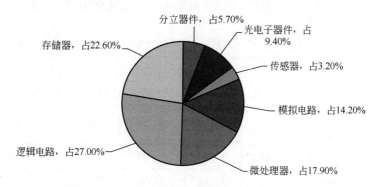

图 1.8.3 2016 年世界半导体市场产品占比情况

表1.8.2　2016年世界集成电路市场产品占比增减情况

年度＼产品类别	模拟电路	微处理器	逻辑电路	存储器电路	合计
2016 年占比（%）	17.3	21.9	33.1	27.7	100.00%
2015 年占比（%）	16.5	22.3	33.1	28.1	100.00%
占比增减（%）	+0.8	−0.4	平	−0.4	—

表1.8.3　2016年世界分立器件（D-O-S）市场产品占比增减情况

年度＼产品类别	分立器件	光电子器件	传感器	合计
2016 年占比	31.20%	51.40%	17.40%	100.00%
2015 年占比	30.70%	54.80%	14.50%	100.00%
占比增减	+0.50%	−3.40%	2.90%	—

预测 2017 年全球半导体市场同比增长 6.5%，规模为 3609 亿美元。其中，2017 年集成电路市场规模为 2964 亿美元，同比增长 7.1%；D-O-S 行业规模为 645 亿美元，同比增长 10.4%。存储器和微处理器因在 2016 年下半年有了较大提升，预计延续到 2017 年分别有 12.8% 和 0.9% 的增长；逻辑电路约增长 6.2%，规模达 971.5 亿美元；模拟电路约增长 5.8%，规模达 515.7 亿美元。在 D-O-S 行业中：传感器仍一路凯歌前行，同比增长 9.0% 以上；分立器件仍按原来的轨迹发展，又因 IGBT 等产品发力，增速保持在 3.1% 的水平；而光电子器件因市场的退缩略有 2.1% 的微幅增长。

二、2016 年世界各地区半导体市场分布情况

据 SIA 数据显示，2016 年世界半导体市场分布为：北美地区（美国）半导体市场销售值达 655 亿美元，同比衰退 4.7%；日本半导体市场销售值达 323 亿美元，同比增长 3.8%；欧洲半导体市场销售值达 327 亿美元，同比衰退 4.5%；亚太其他地区半导体市场销售值达 2084 亿美元，同比增长 3.6%，其中，中国半导体市场大涨 9.20%，见表 1.8.4。

表1.8.4　2014—2017年世界各地区半导体市场分布规模及增长情况

地区名称	市场分布情况（百万美元）				同比增长率（%）			
	2014 年	2015 年	2016 年	2017 年（E）	2014 年	2015 年	2016 年	2017 年（E）
北美地区（North Amerrica）	69324	68738	65537	72173	12.7	−0.8	−4.7	10.1
欧洲（Europe）	37459	34258	32707	33892	7.4	−8.5	−4.5	3.6
日本（Japan）	34830	31102	32292	33608	0.1	−10.7	3.8	4.1

续表

地区名称	市场分布情况（百万美元）				同比增长率（%）			
	2014 年	2015 年	2016 年	2017 年(E)	2014 年	2015 年	2016 年	2017 年(E)
亚太及其他地区（Asia & Pacific）	194230	201070	208395	221230	11.4	3.5	3.6	6.2
其中：中国（China）	169800	176400	192629	204632	15.4	3.9	9.2	6.2
合计（Total）	335843	335168	338931	360903	9.9	-0.2	1.1	6.5

从 2016 年世界各地区半导体市场分布占比情况（见图 1.8.4）可见：2016 年中国半导体市场占全球消费总量的 56.8%，已成为拉动世界半导体市场的主要动力和生产消费大国。各地区占比增减情况见表 1.8.5，2017 年占比增减情况预测见表 1.8.6。

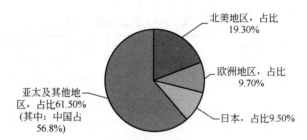

图 1.8.4　2016 年世界各地区半导体市场分布占比情况

表1.8.5　2016年世界集成电路市场地区占比增减情况

产品类别＼年度	北美地区	欧洲地区	日本	亚太地区	其中：中国	合计
2016 年占比（%）	19.3	9.7	9.5	61.5	56.8	100.00
2015 年占比（%）	20.5	10.2	9.3	60.0	52.5	100.00
占比增减（%）	-0.8	-0.5	+0.2	+1.5	+4.3	—

表1.8.6　2017年世界集成电路市场地区分布占比增减情况预测

产品类别＼年度	北美地区	欧洲地区	日本	亚太地区	其中：中国	合计
2017 年占比（%）	20.0	9.4	9.3	61.3	56.7	100.00
2016 年占比（%）	19.3	9.7	9.5	61.5	56.8	100.00
占比增减（%）	+0.7	-0.3	-0.2	-0.2	-0.1	—

2010—2017 年世界主要地区（国家）半导体市场发展规模及增长情况见表 1.8.7～表 1.8.11。

表1.8.7　北美（美国）半导体市场发展规模及增长情况

指标名称	2010年	2011年	2012年	2013年	2014年	2015年	2016年	2017年（E）	CAGR
市场规模（亿美元）	536.8	552.0	544.0	615.0	693.2	687.4	655.0	721.7	3.65%
同比	39.4%	2.8%	−1.5%	13.1%	12.7%	−0.8%	−4.7%	10.2%	—

表1.8.8　欧洲地区半导体市场发展规模及增长情况

指标名称	2010年	2011年	2012年	2013年	2014年	2015年	2016年	2017年（E）	CAGR
市场规模（亿美元）	380.5	373.9	331.6	349	374.6	342.6	327.1	338.9	−1.04%
同比	27.4%	−1.7%	−11.3%	5.2%	7.3%	−8.5%	−4.5%	3.6%	—

表1.8.9　日本半导体市场发展规模及增长情况

指标名称	2010年	2011年	2012年	2013年	2014年	2015年	2016年	2017年（E）	CAGR
市场规模（亿美元）	465.6	429.0	410.0	348.0	348.3	311.0	323.0	336.8	−3.37%
同比	21.6%	−7.9%	−4.3%	−15.2%	0.1%	−10.7%	3.8%	4.1%	—

表1.8.10　亚太地区半导体市场发展规模及增长情况

指标名称	2010年	2011年	2012年	2013年	2014年	2015年	2016年	2017年（E）	CAGR
市场规模（亿美元）	1600.3	1640.3	1629.8	1744	1942.3	2010.7	2084.0	2212.3	3.92%
同比	33.8%	2.5%	−0.6%	7%	11.4%	3.5%	3.6%	6.20%	—

表1.8.11　中国半导体市场发展规模及增长情况

指标名称	2010年	2011年	2012年	2013年	2014年	2015年	2016年	2017年（E）	CAGR
市场规模（亿美元）	1086.0	1249.0	1356.0	1472.0	1698.0	1764.0	1926.3	2046.3	7.56%
同比	31.8%	15.0%	8.6%	8.6%	15.4%	3.9%	9.2%	6.20%	—

三、2016年世界半导体产品市场规模及增长

2010—2017年世界半导体产品市场规模及增长情况见表1.8.12～表1.8.18。

表1.8.12　模拟电路（Analog）产品市场规模及增长情况

指标名称	2010年	2011年	2012年	2013年	2014年	2015年	2016年	2017年（E）	CAGR
销售额（亿美元）	426.6	429	393	401	443.7	452.3	478.5	515.7	2.51%
同比	16.9%	0.6%	−8.4%	2%	10.6%	1.9%	5.80%	7.8%	—

表1.8.13　微处理器（Micro）产品市场规模及增长情况

指标名称	2010 年	2011 年	2012 年	2013 年	2014 年	2015 年	2016 年	2017 年（E）	CAGR
销售额（亿美元）	572.7	655	602	587	620.7	613.0	605.9	611.1	0.94%
同比	13.1%	14.4%	−8.1%	−2.5%	5.7%	−1.2%	−1.20%	0.9%	—

表1.8.14　逻辑电路（Logic）产品市场规模及增长情况

指标名称	2010 年	2011 年	2012 年	2013 年	2014 年	2015 年	2016 年	2017 年（E）	CAGR
销售额（亿美元）	850.2	802	817	859	916.3	907.5	915.0	971.5	1.70%
同比	13.5%	−5.7%	1.9%	5.1%	6.7%	−1.0%	0.8%	6.2%	—

表1.8.15　存储器电路（Memory）产品市场规模及增长情况

指标名称	2010 年	2011 年	2012 年	2013 年	2014 年	2015 年	2016 年	2017 年（E）	CAGR
销售额（亿美元）	560.8	606	570	670	792.3	772.1	767.7	865.7	5.29%
同比	15%	8.1%	−5.9%	17.5%	18.3%	−2.6%	−0.6%	12.8%	—

表1.8.16　分立器件（DS）产品市场规模及增长情况

指标名称	2010 年	2011 年	2012 年	2013 年	2014 年	2015 年	2016 年	2017 年（E）	CAGR
销售额（亿美元）	202.8	218	191	182	201.7	186.1	194.2	200.2	0.21%
同比	5%	7.5%	−12.4%	−4.7%	10.8%	−7.7%	4.2%	3.10%	—

表1.8.17　光电子器件（Optoelec-tromics）产品市场规模及增长情况

指标名称	2010 年	2011 年	2012 年	2013 年	2014 年	2015 年	2016 年	2017 年（E）	CAGR
销售额（亿美元）	232.7	227	262	276	298.7	332.6	319.9	326.8	3.69%
同比	4.9%	−2.4%	15.4%	5.3%	8.2%	11.3%	3.80%	2.10%	—

表1.8.18　传感器（Sensors）产品市场规模及增长情况

指标名称	2010 年	2011 年	2012 年	2013 年	2014 年	2015 年	2016 年	2017 年（E）	CAGR
销售额（亿美元）	68.6	80.9	80	80	85	88.2	108.2	118.0	6.79%
同比	8%	17.9%	−1.1%	平	6.3%	3.7%	22.7%	9.0%	—

四、2016年世界半导体市场产品采购商前十名排行

据 Gartner 统计报告显示，2016 年世界电子信息产品整机厂商前十名采购金额为 1294.45 亿美元，占世界半导体市场总值的 38.11%，同比提高 1.31 个百分点；其他整机厂商采购金额为 2102.38 亿元，占 61.89%，见表 1.8.19。

表1.8.19　2016年世界半导体产品采购商前十名排行

2016 年排名	2015 年排名	公司名称	国别	2016 年采购额（百万美元）	2015 年采购额（百万美元）	同比（%）	占比（%）
1	2	三星电子	韩国	31667.0	30343.0	4.36	9.32
2	1	苹果	美国	29989.0	30885.0	-2.9	8.83
3	4	戴尔	美国	13308.0	10606.0	25.48	3.92
4	3	联想	中国	12847.0	13535.0	-5.08	3.78
5	6	华为	中国	9886.0	7597.0	30.13	2.91
6	5	惠普	美国	8481.0	8673.0	-2.21	2.50
7	8	惠普企业	美国	6206.0	6485.0	-4.30	1.83
8	7	索尼	日本	6071.0	6892.0	-11.91	1.79
9	21	步步高	中国	5818.0	2515.0	131.33	1.71
10	9	LG 电子	韩国	5172.0	5502.0	-6.0	1.52
前十大采购商合计				129445.0	123033.0	5.21	38.11
其他				210238.0	211736.0	-0.71	61.89
合计				339683.0	334769.0	1.47	100.0

资料来源：Gartner（2017.2）。

在前十大采购商中，美国 4 家（苹果、戴尔、惠普、惠普企业）、中国 3 家（联想、华为、步步高）、韩国 2 家（三星电子、LG 电子）、日本 1 家（索尼）。

在前十大采购商中，2016 年采购额同比增长的有 4 家（三星电子、戴尔、华为、步步高），占前十大采购商数的 40%，同比下降的有 6 家（苹果、联想、惠普、惠普企业、索尼、LG 电子），占 60%。

在前十大采购商排名中：2016 年三星电子前进 1 位、戴尔前进 1 位、华为前进 1 位、惠普企业前进 1 位、步步高前进 12 位首次进入前十大采购商之列。苹果后退 1 位（被三星电子超越）、联想后退 1 位、惠普后退 1 位、索尼后退 1 位、LG 电子后退 1 位。思科被挤出 2016 年前十大排名。

在前十大采购商中，三星电子和苹果公司这两家公司合计占世界半导体采购总额的

18.15%。中国首次有 3 家企业进入前十大采购商排名，占世界半导体采购总额的 8.4%，显示出中国电子市场的重要性在迅速上升。

在前十大采购商中，由于 PC、平板电脑市场销量的下滑，导致联想采购额下降 5.08%、惠普下降 2.21%、惠普企业下降 4.30%。苹果采购额同比下降 2.9%、索尼下降 11.9%、LG 下降 6.0%。反观步步高上升 131.3%、华为上升 30.1%、戴尔上升 25.5%。

第九节　2016年世界集成电路厂商研发费支出情况

一、2016年世界集成电路厂商研发费支出情况概述

据市调机构IC Insights报告指出：2016年全球半导体产业研发费支出为553.9亿美元，较2015年的564亿美元同比下降1.8%。2016年世界集成电路企业研发费支出前十三家厂商（10亿美元以上的企业）排名见表1.9.1。

表1.9.1　2016年世界集成电路企业研发费支出前十三家厂商排名

排序		企业名称	国家/地区	2016年研发费金额（亿美元）	2015年研发费支出（亿美元）	研发费支出同比增长率（%）	2016年销售额（亿美元）	研发费占营收额（%）	2016年研发费支出占比（%）	
2016年	2015年								占前13位	占全部
1	1	英特尔（Intel）	美国	127.4	121.3	5.0	563.1	22.6	32.2	23.0
2	2	高通（Qualcomm）	美国	51.1	54.9	-7.0	154.4	33.1	12.9	9.2
3	3	新博通（Broadcom）	新加坡	31.9	33.2	-4.0	153.3	20.8	8.1	5.8
4	5	三星（Samsung）	韩国	28.8	25.9	11.2	435.4	6.6	7.3	5.2
5	4	东芝（Toshiba）	日本	27.8	29.3	-5.1	109.2	25.5	7.0	5.0
6	6	台积电（TSMC）	中国台湾	22.2	20.7	7.2	293.2	7.6	5.6	4.0
7	9	联发科（Media Tek）	中国台湾	17.3	15.3	13.1	86.1	20.1	4.4	3.1
8	8	美光（Micron）	美国	16.8	16.0	5.0	128.4	13.1	4.2	3.0
9	7	恩智浦（NXP）	欧洲	15.6	16.6	-4.9	95.0	16.4	3.9	2.8
10	11	SK海力士（SK Hynix）	韩国	15.1	13.9	8.6	142.3	10.6	3.8	2.7
11	12	英伟达（Nvidia）	美国	14.6	13.3	10.0	63.4	23.0	3.7	2.6
12	13	德仪（TI）	美国	13.7	12.8	7.0	123.5	11.1	3.5	2.5
13	10	意法（ST）	欧洲	13.4	14.3	-6.0	69.4	19.3	3.4	2.4
前十三名合计（TOP13 Total）				395.7	387.5	2.1	2416.7	16.4	100.0	—
世界半导体厂商年度研发费支出合计				553.9	564.0	-1.8	3389.3	16.3	—	71.4

资料来源：IC Insights/JSSIA整理（2017.5）。

二、2016 年世界半导体主要厂商研发费投入情况分析

从表 1.9.1 中可以看出：

● 前 13 大厂商 2016 年研发费支出总额比 2015 年支出总额上升了 2.10%。

● 前 13 大厂商总研发经费支出占全球同业研发经费总支出的 71.4%，比 2015 年提高 2.7 个百分点。可见前 13 大厂商在研发经费投入上倾注了洪荒之力，也收到了较可观的效益。

● 前 13 大厂商研发经费支出同比增加的有 8 家，同比减少的有 5 家。

● 在前 13 大厂商中，IDM 型企业有 8 家（英特尔、三星、东芝、美光、恩智浦、海力士、德仪、意法），Fabless 型企业有 4 家（高通、博通、联发科、英伟达），Foundry 企业 1 家（台积电）。

● 前 13 大厂商中：美国占 5 家，中国台湾地区占 2 家，韩国占 2 家，日本占 1 家，新加坡占 1 家，欧洲占 2 家。

● 英特尔公司以 127.4 亿美元的研发费支出，居第一位，占到前 13 位支出总额的 32.20%，占到全球总支出的 23%；高通公司以 51.1 亿美元的研发费支出，居第二位，占到前 13 位支出总额的 12.9%，占到全球总支出额的 9.2%；新博通公司以 31.9 亿美元的研发费支出，居第三位，占到前 13 位支出总额的 8.1%，占到全球总支出额的 5.8%。前五位厂商研发费支出合计为 267 亿美元，占到前 13 位支出总额的 67.5%，占到全球总支出额的 48.2%。

● 前 13 位排名与 2015 年相比较，三星公司上升 1 位；联发科上升 2 位；SK 海力士新晋 1 位；英伟达上升 1 位；德仪上升 1 位。而东芝公司下退 1 位，居第 5 名；恩智浦下退 2 位，居第 9 名；意法（ST）后退 3 位，位居第 13 名。

三、2016 年世界半导体厂商研发费支出增减变动情况分析

● 联发科为与高通、三星抢占移动设备芯片而加大研发投入，同比增长 13.10%；三星为保持在闪存的头把交椅实现移动和闪存高产，加大研发投入，同比增长 11.20%；SK 海力士为追赶三星在内存和闪存上加大研发投入，同比增长 8.6%；台积电晶圆代工 10 纳米于 2017 年量产，5 纳米进入测试等，研发投入增长 7.20%；英特尔和美光等研发投入均增加 5% 以上。

● 从表 1.9.1 可见，2016 年世界半导体厂商年度研发费支出合计少于 2015 年 1.8%。主要是由于不少半导体厂商 2015 年花费巨额资金收购兼并后，2016 年正在消化中，难以有再多投资金用于研发，如高通下降 7.0%，博通下降 4.0%，恩智浦下降 4.9% 等。

● 2016 年英特尔研发投入占营收额的 22.6%、东芝公司高达 25.5%、博通占营收额的 20.8%、联发科占营收额的 20.10%，而高通研发投入则高达 33.1%。这说明这些公司为抢占市场，加快新产品研制和面市，加大了研发费的支出。

● 2016 年中芯国际（SMIC）研发费用为 3.18 亿美元，占运营费用的 10.92%。

● 2016 年台湾联电（UMC）研发费投入为 22 亿美元。

● 2016 年谷歌研发投入 120 亿美元，微软投入 119 亿美元，华为投入 110 亿美元。

● 据欧盟委发布"2016 年全球企业研发排行榜"2500 家企业中，有 IC 业务的企业研发费支出情况见表 1.9.2。

表1.9.2　2016年全球企业研发排行榜中有IC业务的企业研发费支出情况

序号	企业名称	研发费支出（亿欧元）	序号	企业名称	研发费支出（亿欧元）
1	苹果	74.1	6	松下	34.3
2	思科	57.0	7	爱思普	26.7
3	博世	52.0	8	日立	25.4
4	IBM	45.1	9	西部数据	14.9
5	索尼	35.7	10	富士通	13.7

注：以上企业研发费支出中，含有半导体产业研发费支出在内。

● 预计 2017 年将大量增加研发投入的企业：三星为增强 64 层 V-NAND 竞争力；SK 海力士布局 72 层、92 层 3D NAND Flash；英伟达将在 AI（人工智能）上游加大力度；台积电在 10～7～5nm 制程上持续支出。

第十节　2016 年世界半导体产业并购情况

一、2016 年世界半导体产业并购概况

据 IC Insights 报道，2016 年世界半导体产业并购金额为 985 亿美元，这是继 2015 年 1033 亿美元并购金额的第二高峰。在过去的 5 年间（2010—2014 年），全球半导体产业年均并购金额约为 126 亿美元，但到 2015 年为其 8.2 倍，2016 年为其 7.8 倍。2016 年发生并购案 24 件，比 2015 年少了 6 件。从表 1.10.1 可见，2015 年和 2016 年 20 亿美元以上的并购案数量明显增多。

表1.10.1　世界半导体产业并购金额20亿美元以上的案例数

年份	1999 年	2000 年	2009 年	2010 年	2011 年	2012 年	2013 年	2014 年	2015 年	2016 年	合计
件数	1	1	1	3	3	2	1	3	7	5	27

2016 年世界半导体产业重大并购案例见表 1.10.2。

表1.10.2　2016年世界半导体产业重大并购案例

并购方	被并购方	交易金额（亿美元）
高通（Qualcomm）	恩智浦（NXP）	470
日本软银（SoftBank）	安谋（ARM）	320
ADI（Analog Devices）	凌力尔特（Linear Technology）	148

资料来源：IC Insights/JSSIA 整理（2017.1）。

二、2016 年世界半导体产业并购情况分析

2016 年世界半导体产业并购主要特征为：许多半导体厂商由收购消费终端（例如，手机、PC 和平板电脑）转为扩大自身更大市场版图，特别是把资金投向物联网（LoT）、可穿戴设备以及高智能化的嵌入式系统，以及自动驾驶汽车等领域。

鉴于半导体产业并购事件有发生和延续的情况，我们选择 2015—2016 年世界半导体产业 40 亿美元以上的并购案（包括收购公司、产品线、技术与资产），按地区和国别分析并购费用总额，其中美国为 1045 亿美元，占总值（2018 亿美元）的 52%；亚太地区为 464 亿美元，占总值的 23%（其中，中国大陆地区为 83 亿美元，仅占 4.1%）；日本以 370 亿美元占 18.3%；欧洲地区以 138 亿美元占 6.8%（见图 1.10.1）。

从图 1.10.2 所示的世界半导体并购案产业类型结构情况中可见，其中近 39% 是收购 IDM 厂商或部分业务；有 45% 是收购无晶圆 IC 设计公司或其产品线和资产；有近 16% 是

收购其 IP 知识产权、专利的厂商。

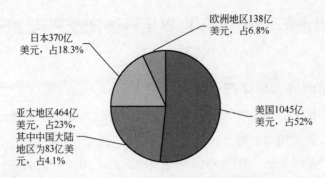

图 1.10.1　2015—2016 年世界半导体产业并购案地区分布情况

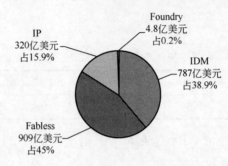

图 1.10.2　2015—2016 年世界半导体并购案产业类型结构情况

并购方首先看中的是 Fabless，控制产业发展的制高点和发展方向，兼并额达 909 亿美元，占并购总值 2018 亿美元的 45%；其次是控制制造企业，为扩大地盘和实力，兼并额达 787 亿美元，占并购总值的 38.9%；最后是以 320 亿美元控制核心技术、专利等知识产权，立于不败之地；而用于集成电路晶圆代工（Foundry）的仅为 4.8 亿美元，占并购总值的 0.2%，可见集成电路晶圆制造业难度之大、投资额之巨、回报周期之长和风险之高，使投资者望而止步、谨慎行事。

第十一节 2016 年世界半导体产业资本支出情况

一、2016 年世界半导体产业资本支出概况

据 IC Insights 报道：2016 年世界半导体产业资本支出为 679.8 亿美元，同比增长 4.2%。其中，资本支出前 11 大企业为 532.9 亿美元，同比增长 6.8%，创历史新高（见表 1.11.1 和表 1.11.2）。

表1.11.1 2010—2017年世界半导体产业资本支出规模及增长情况

指标名称	单位	2010 年	2011 年	2012 年	2013 年	2014 年	2015 年	2016 年	2017 年（E）	CAGR
资本支出市场规模	亿美元	453	556	586	574	650	652.3	679.8	723.1	6.02%
同比	%	31.7	22.7	5.3	−2.1	13.2	3.5	4.2	6.4	—

表1.11.2 2016年世界半导体产业主要企业资本支出规模

序号	公司名称	2015 年（百万美元）	2016 年			
			资本支出（百万美元）	同比（%）	占比（%）	占总比（%）
1	三星（Samsung）	13010	11300	−13.1	21.2	16.6
2	英特尔（Intel）	7326	9625	31.4	18.1	14.2
3	台积电（TSMC）	8089	10249	26.7	19.2	15.1
4	SK 海力士（SK Hynix）	6011	5188	−13.9	9.7	7.6
5	美光（Micron）	4500	5760	28.0	10.8	8.5
6	中芯国际（SMIC）	1401	2626	87.4	4.9	3.9
7	联电（UMC）	1899	2842	49.7	5.3	4.2
8	格罗方德（GF）	3985	1500	−62.4	2.8	2.2
9	东芝（Toshiba）	1745	1840	5.4	3.5	2.7
10	闪迪（SanDisk/WD）	1460	1750	19.9	3.3	2.6
11	意法半导体（ST）	467	607	30.0	1.1	0.9
前 11 大企业合计（TOP11 Total）		49893	53287	6.8	100.0	78.4
其他企业（Others）		15339	14695	−4.2	—	21.6
合计		65232	67982	4.2	—	100.0

资料来源：IC Insights/JSSIA 整理（2017.3）。

二、2016 年世界半导体产业资本支出情况分析

从表 1.11.2 中可见，2016 年世界半导体资本支出前 11 大企业中，IDM 型企业数约占 63.6%，Foundry 型企业数占 36.4%。

分析 2016 年世界半导体产业资本支出主要企业的情况，资本支出增长的企业有 8 家，占 72.7%，下降的企业有 3 家，占 27.3%。增长最大的企业是中芯国际，同比增长 87.4%，其次是联电（49.7%）、英特尔（31.4%）、意法（30.00%）、美光（28.00%）、台积电（26.70%）。同比下降的企业是格罗方德（-62.4%）、SK 海力士（-13.9%）、英特尔（-13.1%）。

三、2017 年世界半导体产业资本支出的预估

据 SEMI 预估，2017 年全球半导体产业可望有一个强劲的增长动能，主要来自特定应用标准产品（ASSP）和存储器两大类，占到半导体营业收入五成大关，其中存储器为了推动 3D NAND 量产，必将大手笔投入资金，使存储器资本支出将从 2016 年的 200 亿美元增加到 227 亿美元，晶圆代工企业资本支出增长到 145 亿美元，比 2016 年有微增。

根据 IC Insights 所发布的最新统计数据显示，2017 年资本支出超过 10 亿美元的半导体厂商将增加到 15 家，创 10 年来的新高。这 15 家半导体企业占 2017 年全球半导体产业资本支出总额的 83%。其中，除了德国英飞凌与日本瑞萨之外，欧洲意法半导体及中国台湾南亚科技预计也将成为"10 亿美元资本支出"的企业。预计意法半导体在 2017 年支出将狂增 72.9%。

格罗方德在 2016 年剧减 62.40% 后，在 2017 年跳过 10 纳米，直接冲刺 7 纳米，必将采购新型设备和进行技术研发，为此增支 33.30%；

英特尔为在 2017 年冲刺 7 纳米制程，抢得头把交椅，增支 24.7%，达 120 亿美元；

三星因在 2016 年出现手机爆燃事件，产品销路下跌，为扭转形象，势必在 2017 年投入新产品的研发以及扩大 3D NAND 和 DRAM 产品，增支 10.6%，达 125 亿美元；

SK 海力士因在 2016 年上半年 DRAM 市场疲软，支出下降近 14%，在 2017 年 DRAM 市场有好转，为此在 2017 年增支近 16%；

美光公司因在 2016 年收购中国台湾华亚科，支出同比增长 28%，在 2017 年为消化吸纳并购，为此在 2017 年减支 13.20%；

中芯国际 2016 年资本支出达 26.3 亿美元，同比增长 87.4%，增长率高达全球首位，在 2017 年为消化这些支出（主要是消化新建的生产线和扩建的产能），预计可能减支 12.4%；

台积电在 2017 年预案资本支出 100 亿美元，同比下降 2.4%，但与 2015 年的 81 亿美元相比较，仍增长 23.5%，形成了三星、英特尔、台积电超百亿美元的三驾马车之势。

2017 年世界半导体产业资本支出约为 437 亿美元，同比增长 10.1%。

第十二节 2016 年世界半导体设备市场情况

一、2016 年世界半导体设备市场概况

据 SEMI（国际半导体产业协会）报道：2016 年世界半导体制造设备支出 412.4 亿元，同比增长 12.9%。2016 年订单总额同比提高 24%。

预测 2017 年世界半导体制造设备将达到 460 亿美元，同比增长 11.5%；2018 年将达到 500 亿美元，同比增长 8.7%，有望连续 3 年增长，成为自 20 世纪 90 年代中期以来设备市场高潮再现（见图 1.12.1）。

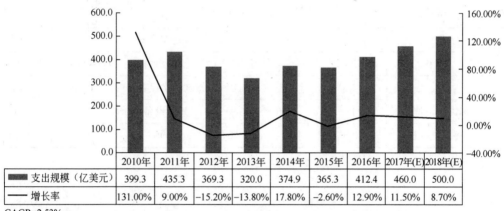

	2010年	2011年	2012年	2013年	2014年	2015年	2016年	2017年(E)	2018年(E)
■ 支出规模（亿美元）	399.3	435.3	369.3	320.0	374.9	365.3	412.4	460.0	500.0
— 增长率	131.00%	9.00%	-15.20%	-13.80%	17.80%	-2.60%	12.90%	11.50%	8.70%

CAGR=2.53%
资料来源：SEMI/JSSIA整理。

图 1.12.1 2010—2018 年世界半导体制造设备支出规模及增长率

二、2016 年世界半导体设备市场结构情况

2016 年世界半导体设备市场结构情况见表 1.12.1、图 1.12.2、表 1.12.2 和图 1.12.3。

表1.12.1 2016年世界半导体设备市场结构情况

指标名称	2016 年			2015 年		
	销售额（亿美元）	同比（%）	占比（%）	销售额（亿美元）	同比（%）	占比（%）
前端设备	330.4	13.5	80.1	291.0	平	79.7
封装设备	28.9	13.8	7.0	25.4	-17.3	7.0
测试设备	37.1	12.8	9.0	32.9	-6.5	9.0
其他设备	16.0	平	3.9	16.0	-5.3	4.3
合计	412.4	12.9	100	365.3	-2.6	100.0

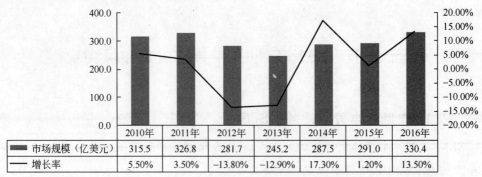

CAGR=0.66%（2010—2016年）

图 1.12.2　2010—2016 年世界半导体晶圆制造设备市场规模及增长情况

表1.12.2　2016年世界集成电路晶圆制造主要设备销售情况

序号	设备名称	销售额（亿美元）	占比（%）	序号	设备名称	销售额（亿美元）	占比（%）
1	沉积设备	69.8	21.8	6	热处理设备	7.6	2.4
2	光刻机	61.1	19.1	7	过程控制机	40.6	12.7
3	涂胶机	14.5	4.5	8	自动化设备	16.3	5.1
4	刻蚀、清洗机	94.6	29.6	9	其他设备	5.1	1.6
5	离子注入机	10.3	3.2	10	合计	319.9	100.0

资料来源：东方证券（2017.3）。

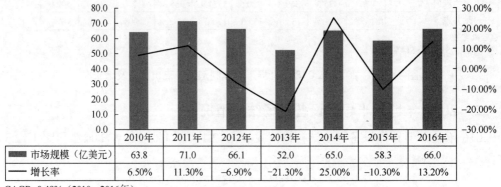

CAGR=0.49%（2010—2016年）

图 1.12.3　2010—2016 年世界半导体封测设备市场规模及增长情况

三、2016 年世界半导体设备市场区域分布情况

2016 年中国大陆地区、中国台湾地区、欧洲和韩国市场采购额同比上升，而北美、日本在新设备采购上呈收缩态势。中国台湾地区连续 5 年成为最大的半导体设备市场，设备采购额达 122.3 亿美元；韩国以 76.9 亿美元成为第二大半导体设备市场；中国大陆地区市场为 64.6 亿美元，同比增长 32%，超过日本和北美，成为第三大半导体设备市场，见表 1.12.3。

表1.12.3　2016年世界半导体设备销售市场规模分布情况

序号	国家/地区	2016 年市场销售额（亿美元）	同比（%）	占比（%）	2015 年市场销售额（亿美元）
1	中国台湾地区	122.3	26.9	29.7	96.4
2	韩国	76.9	2.9	18.6	74.7
3	中国大陆地区	64.6	31.8	15.7	49.0
4	日本	46.3	−15.7	11.2	54.9
5	北美地区	44.9	−12.3	10.9	51.2
6	欧洲	21.8	12.4	5.3	19.4
7	其他地区	35.5	80.2	8.6	19.7
8	合计	412.4	12.9	100.0	365.3

资料来源：MEMI（2017.3.15）。

2016 年世界半导体设备市场美国、日本、荷兰为三大强国，日本占世界半导体市场的37%，从每个设备的份额来看，日本拥有 10 种超过 50%以上份额的市场垄断性设备（见表 1.12.4）。

表1.12.4　2016年日本半导体设备市场占有率

半导体生产设备		世界市场（百万美元）	日本半导体设备市场占有率（%）
前端半导体生产设备	曝光设备	4713	29
	电子束描画设备	324	93▲
	涂布/显影设备	1143	98▲
	干法刻蚀设备	2677	36
	清洗设备	1545	70▲
	氧化炉	385	83▲
	中电流离子注入设备	265	33
	减压 CVD 设备	616	79▲
	等离子 CVD 设备	1424	0
	金属 CVD 设备	520	36
	溅射设备	1156	23
	CMP 设备	771	41
	Cu 电镀设备	289	0
	合计	17249	38

续表

半导体生产设备		世界市场（百万美元）	日本半导体设备市场占有率（%）
前端检测设备	中间掩模检测设备	398	14
	晶圆检测设备	1808	18
	合计	2206	17
后端半导体生产设备	划片机	476	97▲
	粘片机	491	19
	丝焊机	638	17
	成型机	377	54▲
	合计	2148	42
后端检测设备	逻辑测试器	436	22
	内存测试器	338	50▲
	混合信号测试器	923	18
	探针器	394	94▲
	处理器	350	56▲
	合计	2510	40
全球半导体生产设备总计		24115	37

注：有▲为日本半导体设备市场占有率超50%者。

资料来源：芯榜（2017.4.27）。

四、2016年世界集成电路主要设备生产厂商情况

据市调机构 Gartner 2017 年 4 月报道，世界集成电路设备生产的前十大厂商 2016 年营收额为 294.19 亿美元，同比增长 13.00%，占全球半导体设备总值的 71.30%（见表 1.12.5）。

表1.12.5 2016年世界集成电路设备前十大厂商规模及增长情况

序号	供应厂商名称	国别	2016 年营收额（百万美元）	同比（%）	占前十名总额（%）	占全球营收总额（%）	2015年营收额（百万美元）
1	应用材料（Applied Materials）	美国	7736.9	20.5	26.3	18.8	6420
2	科林研发（Lam Research）	美国	5213.0	8.4	17.7	12.6	4810
3	阿斯麦尔（ASML）	荷兰	5090.6	7.6	17.3	12.3	4730
4	东京电子（Tokyo Electron）	日本	4861.0	12.4	16.5	11.8	4325

续表

序号	供应厂商名称	国别	2016 年营收额（百万美元）	同比（%）	占前十名总额（%）	占全球营收总额（%）	2015年营收额（百万美元）
5	科天半导体（KLA-Tencor）	美国	2406.0	17.8	8.2	5.8	2042
6	迪恩士（SSS）	日本	1374.9	41.5	4.7	3.3	9717
7	日立先端科技（HHT）	日本	980.2	24.3	3.3	2.4	788.6
8	尼康（NiKon）	日本	731.5	1.0	2.5	1.8	724.3
9	日立国际电气（Hitachi Kokusai）	日本	528.4	-16.6	1.8	1.3	633.6
10	先域（ASM International）	日本	496.9	-14.7	1.7	1.2	582.5
前十大企业合计			29419.4	13.0	100.0	71.3	—
其他厂商			11820.6	12.6	—	28.7	—
全球半导体设备营收合计			41240.0	12.9	—	100.0	—

资料来源：Gartner/JSSIA 整理（2017.4）。

从表 1.12.6 中可以看出：在 2016 年世界集成电路设备厂商中，美国有 3 家，营业收入占前十大企业的 52.2%；日本有 6 家，营业收入占前十大企业的 30.5%；荷兰有 1 家，营业收入占到前十大企业的 17.30%。2016 年世界集成电路晶圆制造各类设备主要生产厂商如表 1.12.6 所示。

表1.12.6　2016年世界集成电路晶圆制造各类设备主要生产厂商

设备名称	国外主要主厂商名称	国内主要厂商名称
氧化炉	英国：Themco，德国：Centrothem，Gmbh Co KG	中电科 48 所、45 所，青岛福润德，青岛旭光
PVD	AM 占 41%，AM 及 ToKyo Elctron、lam Research 合计占到 60%的份额，美国：Vaporlech，英国：Teer 等公司	北方微电子、北京仪器、沈阳中科、成都南光等公司
PECVD	美国：Proto Flex；日本：TOkkl、岛津；美国：泛林；荷兰：ASM 等公司	北方微电子、沈阳荆拓、中电科 45 所、中微半导体、北京仪器厂
光刻机	荷兰 ASML 垄断市场 70%以上份额；以及日本：尼康、佳能；德国：ABM；美国：Ultratech；奥地利：EVG 等	上海微电装备，中电科 48 所、45 所，成都光机所

设备名称	国外主要主厂商名称	国内主要厂商名称
涂胶显影机	日本京东电子 TLD 占市场的 90%，以及德国：Suss；奥地利：EVG 等公司	沈阳艺源
干法刻蚀机	美国 Lam Research 占市场的近 40%，以及美国应用材料；韩国：Jusung、TES 等公司	北方微电子、中微半导体、中电科 48 所
CMP（化学机械研磨机）	美国应用材料+日本荏原占市场 90% 以上份额，以及美国：Ebara 公司等	华海清科、盛美半导体、中电科 45 所
湿制程设备（电镀、清洗、湿法刻蚀机）	日本：DNG；美国：应用材料、Mattson 等公司	盛美半导体、沈阳芯源、苏州伟仕泰克
离子注入机	Applied、Materils 公司占 70% 以上的市场，以及 Axcelis、SMIT、Technologies 等公司	中电科 48 所、中科信等

资料来源：东方证券（2017.3）。

五、2017 年世界半导体晶圆业设备市场预测

据 SEMI "全球晶圆厂预测" 报告资料显示：2017 年全球有 282 座晶圆厂及生产线需进行设备投资，其中有 11 座支出金额，每座均超过 10 亿美元。

预计 2017 年晶圆设备支出主要集中在 3D NAND Flash、DRAM、晶圆代工及微处理器（MCU、MPU），其他支出还涵盖 LED、功率分立器件、逻辑电路、MEMS（MEMS/RF）与类比/混合信号。主要投向于 16/14 纳米的扩大产能，抢占市场份额；投向于 10/7 纳米产能提高和良品率的提升，抢占制高点；投向 5/3 纳米研发，使自身技术得到提高和先人一步。

2017 年欧洲与中东设备支出增长预计最快，同比增长 47%；韩国增长 45%；日本增长 28%；美国增长 21%。中国在 2017 年总计有 14 座厂正在兴建，但大多要在 2018 年开始装机，为此，在 2017 年大致持平，支出金额预计为 67 亿美元，同比增长 1%。

第十三节 2016 年世界半导体材料市场情况

一、2016 年世界半导体材料市场概况

据 SEMI 报道：2016 年世界半导体材料市场规模为 443.2 亿美元，同比增长 2.4%，其中，世界集成电路晶圆制造材料市场为 247.2 亿美元，同比增长 3.1%；集成电路封装材料市场为 196.0 亿美元，同比增长 1.6%，见图 1.13.1 和表 1.13.1。

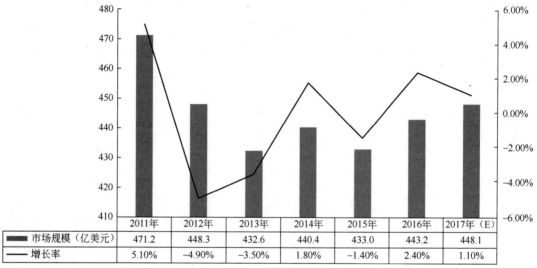

	2011年	2012年	2013年	2014年	2015年	2016年	2017年（E）
市场规模（亿美元）	471.2	448.3	432.6	440.4	433.0	443.2	448.1
增长率	5.10%	-4.90%	-3.50%	1.80%	-1.40%	2.40%	1.10%

CAGR=-0.83%（2011—2017年）

资料来源：SEMI/JSSIA整理（2017.4）。

图 1.13.1 2011—2017 年世界半导体材料市场规模及增长情况

表1.13.1 2011—2017年世界半导体材料两大类市场情况

单位：亿美元

年份 指标 名称	2011 年		2012 年		2013 年		2014 年		2015 年		2016 年		2017 年（E）	
	市场	同比 (%)	市场	同比 (%)	市场	同比 (%)	市场	同比 (%)	市场	同比 (%)	市场	同比 (%)	市场	同比 (%)
制造业	242.6	5.3	234.7	-3.3	229.7	-2.1	242.5	5.6	240.0	-1.0	247.2	3.1	252.5	2.2
封装业	228.6	4.8	213.6	-6.6	202.9	-5.0	197.9	-2.5	193.0	-2.5	196.0	1.6	195.6	-0.2
合计	471.2	5.1	448.3	-4.9	432.6	-3.5	440.4	1.8	433.0	-1.7	443.2	2.4	448.1	1.1

资料来源：SEMI/JSSIA 整理。

二、2016年世界半导体材料市场消费区域分布情况

2016年，中国台湾地区、韩国、日本、中国大陆地区、欧洲为前五大市场消费板块。中国台湾地区仍为半导体材料第一大市场，同比增长3.9%，占比上升0.3个百分点；中国大陆地区成为世界半导体材料第四大市场，占14.7%，同比增长7.3%，占比上升0.7个百分点；北美地区呈下降态势；韩国呈0.2%的小幅增长。其他地区（新加坡、马来西亚、东南亚等地区）略有上升，见表1.13.2和图1.13.2。

表1.13.2　2016年世界半导体材料市场规模及增长情况

地区/国家名称	单位	2016 年		2015 年		2016 年同比（%）	2016/2015 年占比
		市场	占比（%）	市场	占比（%）		
中国台湾地区	亿美元	97.9	22.1	94.2	21.8	3.9	上升 0.3 个百分点
韩国	亿美元	71.1	16.0	70.9	16.4	0.2	下降 0.4 个百分点
日本	亿美元	67.4	15.2	65.6	15.2	2.8	平
中国大陆地区	亿美元	65.3	14.7	60.8	14.0	7.3	上升 0.7 个百分点
北美（美国）	亿美元	49.0	11.1	49.7	11.5	-1.4	下降 0.4 个百分点
欧洲	亿美元	31.2	7.0	30.7	7.1	1.5	下降 0.1 个百分点
其他地区	亿美元	61.2	13.8	60.9	14.1	0.6	下降 0.3 个百分点
合计	亿美元	443.2	100.0	432.9	100.0	2.4	下降 0.2 个百分点

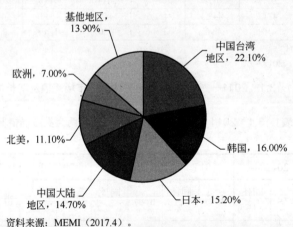

资料来源：MEMI（2017.4）。

图1.13.2　2016年世界集成电路材料消费区域分布占比

三、2016年世界集成电路晶圆制造材料市场现状

1. 2016年世界集成电路晶圆制造材料市场简况

2016年世界集成电路晶圆制造各类材料消耗有不同程度的增长，市场规模及发展情况如图1.13.3和表1.13.3所示。

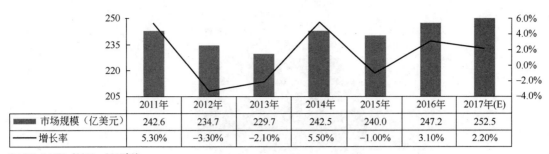

	2011年	2012年	2013年	2014年	2015年	2016年	2017年(E)
市场规模（亿美元）	242.6	234.7	229.7	242.5	240.0	247.2	252.5
增长率	5.30%	−3.30%	−2.10%	5.50%	−1.00%	3.10%	2.20%

CAGR=1.15%（2011—2017年）

图 1.13.3　2011—2017 年世界集成电路晶圆制造材料市场增长情况

表1.13.3　2011—2017年世界集成电路晶圆制造各类材料市场规模及发展情况

单位：亿美元

材料品类	2011 年	2012 年	2013 年	2014 年	2015 年	2016 年	2017 年（E）	CAGR
硅片	98.8	86.8	75.4	76.3	71.5	74.4	（74.9）	−3.22%
SOI 晶片	5.2	4.3	3.9	3.6	4.3	4.4	4.5	平
掩模版	32.0	31.1	31.4	32.2	32.7	33.4	34.5	1.56%
光刻胶	12.8	13.5	12.2	13.7	13.3	13.4	13.5	1.91%
光刻胶配套试剂	14.1	15.1	14.3	17.1	18.0	18.1	18.3	4.37%
电子气体	31.1	31.2	33.2	34.8	35.0	34.0	34.9	2.39%
工艺化学品	9.1	9.8	13.2	14.2	14.2	14.8	14.7	7.09%
靶材	5.8	6.0	6.0	6.3	6.3	6.5	7.3	2.48%
CMP 材料	12.7	13.8	14.4	15.7	15.9	16.4	17.2	4.07%
其他材料	20.6	23.2	25.9	28.6	30.2	31.8	32.8	8.02%
合计	242.6	234.7	229.7	242.5	240.2	247.2	252.5	1.15%

资料来源：SEMI/JSSIA 整理（2017.1）。

2016 年世界集成电路晶圆制造各类材料市场结构份额占比如图 1.13.4 所示。硅片及硅材料占 32%，虽然仍是晶圆制造的第一大材料，但其在成本中所占份额逐年减少，而其他类材料，包括低 K 电介质（low-k）、高 K 电介质（high-k）、ALD 前躯体等保持较快的速度增长，在材料成本中所占份额逐渐增加。

2．2016 年世界集成电路硅片产销情况

2016 年世界集成电路硅片产量为 10738 百万平方英寸，同比增长 2.9%；硅片销售额为 72.0 亿美元，同比增长 0.7%。2016 年世界集成电路硅晶圆片分季生产情况见表 1.13.4。

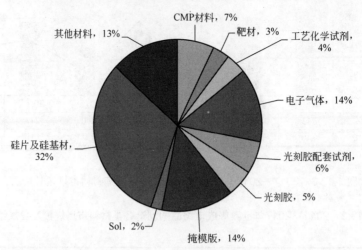

资料来源：SEMI（2017.3.13）。

图 1.13.4　2016 年世界集成电路晶圆制造各类材料市场结构份额占比

表1.13.4　2016年世界集成电路硅晶圆片分季生产情况

指标名称	单位	2016 年					2017 年
		Q1	Q2	Q3	Q4	全年	Q1
出货量面积	百万平方英寸	2537	2706	2730	2765	10738	2858
环比	%	约 1.8	6.7	0.9	1.3	2.9	3.4

资料来源：SEMI（2017.5）/JSSIA 整理。

据 SEMI 报道：2017 年第一季度世界集成电路因受惠于 DRAM、3D NAND Flash 市场快速成长，产品供不应求；且在 2017 年将有 6～8 座 12 英寸晶圆厂投产，故从 2016 年起硅晶圆片产量逐季增加，在 2017 年第一季度达到 2858 百万平方英寸，创历史最高水平。

2007—2016 年世界半导体硅片出货量与销售额情况见表 1.13.5。

表1.13.5　2007—2016年世界半导体硅片出货量与销售额情况

指标名称	单位	2007 年	2008 年	2009 年	2010 年	2011 年	2012 年	2013 年	2014 年	2015 年	2016 年	CAGR
出货量	百万平方英寸	8661	8137	6707	9370	9043	9031	9067	10098	10434	10738	2.17%
同比	%	21.0	−6.1	−17.6	39.7	−3.5	−0.1	0.4	11.3	3.3	2.9	—
销售额	亿美元	121	114	67.2	97.3	98.8	86.8	75.4	76.3	71.5	72.0	−5.06%
同比	%	23.0	−5.8	−41.1	44.8	1.5	−12.1	−13.6	1.2	−6.3	0.7	—
均价	亿美元/百万英寸	0.0140	0.0140	0.0100	0.0104	0.0109	0.0096	0.0083	0.0076	0.0069	0.0067	−7.10%
同比	%	—	平	−28.6	4.0	4.8	−12.0	−13.5	−8.4	−9.2	−2.9	—

资料来源：SEMI（2017.2.8）。

● 在2007—2016年世界集成电路晶圆硅片出货量呈波浪式前行，近几年为逐年提升，年均递增2.17%；

● 在2007—2016年世界集成电路晶圆硅片销售额（除2010年、2011年外）呈逐年下降，年均下滑5.06%；

● 由于12英寸生产线上量，使得近几年硅片出货量持续增长，而销售额不升反降，主要是单价下降所致。2007—2016年硅晶圆片均价下降了7.10%，对推动世界半导体产业发展起到了较有利的作用。

● 预测2017—2020年，中国将有26座晶圆厂（12英寸和8英寸）、世界上将有62座晶圆厂建成及投产，世界集成电路硅片需求量将会大增，市场价格有可能会因硅片产能不足而随之上升。

2005—2020年世界集成电路硅片市场各不同尺寸晶圆硅片所占比例情况见表1.13.6。

表1.13.6 2005—2020年世界集成电路晶圆硅片市场各不同尺寸晶圆硅片所占比例情况

尺寸 / 年份	12英寸（%）	8英寸（%）	6英寸（%）
2005	19.4	51.6	29.0
2006	27.0	47.4	25.6
2007	31.3	44.6	24.1
2008	37.5	40.0	22.5
2009	57.2	28.6	14.2
2010	44.5	35.5	20.0
2011	66.7	22.2	11.1
2012	73.7	17.9	8.4
2013	75.0	17.0	8.0
2014	76.2	17.1	6.7
2015	79.0	15.5	5.5
2016	81.4	14.4	4.2
2017（E）	83.4	13.3	3.3
2018（E）	84.6	12.3	3.1

12英寸晶圆硅片占比从2005年的19.4%发展到2016年的81.40%，占比率提升62个百分点，占到投料量的八成多。

8英寸晶圆硅片占比从2005年的51.6%下降到2016年的14.40%，下滑37.20个百分点，占到总投料量的14%左右，不足二成。6英寸晶圆硅片投料量从2005年的近三成下降到2016年只占4%的水平。

据SEMI在2017年3月13日公布的"半导体硅片行业寡头垄断局面"指出，2016年世界集成电路硅片市场主要生产厂商产销量占比情况如图1.13.5所示。

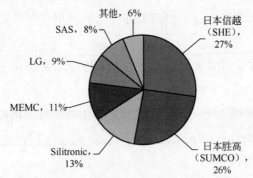

资料来源：SEMI/东方证券/海通证券/JSSIA整理（2017.3）。

图 1.13.5　2016 年世界集成电路硅片市场主要生产厂商产销量占比情况

从图 1.13.5 中可以看到，日本信越公司和胜高公司两家产销的硅片约占到全球硅片市场的 53%。胜高公司（SUMCO）是由三菱硅材料和住友材料（Sitix 分部）合并而来。

Silitronic 公司是德国瓦克（Waker）的子公司；MEMC 为美国公司，有 50 多年的硅晶制造历史；LG Siltron 是韩国 LG 的子公司（已被环球晶圆收购）；SAS（中美矽晶公司）为中国台湾硅晶厂，通过收购 Globitech 和 Govalent 而设立，已进入高端硅片市场。

2016 年世界集成电路硅片主要厂商生产的各规格产品市场占比和主要应用情况见表 1.13.7。

表1.13.7　2016年世界集成电路硅片主要厂商生产的各规格产品市场占比和主要应用情况

厂商名称	12 英寸	8 英寸	6 英寸以下
信越、胜高、Silitronic、MEMC、LG、SAS	占 95	占 86%	占 56%
其他厂商	占 5%	占 14%	占 44%
主要应用	DRAM、NAND、GPU、电源管理、逻辑电路、微处理器	MEMS、LCD 驱动 IC、MCU、模拟电路、专用存储器等	分立器件

据海通证券研究报道，2017 年世界集成电路 12 英寸硅晶圆片市场需求预计为每月 550 万片，而月产能大约为 525 万片，将会出现需求大于产出的情况。

3．2016 年世界集成电路掩模材料市场

据 MEMI 公布资料显示：2016 年全球集成电路掩模（Photomask）材料销售额为 33.4 亿美元，同比增长 2.1%（2015 年同比增长 1%）；2016 年掩模材料占掩模总市场的 63%。

预计：2017 年掩模材料同比增长 3.2%，市场为 34.5 亿美元；2018 年同比增长 3.5%，市场为 35.7 亿美元。

4．2016年世界集成电路光刻胶市场情况

国际光刻胶供应商主要有 JSR、TOK、Dow Chemical（Rohm and Haas）、Shin-Etsu Chemical、Fujifilm Electronic Materials、Sumitomo、AZ、韩国东进、中国台湾永光。其中日本公司5家，美国、欧洲、韩国、中国台湾地区各1家。日本光刻胶企业在技术和生产规模上占据绝对优势，5家日本光刻胶公司全球市场占有量超过70%。韩国东进（Dongjin）凭借韩国政府和三星公司的扶植获得快速成长，已经打入1线光刻胶和KrF光刻胶领域。德国的安智（AZ）放弃高档光刻胶，转而专攻集成电路封装用厚膜胶、MEMS、TFT-LCD、LED等领域用胶、并在该领域占有较大市场份额。

5．2016年世界集成电路高纯电子气体市场情况

电子气体包括大宗气体和特种电子气体。大宗气体是集成电路生产工艺用氮气、氢气、氩气、氦气、氧气等。气体公司通常在集成电路工厂建设时同步建设气站，有些是现场空分制气，有些则是罐车定期配气，主要供货商包括法国液化空气集团（法液空）、美国空气化工产品公司（AP）、德国林德公司（林德）、美国普莱克斯公司（普莱克斯）、德国梅塞尔集团（梅塞尔）等。在特种电子气体方面，除了个别蚀刻、清洗用气体之外，8～12英寸集成电路生产用大部分气体品种也由以上5家大型气体公司占有并辅以其他6～8家公司提供特殊气体品种。近年来，5大电子气体公司在全球电子气体市场中所占份额一直保持在80%以上。

6．2016年世界集成电路抛光材料市场情况

化学机械抛光材料主要由化学机械抛光液、抛光垫和金刚石修整盘3类构成。国际上，生产化学机械抛光液的主要有Cabot、Air Product、Dow Chemical、Fujifilm、Fujimi、Hitachi等几家企业。Cabot拥有40%左右的市场份额、Air Product、Dow Chemical，Fujifilm、Fujimi、Hitachi的市场份额分别为5%～12%不等。化学机械抛光垫的生产企业主要有Dow Chemical、Cabot、Thomas West等。其中，Dow Chemical占80%的市场份额，Cabot约占10%，其余的份额由十家左右的抛光垫公司共享；从事化学机械抛光金刚石修整盘业务的主要有美国3M公司，中国台湾KINIK，韩国的Saesol、EHWA、Shinhan和日本的Asahi、Mitsubishi、Noritake等，其中美国3M公司、中国台湾KINIK、韩国Saesol三家产品占全球近60%份额。

7．2016年世界集成电路溅射靶材市场情况

国际生产半导体用靶材的一线公司有4家，分别是JX日矿日石金属、Honeywell、Tosoh、Praxair。二线公司主要有Simitomo、ULVAC、Materion、Solar、Heraeus、Tanaka等。其中前四大公司的技术具备领先地位，公司产品主要集中在高端靶材市场，约占全球靶材市场的60%。

8．2016年世界集成电路工艺化学品市场情况

当前全球工艺化学品的市场格局为欧美传统化学品公司占37%，日本公司占34%，中国台湾地区、韩国公司占17%。世界主要工艺化学品企业概况如表1.13.8所示。

表1.13.8　世界主要工艺化学品企业情况

地区	企业名称	工艺化学品业务概况
欧美	德国 BASF	收购德国 E.Merck 公司而迅猛发展半导体和平面显示用工艺化学产品业务，并成为行业领先供应商，其通用电子化学品 H_2SO_4、H_2O_2、NH_4OH 等在中国市场有 50%以上份额，特别是在 8～12 英寸高端 IC 制造上占据主导地位
	霍尼韦尔（Honeywell）	能够提供杂质在 100ppt 以下的高纯度工艺化学品，如氢氟酸、氢氧化铵、过氧化氢和盐酸等产品，目前主要供应欧美市场
	杜邦（Dupont）	收购 EKC 涉足电子化学品，主要生产光刻胶去除剂、化学研磨后清洗液等。在铝制程中被广泛应用
	空气产品公司（Air Products）	其 ACT 系列光刻胶去除剂产品在铝制程中被大量使用
	英特格（Entegris）	收购 ATMI，主要提供铜制程光刻胶去除剂
	德国汉高（Henkel）	它的工业清洗技术及产品在世界上处于领先地位。所开发、生产的 LCD 玻璃清洗液、薄膜的剥离液及显影液在液晶面板生产企业（如我国的京东方等）得到一定规模量的使用
日本	关东化学（Kanto）	主要从事半导体用酸碱类超净高纯化学试剂的生产，产品种类齐全，主要有 HF、HF/HNO_3、H_2O_2、HNO_3、EG、IPA、PEGMA、H_2SO_4、NH_4OH、BOE、H_3PO_4、HCI 等。其产品品质高但价格相对较贵，在国内市场份额已逐年减少
	三菱化学（Mitsubishi）	主要生产高纯工艺化学品（三菱化学称为"EL 药品"）硫酸、硝酸、盐酸、草酸、双氧水、氨水，三菱化学的销售额在日本化学行业中居首位
	京都化工	光刻胶配套的工艺化学品，其生产与市场规模曾在 21 世纪初的一段时期居世界首位
	住友化学（Sumitomo）	半导体、平板显示灯用超净高纯化学试剂的生产，在日本及亚洲市场上此类产品占有一定高得份额，特别是在大尺寸晶圆制造中应用的工艺化学品更具有产品优势
	宇部兴产（UBE）	生产、提供半导体、平板显示等用多种工艺化学品
	森田化学工业株式会社（Morita）	主要生产氢氟酸及氟化合物，其 HF 和 BOE 被不少国内半导体制造大厂采用
	Stella Chemita 公司	世界最大的高纯氢氟酸企业。在马来西亚建立了全资的高纯氢氟酸生产企业。其 BOE 在国内有不少应用实绩
中国台湾	台湾东应化股份有限公司	主要生产半导体、TFT-LCD 用剥离液、显影液等工艺化学品产品
	台湾联仕电子（AUECC）	年生产工艺化学品能力 3 万～4 万吨，主要有 H_2SO_4、H_3PO_4、NH_4OH、H_2O_2 等
	鑫林科技股份有限公司	与日本关东化学技术合作，2016 年它在平板显示器的市场方面有更明显的发展壮大
韩国	东友、东进	两厂家生产用于平板显示器加工的工艺化学品，在我国有一定规模的市场份额

四、2016 年世界集成电路封装材料市场现状

2016 年世界集成电路封装材料市场规模约为 196.0 亿美元，同比增长 1.6%（见图 1.13.6）。2016 年全球各类封装材料市场结构份额占比见图 1.13.7。2010—2017 年世界集成电路封装材料市场规模及发展情况见表 1.13.9。

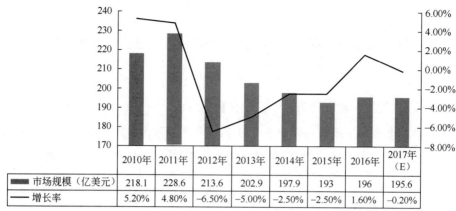

	2010年	2011年	2012年	2013年	2014年	2015年	2016年	2017年（E）
市场规模（亿美元）	218.1	228.6	213.6	202.9	197.9	193	196	195.6
增长率	5.20%	4.80%	−6.50%	−5.00%	−2.50%	−2.50%	1.60%	−0.20%

CAGR=−1.54%（2010—2017年）

图 1.13.6 2010—2017 年世界集成电路封装材料市场增长情况

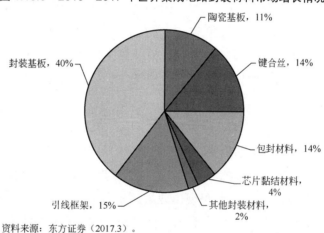

资料来源：东方证券（2017.3）。

图 1.13.7 2016 年全球各类封装材料市场结构份额占比

表1.13.9 2010—2017年世界集成电路封装材料市场规模及发展情况

单位：亿美元

年份 品种名称	2010	2011	2012	2013	2014	2015	2016	2017（E）
引线框架	33.9	34.6	32.8	33.9	32.1	29.9	31.6	31.7
封装基板	90.0	85.7	77.8	74.1	76.9	77.8	78.4	76.6
陶瓷材料	13.8	17.0	19.0	20.1	20.8	20.8	21.2	21.5
键合丝	49.7	57.3	50.4	40.7	33.6	29.2	27.3	26.3
包封材料	19.3	21.7	23.3	24.1	25.6	25.8	27.6	29.1
芯片黏结材料	6.6	6.7	6.8	6.6	6.6	6.8	7.0	7.2
其他封装材料	4.8	5.6	3.4	3.5	2.3	2.6	2.9	3.2
总计	218.1	228.6	213.6	202.9	197.9	193.0	196.0	195.6

资料来源：SEMI/JSSIA（2017.1）。

第十四节 2017 年世界半导体产业发展前景

一、2017 年世界集成电路产业发展背景

2017 年世界集成电路产业将迎来又一次硅周期的高涨期，其产业风向标的存储器行业已出现供不应求的格局，各实体经济的营业收入、利润毛利率等指标都将创出新水平，各种有利因素明显增多。

- 汽车电子应用市场同比增长 9%。
- 通信应用市场有 7%的增长率。
- 消费类电子产品以及工业应用有一个较好的增长预期，可达到 4%的增长率。
- 虚拟现实（VR/AR）机器人和无人机将在 2017 年年中有一个好的表现。
- 存储器、工业控制、汽车电子将成为 2017 年半导体市场发展三大主要的拉动力。
- 智能手机出货量同比增长 6.0%（高阶增长 3%、中阶增长 5%、低阶增长 8%），产量预计可达 23 亿台。
- 物联网产品出货量同比增长 34%，成为市场亮点之一。
- PC、平板电脑存在下降的趋势，但绝地反弹的可能性增大。
- 自动驾驶、智能家居、智慧城市、安防及医疗保健电子市场逐渐看好。
- 2016 年合并大潮将在 2017 年呈现出效果，如高通合并收购恩智浦等。
- 美国新任总统特朗普上台后对美国及世界政策的调整和举措都将影响世界经济的走向，也影响到世界半导体产业的兴衰。
- 中国经济持续稳健向好，成为世界集成电路市场发展的推进器。

二、世界半导体市场调研咨询机构对 2017—2018 年产业发展的评估预测

1. WSTS 对 2017—2018 年世界半导体产业发展的预测

据世界半导体贸易统计组织（WSTS）预测报道，2017 年世界半导体产业营收额将同比增长 6.5%，达到 3609 亿美元，2018 年将达到 3691 亿美元，同比增长 2.3%（见表 1.14.1）。

表1.14.1 2010—2018年世界半导体产业发展规模及增长预测

指标名称	单位	2010 年	2011 年	2012 年	2013 年	2014 年	2015 年	2016 年	2017 年（E）	2018 年（E）	CAGR
营收额	亿美元	3004	3000	2920	3060	3360	3352	3389	3609	3691	2.31%
同比	%	32.9	-0.1	-2.7	4.8	9.9	-0.2	1.1	6.5	2.3	—

资料来源：WSTS/SIA/JSSIA 整理。

2．Gartner 对 2017—2020 年世界半导体产业发展的预测

据 Gartner 报道：经历 2015 年和 2016 年的小低潮后，世界半导体产业将在 2017 年再度出现高达 7.2%的增长，总市场规模可达 3641 亿美元。依照应用领域来看，汽车电子、工业与存储是三个最值得关注的市场，这三个市场增长速度非常迅速。至于传统的 PC 和智能手机则仍处于缓慢增长的格局。图 1.14.1 所示为 2015—2020 年世界半导体市场规模及发展趋势。

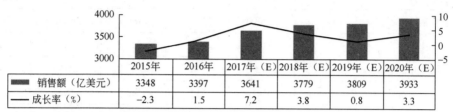

	2015年	2016年	2017年（E）	2018年（E）	2019年（E）	2020年（E）
▬ 销售额（亿美元）	3348	3397	3641	3779	3809	3933
— 成长率（%）	-2.3	1.5	7.2	3.8	0.8	3.3

CAGR=2.72%（2015—2020年）
资料来源：Gartner（2017.1）。

图 1.14.1 2015—2020 年世界半导体市场规模及发展趋势

3．中国台湾半导体产业协会对 2017—2018 年世界半导体产业发展的预测

据中国台湾半导体产业协会报道，2017 年世界半导体产业规模预计为 3461 亿美元，同比增长 2.1%；2018 年世界半导体产业规模预计为 3540 亿美元，同比增长 2.30%（见图 1.14.2）。

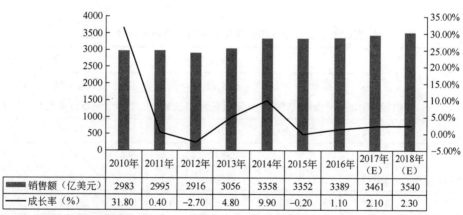

	2010年	2011年	2012年	2013年	2014年	2015年	2016年	2017年（E）	2018年（E）
▬ 销售额（亿美元）	2983	2995	2916	3056	3358	3352	3389	3461	3540
— 成长率（%）	31.80	0.40	-2.70	4.80	9.90	-0.20	1.10	2.10	2.30

CAGR=1.92%（2010—2018年）
资料来源：中国台湾半导体产业协会（2017.3）。

图 1.14.2 2010—2018 年世界半导体产业发展规模及增长情况

4．其他一些调研机构的预测情况

SEMI 预测 2017 年世界半导体产业发展同比增长 5.30%，达到 3600 亿美元；

IC Insights 和德意志银行预测 2017 年世界半导体产业发展同比增长 5.00%；

IBS 预测 2017 年世界半导体产业发展同比增长 4.60%；

台积电（TSMC）预测 2017 年世界半导体产业发展同比增长 4.00%；

华尔街日报评论指出，2017 年世界半导体市场约为 3520 亿美元，同比增长 3.9%。

三、2017—2018 年世界半导体产品市场情况预测

根据相关机构的预测，2014—2018 年世界半导体市场情况如表 1.14.2 所示。

表1.14.2　2014—2018年世界半导体市场情况

指标名称		单位	2014 年	2015 年	2016 年	2017 年（E）	2018 年（E）
世界半导体市场		亿美元	3358.4	3351.7	3389.3	3609.0	3690.5
同比		%	9.9	-0.2	1.1	6.5	2.3
其中：	集成电路市场	亿美元	2773.0	2744.8	2767.0	2964.0	3037.4
	同比	%	10.1	-1.0	0.8	7.1	2.5
	占比	%	82.6	81.9	81.6	82.1	82.3
其中：	分立器件（D-O-S）	亿美元	585.4	606.8	622.3	645.0	653.1
	同比	%	8.8	3.7	2.7	3.6	1.3
	占比	%	17.4	18.1	18.4	17.9	17.7

资料来源：WSTS（2017.4）。

从世界半导体市场地区分布情况看（见表 1.14.3），亚太和其他地区在 2016 年、2017 年和 2018 年预计占到全球半导体市场 61% 以上的份额。

表1.14.3　2016—2018年世界半导体市场地区分布情况

国家/地区	2016 年			2017 年（E）			2018 年（E）		
	营销额（百万美元）	同比（%）	占比（%）	营销额（百万美元）	同比（%）	占比（%）	营销额（百万美元）	同比（%）	占比（%）
北美	65537	-4.7	19.3	72173	10.1	20.0	74102	2.7	20.1
欧洲	32707	-4.5	9.7	33892	3.6	9.4	34636	2.2	9.4
日本	32292	3.8	9.6	33608	4.1	9.3	34200	1.8	9.3
亚太其他地区	208395	3.6	61.4	221230	6.2	61.3	226113	2.2	61.2
合计	338931	1.1	100.0	360903	6.5	100.0	369050	2.3	100.0

资料来源：WSTS（2017.4）。

美国自制造业回归和市场复苏后，占比近三年来逐年提升，增长率由 2015 年的 -0.80% 到 2016 年 -4.7%，到 2017 年增长 10.1%，提升 14.8% 个百分点；2018 年同比将增长 2.70%，高于同期其他地区的增速。其主要因素是经济的好转，市场随之上扬；同时由于 DRAM 和 NAND 闪存等产品价格走强，引发市场热点更多，市场看涨。

预测世界集成电路各大类别产品 2017 年以后的市场走向，因存储器市场价格上涨，

产品供不应求，故存储器世界营销总额预计同比大涨 12.8%，占产品总市场的 29.2%。

预计逻辑电路占比仍为 32.8%，同比增长 6.2%，增幅达到 5.4 个百分点；模拟电路占17.4%，同比增长 7.8%，增幅同比提高 2 个百分点；微处理器市场占比为 20.6%，同比微增长 0.90%，增幅提升 2.1 个百分点。这些主要大类产品都将成为 2017 年产品市场较快发展的主要推动力。

2018 年世界集成电路市场增长率有所下降，同比增长 2.5%，但存储器和模拟电路仍有小幅度的增长，分别增长 3.0%和 3.4%（见表 1.14.4）；在存储器中 3D NAND Flash 将有好的发展表现。

表1.14.4　2016—2018年世界集成电路市场各大类产品情况

产品名称	2016 年			2017 年（E）			2018 年（E）		
	营销额（百万美元）	同比（%）	占比（%）	营销额（百万美元）	同比（%）	占比（%）	营销额（百万美元）	同比（%）	占比（%）
模拟电路 Analog	47848	5.8	17.3	51570	7.8	17.4	53315	3.4	17.6
微处理器 Micro	60585	−1.2	21.9	61106	0.9	20.6	62281	1.9	20.5
逻辑电路 Logic	91498	0.8	33.1	97154	6.2	32.8	98975	1.9	32.6
存储器 Memory	76767	−0.6	27.7	86574	12.8	29.2	89170	3.0	29.4
合计 Total	276698	0.8	100.0	296404	7.1	100.0	303741	2.5	100.0

资料来源：WSTS（2017.4）。

从世界分立器件市场发展情况可见，预计 2017 年分立器件占到 D-O-S 产业中的三分之一，属于长期稳定性的产品，年变化率不大。

光电子器件近几年来一直占到 D-O-S 产业一半的份额，但受产品市场干扰因素太大，年度起伏变化较明显。

传感器产品门类很多，近几年受汽车电子、工业控制、无人机、物联网等市场需求量增大的影响，特别抢眼，增长率加快。2016 年同比增长 22.7%，2017 年预计增长 9.00%（仍居产业增长之首），如表 1.14.5 所示。

表1.14.5　2016—2018年世界半导体分立器件（D-O-S）产品市场情况

产品名称	2016 年			2017 年（E）			2018 年（E）		
	营销额（百万美元）	同比（%）	占比（%）	营销额（百万美元）	同比（%）	占比（%）	营销额（百万美元）	同比（%）	占比（%）
分立器件（DS）	19418	4.3	31.2	20023	3.1	31.0	20674	3.3	31.7
光电子器件（Optoelec tromics）	31994	−3.8	51.4	32679	2.1	50.7	32241	−1.3	49.3
传感器（Sensors）	10821	22.7	17.4	11797	9.0	18.3	12394	5.1	19.0
合计（Total）	62233	2.6	100.0	64499	3.6	100.0	65309	1.3	100.0

资料来源：WSTS（2017.4）。

四、2017 年世界集成电路技术进步情况预估

● 2017 年世界集成电路制程已进入 10 纳米量产，7 纳米已进入试产，5 纳米已进入研发与测试阶段。

● 台积电在 2017 年第四季度可进入 7 纳米认证，2018 年进入量产，2020 年进入 5 纳米量产。

● 三星在 2017 年推出 12 纳米技术产品，挑战台积电 14 纳米技术；在 7 纳米量产和 5 纳米试制上也有可能快于台积电；并于 2020 年推出 4 纳米 FinFET 制程。

● 高层 3D NAND 新替代存储器，72 层产品将面世。

● EUV 光刻、TSV、2.5D/3D 封装仍需时日和金钱支撑。

● 英特尔在 2017 年年底进入 10 纳米量产（2016 年年中进入 10 纳米制程成功）。

● 2019 年下半年集成电路制程会采用 EUV 的 5 纳米时代，但仍以 FinFET 晶体管架构为主。

● ASML 在 2017 年将售出 13 台 EUV，2019 年订单有 40 台，每台单位在 1 亿欧元左右，业界对 EUV 光刻寄予厚望，193 纳米浸液式光刻在成本上具有竞争力。

第二章

2016 年中国集成电路产业发展情况

第一节　2016年中国经济形势发展简况

2016年，中国经济形势贯彻中央经济工作会议决策部署，坚持稳中求进工作总基调，坚持创新发展理念，以推进供给侧结构性改革为主线，适度扩大总需求，坚定推进改革，妥善应对风险挑战，引导形成良好社会经济预期。经济形势总的特点是在缓中趋稳，稳中向好，经济运行保持在合理区间，质量和效益提高，经济结构继续优化，创新和开放对经济发展的支撑作用增强，实现了"十三五"的良好开局。

1. 2016年中国国内生产总值情况

据国家统计局公布：2016年中国国内生产总值为74.41万亿元，同比增长6.7%（见表2.1.1），超过11万亿美元（11.45万亿美元），居世界第二位。

表2.1.1　2015—2016年中国国内生产总值（GDP）发展情况

年度	2015 年					2016 年				
季度	Q1	Q2	Q3	Q4	全年	Q1	Q2	Q3	Q4	全年
GDP（%）	7.0	7.0	6.9	6.8	6.9	6.7	6.7	6.7	6.8	6.7

注：国际货币基金组织（IMP）公布预计：2016年中国GDP同比增长6.7%，占世界GDP的17.3%，对世界经济发展的推动力占23%～25%。

2. 2016年中国制造业指数（PMI）

2016年中国制造业指数由2015年基本低于50%的收缩间区走出，从2016年第三季度起，进入制造业的扩张间区，年均约为50.3%（见表2.1.2）。

表2.1.2　2016年中国制造业指数分月情况（PMI）

年度	2015 年		2016 年											
月度	12	全年	1	2	3	4	5	6	7	8	9	10	11	12	全年
同比（%）	49.7	49.9	49.4	49.0	50.2	50.1	50.1	50.0	49.9	50.4	50.4	51.2	51.7	51.4	50.3
环比（%）	0.1	—	-0.3	-0.4	1.2	-0.1	平	-0.1	-0.1	0.5	平	0.8	0.5	-0.3	0.4

3. 2016年中国非制造业商务活动指数（PMI）

2016年中国非制造业商务活动指数处于扩张活跃期间区，适应了内需和外贸扩张的需求，年平均为53.3%，同比上升0.4个百分点（见表2.1.3）。

表2.1.3 2016年中国非制造业商务活动指数分月情况（PMI）

年度	2015年		2016年											
月度	12	全年	1	2	3	4	5	6	7	8	9	10	11	12	全年
同比（%）	54.4	52.9	53.5	52.7	53.8	53.5	53.2	53.7	52.6	53.7	54.0	51.7	53.2	53.5	53.3
环比（%）	0.8	—	-0.9	-0.8	1.1	-0.3	-0.3	0.5	-1.1	1.1	0.3	-2.3	1.5	0.3	0.4

4．2016年中国居民消费物价指数（CPI）

2016年中国居民消费物价主要来自食品价格的上升，年平均为2.0%，同比上升0.6个百分点（见表2.1.4）。

表2.1.4 2016年中国居民消费物价分月情况（CPI）

年度	2015年		2016年											
月度	12	全年	1	2	3	4	5	6	7	8	9	10	11	12	全年
同比（%）	1.6	1.4	2.1	2.3	2.3	2.3	2.0	1.9	1.8	1.3	1.9	2.1	2.2	2.1	2.0
环比（%）	0.1	—	0.2	0.5	0.2	-0.2	-0.3	-0.1	-0.1	-0.5	0.6	0.2	0.1	-0.1	0.6

5．2016年中国工业生产者出厂价格指数（PPI）

2016年中国工业生产者出厂价格指数自年初以来，一路飘红，呈上升状态，主要是原材料上涨和人工费用的上升所致（见表2.1.5和表2.1.6）。

表2.1.5 2016年中国工业生产者出厂价格指数情况

年度	2015年	2016年												
月度	12	1	2	3	4	5	6	7	8	9	10	11	12	全年
同比（%）	-5.9	-5.3	-4.9	-4.3	-3.4	-2.8	-2.6	-1.7	-0.8	0.1	1.2	3.3	5.5	-1.4
环比（%）	平	0.6	0.4	0.6	0.9	0.6	0.2	0.9	0.9	0.3	1.1	2.1	2.2	11.4

表2.1.6 2016年中国工业生产者购进价格指数情况

年度	2015年	2016年												
月度	12	1	2	3	4	5	6	7	8	9	10	11	12	全年
同比（%）	-6.8	-6.3	-5.8	-5.2	-4.4	-3.8	-3.4	-2.6	-1.7	-0.6	0.9	3.5	6.3	-1.9
环比（%）	-0.7	-0.7	-0.5	0.3	0.6	0.6	0.2	0.3	0.2	0.4	0.9	1.8	1.9	0.1

6．2016年中国有关各项经济指标完成情况（见表2.1.7）

表2.1.7　2016年中国有关各项经济指标完成情况

序号	指标名称	实绩	同比（%）
1	规模以上工业增加值	2.48 万亿元	6.0
2	固定资产投资额	59.65 万亿元	8.1
3	实际使用外资	1260 亿美元	4.1
4	房地产开发投资	10.26 万亿元	6.9
5	广义货币（M2）（12月底）	155.0 万亿元	11.3
6	社会零售总值	33.23 万亿元	10.4
7	进出口总值	24.33 万亿元	−0.9
	其中：出口总值	13.84 万亿元	−2.0
	进口总值	10.49 万亿元	0.6
	进出口顺差	3.35 万亿元	−9.2
8	汽车产量	2812 万辆	14.5
	汽车销量	2803 万辆	13.7
	电动汽车产量	51.7 万辆	52
	电动汽车销量	50.7 万辆	53
	纯电动汽车产量	41.7 万辆	63.9
	纯电动汽车销量	40.9 万辆	65.1
9	外汇储备	30105 亿美元	−9.6
10	工业投资	2.28 万亿元	3.6
	其中：制造业投资	1.88 万亿元	4.20
11	城乡人均可支配收入	33616 元	7.8
12	新增就业人数	1300 万人	8.3
13	第三产业占比	51.6%	1.1
14	单位GDP能耗	−5.0%	−5.0
15	网民	7.31 亿户	9.1

序号	指标名称	实绩	同比（%）
16	手机网民	6.95 亿户	10.0
17	全国技改投入	1.6 万亿元	11.4
18	产成品存货周转天数	13.8 天	-0.4 天
19	产成品库存	3.2%	减少 1.7 个百分点
20	资产负债率	55.8%	下降 0.4 个百分点
21	每百元主营业务收入成本	85.52 元	同比下降 0.16 元

第二节 2016年中国电子信息制造业简况

1. 2016年中国规模以上电子信息制造业情况

2016年中国规模以上电子信息制造业增加值同比增长10%，增速同比回落0.5个百分点；快于全部规模以上工业增速4个百分点，占比为7.5%。

2016年中国规模以上电子信息制造业销售收入为12.2万亿元，同比增长8.4%。

2. 2016年中国电子信息制造业产品完成情况

2016年生产手机21亿部，同比增长13.6%，其中智能手机15亿部，同比增长9.9%。

2016年生产移动通信基站设备34084万信道，同比增长11.1%。

2016年生产微型计算机设备29009万台，同比下降7.7%，出口值下降5.4%。

2016年生产彩电15770万台，同比增长8.9%，其中，液晶电视为15714万台，同比增长9.2%；智能电视为9310万台，同比增长11.1%，占彩电产量的59.00%，出口值增长1.8%。

2016年生产电子元件37455亿只，同比增长9.3%。

2016年生产集成电路1318亿块，同比增长21.2%。

2016年生产半导体分立器件6432亿只，同比增长11.0%。

2016年生产光伏电池7681万千瓦，同比增长17.8%，出口值同比下降0.7%。

3. 2016年中国电子信息制造业经济效益情况

2016年全行业（规模以上企业）营业收入同比增长8.4%；实现利润6464亿元，同比增长16.1%。

2016年主营业务收入利润率为4.85%，同比提高0.19个百分点。

2016年企业亏损面16.5%，同比收窄2个百分点。

2016年全行业应收账款同比增长18.8%，高于主营业务收入增幅10.4个百分点；产成品存货增长2.8%。

4. 2016年中国电子信息制造业进出口情况

2016年我国电子信息产品进出口总额为12245亿美元，同比下降6.4%。其中，出口额为7210亿美元，同比下降7.7%；进口额为5035亿美元，同比下降4.60%。

2016年通信设备行业出口2039亿美元，同比下降5.1%。

2016年计算机行业出口1753亿美元，同比下降9.7%，降幅收窄4.7个百分点。

2016年手机出口1156亿美元，同比下降6.6%。

2016 年笔记本电脑出口 583 亿美元，同比下降 9.7%。

2016 年电子器材行业进口 2862 亿美元，同比下降 4.4%。

2016 年集成电路进口 2271 亿美元，同比下降 1.2%。

2016 年一般贸易出口 2052 亿美元，同比增长 3.2%，占比为 28.5%。

2016 年一般贸易进口 1499 亿美元，同比增长 10.5%，占比为 29.8%。

2016 年加工贸易进口 2351 亿美元，同比下降 9.5%。

2016 年内资企业出口 2307 亿美元，同比下降 4.7%，其中民营企业出口 1731 亿美元，同比下降 3.0%，占比为 24.0%。

2016 年三资企业出口 4903 亿美元，同比下降 9.1%，其中外商独资企业出口 3682 亿美元，同比下降 9.2%。

2016 年内资企业进口 1664 亿美元，同比增长 2.0%，其中民营企业进口 1337 亿美元，同比增长 1.7%，占比为 26.6%。

2016 年三资企业进口 3370 亿美元，同比下降 7.6%，其中外商独资企业进口 2526 亿美元，同比下降 7.4%。

5．2016 年中国电子信息制造业投资情况

2016 年电子信息制造业 500 万元以上项目投资同比增长 15.8%，同比提高 2.2 个百分点。

2016 年电子信息制造业新增固定资产同比下降 10.9%。

2016 年电子器件行业完成投资约 3700 亿元，同比增长 22.7%，其中：

2016 年半导体分立器件制造业完成投资同比增长 96.4%；

2016 年集成电路制造业完成投资同比增长 31.1%。

2016 年整机行业完成投资：通信设备增长 29.3%，家用视听行业同比增长 19.1%，计算机行业同比增长 4.2%。

2016 年内资企业完成投资同比增长 13.2%，外资企业完成投资同比增长 16.8%，中国港、澳、台资企业完成投资同比增长 44.30%。

6．2016 年中国电子信息制造业取得成就

● 采用国产 CPU 的"神威太湖之光"成为世界首台运算速度超 10 亿亿次/秒的超级计算机。

● 国产智能手机芯片市场占有率突破 20%。

● 国产智能电视 SoC 芯片装机量达 800 万颗。

● 采用国产芯片支持北斗导航的智能手机出货量超 1800 万部。

● 中国主推的极化码（Polar）被国际标准组织采纳为 5G 的控制信道标准方案。

● 国产 YunOS 系统，已从手机操作系统向万物互联操作系统转变。

附：我国"十三五"信息产业发展主要目标

据工信部发布《信息产业发展指南》发展目标显示：

● 2015年我国信息产业收入规模为17.1万亿元，到2020年达到26.2万亿元，年均增长率达8.7%。

● 2015年我国电子信息制造业收入为11.1万亿元，到2020年达到14.7万亿元，年均增长率达5.8%。

● 2015年我国软件和信息技术服务业收入为4.3万亿元，到2020年达到8万亿元，年均增长率达13.2%。

● 2015年我国信息通信业收入为1.7万亿元，到2020年，其中增值电信业务收入达到2.2亿元，年均增长率为28.4%。

● 2015年我国电子信息产品贸易出口占行业比重为25.5%，到2020年达到30%。

● 2015年我国固定宽带用户数超2.13亿户，到2020年达到4亿户，年均增长率为11.07%；普及率超70%。

● 2015年我国无线宽带用户普及率为57%，到2020年达到85%。

● 到2020年我国行政村宽带普及率将突破98%，同时实现光纤通达。

● 到2020年我国电信行业总量综合能耗比"十二五"时期再下降10%。

● 2015年我国电子信息百强企业研发经费投入强度为5.5%，到2020年将达到6.1%，年均递增率为0.12%。

● 2015年我国国内信息技术发明专利数为10.99万件，到2020年将达到15.3万件，年均递增6.84%。

● 2015年我国集成电路产业销售收入为3609.8亿元，到2020年将达到9300亿元，年增长率为20%。

其中：集成电路设计业销售收入为1325亿元，到2020年将达到3900亿元，年增长率为25.9%；

集成电路晶圆业销售收入为900.8亿元，到2020年将达到2500亿元，年增长率为22.00%；

集成电路封测业销售收入为1384亿元，到2020年将达到2900亿元，年增长率为15.00%。

第三节　2016 年中国半导体产业发展简况

2016 年中国半导体产业销售额为 6573.2 亿元，同比增长 17.2%（见图 2.3.1），其中，集成电路产业销售收入为 4335.5 亿元，同比增长 20.10%；半导体分立器件销售收入约为 2237.7 亿元，同比增长 11.9%。

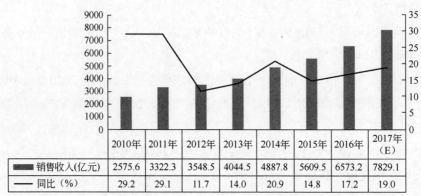

	2010年	2011年	2012年	2013年	2014年	2015年	2016年	2017年（E）
销售收入(亿元)	2575.6	3322.3	3548.5	4044.5	4887.8	5609.5	6573.2	7829.1
同比（%）	29.2	29.1	11.7	14.0	20.9	14.8	17.2	19.0

CAGR=14.10%（2010—2017年）。

图 2.3.1　2010—2017 年中国半导体产业规模及增长情况

2010—2016 年中国半导体产业销售额占国内半导体市场的份额见表 2.3.1。

表2.3.1　2010—2016年中国半导体产业销售额占国内半导体市场的份额

指标名称	单位	2010 年	2011 年	2012 年	2013 年	2014 年	2015 年	2016 年	CAGR
国内半导体销售收入	亿元	2575.6	3322.3	3548.5	4044.5	4887.8	5609.5	6573.2	16.9%
国内半导体市场	亿元	8477	9238	9826	10566	12044	13001	14204	7.24%
占比	%	30.3	35.9	36.1	38.3	40.6	43.1	46.3	—

2010—2016 年中国半导体产业销售额占世界半导体市场的份额见图 2.3.2。

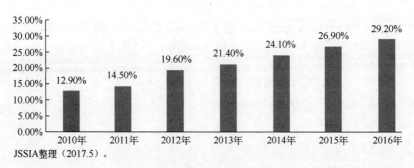

JSSIA整理（2017.5）。

图 2.3.2　2010—2016 年中国半导体产业销售额占世界半导体市场的份额

第四节　2016 年中国集成电路产业发展简况

一、2016 年中国集成电路产业发展综述

2016 年以来，全球经济一直未完全走出金融危机阴影，整体复苏疲弱乏力，增速持续放缓，传统 PC 业务进一步萎缩，智能终端市场需求逐步减弱，云计算、大数据、物联网带来的新兴市场需求尚未爆发。根据美国半导体行业协会（SIA）数据显示，受此影响，2016 年全球半导体市场呈温和状态，销售规模为 3389 亿美元，同比略升 1.1%。

与此相反，我国在《国家集成电路产业发展推进纲要》的引导下，经过近两年的系统实施，第一阶段目标已顺利完成。国家集成电路产业投资基金（以下简称国家基金）金融杠杆作用逐步显现，适应产业发展的各级地方政策环境和投融资环境基本形成。在政策支持以及市场需求带动下，我国集成电路产业继续保持快速的发展态势。2016 年中国集成电路产业规模为 4335.5 亿元，同比增长 20.1%（见图 2.4.1），实现了"十三五"规划期开门红。

CAGR=20.16%（2010—2016 年）
资料来源：CSIA/JSSIA 整理。

图 2.4.1　2010—2016 年中国集成电路产业销售收入规模及增长情况

从 2016 年中国集成电路产业各季度销售收入情况看（见表 2.4.1），第四季度增长速度与第三季度相比增长 19.7%，与 2015 年同期相比，增长 26.8%，增速提升 6.6 个百分点。分析高速增长的要因：一是集成电路设计业继续保持 24.1% 的高速度增长；二是集成电路晶圆业因生产线满负荷生产以及企业为满足市场需求而扩大产能，同比增长 25.1%；三是集成电路封测业持续增长 13%，取得了较好的业绩。

表2.4.1　2016年中国集成电路产业各季度销售收入情况

指标名称	单位	2016 年分季度销售情况				全年合计
		第一季度	第二季度	第三季度	第四季度	
销售收入	亿元	798.6	1048.5	1132.8	1355.6	4335.5
同比	%	16.5	15.7	19.4	26.8	20.1
环比	%	-25.3	31.3	8.0	19.7	—

据中国半导体行业协会统计数据显示：

2016 年中国集成电路设计业销售收入为 1644.3 亿元，同比增长 24.1%；

2016 年中国集成电路晶圆业销售收入为 1126.9 亿元，同比增长 25.1%；

2016 年中国集成电路封测业销售收入为 1564.3 亿元，同比增长 13.0%。

2016 年集成电路晶圆业销售收入同比增长 25.10%，高于设计业和封测业。主要是因为我国集成电路晶圆制造业有较大的增量、代工规模扩大等，为近几年来罕见。

2016 年集成电路产业三个细分行业的销售收入都超过千亿元。集成电路设计业更是以 1644.3 亿元的销售收入，第一次总量超过封测业，居三业之首，领跑于封测业和晶圆业（见图 2.4.2）。2010—2016 年中国集成电路产业三业销售收入规模及增长情况如表 2.4.2 所示。

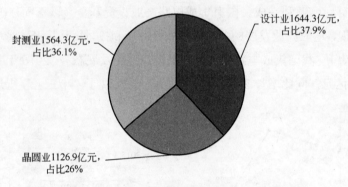

图 2.4.2　2016 年度中国集成电路产业三业结构情况

表2.4.2　2010—2016年中国集成电路产业三业销售收入规模及增长情况

单位：亿元

型别	指标名称	2010 年	2011 年	2012 年	2013 年	2014 年	2015 年	2016 年	CAGR
集成电路产业	合计	1440.2	1933.7	2158.5	2508.5	3015.4	3609.8	4335.5	17.50%
IC 设计业	销售额	363.9	526.4	621.7	808.8	1047.4	1325.0	1644.3	24.04%
	增长率	34.8%	44.6%	18.1%	30.1%	29.5%	26.5%	24.1%	—
IC 晶圆业	销售额	447.1	431.6	501.1	600.9	712.1	900.8	1126.9	14.12%
	增长率	31.1%	3.6%	16.1%	19.9%	18.5%	26.5%	25.10%	—
IC 封测业	销售额	629.2	975.7	1035.7	1098.8	1255.9	1384.0	1564.3	13.89%
	增长率	26.3%	55.1%	6.1%	6.1%	14.3%	10.2%	13.00%	—

2016 年中国集成电路产业销售收入为 4335.5 亿元，约合 667 亿美元，占世界半导体产业销售收入 3389.3 亿元的 19.7%，占世界集成电路产业销售收入 2767 亿美元的 24.10%（见表 2.4.3 和表 2.4.4）。

表2.4.3　2010—2016年中国集成电路产业销售额占世界半导体产业的比重

年度	2010 年	2011 年	2012 年	2013 年	2014 年	2015 年	2016 年
占比	8.6%	10.3%	11.8%	13.1%	14.4%	17.2%	19.7%

表2.4.4　2010—2016年中国集成电路产业销售收入占世界集成电路产业的比重

年度	2010 年	2011 年	2012 年	2013 年	2014 年	2015 年	2016 年
占比	8.9%	12.1%	14.1%	16.0%	18.0%	21.0%	23.6%

2016 年全国集成电路产业销售收入占全国电子信息制造业销售收入的 3.55%，占比提升了 0.3 个百分点（见表 2.4.5）。

表2.4.5　2010—2016年中国集成电路产业销售额占全国IT制造业的比重

年度	2010 年	2011 年	2012 年	2013 年	2014 年	2015 年	2016 年
占比	2.25%	2.58%	2.55%	2.69%	2.93%	3.25%	3.55%

二、2016 年中国集成电路产业主要企业情况

我国集成电路产业呈集群式分布，主要集中在长三角地区、京津环渤海地区和珠三角地区，以及以西安、武汉、成都、重庆等城市为中心的中西部地区。2016 年集成电路产业前三十大企业销售收入情况见表 2.4.6。

表2.4.6　2016年集成电路产业前三十大企业销售收入情况

排序	企业名称	2016 年销售额（亿元）	2015 年销售额（亿元）	同比（%）	企业类别	所在地
1	深圳市海思半导体有限公司	303.0	221.0	37.1	设计	C
2	三星（中国）半导体有限公司	237.5	144.7	64.1	晶圆	D
3	中芯国际集成电路制造有限公司	202.2	145.2	39.3	晶圆	A
4	江苏新潮科技集团有限公司	193.0	92.2	109.3	封测	A
5	南通华达微电子集团有限公司	135.7	56.4	140.6	封测	A
6	清华紫光展锐	125.0	109.9	13.7	设计	B
7	SK 海力士半导体（中国）有限公司	122.7	127.0	-3.4	晶圆	A
8	威讯联合半导体（北京）有限公司	83.0	62.0	33.9	封测	B
9	天水华天电子集团	66.6	47.8	39.3	封测	D
10	恩智浦半导体（天津）	58.9	54.2	8.7	封测	B
11	华润微电子有限公司	56.7	47.8	18.6	晶圆	A
12	深圳市中兴微电子技术有限公司	56.0	51.0	9.8	设计	C

排序	企业名称	2016年销售额（亿元）	2015年销售额（亿元）	同比（%）	企业类别	所在地
13	上海华虹宏力半导体制造有限公司	50.2	42.7	17.6	晶圆	A
14	华大半导体有限公司	47.6	33.8	39.1	设计	B
15	英特尔半导体（大连）有限公司	45.8	22.1	107.2	晶圆	B
16	英特尔产品（成都）有限公司	39.7	40.5	−2.0	封测	D
17	台积电（中国）有限公司	39.6	43.6	−9.2	晶圆	A
18	北京智芯微电子科技有限公司	35.6	29.2	21.9	设计	B
19	海太半导体（无锡）有限公司	32.4	37.2	−12.9	封测	A
20	上海凯虹科技有限公司	30.4	30.1	1.0	封测	A
21	上海华力微电子有限公司	30.3	20.0	51.5	晶圆	A
22	安靠封装测试（上海）有限公司	30.1	29.5	2.0	封测	A
23	深圳市汇顶科技股份有限公司	30.0	—	—	设计	C
24	杭州士兰微电子股份有限公司	27.6	20.1	37.3	设计	A
25	晟碟半导体（上海）有限公司	27.6	27.6	平	封测	A
26	西安微电子技术研究所	25.0	22.0	13.6	晶圆	D
27	大唐半导体设计有限公司	24.3	31.0	−21.6	设计	B
28	敦泰科技（深圳）有限公司	23.5	22.0	6.8	设计	C
29	北京中星微电子有限公司	20.5	18.5	10.8	设计	B
30	和舰科技（苏州）有限公司	17.5	18.1	−3.3	晶圆	A
集成电路产业前三十大企业销售收入合计		2218.1	1647.2	34.7	—	
全国集成电路产业销售收入合计		4335.5	3609.8	20.1	—	
前三十大企业营收占全国总值（%）		51.2	45.6	5.6	—	

注：所在地，长江三角洲地区（A）、京津环渤海地区（B）、珠江三角洲地区（C）、中西部地区（D）。

从表2.4.6中可以看出：2016年我国集成电路产业前三十大企业销售收入为2218.1亿元，同比增长34.7%，占到全国集成电路产业销售收入总值4335.5亿元的51.2%，增幅同比提高5.6个百分点，企业集中度更为明显。

2016年中国集成电路产业前三十大企业所在区域分布情况见表2.4.7。

表2.4.7 2016年中国集成电路产业前三十大企业所在区域分布情况

序号	指标名称	2016 年		2015 年		同比 (%)	同期占比增幅度
		销售收入（亿元）	占比(%)	销售收入（亿元）	占比(%)		
1	长江三角洲地区	996.1	44.9	735.5	44.8	35.1	提高 0.1 个百分点
2	京津环渤海地区	440.7	19.9	360.7	21.9	22.2	下降 2 个百分点
3	珠江三角洲地区	412.5	18.6	294.0	17.8	40.3	提高 0.8 个百分点
4	中西部地区	368.8	16.6	255.0	15.5	44.6	提高 1.1 个百分点
5	合计	2218.1	100.0	1647.2	100.0	34.7	—

2016 年我国集成电路产业前三十大企业中，中西部地区发展速度迅猛：中西部地区企业销售收入为 368.8 亿元，同比增长最快，达到 44.6%，占到全国三十大企业销售收入的 16.60%，同期占比提升 1.1 个百分点，其主要因素是三星（中国）半导体有限公司以 237.5 亿元，同比增长 64.1%，居产业第二位；天水华天公司以 66.6 亿元，同比增长 39.3%，起到了主要的拉动作用。

2016 年前三十大企业中，内资企业销售收入达到 1463.4 亿元，同比增长 45.4%，占 66%，同期占比提升 4.9 个百分点。我国集成电路产业内资企业正在迅速成长，在产业中的占比逐年提升，这主要是由于大基金的投入、地方政府的扶持、企业努力奋进三结合所形成的。

2016 年前三十大企业中，合资企业销售收入为 196.9 亿元，同比增长 10.10%，占比为 9.2%，占比率下降 1.7 个百分点。说明我国集成电路合资企业处于萎缩之势。

2016 年前三十大企业中，外资企业销售收入 591.8 亿元，同比增长 23.4%，占比为 27.8%，占比率提高 4.4 个百分点。说明外资企业在我国还处于较快发展期（见表 2.4.8）。

表2.4.8 2016年中国集成电路产业前三十大企业性质类型情况

序号	指标名称	2016 年		2015 年		同比 (%)	同期占比率
		销售收入（亿元）	占比(%)	销售收入（亿元）	占比（%）		
1	内资企业	1463.4	66.0	1006.5	61.1	45.4	提高 4.9 个百分点
2	合资企业	162.9	7.3	161.0	9.8	1.2	下降 2.5 个百分点
3	外资企业	591.8	26.7	479.7	29.1	23.4	下降 2.4 个百分点
	合计	2218.1	100.0	1647.2	100.0	34.7	

2016 年中国集成电路产业内资企业营销情况呈快速发展势头，可从内资企业前十名销售收入增长情况中窥见一斑（见表 2.4.9）。

表2.4.9　2016年中国集成电路产业内资企业前十名销售收入增长情况

序号	企业名称	2016年销售收入（亿元）	2015年销售收入（亿元）	同比（%）	序号	企业名称	2016年销售收入（亿元）	2015年销售收入（亿元）	同比（%）
1	深圳海思	303.0	221.0	37.10%	6	天水华天	66.6	47.8	39.3%
2	中芯国际	202.2	145.2	39.3%	7	华润微电	56.7	47.8	18.6
3	江苏新潮	193.0	92.2	109.3%	8	深圳中兴	56.0	51.0	9.8
4	通富微电	135.7	56.4	140.6%	9	华虹宏力	50.2	42.7	17.6%
5	紫光展锐	125.0	109.9	13.7	10	华大半导	47.6	33.8	39.1

2016年中国集成电路产业外资企业营业收入呈现增减不一的状况，外资企业前八名有半数企业的销售收入同比下降（见表2.4.10）。

表2.4.10　2016年我国集成电路产业外资企业前八名企业情况

序号	企业名称	国家/地区	2016年销售额（亿元）	2015年销售额（亿元）	同比（%）	区域
1	三星（中国）半导体	韩国	237.5	144.7	64.1	西安
2	SK海力士半导体	韩国	122.7	127.0	-3.4	无锡
3	恩智浦半导体	欧洲	58.9	54.2	8.7	天津
4	英特尔半导体	美国	45.8	22.1	107.2	大连
5	英特尔产品	美国	39.7	40.5	-2.0	成都
6	台积电（中国）	中国台湾	39.6	43.6	-9.2	上海
7	安靠封装测试	美国	30.1	29.5	2.0	上海
8	和舰科技	中国台湾	17.5	18.1	-3.3	苏州

第五节 2016 年中国集成电路产品产量情况

据中国半导体行业协会统计报道，2016 年中国集成电路产品产量为 1318 亿块，同比增长 12.6%（见图 2.5.1）。

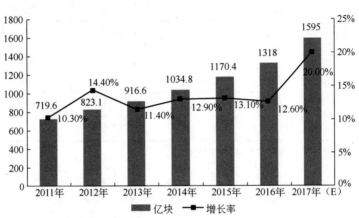

CAGR=14.19%（2011—2017年）

资料来源：CSIA/JSSIA整理。

图 2.5.1　2010—2017 年中国集成电路产品产量发展规模及增长情况

2010—2016 年中国集成电路产品产量占世界总量的比重见表 2.5.1。

表2.5.1　2010—2016年中国集成电路产品产量占世界总量的比重

指标名称	单位	2010 年	2011 年	2012 年	2013 年	2014 年	2015 年	2016 年	CAGR
中国 IC 产量	亿块	652.5	719.6	823.1	916.6	1034.8	1170.4	1318.0	10.70%
世界 IC 产量	亿块	1898.0	1942.0	1972.0	2060.0	2307.0	2356.0	2481.0	3.90%
占比	%	34.4	37.1	41.7	44.5	44.9	49.7	53.1	—

2016 年中国集成电路产业各月度产品产量情况见表 2.5.2。

表2.5.2　2016年中国集成电路产业各月度产品产量情况

年度	2016 年				2015 年	
分月	当月产量（亿块）	累计产量（亿块）	同比增长（%）	累计增长（%）	当月产量（亿块）	同比增长（%）
12 月	140.4	1329.2	23.2	21.0	113.0	13.1
11 月	125.2	1191.0	31.5	20.9	101.9	10.2
10 月	119.5	1063.1	34.0	19.7	94.0	4.0

续表

年度	2016 年				2015 年	
分月	当月产量（亿块）	累计产量（亿块）	同比增长（%）	累计增长（%）	当月产量（亿块）	同比增长（%）
9 月	116.3	943.9	21.9	18.2	99.0	7.4
8 月	114.9	829.3	25.6	17.9	95.2	3.0
7 月	113.8	713.2	16.1	16.6	97.1	4.8
6 月	117.2	599.3	20.5	16.5	95.9	7.6
5 月	110.1	482.1	18.3	16.7	92.8	6.8
4 月	103.4	371.5	14.5	14.7	89.6	9.4
3 月	104.8	267.8	23.4	15.9	84.8	10.9
2 月	—	160.6	—	12.6	—	—

资料来源：国家统计局/三胜咨询整理（2017.6）。

第六节 2016年中国集成电路产品进出口情况

1. 2016年中国集成电路产品进出口数量

据中国海关统计：2016年中国集成电路进口量为3424.6亿块，同比增长9.1%；集成电路出口量为1808.9亿块，同比下降1.0%；逆差为1615.7亿块，同比增长23.1%（见表2.6.1和表2.6.2）。

表2.6.1 2010—2016年中国集成电路产品进口量及增长情况

指标名称	单位	2010年	2011年	2012年	2013年	2014年	2015年	2016年	CAGR
销售额	亿块	2009.6	2141.1	2418.2	2663.1	2856.6	3140.0	3424.6	9.30%
同比	%	37.4	6.5	12.9	10.1	7.3	10.0	9.1	—

表2.6.2 2010—2016年中国集成电路产品出口量及增长情况

指标名称	单位	2010年	2011年	2012年	2013年	2014年	2015年	2016年	CAGR
销售额	亿块	831.5	904.4	1182.1	1426.7	1535.2	1827.7	1808.9	13.84%
同比	%	46.6	8.8	30.7	20.7	7.6	19.1	-1.0	—

2. 2016年中国集成电路产品进出口金额

2016年中国集成电路进口金额为2277.1亿美元，同比下降1.6%；集成电路出口金额为612.9亿美元，同比下降11.4%；逆差为1664.2亿美元，同比增长2.7%。2016年我国集成电路进口金额增幅同比收窄0.3个百分点（见表2.6.3和表2.6.4）。

表2.6.3 2010—2016年中国集成电路产品进口金额及增长情况

指标名称	单位	2010年	2011年	2012年	2013年	2014年	2015年	2016年	CAGR
销售额	亿美元	1569.9	1702.0	1920.6	2313.4	2176.0	2307.0	2277.1	6.34%
同比	%	30.9	8.4	12.8	20.5	-5.9	6.0	-1.6	—

表2.6.4 2010—2016年中国集成电路产品出口金额及增长情况

指标名称	单位	2010年	2011年	2012年	2013年	2014年	2015年	2016年	CAGR
销售额	亿美元	292.5	325.7	534.3	877.0	608.6	693.2	612.9	13.15%
同比	%	25.5	11.4	64.0	64.1	-30.6	13.9	-11.4	—

3. 2016年中国集成电路产品进出口逆差情况

2016年中国集成电路产品进出口金额已超过我国进口石油及石油制品、铁矿砂、粮食油料产品，多年来已成为国家第一大进口商品（见图 2.6.1）。图 2.6.2 所示为 2010—2016年中国集成电路产品进出口金额对比示意图。

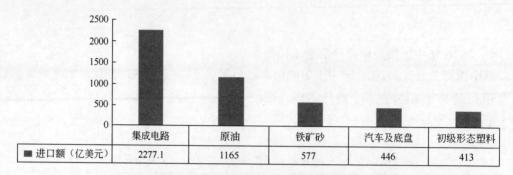

	集成电路	原油	铁矿砂	汽车及底盘	初级形态塑料
■ 进口额（亿美元）	2277.1	1165	577	446	413

图 2.6.1　2016 年中国集成电路在大宗商品进口中的地位

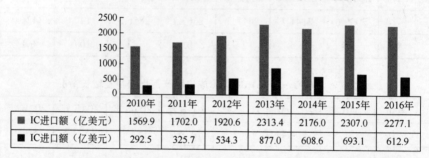

	2010年	2011年	2012年	2013年	2014年	2015年	2016年
■ IC进口额（亿美元）	1569.9	1702.0	1920.6	2313.4	2176.0	2307.0	2277.1
■ IC进口额（亿美元）	292.5	325.7	534.3	877.0	608.6	693.1	612.9

图 2.6.2　2010—2016 年中国集成电路产品进出口金额对比示意图

图 2.6.3 所示为 2010—2016 年中国集成电路产品进出口金额逆差示意图。

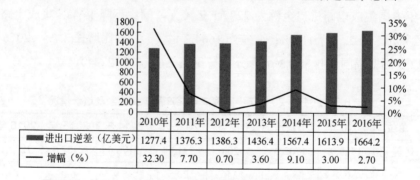

	2010年	2011年	2012年	2013年	2014年	2015年	2016年
■ 进出口逆差（亿美元）	1277.4	1376.3	1386.3	1436.4	1567.4	1613.9	1664.2
── 增幅（%）	32.30	7.70	0.70	3.60	9.10	3.00	2.70

图 2.6.3　2010—2016 年中国集成电路产品进出口金额逆差示意图

在中国集成电路产品进出口中，集成电路产品进出口额逆差不断上升，由 2014 年的逆差 1567.4 亿美元，上升到 2016 年的 1664.2 亿美元，三年里增长 5.7%，且历年增长，近年来有所减缓。

第七节 2016 年中国集成电路产业投资情况

一、2016 年中国电子信息制造业固定资产投资情况

● 全国电子信息制造业 500 万元以上项目完成固定资产投资额同比增长 15.8%，增长同比提高 2.2 个百分点；其中新增固定资产投资同比下降 10.9%。

● 全国电子器件行业完成投资 3700 亿元，同比增长 22.70%，其中半导体分立器件投资同比增长 96.40%，集成电路制造领域投资同比增长 31.10%。

● 全国通信设备行业投资同比增长 29.30%，家用视听行业投资同比增长 19.10%，计算机行业投资同比增长 4.20%，广电设备行业投资同比下降 1.40%。

● 内资企业完成投资同比增长 13.20%，外商投资企业同比增长 16.80%，中国港、澳、台企业完成投资同比增长 44.30%。

二、2016 年国家集成电路大基金投资进展情况

1. 国家大基金投资概况

国家集成电路产业发展基金（以下简称大基金）自 2014 年 9 月成立，到 2015 年已募集到资金 1387 亿元。

2016 年国家集成电路大基金池为 1898 亿元，比 2015 年增长 38.9%。

大基金成立两年多来，坚持市场化运作、专业管理、科学决策的原则，截至 2016 年年底，共决策投资 43 个项目，涉及 36 个企业；累计项目承诺投资额 818 亿元，实际出资超过 560 亿元。项目覆盖集成电路设计、制造、封测、设备、材料、生态建设等各环节，实现了在产业链上的完整布局。

截至 2016 年年底，大基金承诺投资额占比为：制造业占 60%、设计业占 27%、封测业占 8%、装备业占 3%、材料业占 2%。在投资的 IC 全产业链中，制造环节投资已超过 60%。

截至 2016 年年底，大基金已投资的企业如下。

在 IC 晶圆芯片制造领域有：中芯国际、中芯北方、长江存储、华力二期、士兰微电子、三安光电、耐威科技。

在 IC 芯片设计领域有：紫光展讯、中兴微电子、艾派克、湖南国科微、北斗星通、深圳国微、盛科网络、硅谷数模、芯原微电子。

在 IC 封装测试领域有：长电科技、通富微电、华天科技、中芯长电。

在 IC 设备领域有：中微半导体、沈阳拓荆、杭州长川、上海睿励、北京七星华创与北方微电子整合。

在 IC 材料领域有：上海硅产业集团、江苏鑫华半导体、安集微电子、烟台德邦。

在生态建设领域有：地方基金（北京、上海）；龙头企业基金（芯动能、中芯聚源、安芯基金）；绩优团队子基金（武岳峰、鸿钛、盈富泰克、芯鑫融资租赁）等。

2．2016 年国家大基金投资成效显现

- 大基金集中力量扶优扶强，所投企业运营良好；
- 重大项目布局取得突破性进展（中芯国际、华融宏力、长江存储）；
- 中芯国际 28 纳米工艺进入量产；
- 展讯科技进入全球十大设计公司行列；
- 长电科技跃居 IC 封测业全球第三；
- 中微半导体刻蚀设备进入跨国企业芯片生产线；
- 从政策协同性来看，大基金与国家科技重大专项、专项建设基金协同支持集成电路产业发展；
- 大基金以资本为纽带，引导京东方、紫光、保利、三安等泛半导体大企业进入集成电路行业，为集成电路全行业注入了重要的新生力量；
- 大基金投资运作撬动了境内外资金，引发了投资我国集成电路产业的热情，带动新增社会投融资超过 2500 亿元，行业融资环境明显改善；
- 在大基金的带动下，各地（省市）设立集成电路产业发展基金总规模近 5000 亿元，可见各地方对投资和保障集成电路产业发展的信心和决心。北京、上海、武汉、福建、江苏、辽宁、深圳等各地方投资额占全部投资额的 90%。

3．2016 年中国政府产业发展引导资金情况

据清科研究中心统计，截至 2016 年 12 月底，我国国内共设立了 1013 支政府引导基金，规模超 5.3 万亿元，已到位资金达 1.9 万亿元；2016 年新设立政府引导基金 384 支，总目标规模超过 3.1 万亿元。2016 年规模较 2015 年同比增长 100.8%。

政府引导基金设立母基金，下设若干子基金，子基金采取和社会资本合作的方式设立，按规模化、市场化运行。各地方政府投资基金已成为主力，资金占比由 2015 年的 36.7%提升到 2016 年的 42.6%。

三、2016 年中国各地方集成电路产业投资基金情况

2014 年以来,我国许多地方政府十分重视本地区集成电路产业发展,按照国务院对"国家科技重大专项'十三五'规划"和产业布局,纷纷出台集成电路产业发展扶持政策,同时也相应配套了集成电路产业投资基金（见表 2.7.1),这都有力地推动了国内和有关省市集成电路产业的蓬勃发展。

表2.7.1 各地集成电路产业投资基金汇总

序号	地方	基金名称	金额	合作者	时间
1	北京市	集成电路产业发展股权投资基金	300 亿元，注册资金 90.1 亿元	中关村发展集团、北京盛世宏明、北京清芯华创	2014.7.29
		海外平行基金	20 亿元		2015.7
2	湖北省	湖北集成电路产业投资基金	300 亿元，注册资金 50 亿元	武汉经济发展投资、湖北科技投资等	2015.8.5
3	合肥市	合肥集成电路产业投资基金	100 亿元及投资 10 亿元	合肥市政府等	2015 年
4	深圳市	深圳市集成电路产业引导基金	200 亿元，首期 100 亿元	深圳市中兴微电子技术公司	2015.10
5	贵州	贵州华芯集成电路产业投资	18 亿元	贵州华芯 IC	2015.12.8
6	湖南	湖南国微集成电路创业投资基金	50 亿元	湖南高新创业、湖南国微投资管理、长沙经开投资	2015.12.24
7	上海市	上海集成电路产业基金（设计 100 亿元+材料装备 100 亿元+IC 制造 300 亿元）	500 亿元，注册资金 285 亿元	上海科技创投、上海国际信托、上海武岳峰、上海国盛信托等	2016.1
					2016.12.7
8	福建省	福建省安芯产业投资基金	500 亿元	福建政府等	2016.2
9	厦门市	厦门集成电路发展基金	500 亿元	厦门国资委 清华紫光	2016.3.9
		厦门国资紫光联合发展基金	160 亿元		
10	四川省	四川省集成电路和信息安全产业投资基金	120 亿元，注册资金 40 亿元	四川省财政厅、四川发展兴川产业引导、成都高新区	2016.3
11	天津市	滨海 IC 设计产业促进专项资金	2 亿元/年		2014.2
12	辽宁省	辽宁省集成电路产业投资基金	100 亿元，首期 20 亿元	中国华录 罕王实业 大连宇宙	2016.5
13	广东省	广东省集成电路产业投资基金	150 亿元，母基金 45 亿元	奥科金融 海格通信 中银资金	2016.6.24
14	广东省	广东省 IC 设计专项资金	20 亿元		2015.7
15	陕西省	陕西省集成电路产业投资基金	300 亿元，启动 60 亿元	西安高新新兴产业 西安投资控股 陕西电子信息	2016.8.25

序号	地方	基金名称	金额	合作者	时间
16	南京市	南京市集成电路产业专项发展基金	南京市 500 亿元 南京江北区 100 亿元， 合计 600 亿元	江苏省政府 南京市政府	2016.12
17	南京市	南京市浦口区 IC 产业基金	10 亿元		2015.7
18	无锡市	无锡市集成电路产业发展基金	200 亿元， 首期 50 亿元	无锡市政府	2017.1
19	昆山市	昆山市海峡两岸集成电路产业投资基金	100 亿元， 启动 10 亿元	昆山市政府等	2017.2
		合计	约 4200 亿元		

资料来源：JSSIA 整理（2017.1）。

到 2016 年 12 月止，国内各省市地方集成电路基金总额已超过 4200 亿元。若再加上国家大基金 2000 亿元，则我国集成电路产业发展总基金规模前所未有。

四、2016 年国内半导体制造业并购情况

2016 年，世界半导体行业收购并购案总金额突破 1300 亿美元，实现并购额为 985 亿美元，同比下降 4.6%，属 2015 年产业并购高涨期后的调整阶段。

2016 年，中国集成电路行业并购案总金额为 178.2 亿元（约合 26.3 亿美元），约占世界半导体并购案 1300 亿美元的 2.02%，占世界实现并购案 985 亿美元的 2.67%，但缺乏在业界有影响力和有实质性产业提升的并购案例。更为令人不解和愤慨的是，有些并购项目往往被美国外国投资委员会否决掉，胎死腹中。2016 年中国半导体企业并购案情况汇总见表 2.7.2。

表2.7.2 2016年中国半导体企业并购案情况汇总

收购方	被收购方	时间	交易金额	行业
微芯科技（Microchip）	Atmel	2016.1.20	35.6 亿美元	芯片设计、制造
紫光	中发科技	2016.1	5.08%的股份	封装模具、设备
紫光	日东科技	2016.2	7.4 亿港元	半导体设备
紫光	莱迪思	2016.4	6%的股份，价值 4000 万美元	芯片制造
中芯国际	长电	2016.4	26 亿元的股份	封装测试
四维图新	杰发科技	2016.5.17	38.75 亿元	芯片设计、制造
福建宏芯投资基金	Aixtron	2016.5.23	6.7 亿欧元	半导体设备
中芯国际	LFoundry	2016.6	4900 万欧元	晶圆制造

续表

收购方	被收购方	时间	交易金额	行业
建广资产、智路资本	NXP 标准产品业务	2016.6.14	27.5 亿美元	芯片设计、制造
力源信息	帕太集团	2016.6	26.3 亿元	
紫光	武汉新芯	2016.7	将持有超 50%的股份	晶圆制造
WPG（大联大）	收购中电港 15%的股份	2016.7.27	1.5 亿元	
北京君正	北京豪威	2016.7	9 亿美元	图像传感
安富利	英国派睿	2016.7	60.7 亿元	
北京山海昆仑资本管理有限公司	硅谷数模半导体	2016.9.23	5 亿美元	芯片设计、制造

第八节 2016年中国集成电路设计业发展情况

一、2016年中国集成电路设计业概述

2016年，全球集成电路产业处在新一轮调整的阵痛之中，全球集成电路设计业业绩呈下滑态势。与此形成鲜明对比的是，我国集成电路产业销售收入为4335.5亿元，同比增长20.1%，仍然保持在两位数的高速增长，是全球集成电路产业不可多得的亮点。作为产业龙头，中国集成电路设计业持续高速增长，取得了令人骄傲的成绩，可以用四句话来概括："产业高速增长、经营不断改善、产品有所突破、生态持续优化。"

观察2016年中国大陆IC设计产业发展，中国IC设计公司数量由2015年的736家增加至1362家，一年内几乎翻倍发展。

2016年世界集成电路设计业销售额为774.9亿美元，同比下降3.5%。

2016年，中国集成电路设计业销售收入为1644.3亿元，比2015年的销售收入1325.0亿元增长24.1%（见图2.8.1）。按照美元与人民币1∶6.65的兑换率，全年销售收入达到247.26亿美元，占全球集成电路设计业销售收入的31.9%，占比提升了6.2个百分点。2016年中国集成电路设计业各季度销售情况见表2.8.1。

CAGR=28.58%（2010—2016年）
资料来源：CSIA/JSSIA整理（2017.4）。

图2.8.1 2010—2016年中国集成电路设计业销售额规模及增长情况

表2.8.1 2016年中国集成电路设计业各季度销售情况

指标名称	单位	2016年分季度销售情况				全年合计
		第一季度	第二季度	第三季度	第四季度	
销售收入	亿元	283.9	401.60	489.2	469.6	1644.3
同比	%	26.1	23.5	25.1	22.4	24.1
环比	%	−26.0	41.5	21.8	−4.0	—

2016 年中国集成电路设计业销售收入占全国集成电路产业销售总收入比重比 2015 年提升 1.2 个百分点（见表 2.8.2）。2016 年中国集成电路设计业销售收入占全国集成电路产业销售总收入的比重首次超越集成电路封测业销售收入在全国总收入中的占比，居中国集成电路各细分行业第一位。

表2.8.2　2010—2016年中国集成电路设计业销售收入占全国IC产业的比重

年份	2010 年	2011 年	2012 年	2013 年	2014 年	2015 年	2016 年
占比	25.3%	27.2%	28.9%	32.2%	34.7%	36.7%	37.9%

2016 年中国大陆地区集成电路设计业销售收入占世界同业销售收入的比重与 2015 年相比提高 5.5 个百分点（见表 2.8.3），超越中国台湾地区，居世界 IC 设计业第二位。

表2.8.3　2010—2016年中国大陆地区集成电路设计业在世界同业中的比重

指标名称	2010 年	2011 年	2012 年	2013 年	2014 年	2015 年	2016 年
占比	9.2%	12.3%	13.8%	16.6%	18.6%	26.4%	31.9%

二、2016 年中国集成电路设计业主要区域发展情况分析

2016 年中国集成电路设计业主要区域销售收入发展情况见表 2.8.4 和图 2.8.2。

表2.8.4　2016年中国集成电路设计业主要区域销售收入发展情况

地区与主要城市		2015 年（亿元）	2016 年（亿元）	同比
长江三角洲地区	上海	305.00	365.24	19.75%
	杭州	36.82	56.99	54.78%
	无锡	76.10	84.64	11.22%
	苏州	29.70	32.30	8.75%
	南京	35.00	41.30	18.00%
	合肥	1.38	13.42	872.46%
	小计	484.00	593.89	22.70%
珠江三角洲地区	深圳	380.00	420.00	10.53%
	珠海	17.80	27.60	55.06%
	香港	9.23	12.40	34.34%
	福州	14.89	15.00	0.74%
	厦门	18.00	21.00	16.67%
	小计	439.92	496.00	12.75%

续表

地区与主要城市		2015 年（亿元）	2016 年（亿元）	同比
京津环渤海地区	北京	272.00	325.61	19.71%
	天津	11.98	13.71	14.44%
	大连	6.12	7.03	14.87%
	济南	5.11	8.00	56.56%
	小计	295.21	354.35	20.03%
中西部地区	成都	31.00	38.00	22.58%
	西安	28.60	35.96	25.73%
	武汉		25.00	
	重庆、绵阳	9.45	7.00	−25.93%
	长沙	4.14	22.00	431.40%
	小计	73.19	127.96	74.83%
总计		1234.16	1518.52	23.04%

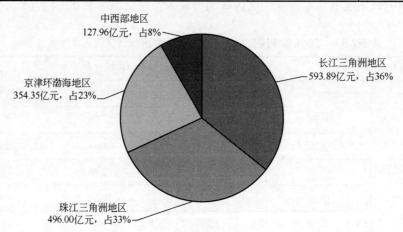

图 2.8.2　2016 年中国集成电路设计业各区域产业规模及占比情况

　　在 2016 年中国集成电路设计业各主要城市销售收入排名中，合肥、长沙、济南、珠海和杭州集成电路设计业的销售收入增长率都超过了 50%，增速排名前十的城市见表 2.8.5。排名第十位的成都，增长率也高达 22.58%，与 2015 年最后一名增长 0.74% 相比，有了大幅度的提升。无锡、成都等城市的集成电路设计业一改之前连年下降和徘徊不前的局面，2016 年取得比较快的增长，分别达到 11.22% 和 22.58%。

表2.8.5 2016年中国集成电路设计业销售收入增速最快的十大城市

排序	2015 年		2016 年	
	城市	增长率	城市	增长率
1	北京	59.81%	合肥	872.46%
2	深圳	56.06%	长沙	431.40%
3	厦门	28.57%	济南	56.56%
4	西安	27.11%	珠海	55.06%
5	苏州	17.22%	杭州	54.78%
6	上海	15.21%	香港	34.34%
7	重庆、绵阳	15.12%	西安	25.73%
8	长沙	3.40%	成都	22.58%
9	杭州	2.73%	上海	19.75%
10	香港	0.74%	南京	18.00%

2016 年中国集成电路设计业销售收入按城市排序见表 2.8.6。

表2.8.6 2016年中国集成电路设计业销售收入按城市排序

排序	2015 年		2016 年	
	城市	销售额（亿元）	城市	销售额（亿元）
1	深圳	380.00	深圳	420.00
2	上海	278.23	上海	365.24
3	北京	272.00	北京	325.61
4	无锡	48.61	无锡	84.64
5	杭州	36.82	杭州	56.99
6	南京	35.00	南京	41.30
7	成都	31.00	成都	38.00
8	西安	28.60	西安	35.96
9	苏州	25.80	苏州	32.30
10	厦门	18.00	珠海	27.60

在 2016 年集成电路设计业规模前十的城市中，长江三角洲地区有 5 个城市，珠江三角洲地区有两个城市，中西部地区有两个城市，京津环渤海地区仅有北京一个城市进入前十。而这十个城市的产业规模高达 1373.96 亿元，占全行业的比重为 90.5%，比 2015 年的 93.51% 下降了 3.01 个百分点。

三、2016 年中国集成电路设计业企业发展情况分析

1．2016 年中国集成电路设计业前十大企业

2016 年我国集成电路设计业继续保持快速发展的态势，销售收入同比增长 24.1%，其中前十大设计企业以 693.1 亿元的销售额同比增长 25.0%（见表 2.8.7），占中国集成电路设计业总收入的 42.2%，占比率同比上升 0.4 个百分点。这表明我国集成电路设计业在高速发展多年后，略有缓升，这也是正常发展态势。

表2.8.7　2016年集成电路产业十大设计企业排序

2016 年排序	2015 年排序	企业名称	2016 年销售额（亿元）	2015 年销售额（亿元）	同比（%）	占比（%）	占设计业总值（%）
1	1	深圳市海思半导体有限公司	303.0	221	37.1	43.7	18.4
2	2	清华紫光展锐	125.0	109.9	13.7	18.0	7.6
3	3	深圳市中兴微电子技术有限公司	56.0	51.0	9.8	8.1	3.4
4	4	华大半导体有限公司	47.6	33.8	40.8	6.9	2.9
5	6	北京智芯微电子科技有限公司	35.6	29.2	21.9	5.1	2.2
6	—	深圳市汇顶科技股份有限公司	30.0	—	—	4.3	1.8
7	8	杭州士兰微电子股份有限公司	27.6	20.1	37.3	4.0	1.7
8	5	大唐半导体设计有限公司	24.3	31.0	−21.6	3.5	1.5
9	7	敦泰科技（深圳）有限公司	23.5	22.0	6.8	3.4	1.4
10	10	北京中星微电子有限公司	20.5	18.5	10.8	3.0	1.2
集成电路前十大企业销售额合计			693.1	554.4	25.0	100.0	—
全国集成电路设计业销售额合计			1644.3	1325.0	24.1	—	42.2

资料来源：CSIA/JSSIA 整理（2017.3）。

从表 2.8.7 中可以看出：

● 2016 年销售额同比上涨的有 9 家，占 90%；同比下降的有 1 家，占 10%。

● 在设计业前十大企业中，华大同比增长 40.8%，杭州士兰同比增长 37.3%，深圳海思同比增长 37.1%，北京智芯同比增长 21.9% 等；增长表现更为抢眼。

● 在设计业前十大企业中，深圳海思仍然一马当先，销售收入达到 303 亿元，占前十大企业的 43.7%，占设计业总值的 18.4%，成为行业的领军企业。

● 2016 年集成电路设计业前十名进入门槛销售收入为 20.5 亿元，比 2015 年提高 14.5 个百分点，说明前十大企业集中度更高。

● 在 2016 年集成电路设计业前十名企业排序中，第 1 名到第 4 名的深圳海思、紫光展锐、深圳中兴、北京华大没有变化；但在后 6 名企业中：北京智芯微上升 1 位到第 5 位；

而大唐半导体由 2015 年的第 5 名下滑到第 8 名，敦泰科技由第 7 名下滑到第 9 名。深圳汇顶科技公司成为 2016 年黑马，由 2015 年未入流到 2016 年一跃上升到第 6 名。

从十大企业的分布来看，珠江三角洲地区有 3 家，长江三角洲地区有 2 家，京津环渤海地区有 5 家，十大设计企业的入门门槛提高到 20.5 亿元，比 2015 年提升了 10.80%，提升了 2.0 亿元。

2．2016 年集成电路设计企业销售收入过亿元企业情况分析

2016 年中国集成电路行业预计有 161 家设计企业销售超过 1 亿元，比 2015 年增加了 18 家（见图 2.8.3），同比增长 12.59%。而销售过亿元人民币设计企业的销售收入总额高达 1229.56 亿元，比 2015 年的 990.01 亿元增长了 239.55 亿元；2016 年销售过亿元人民币设计企业的销售收入总额占全行业销售收入总额的 80.97%，与 2015 年的 80.21% 相比上升了 0.76 个百分点。

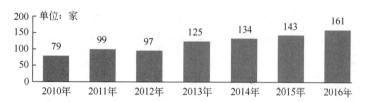

图 2.8.3　2010—2016 年中国集成电路设计业销售收入过亿元的企业数量

2016 年集成电路设计企业销售收入过亿元企业的区域分布情况见图 2.8.4。

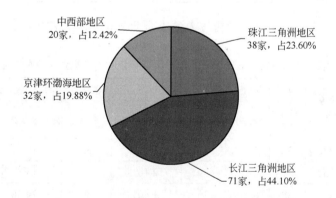

图 2.8.4　2016 年集成电路设计企业销售收入过亿元企业的区域分布情况

2016 年集成电路设计企业销售收入过亿元企业所在城市分布情况见表 2.8.8。

表 2.8.8　2016 年集成电路设计企业销售收入过亿元企业所在城市分布情况

城市	数量（家）	占比（%）
上海	36	22.36
北京	33	20.50

续表

城市	数量（家）	占比（%）
深圳	20	12.42
无锡	12	7.45
杭州	10	6.21
珠海	8	4.97
西安	8	4.97
长沙	6	3.73
南京	5	3.11
成都	5	3.11
苏州	4	2.48
合肥	4	2.48
天津	3	1.86
厦门	3	1.86
大连	1	0.62
济南	1	0.62
福州	1	0.62
重庆、绵阳	1	0.62

2016 年各区域集成电路设计销售收入各类企业分布情况见表 2.8.9。

表2.8.9　2016年各区域集成电路设计销售收入各类企业分布情况

城市	数量（家）	$n \geq 1$ 亿元		1亿元$>n \geq$5000 万元		5000 万元$>n \geq$1000 万元		$n <$1000 万元	
		数量（家）	占比	数量（家）	占比	数量	占比	数量（家）	占比
珠江三角洲地区	230	32	13.91%	49	21.30%	32	13.91%	117	50.87%
长江三角洲地区	732	71	9.70%	89	12.16%	138	18.85%	434	59.29%
京津环渤海地区	228	38	16.67%	26	11.40%	56	24.56%	108	47.37%
中西部地区	170	20	11.76%	37	21.76%	30	17.65%	83	48.82%
合计	1360	161	11.84%	201	14.78%	256	18.82%	742	54.56%

2016 年中国集成电路设计企业人员规模分布情况见表 2.8.10。企业员工人数超过 1000 人的企业达到 12 家，与 2015 年的 7 家相比多了 5 家；人员规模 500～1000 人的企业有 20 家，比 2015 年多了 5 家；人员规模 100～500 人的企业有 123 家，比 2015 年多了 10 家。但占总数 88.62% 的企业是人数少于 100 人的小微企业，共 1207 家，比 2015 年的 81.7% 增加了 6.92 个百分点（见表 2.8.10）。

表2.8.10　2016年中国集成电路设计企业人员规模分布情况

单位：家

年份	n>1000 人	1000>n>500 人	500>n>100 人	n<100 人	总计
2015	7	15	113	601	736
	1%	2%	15.30%	81.70%	100%
2016	12	20	123	1207	1362
	0.88%	1.47%	9.03%	88.62%	100.00%

2015 年以来出现了数百家初创型公司，使得小于 100 人的企业数量大幅增长，产业分散度有所加大。这些企业在未来几年会有一部分快速成长进入 100～500 人的规模，但也有一批企业最终会在竞争中被并购或者被淘汰。

我国芯片设计全行业人数大约为 13 万人，比前几年的数量有较大幅度的提升。由此得出的人均产值约为 116.8 万元，约合 17.6 万美元，比前几年略有下降。

四、2016 年中国集成电路设计业产品情况分析

2016 年中国集成电路设计业产品分布情况见表 2.8.11。在通信、智能卡、计算机、多媒体、导航、模拟、功率和消费电子 8 个领域中，有 5 个领域的企业数量增加，3 个领域的企业数量下降。从事通信芯片设计的企业从 2015 年的 157 家增加到 241 家，对应的销售总额提升了 15.16%，达到 688.4 亿元；从事计算机相关芯片设计的企业数量从 51 家增加到 107 家，销售额从 2015 年的 88.45 亿元，提升到 2016 年的 112.53 亿元，同比增长 27.23%；从事多媒体芯片设计的企业数量继续下降，从 2015 年的 93 家大幅下降到 2016 年的 43 家，但销售额却大幅提升，达到 176.69 亿元，比 2015 年的 84.29 亿元，增长了 109.63%，主要原因是豪威科技 2016 年起落户国内，为这一领域的业绩增长做出了很大贡献。

表2.8.11　2016年中国集成电路设计业产品分布情况

序号	产品领域	2015 年			2016 年			销售增长
		企业（家）	比例	销售总额（亿元）	企业（家）	比例	销售总额（亿元）	
1	通信	157	21.33%	597.76	241	17.67%	688.40	15.16%
2	智能卡	39	5.30%	95.64	69	5.05%	131.67	37.67%
3	计算机	51	6.93%	88.45	107	7.89%	112.53	27.23%
4	多媒体	93	12.64%	84.29	43	3.15%	176.69	109.63%
5	导航	33	4.48%	17.58	17	1.26%	2.92	−83.39%
6	模拟	164	22.28%	120.76	219	16.09%	64.74	−46.39%
7	功率	86	11.68%	85.44	77	5.68%	30.05	−64.83%
8	消费类	113	15.35%	144.25	589	43.22%	311.52	115.96%
总计		736	100%	1234.17	1362	100%	1518.52	23.04%

分析 2016 年中国集成电路设计企业从事不同产品领域的企业营销情况可见，从事消费类电子产品的设计企业从 113 家增加到 589 家，销售额从 2015 年的 144.25 亿元提升到 2016 年的 311.52 亿元，增长了 115.96%。主要原因是这一领域的企业数量大量增加；另一个重要原因是，部分原来从事模拟电路和功率电路产品的设计企业在报告统计数据时，将其产品分类按照应用领域重新定位。受此因素影响，模拟电路和功率电路产品领域的销售额大幅下降；2016 年一个出人意料的变化是导航芯片领域出现大幅萎缩，降幅达到 83.39%。一是由于导航芯片原本市场规模就不大，经过几年的发展，基本上处于饱和状态，增长空间有限；二是与模拟电路和功率电路产品领域大幅下降的因素类似，部分企业在产品分类的时候按照产品应用领域重新定位，将产品划入消费类电子，进而导致导航产品领域大幅下降。

五、2016 年中国集成电路设计业技术进步情况

1. 2016 年中国集成电路设计业技术概况

2016 年我国集成电路设计业主流技术由 2015 年的 40～28 纳米提升到 28 纳米，先进的集成电路设计企业技术水平已达到 16～14 纳米。制程芯片。

华为海思发布了基于台积电的 16 纳米 FinFET 的麒麟 950、955 和 960 三款商用智能手机应用处理器。

展讯通信推出了英特尔 14 纳米制程的 64 位 LTESoC 芯片 SC9860 平台。

上海兆芯推出了 28 纳米节点的 ZX 系列和 ZX-1005 系列国产 X86 通用处理器芯片和芯片模组。

天津飞腾展示了 64 核 CPU "Earth" 和 "Mars" 芯片。

北京华大和上海复旦微电子的金融 IC 卡，通过了国际 CC+认证等。

2016 年我国国产芯片在通信领域中具有国际先进水平的基带芯片、射频芯片、应用处理器等都实现了规模化销售，有力地支持了我国移动通信终端产品的持续发展。在计算机领域，X86 架构通用处理器的设计制造实现跨越式发展，主要技术指标性能达到国际同类产品水平。在信息安全领域，金融 IC 卡通过国际认证机构的考核认证，进入国际通用领域。我国自主研制的 MEMS 传感器、无线传输芯片、新型功率器件、微功耗高可靠芯片已运用于国防安全、军事等领域，更应用到物联网、汽车电子、可穿戴设备等新兴产业领域，为推进我国集成电路产业快速向高端发展起到了引领作用。

2. 第十一届（2016 年度）中国半导体创新产品和技术项目评选结果（集成电路设计业部分）

由中国半导体行业协会、中国电子材料行业协会、中国电子专用设备工业协会、中国电子报社组织有关专家等共同评选出"第十一届（2016 年度）中国半导体创新产品和技术"

项目评选结果（集成电路设计业部分见表 2.8.12）于 2017 年 3 月 23 日予以公布。本届评选（公布的）项目共计 62 个，其中，集成电路产品和技术类项目有 31 个，分立器件（半导体功率器件、光电器件）和 MEMS 类项目有 6 个，集成电路制造技术类项目有 1 个，集成电路封测与测试技术类项目有 4 个，半导体设备和仪器类项目有 12 个，半导体专用材料类项目有 8 个。

表2.8.12　第十一届（2016年度）中国半导体创新产品和技术项目评选结果（集成电路设计业部分）

序号	单　位	产品和技术
1	南京国博电子有限公司	智能手机用射频开关系列产品
2	厦门优迅高速芯片有限公司	10GbpsSFP+收发合一芯片 UX3260
3	杭州中科微电子有限公司	北斗/GNSS 多模定位 SOC 芯片 AT6558
4	江苏卓胜微电子有限公司	基于 CMOS 技术的超低噪声 4GLTELNA 放大器芯片
5	湘潭芯力特电子科技有限公司	RS485 通讯接口芯片 SIT485E
6	北京智芯微电子科技有限公司	多模无线通信芯片 SGC3013V
7	深圳市中兴微电子技术有限公司	多模软基带芯片 ZX211200
8	炬芯（珠海）科技有限公司	VR 一体机解决方案 S900VR
9	上海富瀚微电子股份有限公司	FH8532 同轴高清摄像机 ISP
10	北京中电华大电子设计有限责任公司	移动支付芯片 CIU98M25
11	湖南国科微电子股份有限公司	自主可控 SSD 控制器芯片 GK2101
12	灿芯半导体（上海）有限公司	基于 28nm 工艺的 DDR4/LPDDR4 子系统设计
13	西安紫光国芯半导体有限公司	内嵌自检测修复 DRAM 芯片
14	芯原微电子（上海）有限公司	矢量数字信号处理器 IP 核 ZSP
15	深圳市爱普特微电子有限公司	基于国产 CPU 内核 32 位低功耗智能电器控制微处理器 MCUAPT32F101
16	上海安路信息科学有限公司	EAGLE 系列 EAGLE-20FPGA 芯片
17	上海兆芯集成电路有限公司	兆芯开先 ZX-C 系列处理器
18	北京国睿中数科技股份有限公司	"华睿 1 号" DSP 芯片
19	北京时代民芯科技有限公司	14 位 2.5GSPSD/A 转换器 MXT2139
20	钜泉光电科技（上海）股份有限公司	智能单相电表 32 位控制器芯片
21	杭州万高科技股份有限公司	极低功耗单相电能计量芯片 V9260/V9281
22	北京晓程科技股份有限公司	XC6300 宽带高速电力线载波通信芯片
23	南京矽力杰半导体技术有限公司	高性能、双向快充锂电管理系列芯片
24	青岛海信电器股份有限公司	高品质超高清电视图像处理显示芯片 HS3700
25	晶晨半导体（上海）有限公司	智能电视机顶盒 SOC 芯片 S905X

序号	单　　位	产品和技术
26	杭州国芯科技股份有限公司	支持 NDS 高安的 AVS+直播卫星高清解码芯片 GX3211
27	无锡硅动力微电子股份有限公司	LED 开关调色温专用控制电路 SP5432F
28	上海晶丰明源半导体有限公司	可控硅调光发光二极管驱动芯片
29	晶门科技（深圳）有限公司	触控与显示驱动器集成芯片 TDDI
30	格科微电子（上海）有限公司	1300 万像素图像传感器 GC13003
31	珠海市杰理科技股份有限公司	一体化蓝牙系统级 SOP 芯片 BT15

3. 2016 年国家科技进步特等奖揭晓，中国芯评选出炉

2016 年国家科学技术奖励大会于 2017 年 1 月 9 日在北京人民大会堂举行，"第四代移动通信系统（TD-LTE）关键技术与应用"（以下简称"TD-LTE 项目"）、"北斗二号卫星工程" 2 项重要科技成果被授予国家科学技术进步奖特等奖。

TD-LTE 项目在技术标准化、研发产业化、规模商用化方面取得了一系列国际领先的创新，该项目由中国移动通信集团公司、工业和信息化部电信研究院、电信科学技术研究院、华为技术有限公司、展讯等 14 个单位联合完成。

TD-LTE 攻克 TDD 宽带、高速移动和大容量等技术难题，研制出高集成度 28 纳米五模十三频芯片，应用于高端智能手机芯片、全系列基站和测试仪器等领域。

2016 年 11 月 24 日，2016 年中国集成电路产业促进大会在成都成功召开，会议评选出"中国芯"的诸多知名产品、企业奖项见表 2.8.13～表 2.8.17。

表2.8.13　2016年十一届"中国芯"最佳市场表现产品

企业名称	获奖产品及型号
展讯通信（上海）有限公司	8C9830
深圳市汇顶科技股份有限公司	玻璃盖板指纹芯片 GF5118M
晶晨半导体（上海）有限公司	64 位智能机顶盒 SoC8905
福州瑞芯微电子股份有限公司	智能网络机顶盒 SoC 芯片 RK3128
珠海艾派克微电子有限公司	打印机耗材 SoC 芯片 UM5010
珠海市杰理科技有限公司	一体化蓝牙系统级 SoC 芯片 BT15
上海爱信诺航芯电子科技有限公司	移动终端安全芯片 SCC-V
格科微电子（上海）有限公司	图像传感器芯片 GC5005
上海富瀚微电子股份有限公司	高性能同轴高清摄像机 ISPFH8532
建荣集成电路科技（珠海）有限公司	蓝牙音频 SoC 芯片 CW662X
新相微电子（上海）有限公司	液晶显示驱动芯片 NV3029
国民技术股份有限公司	智能卡 ICZ32HUA

表2.8.14 2016年第十一届"中国芯"最具潜质产品

企业名称	获奖产品及型号
西安紫光国芯半导体有限公司	内嵌自检测修复（ECC）DRAM 芯片 SCEISH1G160AF
深圳比亚迪微电子有限公司	多节电池保护 ICBM3451
上海思立微电子科技有限公司	按压式指纹识别芯片 GSL6163
深圳市爱普特微电子有限公司	基于国产 CPU 内核 32 位低功耗家电控制处理器 MCUAPT32F101
深圳市紫光同创电子有限公司	国产自主 1800 万门高性能 FPGAPGT180H-7CFFBG1152
上海安路信息科技有限公司	Eagle 系列 FPGA 芯片 AL3A10
中颖电子股份有限公司	直流无刷电机正弦波控制芯片 SH79F3213
厦门意行半导体科技有限公司	24GHZ 锗硅（SiGe）工艺单片微波雷达发射机芯片 SG24T1
上海灵动微电子股份有限公司	MM32F103MCU
北京中电华大电子设计有限责任公司	BDS/GPS 多模射频基带一体化高安全导航芯片 HD8030
杭州国芯科技股份有限公司	支持 NDS 高安的 AVS+直播卫星高清解码芯片 GX3211
四川虹微技术有限公司	变频 MCU 控制芯片 HMC3201SG
成都嘉纳海威科技有限责任公司	2.5GbpsSuperTIA/2.5Gbps 超级跨阻放大器 GNA4201
深圳市中兴微电子技术有限公司	10G 多模智能 HGU 芯片 ZX279121
无锡华润矽科微电子有限公司	智能联网火灾检测 SoCC821XX
炬芯（珠海）科技有限公司	VR 一体机解决方案 S900VR

表2.8.15 2016年第十一届"中国芯"安全可靠产品

企业名称	获奖产品及型号
展讯通信（上海）有限公司	SC8341G
北京同方微电子有限公司	双界面金融 IC 卡芯片 THD88
北京智芯微电子科技有限公司	基于国密算法的安全微处理芯片 SGC1024
北京神州龙芯集成电路设计有限公司	神州龙芯嵌入式工业级处理器 GSC328X

表2.8.16 2016年第十一届"中国芯"最具创新应用产品

企业名称	获奖产品及型号
曙光信息产业股份有限公司	3B2000 龙芯服务器 L620-G20
青岛海信电器股份有限公司	海信 ULED 超画质电视 LED55/65K720UC
成都卫士通信息产业股份有限公司	龙御系列自主可控计算机 LS-3A2000-S/SEL/SEII
南京龙渊微电子科技有限公司	基于国产龙芯和自主协议的远距离物联网基站 LY-JZI
北京中科网微信息技术有限公司	中科微防火墙 NSFW-6000
安徽中科龙安科技股份有限公司	道路交通信号控制机 LS-TSCIC-01

表2.8.17 2016年第十一届"中国芯"最具投资价值企业

企业名称
珠海市杰理科技有限公司
新相微电子（上海）有限公司
上海富瀚微电子股份有限公司
北京中科汉天下电子技术有限公司
上海思立微电子科技有限公司
上海爱信诺航芯电子科技有限公司
北京集创北方科技股份有限公司
南京龙渊微电子科技有限公司
上海安路信息科技有限公司

4．2016 年度（第十二届）最受中国市场欢迎半导体（企业）品牌

紫光展锐：致力于成为世界领先设计企业

紫光展锐致力于移动通信和物联网领域的 2G/3G/4G 移动通信基带芯片、射频芯片、物联网芯片、电视芯片、图像传感器芯片等核心技术的自主研发，产品覆盖手机、平板、物联网、智能可穿戴、导航定位、摄影成像、数字电视等领域的海量终端市场，可为全球客户提供一站式的交钥匙解决方案。

在全球市场拉动及国家行业推进战略引导下，紫光集团确立了以集成电路产业为主导，向泛 IT、移动互联、云计算与云服务、存储等信息产业核心领域集中发展的战略，于 2013 年收购展讯通信，2014 年收购锐迪科，并于 2016 年将两者整合为紫光展锐。目前紫光展锐拥有 5000 多名员工，其中 90%以上是研发人员，并在全球设有 16 个技术研发中心及 7 个客户支持中心。未来，紫光展锐将持续在资本+自主创新的双轮驱动下，加大在移动终端、5G 通信、泛物联网、信息安全、人工智能等前沿领域的研发投入，力争在 5～10 年内做到全球出货第一的世界级芯片设计企业。

华大半导体：推进 IC 产业转型升级

华大半导体有限公司是中国电子信息产业集团有限公司（CEC）整合旗下集成电路企业而组建的集团公司。2014 年名列中国集成电路设计企业前三名。华大半导体肩负国家集成电路产业快速升级、完成 IC 设计产业向高端转型，不断提升综合竞争能力，致力于保障国家基础信息网络安全和重大应用行业的自主可控，打造世界级集成电路企业的重任。

华大半导体已经对旗下部分公司董事会进行了改组，经营管理上实现与下属企业的对接，部分业务已经进行了实质整合，减少重复投入，扩大市场协同。华大半导体推动了华大电子对华虹设计的整合，夯实了公司在智能卡领域中国第一、国际第四的地位。在国家大力发展集成电路产业和《中国制造 2025》国家战略的背景下，将两者的结合作为自己的

重要战略方向，既是华大半导体的发展机会，也是作为央企的责任。

兆芯：发展国产中央处理器

兆芯成立于 2013 年，是国内领先的芯片设计厂商，也是国内仅有的掌握中央处理器（CPU）、图形处理器（GPU）、芯片组（Chipset）三大核心技术的公司。其中，兆芯自主研发并量产的中央处理器（CPU）基于国际主流的 X86 架构。

尽管近年来移动终端的快速发展，抢占了不少的风头，但是 2015 年个人电脑销量仍达 2.89 亿台，PC 处理器仍然占有巨大的市场份额。此外，服务器、数据中心对中央处理器的需求更为巨大，发展自主 CPU 势在必行。兆芯 ZX-C 采用 28nm 制造工艺的处理器，主频可达 2.0GHz，产品已经在 2015 年 4 月量产。2018 年，兆芯将推出主要面向服务器市场的高性能处理器，主打大数据服务器市场。

六、取得的成绩和面临的挑战

1. 取得的成绩：智能终端核心芯片

● 紫光展锐的手机芯片全年出货将超过 6 亿套（含基带和射频芯片），全球市场占有率将接近 30%。

● 海思半导体的"麒麟"应用处理器芯片性能与高通"骁龙"相当，强有力地支撑了华为高端智能手机的发展。

● 君正微电子成功研发出智能手表 SoC 芯片，其卓越的低功耗特性可以支持智能手表正常使用 11 天，在运动模式下可连续工作 5 天，装备该芯片的智能手表自发布以来在京东商城等电商平台上销售旺盛，一直占据第一的位置。

● 海思半导体的智能电视芯片 2015 年进入市场，当年销售约 450 万片，2016 年上半年，销售量已接近 2015 年全年，2016 年有望达到 800 万颗，市场占有率接近 20%。

2. 取得的成绩：服务器 CPU

● 天津飞腾、华为等企业继续在 ARM 架构 CPU 上深耕，有望 2016 年推出实用化的 32 核心服务器 CPU，并进入特定市场。

● 贵州华芯通与美国高通公司联手正在研发基于 ARM 架构的服务器 CPU。

● 苏州中晟宏芯承接 IBM 公司的 Power 架构 CPU 技术，已经研发出 6 核 CPU CPI，主频达到 3.5GHz，并开始进入小规模试产。

● 天津海光承接 AMD 公司 X86 技术转移，正在全力开展国产兼容 X86 服务器 CPU 的研发。

● 上海澜起科技与清华大学、英特尔公司合作，结合其独到的内存缓冲器技术，共同打造融合 X86 和可重构计算机技术的新型服务器 CPU 架构，向互联网数据中心提供全新的服务器 CPU 产品解决方案。目前，上海澜起科技牵头打造的"子晋"产业联盟不仅拥有联想、浪潮等国内服务器厂商，还包括戴尔、惠普等国外服务器巨头。

3. 取得的成绩：嵌入式 CPU 以及其他重要领域

● 阿里巴巴投资杭州中天，并派出强大的技术团队与中天一起研发面向物联网的 YoC 平台。杭州中天的 CK 系列嵌入式微处理器在国产打印机、打印耗材、金融智能卡等领域累计出货已经超过 4.5 亿颗，单品应用接近 2 亿颗，在国产嵌入式 CPU 市场的占有率稳步提升。

● 豪威科技、格科微、思比科等企业共同支撑中国成为该领域的世界第一。通过进一步加大研发投入，向高端迈进，有望在高端 CMOS 图像传感器领域从并跑走向领跑。

● 芯成科技在国内落地后，将为国产存储器芯片的发展注入强劲动力。北京兆易创新成功登陆资本市场，为后续发展积蓄了力量。随着武汉长江存储器项目的建设，紫光国芯的存储器设计技术必然会发挥应有的作用。

4. 取得的成绩：国际影响力不断提升

随着中国集成电路设计业的崛起，国际影响力稳步提升。2016 年，展讯公司的 CEO 李力游博士当选 GSA 全球董事局主席，成为第一位担任该职务的中国人，值得我们庆贺。

5. 面临的挑战：整体水平不高

● 设计业"整体技术水平不高、核心产品创新不力、企业竞争实力不强、野蛮生长痕迹明显"等问题依旧存在，影响设计业持续高速发展的深层次矛盾尚未缓解。

● 设计业的主流产品水平不高。虽然部分产品已经拥有了一定的市场规模，但从总体上看，仍然处于中低端市场，在高端市场上还无法与国外产品展开竞争。从产品种类上看，我国芯片设计业的产品范围已经涵盖了几乎所有门类，每年的出货量不算少，可产品单价很低。少数技术性能达到国际同行水平的产品，也由于成本等因素，无法形成规模。

● 创新能力不强。虽然有些企业也在尝试差异化的策略，但由于基础技术还不够坚实，时时显露出创新遇阻而退的痕迹，资源导向的创新明显，市场导向的创新不足。

6. 面临的挑战：实力不强、价值虚高

● 产业总体实力仍然较弱。虽然 2016 年中国十大设计企业的第一名和第二名已经进入世界排名前十的行列，但全行业的销售总额依然只有 228 亿美元。在世界集成电路产品市场中，我国仅占 7.1%，与我国庞大的市场需求极其不符。

● 国内设计企业还很少能够根据自己的产品和所采用的工艺，自己定义设计流程，并采用 COT 设计方法进行产品开发。尽管部分企业采用最先进的制造工艺，但高端产品与国际同行的差距不小。

● 企业价值虚高的情况愈演愈烈。随着国家集成电路产业投资基金的建立和社会资本加大对集成电路产业的投资，部分设计企业在盲目拉升自身价值，深刻影响到正在推进的

产业整合。

七、2016 年中国集成电路设计业发展环境分析

自《国家集成电路产业发展推进纲要》颁布实施以来，我国集成电路业的发展环境不断优化。除了大基金的强力投资，地方政府筹建的地方性集成电路产业投资基金中有相当一部分投向了集成电路设计业，直接受益的是集成电路设计企业。我国芯片设计业缺乏投资的问题得到了很大的缓解。

分析 2016 年中国集成电路设计企业发展情况不难看出，资本、技术两个轮子运转状况并不一致。事实上存在部分企业抱怨不少投资人只看重股权投资，不看重技术投资。在集成电路设计领域，技术研发是企业发展的源泉，没有足够的研发投入，后续产品就跟不上，企业就会遇到持续发展的瓶颈。为了使中国集成电路设计业资本和技术两个轮子运转得更和谐、更顺畅，除了企业要加强自身研发投入外，各级政府也要想方设法地支持企业加大研发投入，鼓励社会资本参与集成电路设计企业的技术研发投入。

2016 年，在产业基金的大力支持下，清华紫光并购同方国芯，武岳峰资本收购芯成半导体，清芯华创收购豪威科技等资本运作项目成功落地；建广资本在出资收购荷兰恩智浦公司的射频功率器件部门后，再次以 27.5 亿美元收购荷兰恩智浦公司的标准产品业务部门，在国际半导体市场继续了中国资本的并购浪潮。国家集成电路产业投资基金（大基金）在投资紫光之后，持续投资集成电路设计企业；珠海艾派克、湖南国科、北斗星通、中兴微电子、硅谷数模等企业得到了大基金的投资。此外，北京兆易创新在上海，长沙景嘉微电子在深圳成功上市，君正微电子开始新一轮资本运作，标志着资本市场对集成电路题材的认可和青睐，也为今后集成电路设计企业进入资本市场树立了较好的标杆。

第九节 2016 年中国集成电路晶圆业发展情况

一、2016 年中国集成电路晶圆制造业发展概述

2016 年，中国集成电路晶圆制造业得到了较快的提升，一是产业规模首超千亿元大关，达到 1126.9 亿元；二是同比增长 25.10%，增速超过 IC 设计业和 IC 封测业；三是占比为 26.00%，较 2015 年提高 1.0 个百分点。这充分体现了在 2016 年，我国集成电路晶圆制造业因市场需求快速增长和企业业务量扩大带来明显的效果（见图 2.9.1）。

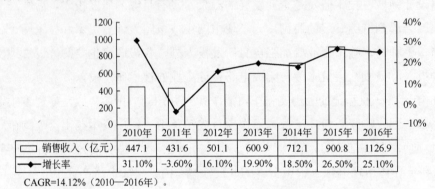

	2010年	2011年	2012年	2013年	2014年	2015年	2016年
销售收入（亿元）	447.1	431.6	501.1	600.9	712.1	900.8	1126.9
增长率	31.10%	-3.60%	16.10%	19.90%	18.50%	26.50%	25.10%

CAGR=14.12%（2010—2016年）。

图 2.9.1 2010—2016 年中国集成电路晶圆业销售收入及增长情况

2016 年中国集成电路晶圆制造业各季度销售业绩情况见表 2.9.1。

表2.9.1 2016年中国集成电路晶圆制造业各季度销售业绩情况

指标名称	第一季度	第二季度	第三季度	第四季度	全年合计
销售收入（亿元）	212.1	242.7	252.6	419.5	1126.9
同比（%）	14.7	15.0	20.4	42.2	25.1
环比（%）	−28.1	14.4	4.1	66.1	—

2016 年，中国集成电路晶圆制造业销售收入占集成电路产业销售总值 4335.5 亿元的 26.00%，为近 5 年来最高的占比（见图 2.9.2）。其主要因素有：三星（中国）公司销售收入达 237.5 亿元，同比增长 64.10%，占总值的 28.70%；中芯国际销售收入达 202.2 亿元，同比增长 39.3，占总值的 24.40%；台积电（中国）公司更是同比增长 79.20%等，都推动了中国集成电路制造业的快速提升。同时也应看到投资扩张后的中国集成电路晶圆制造业的效益正在呈现。

图 2.9.2　2010—2016 年中国集成电路晶圆制造业在三业中所占比重演进

2016 年中国集成电路晶圆制造业销售收入为 1126.9 亿元（按 1：6.5 换算）约合 173.4 亿美元，占 2016 年世界集成电路晶圆业营收额 1482.4 亿美元的 11.7%（见表 2.9.2）。

表2.9.2　2010—2016年中国集成电路晶圆业在世界同业中的占比演进

指标名称	单位	2010 年	2011 年	2012 年	2013 年	2014 年	2015 年	2016 年	CAGR（%）
世界 IC 晶圆业营收额	亿美元	1326.0	1302.8	1172.0	1230.7	1334.5	1433.2	1482.4	1.61
中国 IC 晶圆业营收额	亿美元	71.5	69.1	80.2	96.1	113.9	144.1	173.4	13.49
占比	%	5.4	5.3	6.8	7.8	8.5	10.1	11.7	—

注：中国集成电路晶圆业营收额中包括在华的外资企业生产之值。

二、2016 年中国集成电路晶圆制造业企业情况分析

1．2016 年中国集成电路晶圆制造前十大企业

2016 年我国集成电路晶圆制造业取得了首破千亿元大关的佳绩，达到历史性的新高度，为"十三五"目标的 2500 亿元打下了坚实的基础。成绩的取得与集成电路晶圆制造企业广大员工的奋斗拼搏是密不可分的。前十大晶圆制造企业销售收入达到 827.5 亿元，同比增长 30.7%，增幅同比提升 4.1 个百分点，占晶圆制造业总值的 73.4%，占比提升了 3.1 个百分点（见表 2.9.3）。这说明我国集成电路晶圆业集中度更加集中，"强者越强，恒者越大"的趋势正在形成。

表2.9.3　2016年中国集成电路晶圆制造业十大企业排序

2016 年排序	2015 年排序	企业名称	2016 年销售额（亿元）	2015 年销售额（亿元）	同比（%）	占比（%）	占晶圆业总值（%）
1	2	三星（中国）半导体有限公司	237.5	144.7	64.1	28.7	21.1
2	1	中芯国际集成电路制造有限公司	202.2	145.2	39.3	24.4	17.9

2016年排序	2015年排序	企业名称	2016年销售额（亿元）	2015年销售额（亿元）	同比（%）	占比（%）	占晶圆业总值（%）
3	3	SK海力士半导体（中国）有限公司	122.7	127.0	-3.4	14.8	10.9
4	4	华润微电子有限公司	56.7	47.8	18.6	6.9	5.0
5	6	上海华虹宏力半导体制造有限公司	50.2	42.7	17.6	6.1	4.5
6	7	英特尔半导体（大连）有限公司	45.8	22.1	107.2	5.5	4.1
7	5	台积电（中国）有限公司	39.6	43.6	-9.2	4.8	3.5
8	9	上海华力微电子有限公司	30.3	20.0	51.5	3.7	2.7
9	8	西安微电子技术研究所	25.0	22.0	13.6	3.0	2.2
10	10	和舰科技（苏州）有限公司	17.5	18.1	-3.3	2.1	1.6
集成电路晶圆业前十大企业销售额合计			827.5	633.2	30.7	100.0	—
全国集成电路晶圆业销售额合计			1126.9	900.8	25.1	—	73.4

资料来源：CSIA/JSSIA 整理（2017.3）。

从表 2.9.3 中可以看出：晶圆制造业前十大企业排序中，三星（中国）超越中芯国际居首位，中芯国际居第二位，SK 海力士居第三位，华润微电子居第四位，上海华虹宏力上升 1 位居第五位，英特尔（大连）上升 1 位居第六位，上海华力上升 1 位居第八位；后退的有台积电（中国）后退 2 位居第七位，西安微电子所后退 1 位居第九位，和舰科技（苏州）公司仍居第十位。中芯国际、华润微电子、华虹宏力等企业有较好的增长表现，得益于代工业务扩大。

在晶圆制造业十大企业中，同比增长的企业有 7 家，占 70%；同比下降的企业有 3 家，占 30%。在同比增长的企业中，增长率抢眼的有：英特尔（大连）同比增长 107.2%，实现了翻番；三星（中国）半导体增长 64.1%，上海华力微同比增长 51.5%，中芯国际增长 39.3%，华润微电子增长 18.6%，上海华虹宏力增长 17.6%，西安微电子所增长 13.6%，以上企业增长率都达到了两位数以上，是历年以来所不多见的。下降的企业为台积电（中国）、SK 海力士（无锡）及和舰科技（苏州）等公司，降幅也不算大，这和世界半导体产业营业收入只增长 1.1%相比，差距也不大。

2016 年中国集成电路晶圆制造业取得了令人满意的成绩，其主要原因有：一是与 2016 年世界半导体行业自 2016 年下半年发力增长有关联；二是中国市场需求旺盛的拉

表2.10.1 2010—2016年中国集成电路封测业在世界同业中的占比演进

指标名称	单位	2010 年	2011 年	2012 年	2013 年	2014 年	2015 年	2016 年	CAGR
世界 IC 封测业营收额	亿美元	484.90	480.2	490.40	508.00	539.60	508.80	509.7	0.72%
中国 IC 封测业营收额	亿美元	100.70	148.10	165.70	175.80	200.90	221.40	240.66	13.25%
占比	%	20.80	30.84	33.80	34.60	37.20	43.50	47.22	—

从 2016 年中国集成电路封测业各季度销售收入情况看（见表 2.10.2），第四季度，在长电科技、通富微电、天水华天等骨干企业的带动下，销售收入增长速度达到两位数。

表2.10.2 2016年度中国集成电路封测业各季度销售情况

指标名称	单位	2016 年分季度销售情况				全年合计
		第一季度	第二季度	第三季度	第四季度	
销售收入	亿元	302.6	404.2	391.0	466.5	1564.3
同比	%	9.8	9.2	12.4	14.3	13.1
环比	%	−22.5	33.6	−3.3	19.3	—

二、2016 年中国集成电路封测企业概况

2016 年中国封装测试企业基本情况见表 2.10.3。

据不完全统计，到 2016 年年底，国内有一定规模的 IC 封装测试企业有 89 家，其中本土企业或内资控股企业 31 家，其余均为外资、中国台资及合资企业。目前，国内封装测试企业在 BGA、CSP、WLP/WLCSP、FCBGA/FCCSP、BUMP、MCM、SiP 和 2.5D/3D 等先进封装产品市场已占有一定比例，约占总销售额的 32%。

表2.10.3 2016年中国集成电路封装测试企业基本情况

年份	企业数		从业总人数		年生产能力		销售收入	
	（家）	同比（%）	（千人）	同比（%）	（亿块）	同比（%）	（亿元）	同比（%）
2012	81	2.5	95.3	0.8	856.3	14.8	1035.7	6.1
2013	83	2.5	105.9	11.1	984.7	15.0	1098.8	6.1
2014	85	2.4	115.4	9.0	1149.8	16.8	1255.9	14.3
2015	87	2.4	126.9	10.0	1195.9	4.0	1384.0	10.2
2016	89	2.3	139.7	10.0	1464.4	22.5	1564.3	13.0

2016 年中国封装测试企业分布区域基本格局没有很大改变，主要还是集中于长江三角洲、珠江三角洲和京津环渤海湾地区，占比分别为 56.2%、12.4% 和 14.6%；中西部地区，

特别是西安、武汉、成都等地的区位优势在不断凸显，封测产业得到持续发展，2016年占比为12.4%（见表2.10.4和图2.10.3）。

表2.10.4 中国集成电路封装测试企业数量地域分布情况

年度	长三角（家）	环渤海（家）	珠三角（家）	中西部（家）	其他（家）	合计（家）
2012	46	13	10	8	4	81
2013	48	13	10	8	4	83
2014	48	13	10	10	4	85
2015	48	13	11	11	4	87
2016	50	13	11	11	4	89

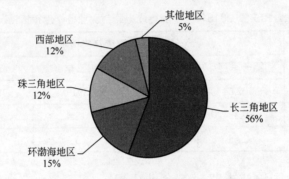

图2.10.3 2016年中国集成电路封装测试企业数量地域分布比例

三、2016年中国集成电路封测业主要企业情况分析

分析2016年中国集成电路封测业销售收入排名前30家企业的情况，我们可以直观地了解到封测产业发展的细节（见表2.10.5）。

表2.10.5 2016年中国集成电路封装测试十大企业排序

2016年排序	2015年排序	企业名称	型别	2016年销售额（亿元）	2015年销售额（亿元）	同比（%）	占比（%）	占封测业总值（%）
1	1	江苏新潮科技集团有限公司	内资	193.0	92.2	109.3	27.7	12.3
2	3	南通华达微电子集团有限公司	内资	135.7	56.4	140.6	19.5	8.7
3	2	威讯联合半导体（北京）有限公司	外资	83.0	62.0	33.9	11.9	5.3
4	5	天水华天电子集团	内资	66.6	47.8	39.3	9.5	4.3
5	4	恩智浦半导体	外资	58.9	54.2	8.7	8.4	3.8

2016 年排序	2015 年排序	企业名称	型别	2016 年销售额（亿元）	2015 年销售额（亿元）	同比（%）	占比（%）	占封测业总值（%）
6	6	英特尔产品（成都）有限公司	外资	39.7	40.5	-2.0	5.7	2.5
7	7	海太半导体（无锡）有限公司	合资	32.4	37.2	-12.9	4.6	2.1
8	8	上海凯虹科技有限公司	外资	30.4	30.1	1.0	4.4	1.9
9	9	安靠封装测试（上海）有限公司	外资	30.1	29.5	2.0	4.3	1.9
10	10	晟碟半导体（上海）有限公司	外资	27.6	27.6	平	4.0	1.8
集成电路封测业前十大企业销售额合计				697.4	477.5	46.1	100.0	—
全国集成电路封测业销售额合计				1564.3	1384.0	13.0	—	44.6
集成电路封测业前十大企业占比率（%）				44.6	34.5	10.1		

资料来源：CSIA/JSSIA 整理。

从表 2.10.5 中可以看出：

● 2016 年中国集成电路封测业前十大企业销售额为 697.4 亿元，同比增长 46.1%；占比为 44.6%，占比增长 10.1 个百分点；增幅提升 38.9 个百分点，增长率和增幅都创历史新高。

● 2016 年中国集成电路封测业前十大企业中，同比增长的企业有 7 家，占 70%；同比持平的有 1 家；同比下滑的有 2 家。

● 2016 年中国集成电路封测业增长率最高的是通富微电，同比增长 140.6%；新潮科技同比增长 109.3%，实现翻番；其次是天水华天集团（增长 39.3%）和威讯联合（增长 33.9%）。

● 2016 年中国集成电路封测业中，长电科技进入世界半导体封测业第三名，超过了矽品科技；通富微电、天水华天进入世界前十大企业。

● 2016 年中国集成电路封测业前十大企业中，内资企业营业收入为 395.3 亿元，占十大企业营业收入总值 697.4 亿元的 56.70%，外资合资企业占 43.30%。

● 2016 年中国集成电路封装业前进步伐之快，受世界瞩目，其主要因素有：一是市场需求的旺盛；二是内资企业走向世界进行兼并整合的大舞台，开始施展身手，如长电科技兼并新加坡的星科金朋，通富微电兼并入股 AMD 槟城和苏州两个工厂，天水华天兼并昆山矽钛等，都在 2016 年里迅速见效；三是产业技术水平的提高，高端封装销售额占比突破 30%以上；四是产能的扩张增添了企业的实力（如长电科技在江苏宿迁、安徽滁州建厂，与中芯国际联合建中道和凸块封装线；通富微电在安徽合肥、苏通工业园区建厂；天水华天在西安高新区建厂等）；五是国家大基金的支持投入和企业努力奋斗的硕果。

从表 2.10.6 中可见，2016 年度中国封测业销售收入排名 11～30 位的企业，内资与合资企业 12 家，外资企业 7 家，中国港、澳、台资企业 4 家。

表2.10.6　2016年中国集成电路封测业销售收入排名前11～30名企业

排名	企业名称	2016 年（亿元）	2015 年（亿元）	同比（%）	类型
11	三星电子（苏州）半导体有限公司	27.9	26.3	6.1	外资
12	瑞萨半导体（北京、苏州）有限公司	25.4	23.5	8.1	外资
13	深圳赛意法微电子有限公司	23.7			合资
14	矽品科技（苏州）有限公司	21.9	20.1	9.0	台资
15	英飞凌科技（无锡）有限公司	20.4	20.1	1.5	外资
16	上海松下半导体有限公司	18.9	20.1	-6.0	合资
17	日月光封装测试（上海）有限公司	16.9	16.2	4.3	台资
18	上海金雅拓智能卡技术有限公司（上海雅斯拓智能卡技术有限公司）	15.6	19.3	-19.2	合资
19	日月新半导体（苏州）有限公司	12.7	9.0	41.1	台资
20	纮华电子科技（上海）有限公司	11.7	11.4	2.6	台资
21	快捷半导体（苏州）有限公司	9.4	8.9	5.6	外资
22	顾中科技（苏州）有限公司	8.1			台港澳
23	深圳佰维存储科技股份有限公司	7.8			内资
24	上海凯虹电子有限公司	7.2			外资
25	力特半导体（无锡）有限公司	6.6	5.7	15.8	外资
26	无锡华润安盛科技有限公司	6.4	6.0	6.7	内资
27	嘉盛半导体（苏州）有限公司	5.9	6.3	-6.3	外资
28	西安微电子技术研究所	5.9			内资
29	苏州晶方半导体科技股份有限公司	5.1	5.8	-12.1	内资
30	华润赛美科微电子（深圳）有限公司	4.5			内资

注：1. 排名企业中，对于单纯封测半导体分立器件的企业未进行统计，而列入企业的销售额中不排除部分含有分立器件等其他产品的收入。

2. 未提供数据或未收集到数据的其他封测公司，没有放入排名。

3. 排名中，部分企业类型尚需进一步确认。

在中国集成电路封测领域，长电科技、通富微电、华天科技和晶方科技四家企业分别在上海和深圳证券交易所挂牌上市。2016 年四家集成电路封装测试上市公司的运营情况见

表 2.10.7。

表2.10.7　2016年四家集成电路封装测试上市公司的运营情况

简称	代码	总股本（万股）	总资产（亿元）	销售收入（亿元）	同比增幅	净利润（万元）	同比增幅
长电科技	600584	103591.48	297.19	191.55	77.24%	10633.44	104.50%
通富微电	002156	97263.01	112.03	45.92	97.75%	18081.46	22.73%
华天科技	002185	106555.65	76.77	54.75	41.33%	39092.07	22.73%
晶方科技	603005	22669.7	19.35	5.12	-11.00%	5275.33	-53.43%

从四家公司披露的 2016 年年报可见，在产品销售收入方面，晶方科技公司受到全球PC、智能手机增速放缓等的影响，整体销售额较 2015 年下降了 11%。其他三家上市公司均保持两位数的大幅增长。其中，长电科技销售收入比 2015 年度大幅增长，主要原因是JSCK（韩国星科金朋）新增业务增加 23.68 亿元收入及 2015 年仅合并了星科金朋 8—12 月收入所致。通富微电经过多年的"蓄力"，公司为客户服务的能力大幅提高，能够争取并获得更多订单；2016 年，合并通富超威苏州、通富超威槟城的销售收入后，达到 45.92 亿元，比 2015 年增长 97.75%。华天科技销售收入同比增长 41.33%，主要是因为公司封装规模的快速扩大、客户订单的不断增加以及先进封装产能的不断释放。

在 2016 年年度净利润方面，长电科技比 2015 年同期增长 104.5%，主要因为原长电报告期归属于上市公司股东的净利润为 4.32 亿元，比 2015 年同期增长 60.04%。

通富微电由于客户、产品结构不断优化，新产品研发及市场开拓进入收获期，通过并购重组，体现出规模效应。归属于上市公司股东的净利润达到 1.81 亿元，同比增长 22.73%。

华天科技利润增长的驱动因素，主要为公司封装规模的快速扩大、客户订单的不断增加以及先进封装产能的不断释放，利润同比增幅为 22.73%。

四、中国集成电路及分立器件封测厂产品分布情况

表 2.10.8 列举了中国集成电路及分立器件主要封测厂商产品分布情况。

表2.10.8　中国集成电路及分立器件主要封测厂商产品分布情况

序号	公司名称	总部	大陆工厂分布	封装产品服务
1	日月光（ASE）（收购矽品科技）	中国台湾	江苏昆山、上海、山东威海	上海：SIP/DIP、SOP/SOIC、QFP、DFN/QFN、LGA/BGA、FCQFN、FCLGA/FCBGA/FCCSP
2	安靠（Amkor）（收购J-devices）	美国	上海	TSOP、DFN/QFN、LGA/BGA、FCLGA/FCBGA/FCCSP、WLCSP

序号	公司名称	总部	大陆工厂分布	封装产品服务
3	长电科技（收购星科金朋）	江苏	江苏江阴、安徽滁州、江苏宿迁	COF/FPC、SIP/DIP、SOP/SOIC、TSOP、SOI、SOT、SOD、TO、QFP、DFN/QFN、PGA、LGA/BGA、eWLB、FCSOIC、FCSOT、FCQFN、FCLGA/FCBGA/FCCSP、MIS、PDFNWB、WBFBP、PLCC
4	力成科技	中国台湾	江苏苏州	BGA、DFN、QFN、TSOP
5	新加坡联合科技（UTAC）	新加坡	优特上海、优特广东、东莞	上海：SIP/DIP、DFN/QFN、LGA/BGA 东莞：TSOP、QFP、DFN/QFN、FCQFN、FCLGA/FCBGA/FCCSP
6	南茂科技	中国台湾	上海	TSOP
7	华天科技	甘肃	甘肃天水、江苏昆山、陕西西安	西安：BGA、DFN、FCDFN、FCQFN、LGA、QFN、TSSOP 天水：DIP/SiP/TO、QFP、SOP/TSSOP/SOT
8	通富微电	江苏南通	江苏南通、安徽合肥	SIP/DIP、SC、SOP/SOIC、SOT、TO、QFP、DFN/QFN、PGA、LGA/BGA、FCSOT、FCQFN、FCLGA/FCBGA/FCCSP
9	京元电子	中国台湾	江苏苏州：京隆科技（苏州）有限公司	SOP/SOIC、DFN/QFN、LGA/BGA
10	纳沛斯 Nepes	韩国	江苏淮安	COF/FPC、COG
11	Unisem（宇芯）	马来西亚	四川成都	SOP/SOIC、DFN/QFN、LGA/BGA、FCSOIC、FCQFN、FCLGA/FCBGA/FCCSP
12	菱生精密	中国台湾	浙江宁波	
13	矽格半导体	深圳	深圳	DIP、SOP、TO
14	晶方半导体	江苏苏州	江苏苏州	COF/FPC、COG、PLCC、LGA/BGA、eWLB、FCLGA/FCBGA/FCCSP
15	华润安盛	江苏无锡	江苏无锡	SOT/SOP/SOIC/DIP、QFN/DFN、MEMS
16	嘉盛半导体	马来西亚	江苏苏州	DFN/QFN、LGA/BGA、FCQFN、FCLGA/FCBGA/FCCSP
17	华进半导体	江苏无锡	江苏无锡	BGA、LGA、WLCSP、Bumping、2.5D封装
18	苏州固锝	江苏苏州	江苏苏州	DIP、SIP、SOP、TO、PLCC、DFN、QFN、LGA、MEMS、SmartCard
19	苏州日月新	江苏苏州	江苏苏州	DFN、QFN、LGA、BGA、SOP、SOT
20	深圳佰维	广东深圳	广东深圳	TSOP、QFN、BGA、PA（LGA）、指纹传感器、SIM、UDP
21	首钢微电子（BSMC）	北京	北京	DIP、SOP、QFP、QFN、DFN

序号	公司名称	总部	大陆工厂分布	封装产品服务
22	华钛半导体（NationT）	安徽池州	安徽池州	SOP、SOT、TO
23	顾中科技	中国台湾	江苏苏州	COF/FPC、COG
24	宁波芯健	浙江宁波	浙江宁波	WLCSP、Pillar
25	康姆	广东深圳	广东深圳	SIP/DIP、SOP/SOIC、SOT、DFN/QFN
26	新潮科技集团	江苏江阴	江苏江阴	硅穿孔（TSV）封装技术、SiP射频封装技术、高密度FC-BGA封测技术、多圈阵列四边无引脚封测技术、MEMS多芯片封装技术、Mis
27	威讯联合半导体（北京）	美国	北京	
28	南通华达微	江苏南通	江苏南通	TO
29	飞思卡尔半导体（中国）	美国	天津	
30	海太半导体（无锡）	合资	江苏无锡	
31	英特尔产品（成都）	美国	四川成都	
32	上海凯虹科技有限公司	美国	上海	SOP/SOIC、TSOP、SOT、TO、QFP、DFN/QFN
33	晟碟半导体（上海）（SanDisk）	美国	上海	
34	气派科技	深圳	广东东莞	SOP、TO、LQFP、DFN、QFN、DIP、SOT
35	江阴苏阳	江苏江阴	江苏江阴	TO、SOP、ESOP、DIP
36	浙江东和科技	浙江乐清	浙江乐清	SOP、SOT、DIP、TO
37	矽邦半导体	江苏南京	江苏南京	DIP、SOP、DFN/QFN、BGA/LGA
38	芯哲微电子	上海	上海	DFN、QFN、DIP、SOP、SOT、TO
39	上海捷敏	上海	上海	SO、SSOP、TSSOP、TO
40	北芯半导体	上海	上海	DIP、SOP、LCC、QFP、QFN
41	上海根派半导体	上海	上海	塑料封装：DFN、QFN、QFP（LQFP、eLQFP、PQFP、TQFP、SOP、SSOP、DIP、SOT、TO 陶瓷封装：SOP、DIP、CLCC、CQFP、QFN）
42	太极半导体（苏州）	江苏苏州	江苏苏州	QFP、LGA、FBGA、SDRAM、DDR（TSOP、FBGA）、Flash（TSOP48、FBGA）
43	苏州顺益新	江苏苏州	江苏苏州	PLCC、QFP

序号	公司名称	总部	大陆工厂分布	封装产品服务
44	捷研芯纳米	江苏苏州	江苏苏州	MEMS 传感器和系统集成微模块封装
45	泰州海天半导体	江苏泰州	江苏泰州	TO
46	泰州明昕微电子	江苏泰州	江苏泰州	SOT、TO
47	无锡红光微电子	江苏无锡	江苏无锡	MEMS、DFN/QFN、SOP、SOT、TO
48	江苏格立特电子	江苏宿迁	江苏宿迁	SOP、SOT、DIP
49	江苏盐芯微电子	江苏盐城	江苏盐城	DIP、SOP/SOJ
50	江苏汇成光电	江苏扬州	江苏扬州	Bump、CP、COG、COF
51	杰群电子科技（东莞）	中国台湾	广东东莞	IPM、QFN、SOP、SOT、TO
52	佛山市蓝箭	广东佛山	广东佛山	SOD、SOT、SOP、TO
53	广东风华芯电科技	广东广州	广东广州	TO、SOT、SOP、SOD、QFN、DFN
54	深圳市金誉半导体	广东深圳	广东深圳	SOP、SOD、TO、SOT
55	深圳市盛元半导体	广东深圳	广东深圳	TO
56	华润赛美科微电子（深圳）	江苏无锡	广东深圳	DIP、SOP、SSOP、TSSOP、MSOP、QFP、TQFP、LQFP
57	四川明泰电子	四川遂宁	四川遂宁	SIP、DIP
58	重庆嘉凌新	重庆	重庆	TO、SOP、DIP、SOT、SIP
59	北京燕东微电子	北京	北京	SOT、SOD、SOP、DIP
60	山东迪一电子	山东兖州	山东兖州	TO、SMD
61	山东汉旗科技	山东枣庄	山东枣庄	
62	山东泰吉星电子	山东诸城	山东诸城	SOP、SSOP、SOT
63	辽阳泽华电子	辽宁辽阳	辽宁辽阳	TO、SOP、DIP
64	中美合资丹东欣港电子	辽宁丹东	辽宁丹东	TO、SOT

五、2016 年中国集成电路封测业技术创新情况分析

2016 年中国集成电路封装测试企业技术创新能力持续提升。华天科技、长电科技、中电智能卡、宁波芯健半导体等单位在"基于 TSV、倒装和裸露塑封的指纹识别芯片系统级封装技术""3D-SiP 系统级电源管理 IC 的模块封装技术""新型智能卡个人化测试技术"和"采用 DBG 工艺实现超薄芯片封装"等领域又取得了新的突破。在中国半导体行业协会、中国电子报等联合举办的"第十一届（2016 年度）中国半导体创新产品和技术" 评选活动中，华天科技等单位的四项技术成功入选（见表 2.10.9）。

表2.10.9　入选2016年中国半导体创新产品和技术的IC封装与测试技术

序号	创新产品和技术名称	企业名称
1	基于TSV、倒装和裸露塑封的指纹识别芯片系统级封装技术	华天科技（昆山）电子有限公司/华天科技（西安）有限公司
2	3D-SiP系统级电源管理IC的模块封装技术	江苏长电科技股份有限公司
3	新型智能卡个人化测试技术	中电智能卡有限责任公司
4	采用DBG工艺实现超薄芯片封装	宁波芯健半导体有限公司

2016年，在国家科技部和国家科技重大专项02专项实施管理办公室、总体组的指导下，02专项封测类项目又取得了多项成果。据初步统计，到2016年年底，国家科技重大专项"极大规模集成电路制造装备及成套工艺"2011年项目指南四—封装测试装备—工艺及材料部分第25~31项项目除"高压大功率IGBT模块封装技术开发和产业化"延期外，其余项目都已验收完成或正在验收。到2016年年底共实现项目销售额104.47亿元，申请专利2622项，授权1240项。

在国家集成电路产业投资基金"大基金"的支持帮助下，已实施项目覆盖了集成电路设计、制造、封装测试、装备、材料、生态建设等各环节，实现了在产业链上的完整布局。集成电路封测领域受益多多。长电先进和江阴星科金朋合力打造14纳米先进封装量产平台在2016年首批12英寸晶圆已出货，成为国内第一家能够生产14纳米工艺BumPing和FCBGA的制造厂。中国集成电路封测龙头企业提供的扇出型晶圆级封装（FOWLP）产品有望成为国内移动产品市场的首选。

六、2016年中国集成电路封测业的机遇与挑战

1. 兼并收购助力封测业做大做强，但难度增大

前几年，基于人力成本、企业发展战略等诸多原因，国际半导体大公司产业布局调整持续进行，关停转让下属封测工厂的动作不断发生。例如，2014年长电科技联合国家集成电路产业投资基金股份有限公司、中芯国际子公司芯电公司共同出资，收购了星科金朋；天水华天科技股份有限公司收购了美国FCI（Flipchip International）公司。2015年，通富微电子股份有限公司收购了AMD的两家封测工厂85%的股权。这也使通富微电更有能力支持国产CPU、GPU、网关服务器、基站处理器、FPGA（现场可编程门阵列）等产品的研发和量产。

然而，2016年中国集成电路封测业未见大的收购案例。除了国内封测企业本身的原因外，同时，海外并购也已引起美国等西方国家的重视，针对中国企业并购采取更为严厉的审查。国际市调公司IC Insights认为，现在绝大多数外国政府对中国在集成电路产业上的雄心十分警惕，中国资本收购国外IC企业的难度已非常大。

2. 半导体晶圆厂急剧扩张，封测业面临挑战

SEMI 估计，全球将于 2017—2020 年投产 62 座半导体晶圆厂，其中 26 座设于中国大陆，占全球总数的 42%。

在移动通信、云计算和物联网的驱动下，存储器应用高速增长。就目前而言，全球存储器市场规模约为 800 亿美元，其中，中国市场需求约为 50%。但是，国内在这个领域几近空白，市场份额基本都是被日韩美几大巨头所垄断。长江存储、紫光南京项目、晋华项目和合肥长鑫等几大国产存储基地的开建，表明我国存储产业的布局正在加速推进。除了芯片设计和制造外，封装与测试技术、知识产权和人才都将面临巨大的考验，这是封测业者需要面临的挑战。

3. 封装测试领域的高端技术发展趋势

封测领域的中高端产品占比的多寡，代表了一个国家或一个地区的封测业发展水平。根据封测行业不完全统计，至 2016 年国内的集成电路产品中，中高端先进封装的占比约为 32%，国内部分主要封测企业的集成电路产品中，先进封装的占比已经达到 40%～60%的水平。

先进封装技术广泛应用于智能移动设备，如智能手机、平板电脑等，由于移动设备的使用数量以及设备功能还在不断增加和优化，为此，各种先进封装的需求也越发增多。

由于物联网比手机更强调轻薄短小，因此需要将不同工艺和功能的芯片，利用堆叠等方式全部封装在一起，缩小体积。因此能提供完整系统封装（SiP）和系统模组整合能力，是封测企业需要努力的方向。

圆片级芯片尺寸封装（WLCSP）是一种先进的封装技术，完成凸块后，不需要使用封装基板便可直接焊接在印刷电路板上。由于 WLCSP 封装时不需封装基板，在性能、成本上有非常高性价比的优势。在封装选型时，假如工艺要求、尺寸大小、布线可行性和 I/O 数量等都能满足需求，选择 WLCSP 的可能性很大，因为它可能是成本最低的封装形式。

圆片级芯片尺寸封装（WLCSP），从市场应用的角度看，适合于手机、平板电脑、笔记本电脑、数码摄像机和汽车电子产品的应用。

扇出型圆片级封装（FO-WLP），具有超薄、高 I/O 脚数等特性，产品具有体积小、成本低、散热佳、电性优良、可靠性高等优势。其中，单芯片扇出封装主要用于基频处理器、电源管理、射频收发器等芯片；高密度扇出封装则主要用于处理器、存储器等芯片。研究机构 Yole 认为，扇出型封装市场潜力巨大。

4. 中国集成电路封测骨干企业引领产业发展责任重大

为了满足国内外市场对各类先进封装技术和工艺的需求，国内集成电路封装的三大领军企业，长电科技、通富微电、华天科技对先进封装技术和工艺不断深化布局、加强研发力度，并又取得新的进步和成果。

2016 年，长电科技自主开发的 FO-ECP （Fanout-Embedded Chip Packaging） 技术，开始量产，并持续导入新产品。与 BGA、QFN 等封装比较，FO-ECP 具有更小的封装尺寸和更薄的封装厚度。同时，长电科技的扇出型晶圆级封装（Embedded Wafer Level BGA，FO-eWLB）也大幅扩产，成为全球封装业亮点。另外，在 3D-SiP 系统级电源管理 IC 模块封装技术领域，长电科技取得了新的突破，并成功入选"第十一届（2016 年度）中国半导体创新产品和技术"名录。

2016 年通富微电成功完成 WLCSP 小尺寸芯片（0.6mm×0.3mm）六面包覆的工艺开发，并通过客户产品的可靠性考核。在系统集成封装（System in Package，SiP）设计方面有了重大进展，于 2016 年 6 月成功开发 HVDC 模块及样品试制，并进行中高功率电源模块的开发。同时，通富微电在 2016 年强化在蓝牙及无线通信方面系统级封装产品的设计能力，获得国内外客户的广泛认同，开启了先进封装新的领域。

另外，通富微电在 2016 年 5 月正式完成超微（AMD）半导体苏州及槟城厂的 85% 股权的收购，具备了高阶处理器的封装设计及量产能力，再一次填补了国内在这方面的空白。

2016 年华天科技研发了一系列国际先进封装技术。华天科技（昆山）开发的晶圆级六面保护封装技术、等离子体划片技术、14 纳米晶圆级凸点技术均实现了规模化量产；晶圆级硅基埋入扇出技术实现了小批量的出货。华天科技（昆山）与华天科技（西安）合作研发了 "基于 TSV、倒装和裸露塑封的指纹识别芯片系统级封装技术"，该技术是目前世界领先的指纹识别封装技术，产品已经成功用于华为 mate 9 Pro 以及 P10 等终端手机品牌。华天科技（西安）有限公司 16／14 纳米工艺芯片倒装封装技术量产获得突破，2016 年量产突破 3500 万颗。

虽然 2016 年国内各大封测企业在先进封装技术和工艺方面又有新的进展，但是，与国际领先的封装企业相比，国内企业在先进封装领域的诸多方面，还有较大差距。为了缩短和赶上国际先进封装技术，还需要国内封测界共同努力，需要更切合未来市场需求的布局，不断增加研发和提高创新能力。而且，还需要更多地、持续地通过国际合作，包括通过海外企业的兼并收购，来获取封装工艺技术的跨越式发展，由此，来满足国内外市场不断增长的先进封装需求，并能在国际市场上获取更多的市场份额。

第十一节　2016 年中国半导体分立器件产业发展情况

半导体分立器件是半导体行业的基础产品及核心领域之一，包括光电子器件和传感器在内的分立器件是电子信息产品必不可少的器件。中国是全球最大的分立器件市场，也是半导体分立器件的生产大国，中国半导体分立器件销售收入占全球的比重逐年上升。

一、2016 年世界半导体分立器件产业发展简况

1．2016 年世界半导体分立器件产品产量情况

2016 年世界半导体分立器件产品产量约为 5760 亿只，同比增长 4.4%（见图 2.11.1）。

	2010年	2011年	2012年	2013年	2014年	2015年	2016年
年度产量（亿只）	4747	4666	4754	4999	5357	5516	6433
增长率	21.70%	−1.10%	1.90%	5.10%	7.20%	3.00%	12.80%

CAGR=2.89%（2010—2016年）

图 2.11.1　2010—2016 年世界半导体分立器件产品产量规模及增长情况

2．2016 年世界半导体分立器件产业销售收入发展情况

2016 年世界半导体分立器件产业销售收入为 623 亿美元，同比增长 2.7%（见图 2.11.2），与同期销售量增长 4.4% 相比，存在增产不增收的现象。

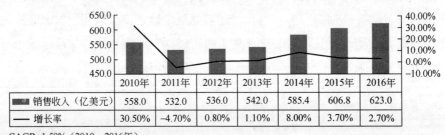

	2010年	2011年	2012年	2013年	2014年	2015年	2016年
销售收入（亿美元）	558.0	532.0	536.0	542.0	585.4	606.8	623.0
增长率	30.50%	−4.70%	0.80%	1.10%	8.00%	3.70%	2.70%

CAGR=1.59%（2010—2016年）
资料来源：CCID/JSSIA整理（2017.3）。

图 2.11.2　2010—2016 年世界半导体分立器件销售收入规模及增长情况

3．2016 年世界半导体分立器件产品市场分类情况

2016 年世界半导体分立器件产品市场为 623 亿美元，同比增长 2.7%，其中，分立器件（DS）产品市场为 194.18 亿美元，同比增长 4.3%；光电子器件产品市场为 319.94 亿美

元，同比下降 3.8%；传感器产品市场为 108.21 亿美元，同比增长 22.7%。

4．2016 年世界各地区半导体分立器件产品市场分布情况（见图 2.11.3）

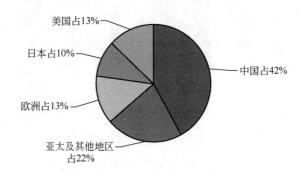

美国占13%
日本占10%
欧洲占13%
亚太及其他地区占22%
中国占42%

图 2.11.3　2016 年世界各地区半导体分立器件产品市场分布情况

5．2015—2016 年世界半导体资本整合及主要厂商

高通公司并购 NXP 半导体、安森美并购仙童、瑞萨 32 亿美元收购 Intersil 都是持续布局关注汽车电子这一热点。目前，全球半导体分立器件应用最大的领域是汽车，且高端厂商的占比均以汽车为主。

二、2016 年中国分立器件产业发展概况

2016 年中国半导体分立器件产品产量为 6433 亿只，比 2015 年增长 12.8%（见图 2.11.4）。中国分立器件产业的销售收入达到 2237.7 亿元，比 2015 年增长 11.9%（见图 2.11.5），其中功率器件 1496 亿元，同比增长 7.2%。从发展趋势看，通信和汽车等高端市场的快速发展，为分立器件行业提供了新的商机。特别是国内新能源汽车市场开启一轮爆发式成长，一方面带动了分立器件产品的需求增长，另一方面也带动了市场产品结构的快速升级。

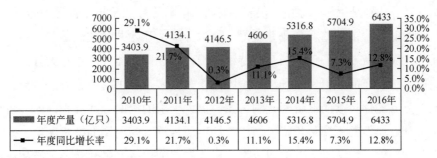

	2010年	2011年	2012年	2013年	2014年	2015年	2016年
年度产量（亿只）	3403.9	4134.1	4146.5	4606	5316.8	5704.9	6433
年度同比增长率	29.1%	21.7%	0.3%	11.1%	15.4%	7.3%	12.8%

CAGR=9.52%（2010—2016年）

图 2.11.4　2010—2016 年中国半导体分立器件产品产量发展规模及增长情况

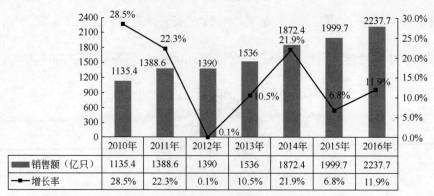

	2010年	2011年	2012年	2013年	2014年	2015年	2016年
销售额（亿只）	1135.4	1388.6	1390	1536	1872.4	1999.7	2237.7
增长率	28.5%	22.3%	0.1%	10.5%	21.9%	6.8%	11.9%

CAGR=7.06%（2010—2016年）
资料来源：分立器件分会/JSSIA整理（2017.6）。

图 2.11.5　2010—2016 年中国半导体分立器件产业销售收入发展规模及增长情况

2016 年各季度中国半导体分立器件产品产量呈上升态势（见图 2.11.6）。

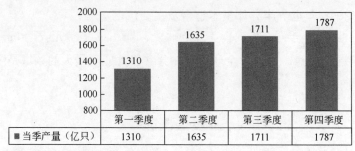

	第一季度	第二季度	第三季度	第四季度
当季产量（亿只）	1310	1635	1711	1787

数据来源：工信部运监局。

图 2.11.6　2016 年中国半导体分立器件各季度产量统计

分析 2016 年中国半导体分立器件产业发展的特点可见：2016 年全球半导体分立器件市场保持稳步向上，而亚洲地区特别是中国市场迎来了近五年来最好的发展，全年持续保持旺盛的需求，价格也从年初开始一路上涨 10%以上，主要原因有以下几点。

2016 年随着新一轮国家基础设施的投入、房地产市场的火爆等，国产制造行业的经济形势开始好转，特别是手机、家电、仪表、安防、电脑等行业承担了世界 50%以上的产量。经过前几年的低谷、市场整合、兼并重组、技术升级，开始井喷式地爆发。

美元兑人民币从 2016 年年初开始持续走强，对进口元器件产生重大打击，国外高端厂商开始放弃传统产品和中国市场，这给国内相关厂家带来了前所未有的机会。

前五年分立器件持续的低价和无利可图、供大于求的局面导致几乎国内外所有的生产厂家停止了分立器件的规模化投资，造成市场出现相对时间周期的缺货现象。

国内分立器件厂家从十年前的粗放生产模式向精细化生产模式转换，产品质量也有很大的提升，价廉物美的特点得到了用户的逐步信任，国产分立器件的市场占有率得到有效增长。

三、2016 年中国半导体分立器件产业区域分布情况

2016 年中国半导体分立器件行业销售总额分布格局出现明显变化（见图 2.11.7），中西部地区占比提升。据不完全统计，长三角地区占有全国分立器件销售收入总额的 45% 以上，珠三角地区约占 28%，中西部地区的安徽、四川等其他省份占比上升至 19% 左右，京津环渤海湾地区占 8% 以下。我国生产分立器件的企业主要分布在江苏、广东、四川、安徽等省市，销售收入占全国的 80% 以上。

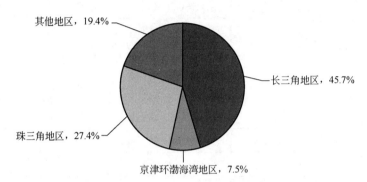

图 2.11.7　2016 年中国半导体分立器件产品产量区域分布

四、2016 年中国主要半导体分立器件企业情况分析

中国分立器件企业数量众多，大部分为内资企业，规模较大的分立器件企业比较少。2016 年中国主要分立器件封测企业情况见表 2.11.1。2016 年中国半导体功率器件十强企业见表 2.11.2。

表2.11.1　2016年中国主要分立器件封测企业情况

序号	公司名称	主要产品	生产能力（亿只）	企业性质
1	江苏长电科技股份有限公司	SOT/SOD 系列 DFN/FBP 系列、TO 系列、中大功率	250	内　资
2	乐山无线电股份有限公司（LRC）	SOT/SOD 系列、DFN 系列	250	内　资
3	罗姆半导体（中国）有限公司	SOT/SOD 系列二三极管	250	合　资
4	NXP 恩智浦	SOT/SOD 系列、DFN 系列	200	外商独资
5	乐山菲尼克斯半导体有限公司（ON）	SOT/SOD 系列、DFN 系列	200	合　资
6	泰丰国际集团有限公司（先科）	SOT/SOD/DFN 系列	200	内　资
7	上海凯虹电子	SOT/SOD 系列	120	外　资
8	佛山市蓝箭电子有限公司	SOT-23、SOT-323、SOT-89、SOT-252、TO-92、TO-92S、TO-92LM、TO-126F、TO-126、TO-220F、TO-220	120	内　资

续表

序号	公司名称	主要产品	生产能力（亿只）	企业性质
9	广东省风华芯电科技股份有限公司	TO-92、TO-92Ls、TO-126、TO-220、TO-220F、TO-251&TO-252、SOT-23、SOT-23A、SOT-25、SOT-26、SOT-223、SOT-323、SOT-89、SOD-123、SOD-323	75	内资
10	银河半导体控股有限公司	SOT/SOD 系列、DFN 系列	60	内资
11	广州半导体器件有限公司	TO-92L、TO-92、半导体分立器件、快恢复二极管、开关二极管、稳压二极管、可控硅、节能灯用晶体管	30	内资
12	南通华达微电子集团有限公司	SOT23、SC70、SOT89、SOT223、TO92、TO251、TO252、TO263、TO220、TO247	30	内资
13	苏州固锝电子股份有限公司	TO-220AB、TO-220AC、TO-263 等	30	内资
14	英飞凌科技（无锡）有限公司	SOT-23、SOD323 等	27	外资
15	天水华天微电子有限公司	TO252、TO251、TO220、TO220F、TO3P、TO247、TO264、TO263、PPAK	20	内资
16	吉林华威电子股份有限公司	TO-126、TO-220 封装的功率晶体管、MOS、肖特基	20	内资

表2.11.2　2016年中国半导体功率器件十强企业

序号	企业名称
1	吉林华微电子股份有限公司
2	扬州扬杰电子科技股份有限公司
3	苏州固锝电子股份有限公司
4	无锡华润华晶微电子有限公司
5	瑞能半导体有限公司
6	常州银河世纪微电子股份有限公司
7	北京燕东微电子有限公司
8	中国振华集团永光电子有限公司（国营第八七三厂）
9	无锡新洁能股份有限公司
10	深圳深爱半导体股份有限公司

五、2016 年中国半导体分立器件创新产品和技术项目

由中国半导体行业协会、中国电子材料行业协会、中国电子专用设备工业协会、中国电子报社共同评选出"第十一届（2016 年度）中国半导体创新产品和技术"项目，其中 6 个生产半导体分立器件（功率器件、光电器件）、MEMS 等相关产品的单位获此殊荣（见

表 2.11.3）。

表2.11.3　2016年中国半导体分立器件（功率器件、光电器件）、MEMS创新产品和技术

1	杭州士兰集成电路有限公司	600V 高压集成电路芯片
2	株洲中车时代电气股份有限公司	3300V IGBT 产品
3	河北美泰电子科技有限公司	MSV3100 系列超小型高精度三轴 MEMS 加速度传感器
4	杭州士兰集成电路有限公司	600V 超结结构高压 MOSFET 芯片
5	深圳尚阳通科技有限公司	600V 超低功耗超结 MOSFET 产品 SRC60R2K1
6	苏州能讯高能半导体有限公司	高功率氮化镓微波放大管 DX1H2527240

六、2016 年中国半导体分立器件产品市场情况分析

近年来，国家密集推出产业政策来推动半导体产业的发展，分立器件作为半导体领域的一个重要分支迎来布局良机。在国家提倡创新创业及要求企业转型的背景下，市场呈现多样性、百花齐放的局面。

2016 年传统家电巨头格力、美的等企业加速向智能家居方向发展，带动了 BT 等器件和模块的发展。电表行业全部转用无线载波抄表，增加了器件产品应用商机。

2016 年下半年开始的共享单车一窝风热潮，使得传统自行车厂家起死回生，以每月100 万～200 万辆的规模扩张，大量需要 GPS 定位和 BT 解锁的功能，拉动了分立器件的出货量。

进入 2016 年，汽车电子、新能源汽车、无人机和电子烟等新型行业需要大量 BMS 等相关配套电子产品，IGBT、大功率 MOSFET 的市场需求越来越大。手机行业持续保持增长（包括海外市场的占有率增加），手机快充的发展，都促使分立器件产品升级，如低压降的肖特基、低 RDS 的 SGT SOP8 MOSFET、AC/DC 转换的整流桥、TO-251、TO-220 MOSFET等产品赢得了商机。

随着节能环保意识以及新技术的发展，新能源汽车、太阳能发电、LED 照明等领域逐渐成为分立器件重要的需求市场。在我国绿色能源产业发展的推动下，功率半导体已经成为建设节约型社会、促进国民经济发展、践行创新驱动发展战略的重要支撑。

化合物半导体作为新材料和新器件，在半导体功率器件中有着同类硅器件所不具备的优异性能，将得到广泛应用。这些半导体材料具有更宽的禁带宽度，更高的击穿电场，更高的热导率，更高的电子饱和速率及更高的抗辐射能力，更适合于制作高温、高频、抗辐射及大功率器件。在一些新能源产品、航空、电动汽车及工业设备中，SiC 器件已开始被广泛应用，逐步替代传统 Si 半导体器件。GaN 功率元件由于具有转换效率高、工作频率高、工作温度高等特点，被广泛应用于功率因数校正（PFC）、软开关 DC-DC 等电源系统设计，以及电源适配器、光伏逆变器或太阳能逆变器、服务器及通信电源等终端领域。"十三五"

期间，我国功率半导体发展的《电力电子器件产业发展蓝皮书》中也明确了发展路线，以 SiC 和 GaN 材料为代表的宽禁带半导体材料和器件产业已成为高科技领域中的战略性产业，国际领先企业已经开始部署市场，全球新一轮的产业升级已经开始。

随着全球半导体产业迎来复苏，2016 年所出现的增长销售动能应当能持续到 2017 年。由于看好内存芯片市场的增长，并考虑到内存售价上升，高端智能手机用量增加，汽车电子需求旺盛，另外人工智能、充电桩、无人机、无线充电等市场也迅猛增长等因素，对国内分立器件市场带来正面影响。预估 2017 年中国分立器件销售收入将增长 5%左右，销售额超过 1900 亿元。

同时，因原材料、人工费的提升，整机应用厂商的压价，出口美元走强，同行价格竞争激烈等，使分立器件企业几近微利，分立器件生产厂家生存的压力越来越大。

第十二节　2016 年中国集成电路设备制造业发展情况

　　近年来，在国家政策、资金的支持下，在集成电路制造装备业界同仁的共同努力下，集成电路晶圆制造业、封装测试业、LED 业、太阳能光伏业等专用设备研制方面取得了重大突破，开发出具有世界先进水平的半导体制造设备，广泛应用于 6～8 英寸晶圆生产线制程，部分设备应用于 12 英寸晶圆生产线，甚至被国外高端厂商采购应用。这标志着我国集成电路装备制造业进入新的发展起点。

　　据中国电子专用设备工业协会统计分析：2016 年中国国产半导体设备销售收入达到 57 亿元，比 2015 年增长 20.8%，其中，集成电路设备增长 22.20%、LED 设备增长 2.4%、太阳能电池芯片设备增长 29.4%、分立器件及其他设备增长 2.0%。由于近两年来我国集成电路产业和太阳能光伏产业发展迅猛，产能扩张，所需专用设备、仪器、工具增长速度迅猛，使集成电路专用设备和太阳能电池芯片专用设备制造业水涨船高，增速达到历史之最。

一、2016 年中国集成电路设备市场情况

　　据 SEMI 报道，2016 年世界半导体设备市场为 412.4 亿美元，同比增长 12.9%。

　　据中国电子专用设备工业协会统计测算，2016 年中国半导体设备市场规模为 72.9 亿美元，同比增长 36.1%，成为全球增长最快的地区，已超过日本、北美，成为世界第三大市场（与韩国的 76.9 亿美元相差无几）。

　　2010—2016 年中国半导体设备市场在世界半导体设备市场中的份额如表 2.12.1 所示。

表2.12.1　2010—2016年中国半导体设备市场在世界半导体设备市场中的份额

指标名称	2010 年	2011 年	2012 年	2013 年	2014 年	2015 年	2016 年	CAGR
世界半导体设备市场（亿美元）	399.3	435.3	369.3	318.2	375.0	365.3	412.4	0.46%
中国半导体设备市场（亿美元）	36.8	48.3	31.3	37.6	50.3	53.6	72.9	10.26%
中国设备市场占比（%）	9.2	11.1	8.5	11.8	13.4	14.7	17.7	—

　　由于 2016 年我国集成电路产业（晶圆业和封测业）在建项目和扩建项目增多，所需前后道工序设备需求增加，在进口设备同比增加 38.63%和自主国产设备同比增长 20.84%的情况下，中国半导体设备市场规模达到 72.88 亿美元，同比增长 36.10%（见表 2.12.2 和图 2.12.1、图 2.12.2）。

表2.12.2　2011—2016年中国半导体设备市场规模及构成

结构 ＼ 年度		2011	2012	2013	2014	2015	2016	CAGR
进口设备（亿美元）		36.50	25.00	32.70	43.70	46.60	64.60	9.98%
国产设备	销售额（亿元）	72.30	38.54	30.13	40.53	47.17	57.00	−3.89%
	折合（亿美元）	11.76	6.27	4.90	6.59	6.95	8.28	−5.68%
合计（亿美元）		48.26	31.27	37.60	50.29	53.55	72.88	7.11%
同比增长率（%）		—	−35.20	20.20	33.80	6.50	36.10	—
国产设备占比（%）		24.36	20.05	13.03	13.10	12.98	11.36	—

资料来源：中国电子专用设备工业协会/SICS（2017.4）。

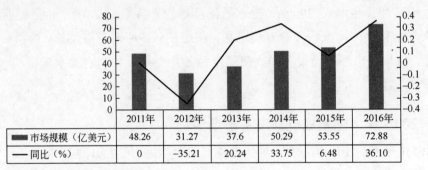

	2011年	2012年	2013年	2014年	2015年	2016年
■ 市场规模（亿美元）	48.26	31.27	37.6	50.29	53.55	72.88
— 同比（%）	0	−35.21	20.24	33.75	6.48	36.10

CAGR=7.11%（2011—2016年）
资料来源：JSSIA整理（2017.5）。

图 2.12.1　2011—2016 年中国半导体设备市场规模及增长情况

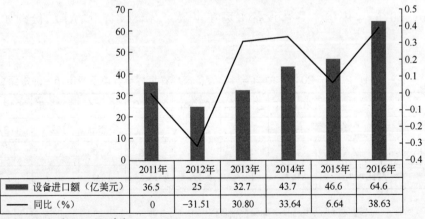

	2011年	2012年	2013年	2014年	2015年	2016年
■ 设备进口额（亿美元）	36.5	25	32.7	43.7	46.6	64.6
— 同比（%）	0	−31.51	30.80	33.64	6.64	38.63

CAGR=9.98%（2011—2016年）
资料来源：JSSIA整理（2017.5）。

图 2.12.2　2011—2016 年中国半导体设备市场（进口额）规模及增长情况

二、2016 年中国集成电路设备制造业概况

据中国电子专用设备工业协会统计预计：2016 年中国半导体国产设备销售额为 57 亿元，同比增长 20.84%（见图 2.12.3）。

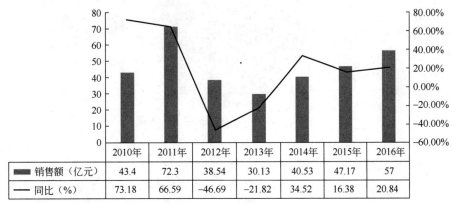

	2010年	2011年	2012年	2013年	2014年	2015年	2016年
销售额（亿元）	43.4	72.3	38.54	30.13	40.53	47.17	57
同比（%）	73.18	66.59	−46.69	−21.82	34.52	16.38	20.84

CAGR=3.97%（2010—2016年）

图 2.12.3 2010—2016 年中国半导体国产设备销售收入规模及增长情况

2016 年中国集成电路设备销售额为 28 亿元，同比增长 22.20%；LED 设备销售额为 6 亿元，同比增长 2.40%；太阳能电池芯片设备销售额为 20 亿元，同比增长 29.40%；分立器件及其他设备销售额为 3 亿元，同比增长 2.0%（见表 2.12.3）。

表2.12.3 2013—2016年中国半导体设备销售规模及增长情况

单位：亿元

设备大类	2013 年	2014 年		2015 年		2016 年		CAGR（%）
	销售收入	销售收入	同比（%）	销售收入	同比（%）	销售收入	同比（%）	
集成电路设备	10.34	15.96	54.4	22.92	43.6	28.0	22.2	28.28
太阳能电池芯片设备	13.15	14.66	11.5	15.45	5.4	20.0	29.4	11.05
LED 设备	5.06	7.14	41.1	5.86	−17.9	6.00	2.4	4.35
分立器件其他设备	1.58	2.77	75.3	2.94	6.1	3.00	2.0	6.07
合计	30.13	40.53	34.5	47.17	16.4	57.00	20.8	−8.58

2016 年中国半导体国产设备分类占比情况见图 2.12.4。

中国集成电路国产设备呈历年上升的态势，2015 年和 2016 年已经接近占到全部国产设备销售收入一半的份额（见图 2.13.5）。

我国国产半导体设备制造业在世界同行中还处于弱势，2016 年国产半导体设备仅占世界半导体设备制造业的 2.00%（见图 2.13.6）。

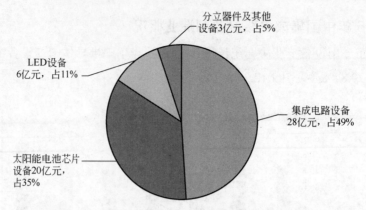

图 2.12.4　2016 年中国半导体国产设备分类占比情况

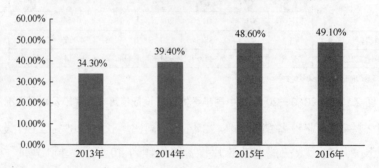

图 2.12.5　2013—2016 年集成电路国产设备在中国半导体设备制造业中的比重

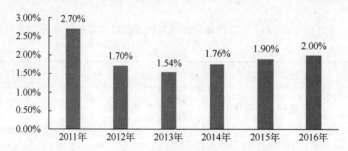

图 2.12.6　2011—2016 年中国半导体设备占世界半导体设备业的比重

三、2016 年中国设备制造业设备进出口情况

2016 年中国大陆半导体设备总进出口量价齐增，13 类半导体设备进口数量共计 25442 台，与 2014 年同期相比增长 62.5%，进口金额共计 46.31 亿美元，比 2015 年增长 7.9%。2016 年进口的 13 类半导体设备中，化学气相沉积装置、等离子体干法刻蚀机、引线键合机的进口金额居前三位，分别达到 10.71 亿美元、7.94 亿美元和 5.69 亿美元；化学机械抛光机增长 1.8%，化学气相沉积装置无增长，等离子体干法刻蚀机同比减少 17.5%，分步重复光刻机同比减少 28.5%，其他 9 类半导体设备都呈现增长态势。

2016 年中国大陆半导体设备（13 类）共计出口 17340 台、4.09 亿美元，与 2015 年相比分别增长 23.2% 和 30.2%。2016 年中国大陆出口的 13 类半导体设备中，引线键合机、化学气相沉积设备和等离子体干法刻蚀设备的出口金额仍然居前三位，分别达到 1.52 亿美元、1.04 亿美元和 0.4 亿美元，分别增长 70.2%、44.4%和-22.7%；氧化扩散炉、离子注入机出口金额增长最快，分别达到 462.6%和 408.9%。

四、2016 年中国集成电路设备制造重点企业情况

集成电路设备制造产业集中度高，行业呈现聚集和垄断特点。全球范围内，集成电路设备制造领域的技术和市场主要掌握在美、日、荷等少数国家及 AM、TEL、ASML、LAM 和 KLA 等少数巨头手中。

中国电子专用设备工业协会会员单位共计 129 家，其中专门从事集成电路专用设备及零部件研发生产的主要企业 30 余家，主要分布在北京、上海、沈阳三地（见表 2.12.4 和表 2.12.5）。

表 2.12.4　国内集成电路设备重点制造企业

序号	企业名称	产品种类	地域
1	北京北方微电子基地设备工艺研究中心有限责任公司	应用于硅刻蚀、PVD、外延、封装工艺设备	北京
2	北京·七星华创微电子股份有限公司	氧化炉、LPCVD、清洗机、ALD	
3	北京中科信电子设备有限公司	离子注入机	
4	中国电科第45所	切磨抛、CMP、键合机、光刻机	
5	北京华卓精科	快速退火设备	
6	中国电科电子装备有限公司	封装、切磨抛成膜设备	
7	北京京运通科技股份有限公司	区熔硅单晶炉	
8	睿励科学仪器（上海）有限公司	膜厚测量、颗粒测量设备	上海
9	上海微电子设备有限公司	光刻机、刻蚀、封装设备	
10	中微半导体设备（上海）有限公司	介质刻蚀、封装、MOCVD 设备	
11	上海盛美半导体设备有限公司	清洗机、抛光机、去胶机	
12	上海凯世通半导体有限公司	离子注入机、离子源	
13	大连佳峰电子有限公司	先进封装设备	大连
14	沈阳芯源微电子设备有限公司	匀胶、清洗、去胶设备	沈阳
15	沈阳拓荆科技有限公司	PECVD	
16	天津华海精科	CMP	天津

表2.12.5　国内集成电路设备关键零部件制造企业

序号	企业名称	产品种类	地域
1	沈阳富创精密设备有限公司	金属零部件	沈阳
2	中科院沈阳科学仪器有限责任公司	干泵、阀门	
3	北京七星华创微电子股份有限公司	气体质量流量计	北京

序号	企业名称	产品种类	地域
4	中科院北京科学仪器有限责任公司	磁悬浮分子泵	
5	北京自动化研究院	倒片机、温度控制器	
6	川北真空	真空阀门、管道	
7	北京华卓精科	工件台、自动化部件	
8	靖江先锋	刻蚀机腔室	江苏
9	苏州珂玛	陶瓷部件	
10	中科院长春光机所	光刻机镜头	吉林
11	中科院成都光机所	光刻机镜头	四川

北京是中国半导体装备企业的重要基地，聚集了七星电子、北方微电子、中电科 45 所、中科信、北京华卓精科、京运通等骨干企业。其中，七星电子是我国唯一一家以集成装备为题材的上市公司，主要产品包括氧化炉、扩散炉、LPCVD、PECVD、退火炉、清洗机和气体质量流量控制器等，产品整体达到 28 纳米技术水平。北方微电子主要产品为刻蚀机、PVD 和 CVD，总体水平达到 28 纳米，部分设备突破 20nm/16nm 关键技术，达到国际主流水平，在大规模集成电路领域实现批量销售，并成功拓展到先进封装、LED、MEMS 等市场，部分产品实现海外销售。2016 年，七星电子和北方微电子进行重组，成为中国半导体装备产业规模最大、产品门类最为齐全的龙头企业。中电科 45 所是中电科电子装备有限公司旗下的骨干企业，与中电科第二和第四十八研究所强强联合，组建电科装备集团，主营离子注入机、光刻机、平坦化装备（CMP）等产品。北京科仪磁悬浮分子泵完成研发，开始试用。

上海是中国半导体装备产业的另一个重要基地，聚集了上海中微、上海微电子、上海睿励、盛美半导体等一批骨干企业。中微主要产品包括介质刻蚀装备（D-RIE）、硅通孔刻蚀装备（TSV）和 MOCVD 等，在国内一流大产线实现 28 纳米多个应用，20nm/16nm 刻蚀机在台积电、海力士、东芝、英特尔等国际一流产线通过验证并实现销售，MOCVD 国内实现量产。上海微电子主要从事投影光刻机研发、生产、销售与服务，产品广泛应用于 IC 制造与先进封装、MEMS、3D-TSV、TFT-OLED、LED、Power Devices 等制造领域。上海睿励主要产品为光学测量装备、光学缺陷检测装备、电子光学分析检测装备。

沈阳地区的代表企业有沈阳芯源、沈阳拓荆等，主要产品包括匀胶/清洗/去胶设备、PECVD 等。核心零部件领域企业相对分散。沈阳富创主要产品包括铝合金、不锈钢、钛合金精密零件及其组装件，开始小批量供应国内外客户；七星电子的气体质量流量计在泛半导体领域实现大批量销售，并成功进入海外市场，在集成电路领域小批量销售。沈阳科仪干泵、阀门等产品开始在半导体领域批量销售。

苏州珂玛、上海卡贝尼的高端陶瓷部件已开始进入海内外半导体领域应；靖江先锋的刻蚀机腔室加工开始批量供货；川北真空的阀门等在太阳能电池领域得到批量应用。

由中国半导体行业协会，中国电子材料行业协会、中国电子专用设备工业协会、中国电子报社组织评出的第十一届（2016 年度）中国半导体设备五强企业名单见表 2.12.6。

表2.12.6　第十一届（2016年度）中国半导体设备五强企业名单

序号	企　业　名　称
1	中电科电子装备集团有限公司
2	北京北方华创微电子装备有限公司
3	中微半导体设备（上海）有限公司
4	上海微电子装备（集团）股份有限公司
5	沈阳拓荆科技有限公司

五、2016 年中国集成电路制造装备技术发展情况

集成电路制造装备作为集成电路产业的基础，是集成电路产业链的关键环节，其发展水平代表了国家高科技的研究与开发能力。中国十分重视加强集成电路制造装备技术开发，经过几十年的努力，尤其是 02 专项实施以来，一批国产高端装备实现从无到有的重大突破，从 90 纳米迅速提升到 40 纳米，并实现批量生产，28 纳米完成研发进入试产，20～14 纳米关键技术研发取得突破，与国际先进技术水平的差距由 3～4 代缩短至一代半。

（一）2016 年国产装备技术整体情况

1. 国产装备实现从无到有的突破，总体水平达到 28 纳米，多种关键装备产品通过大线验证考核，实现批量销售，正在积极拓展市场并着力提升竞争力

2008 年专项实施前，12 英寸国产装备是空白，只有 2 种 8 英寸装备。到 2016 年年底，有 16 种 12 英寸装备进入大生产线使用，整体技术水平达到 28 纳米，其中，10 种关键装备已实现销售或进入采购流程。

刻蚀机已实现海内外销售，介质刻蚀机在性能、输出量及成本等关键指标上都大幅领先于国际竞争对手产品，在海内外一流客户芯片生产线不断地取代美国垄断公司装备，并被广泛地应用在国际一线客户；在韩国还通过了 16 纳米部分关键工艺认证并投入批量生产。

65nm 硅刻蚀机进入大生产线使用，已实现小批量销售，28nm STI 高密度等离子刻蚀机目前已完成生产线全流程测试，并实现销售，技术水平国际先进。同时，产品拓展应用到 LED 等领域，成功替代海外供应商产品。

28nm PVD、65nm 氧化炉、28nm 氧化炉、45nm 单片超精细清洗机、65nm 中速流离

子注入机、28nm 低能大束流离子注入机、65nm PECVD 已进入大生产线全流程测试，实现销售。28nm 光学尺寸测量装备进入国际主流生产线验证。

2．集成电路前工艺装备应用于 TSV 封装等先进封装领域，提升了我国封装领域的本地化配套能力，促进了封装产业的发展

随着芯片的高密度化和大容量技术的发展，以 BGA、芯片级封装（CSP）、加强 SIP、高密度三维（3D）封装、晶圆级封装等新型封装形式为代表的先进封装装备不断涌现。据 SEMI 的统计，先进封装装备占到整个半导体装备投资额的 22% 以上。利用 02 专项集成电路前工序装备研发成果，应用到 3D 封装的新兴技术领域，取得了良好的效果。截至 2016 年年底，国产刻蚀机、PVD、匀胶机、光刻机、PECVD、清洗机等成套的先进封装装备，已大批量替代进口，技术指标达到国际先进水平，销售价格仅为国外同类产品的 60%~70%，大幅降低了我国先进封装产业的投资，提升了国内产业的竞争力。

3．关键零部件本地化配套能力得到提升，但在高端装备的应用需进一步加强

加强装备的本地化配套能力建设，是提升我国整机装备竞争能力的重要手段。我国整机装备约 70% 以上的关键零部件长期依赖进口且价格居高不下，削弱了我国高端装备的整体竞争力。"十二五"期间，在 02 专项的推动下，一批国产零部件实现本地化制造，到 2016 年，气体质量流量计、真空干泵实现批量销售；刻蚀机反应腔室、高端陶瓷部件等关键部件，完全实现批量供货；真空机械手、大气机械手系列产品和装备前端硅片传输系统完成研发，在整机系统中得到应用并实现销售。

4．集成电路装备技术成果辐射带动作用明显，在相关半导体领域已得到广泛应用，辐射助推战略性新兴产业发展

光伏方面，成套国产太阳能电池装备替代进口，占领了国内太阳能电池生产线装备的市场。LED 方面，发光芯片制造装备国产化进展迅速，国产 MOCVD 产品定型并开始销售。新型平板显示方面，AMOLED 光刻机进入定型阶段。

（二）2016 年中国集成电路设备和仪器技术进步情况

中国半导体行业协会、中国电子材料行业协会、中国电子专用设备工业协会共同举办了"第十一届（2016 年度）中国半导体创新产品和技术"评选，设备制造企业及其产品获奖情况如表 2.12.7 所示。

表2.12.7　设备制造企业及其产品获奖情况

序号	企业名称	获奖产品和技术
1	浙江晶盛机电股份有限公司	DSW40S-ZJS 型硅块单线截断机
2	沈阳拓荆科技有限公司	2PF-300T 型 300mm 等离子体增强化学气相沉积（PECVD）设备

序号	企业名称	获奖产品和技术
3	北京七星华创电子股份有限公司	THEORIS A302 型 300mm 立式低温合金系统
4	北京七星华创电子股份有限公司	SC3XX0AST 型 300mm 铜互连单片清洗机
5	北京北方微电子基地设备工艺研究中心有限责任公司	Booster A630 单片退火系统
6	中微半导体设备（上海）有限公司	中微 Prismo 系列 MOCVD 设备
7	北京中科信电子装备有限公司	45～22nm 低能大束流离子注入机
8	北京中电科电子装备有限公司	12 英寸晶圆减薄机
9	上海微松工业自动化有限公司	晶圆植球设备
10	无锡日联科技股份有限公司	微焦点 X 射线检测设备，AX9100
11	杭州长川科技股份有限公司	集成电路多功能集成分选系统
12	江苏苏净集团有限公司	液体颗粒计数器

（三）极大规模集成电路制造装备及成套工艺成果

2017 年 5 月 23 日，国家科技部会同北京市和上海市人民政府召开了国家科技重大专项"极大规模集成电路制造装备及成套工艺"成果发布会。此次发布的专项成果包括 9 年来已研发成功并进入国内外市场的 30 多种高端装备和上百种关键材料产品，面向全球开展服务的 65 至 28 纳米产品工艺和高密度封装集成技术成果。

自 2008 年国务院批准实施集成电路专项，由北京市和上海市人民政府牵头组织实施，主攻装备、工艺和材料的自主创新。集中在北京、上海、江苏、沈阳、深圳和武汉 6 个产业聚集区，投资 103 亿元，共有 200 家企事业单位，2 万名科技工作者，历经 9 年攻关，从无到有填补空白，由弱渐强走向世界，打造我国集成电路制造业创新体系，引领和支撑我国集成电路产业快速崛起，辐射带动我国泛半导体的 LED 和光伏产业达到世界领先水平。

1. 培育自主知识产权体系

集成电路专项已申请了 2.3 万余项国内发明专利和 2000 多项国际发明专利，掌握了发展的主动权，发展模式从"引进消化吸收再创新"转变为"自主研发为主加国际合作"的新模式。

2. 专项成绩斐然，硕果累累

专项对中国集成电路装备产业整体布局，既有全面填空，又有重点突破：刻蚀机等关键装备从无到有，批量应用在大生产线上；成套工艺水平提升五代，55/40/28 纳米三代工艺完成研发实现量产；22～14 纳米工艺研发取得突破；后道封装集成技术成果转化实现全面量产，引领全行业技术水平从低端跨入高端，实现与世界同步。

3．检阅业绩，自强不息

通过 9 年的奋斗，目前已有 30 多种关键设备研制成功（刻蚀机、磁控溅射机、离子注入机）并通过了大生产考核，实现批量供货，应用到 12 英寸生产线和出口海外。国产集成电路设备技术达到 28 纳米，部分 14 纳米设备已进入用户生产线验证。国产设备销售累计达 306 台套，国产主要零部件配套体系初步形成，国产零部件销售量达 3556 台套。在泛半导体产业（LED、传感器、光伏行业）已实现销售量 6590 台套。

● 北方华创公司：完成了刻蚀机、磁控溅射机、氧化炉、低压化学气相沉积、清洗机、原子层沉积等集成电路设备，通过了 90/55/40/28 纳米工艺验证，实现产业化；现已进入 14 纳米有关验证。

● 中微半导体：完成了 65～45 纳米、32～22 纳米、22～14 纳米三项等离子介质刻蚀设备产品研制和产业化，该公司已有 460 多个介质刻蚀反应台在国内外 27 条生产线上高质稳定生产，量产达 4000 多万片晶圆，技术与国际先进水平同步。另外，中微半导体还携手台积电进行 5 纳米刻蚀开发和核准。

六、2016 年中国半导体设备制造领域人才情况

随着国家将集成电路产业作为战略新兴产业予以高度重视，集成电路设备产业得到了各级政府的大力支持，设备制造领域的人才引进、使用和培养得到了各方面的关注，企业人才队伍不断壮大。2016 年半导体专用设备主要企业人员总数约为 16310 人，本科及以上人员占比共计 7990 人，占员工总数的 49%。企业员工中，从事研发工作的人员 5180 人，占员工总数的比例为 32%；生产运行人员 5791 人，占员工总数的比例为 35.5%；市场开发人员 490 人，占员工总数的比例为 3%；客户支持人员 735 人，占员工总数的比例为 4.5%。客户支持人员占员工总数的比例比 2015 年有所增加。

由于中国集成电路制造设备先进程度远远低于国际领先水平，特别需要设备制造方面的高端领军人才，包括设计、制造、材料与装备、科学研究、管理等各个方面的专家。2016年，在国家"千人计划"等政策的引导下，在继续吸引海外高端人才加入中国集成电路设备制造行业的同时，中国集成电路设备制造骨干企业加强与高校和科研机构合作开展专业人才培养工作，今后中国集成电路设备制造领域人才短缺的矛盾会逐步得到缓解。

七、中国集成电路装备产业发展趋势分析

1．集成电路建线热潮正在兴起，国产装备将放量增长

随着"中国制造 2025""互联网+""国家大数据战略"等重大国家战略的实施，在集成电路产业发展基金、先进制造产业投资基金的大力支持下，中国半导体产业已经进入新

一轮快速增长期，这就给中国半导体装备产业带来了实现跨越的良好机遇。

据SEMI最新数据，2017—2020年，全球将有62座新晶圆厂投产，其中将有四成晶圆厂共26座新晶圆厂坐落中国大陆地区，美国将有10座，位居第二，中国台湾地区估计也会有9座。新建晶圆厂和扩产投资将带动半导体设备市场蓬勃发展。预计2017年全球半导体设备产值将进一步增长至434亿美元，年增长率约为9.3%。SEMI预测，2017年晶圆厂设备支出将超过460亿美元，创下历年新高，预计2018年支出金额将达500亿美元，突破2017年新高点。2017年有282座晶圆厂及生产线进行设备投资，其中有11座支出金额都超过10亿美元。同时2018年预计有270座厂房有相关设备投资，其中12座支出超过10亿美元。该项支出主要集中于3D NAND、DRAM、晶圆代工及微处理器（MPU），其他支出较多的产品涵盖LED与功率器件、逻辑、MEMS（MEMS/RF）与类比/混合讯号。

SEMI预估，2017年中国总计有14座晶圆厂正在兴建，并将于2018年开始装机。2017年，中国将有48座晶圆厂有设备投资，支出金额与2016年大致持平，达67亿美元，增长约1%，为全球支出金额排名第三的地区。

中国集成电路产能的集中释放和对设备投资的巨大需求，为国产装备提供了巨大的市场空间，国内市场也成为半导体设备销售的主阵地。未来几年，随着中国大陆新建集成电路产线的相继开工，设备国产化率将会显著提高，国产装备销售额也将会进一步增加，全球市场占有率也会发生重大变化。同时，国产装备也会积极参与国际市场竞争，海外市场拓展能力逐步增强，外销市场增长势头也将更为强劲。国产半导体装备将会开启销售规模增长加速、内销增长稳健、外销增长开始发力的有利局面。按国家集成电路推进纲要设定的目标，经测算，中国集成电路设备市场预计从2015年的310亿元（折合约49亿美元）增加到2020年的883亿元（折合约142亿美元），年均增长率约为20%，成长空间巨大，市场成长预期较好；未来5年中国集成电路设备市场累计将达到3525亿元（折合约569亿美元），预计占全球集成电路设备市场规模的25%左右。目前国产设备的自给率在10%以下，按到"十三五"末实现20%～25%的自给率测算，到2020年国产设备销售收入将达到260亿元（约40亿美元），复合增长率在50%以上。

2. 高端装备加速发力，产业结构进一步优化

在国家科技重大专项的支持下，国内半导体设备产业自主研发体系基本建立，并形成了以集成电路为核心，以光伏、LED、平板显示等为拓展应用的产业集群。国产装备初步具备实现规模增长的条件，集成电路产业基金、先进制造投资基金等资本的进入，加速了科技成果向产业化应用的转变，未来几年，在需求牵引和创新驱动下，国内半导体产业结构将会深度调整，先导性产业和高端装备占比将会显著增加。位于装备产业高端的集成电路装备产业将会率先发展。国产集成电路设备总体水平达到28纳米，氧化炉、PVD、CVD、清洗机、离子注入机、刻蚀机等关键装备产品通过大线验证考核，实现销售，有望批量进

入晶圆制造大产线。刻蚀机、PVD、匀胶机、光刻机、PECVD、清洗机等成套先进封装设备，达到国际先进水平，已大批量替代进口，市场份额有望进一步扩大。

未来几年是国产集成电路装备加速产业化的重要时期，国产半导体装备向高端化发展的趋势明显，产业结构将会得到明显优化。

3. 资源整合不可避免，并购或成为装备产业主题之一

国际上，为了应对市场的变化，半导体装备企业兼并重组现象越来越普遍。纵观国内半导体装备企业，近几年虽然发展很快，但普遍规模较小、融资渠道不畅、筹资能力有限，无法在主流市场上与国外同行竞争，加之半导体设备研制开发前期投资大，项目回收期长，无法短期实现自我造血。这使得国内企业间只有实现资源共享，提高资产使用效率，才能提高市场成活的概率，参与国际竞争。七星电子与北方微电子的整合、中国电科集团下的装备公司间的整合为国产半导体装备的资产重组拉开了序幕。未来几年，国产装备之间的重组将会不断上演。

海外并购是国产半导体设备企业实现技术快速成长和打入国际市场、树立品牌形象的有效途径之一。在产业基金的催化作用下，半导体行业掀起了一轮海外并购的热潮。集中和垄断是装备产业发展的大趋势，本土半导体设备企业参与国际并购势在必行，海外并购也将成为业界主题。

4. 装备产业发展将更依赖于与产业链的良性互动

装备制造业的发展离不开需求侧的拉动和供应侧的支撑，未来半导体装备产业发展将更趋向于与产业链良性互动。半导体设备制造商致力于设备与工艺的融合，设备研制与工艺开发结合得越来越紧密。通过建立工艺示范线，采取设计、制造、工艺开发、设备开发与改进联合进行的方式，既可以缩短设备的开发周期，也可以促进先进工艺的应用，提升设备附加值。

另外，在设备研制过程中，零部件配套逐步走向社会化、国际化，以利于专业化配套并同国际标准接轨。半导体设备零部件可分为高压系统、低压系统、反应系统和转换系统四类，核心零部件有等离子体源、MFC、管阀、真空系统、腔室、陶瓷部件、干泵/分子泵等，SMC、MKS、ULVAC、CKD 等知名公司均有各自领域的系列化标准产品。零部件的专业化、标准化和国际化也同时为光电子及微纳制造装备的研发和产业化奠定了坚实的工业基础。

八、中国半导体专用设备产业发展中存在的问题与对策

中国装备产业还处在起步阶段，技术积累、市场竞争能力等方面与国外龙头企业相比还有相当大的差距，中国半导体设备制造企业在发展过程中还存在一些问题，需要采取相应的对策逐步予以解决。

（1）面对中国半导体设备制造企业规模小、高端产品种类少、自身经营能力及抗打击能力弱的问题，要进一步加强资源投入，鼓励整合并购，培育龙头企业。

（2）面对本地零部件供应欠缺、增值税、关税倒挂（进口可免税）形成的本地制造无成本优势、投资不足等问题，要进一步优化产业生态环境，改善税收政策，加强装备等基础产业的投入，夯实产业基础，实现可持续发展。

（3）面对本地化零部件配套能力弱，新技术研发未形成自发的上下游联动机制，缺少新技术研发验证平台等问题，要想方设法地提高本土关键零部件的配套能力，继续通过项目引导，积极推动上下游的合作，在政府的支持下，加强新技术成套研发验证平台建设，确保新技术全工艺的开发验证。对采购国产半导体装备、国产零部件给予鼓励性政策等。

（4）面对中国集成电路设备制造高端人才团队还处在成长过程中，总体规模不足，经营型人才欠缺等问题，建议对集成电路设备企业急需的高端人才，在户籍、个人税收、家属随迁、子女就学、签证等方面给予相应的支持政策，吸引更多的海外高层次人才加入到中国集成电路设备制造企业的研发队伍、管理团队中来。采取特殊的激励措施，优化人才成长的内外环境。加快本土人才队伍的培养，扩大工程博士试点范围和招生数量，实行校企联合培养。通过高校、企业联合培养人才等方式，加快建设和发展示范性微电子学院和微电子职业培训机构，采取多种形式大力培养半导体行业高层次专业技术人才。

第十三节　2016 年中国集成电路材料制造业发展情况

一、2016 年中国集成电路材料市场概述

2016 年中国集成电路材料市场为 649.8 亿元，同比增长 13.1%（见图 2.13.1）。中国集成电路材料市场中高端集成电路制造用材料主要依赖进口的局面还没有得到改观，集成电路用材料生产技术水平与国际先进水平仍有较大的差距。

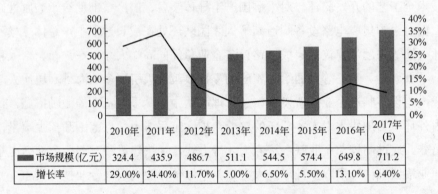

	2010年	2011年	2012年	2013年	2014年	2015年	2016年	2017年（E）
市场规模(亿元)	324.4	435.9	486.7	511.1	544.5	574.4	649.8	711.2
增长率	29.00%	34.40%	11.70%	5.00%	6.50%	5.50%	13.10%	9.40%

图 2.13.1　2010—2017 年中国集成电路材料市场规模及增长情况

由于中国集成电路产业呈高速发展的态势，2016 年中国集成电路专用材料市场同比增长超过 10%（见表 2.13.1）。

表2.13.1　2010—2017年中国集成电路材料市场分类统计

单位：亿元

年度	晶圆业材料		封装业材料		合计	
	市场	同比（%）	市场	同比（%）	市场	同比（%）
2010 年	152.51	32.1	171.9	26.3	324.41	29.0
2011 年	199.32	30.7	236.6	37.6	435.92	34.4
2012 年	216.74	8.8	270.0	14.1	486.74	11.7
2013 年	247.05	14.0	264.0	−2.2	511.05	5.0
2014 年	284.52	15.1	260.0	−1.5	544.52	6.5
2015 年	300.38	5.6	274.0	5.4	574.38	5.5
2016 年	331.76	10.5	318.0	16.1	649.76	13.1
2017 年（E）	367.25	10.7	343.9	8.1	711.15	9.4
CAGR（%）	11.61	—	9.05	—	10.31	—

二、2016 年中国集成电路制造材料细分市场情况

（一）中国集成电路晶圆材料市场情况

2016 年中国集成电路晶圆制造材料细分种类繁多，主要几大类材料市场情况见表 2.13.2 和图 2.13.2。

表2.13.2　2010—2017年中国集成电路晶圆业制造材料各细分市场规模及增长情况

单位：亿元

材料名称	2010 年	2011 年	2012 年	2013 年	2014 年	2015 年	2016 年	2017 年（E）	CAGR
硅片和硅基材料	66.34	86.70	91.04	98.83	108.12	110.54	119.44	125.60	8.31%
掩模版	20.13	26.31	28.61	32.93	37.84	41.45	45.89	50.68	12.23%
光刻胶	8.24	10.76	11.71	13.59	15.93	17.09	18.91	20.20	11.86%
光刻胶及配套试剂	7.78	10.17	11.49	14.33	16.79	17.99	19.58	24.24	15.26%
电子气体	20.28	26.51	28.83	33.35	38.92	32.02	46.45	51.41	12.33%
工艺化学品	6.10	7.97	8.67	10.43	12.38	13.16	14.27	18.36	14.77%
靶材	3.81	5.04	5.51	6.55	7.54	7.96	8.79	10.65	13.71%
CMP 材料	8.24	10.78	11.84	14.82	18.75	20.13	23.22	25.71	15.28%
其他材料	11.59	15.07	19.08	22.24	28.25	30.04	35.24	40.40	16.89%
合计	152.51	199.32	216.74	247.05	284.52	300.38	331.76	367.25	11.61%

资料来源：中半协支撑业分会/JSSIA 整理（2017.1）。

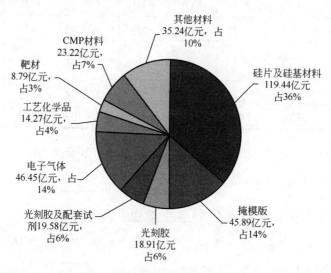

图 2.13.2　2016 年中国集成电路晶圆制造材料市场需求结构

（二）中国集成电路封装材料市场情况

2016 年中国集成电路封装产业发展速度加快，带动了封装材料市场比晶圆制造材料市场增幅更高（见图 2.13.3）。

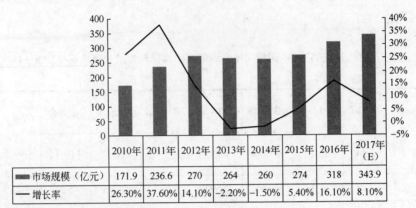

	2010年	2011年	2012年	2013年	2014年	2015年	2016年	2017年（E）
市场规模（亿元）	171.9	236.6	270	264	260	274	318	343.9
增长率	26.30%	37.60%	14.10%	-2.20%	-1.50%	5.40%	16.10%	8.10%

CAGR=9.05%（2010—2017 年）

图 2.13.3　2010—2017 年中国集成电路封装材料市场增长情况

2016 年中国集成电路封装材料细分市场情况见表 2.13.3 和图 2.13.4。

表2.13.3　2010—2017年中国集成电路封装材料细分市场规模及增长情况

单位：亿元

材料名称	2010 年	2011 年	2012 年	2013 年	2014 年	2015 年	2016 年	2017 年（E）	CAGR
引线框架	48.8	67.2	64.0	65.0	68.0	70.0	81.0	83.5	6.94%
封装基板	37.1	51.1	51.0	52.0	56.0	62.0	72.0	80.2	10.12%
陶瓷基板	8.8	12.1	13.0	14.0	15.0	17.0	19.0	20.4	11.08%
键合丝	48.0	66.1	94.0	83.0	63.0	61.0	71.0	74.1	5.58%
包封材料	21.8	30.1	38.0	40.0	46.0	52.0	61.0	68.0	15.28%
芯片黏结材料	5.2	7.0	7.0	7.0	8.0	9.0	10.0	13.1	12.24%
其他材料	2.2	3.0	2.0	3.0	3.0	3.0	4.0	4.6	9.66%
合计	171.9	236.6	270.0	264.0	260.0	274.0	318.0	343.9	9.05%

2016 年中国有 30 多家生产集成电路键合丝的企业，2016 年总产能达到 15000KK 米，产能利用率平均为 70%（高的企业达到 88%，低的企业为 50%）。

三、2016 年中国集成电路材料业主要企业简况

由中国半导体行业协会、中国电子材料行业协会评选公布了 2016 年中国半导体材料十强企业（见表 2.13.4）。

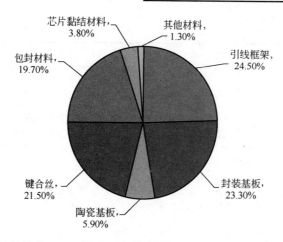

图 2.13.4 2016 年中国集成电路封装材料细分市场比重

表2.13.4 2016年中国半导体材料十强企业

序号	企 业 名 称
1	浙江金瑞泓科技股份有限公司
2	南京国盛电子有限公司
3	宁波江丰电子材料股份有限公司
4	有研亿金新材料有限公司
5	北京达博有色金属焊料有限责任公司
6	上海新阳半导体材料股份有限公司
7	安集微电子科技（上海）有限公司
8	有研半导体材料有限公司
9	湖北兴福电子材料有限公司
10	江阴江化微电子材料股份有限公司

2016 年中国集成电路材料业主要企业产品情况见表 2.13.5。

表2.13.5 2016年中国集成电路材料业主要企业产品情况

序号	材料类别	企业名称	主 要 产 品
1	硅及硅基材料	北京有研半导体	6 英寸、8 英寸硅单晶生产、12 英寸硅单晶试生产
		浙江金瑞泓科	5/6/8 英寸硅单晶、抛光片、外延片、8 英寸年产能 60 万片、5/6 英寸年产能 180 万片
		上海新傲科技	4～8 英寸 SOI 晶片、外延片年产能 15 万片左右
		南京国盛	6/8 英寸外延片、4～6 英寸低掺厚层碳化硅,年产能 15 万～20 万片
		天津中环	8 英寸区熔硅单晶、CFZ 硅单晶
		河北普兴电子、洛阳单晶硅厂	4～8 英寸硅抛光片、硅外延片

序号	材料类别	企业名称	主 要 产 品
2	光刻胶及配套试剂	苏州瑞红	紫外负性光刻胶及配套试剂、G 线光刻胶及配套试制 TN-STN 光刻胶等
		北京科华微	紫外宽谱负性光刻胶、G 线光刻胶、I 线光刻胶、KrF 光刻胶、光刻胶及配套试制等
		江苏南大光电	光刻胶及配套试制
3	引线框	宁波康强	刻蚀引线框架、冲压引线框架
		宁波华龙	冲压引线框架（IC、TR）
		无锡华晶利达、厦门永红、广州丰江、南京长江电子、济南晶恒、泰兴光电、泰州东田、铜陵丰山三佳、四川金湾、天水华洋、江苏三鑫、宁波埃斯克；苏州住矿、三井高科、顺德工业、新光电气（无锡）、先进材料（深圳）、深圳赛格柏狮、中山复盛等	
4	封装基板	深南电路	2～6L 的 BGA 基板和 CSP 基板，线宽/线距为 25/25μm，研发 15/15μm
		芯智联	线宽/线距为 25/25μm，研发 15/15μm
		深圳丹邦	柔性 FPC 材料、FPC、柔性基板
		安捷利、珠海越亚、兴森快捷、中兴新宇	
5	陶瓷基板	宜兴电子器件总厂、中国电科第 13 所中瓷公司、中国电科第 55 所、钟山微电子、宜兴吉泰、无锡博精、苏州日铁柱、福建闽航、中国电科第 43 所、中国电科第 44 所、浙江长兴电子、诸城电子封装厂等	
6	内引线	贺利氏招远（常熟）	Au、Cu、Pd-Cu、Ag、AL	产量 2000KKM
		贺利氏招远贵金属	Au、Cu、Pd-Cu、Ag、AL	
		山东科大鼎新	Au、Cu、AL	
		田中电子（杭州）	Au、Cu、Pd-Cu、AL	产量 887KKM
		宁波康强	Au、Cu、Pd-Cu、Ag	产量 162KKM
		北京达博	Au、Cu、Pd-Cu、Ag	产量 360KKM
		铭凯益电子（昆山）、杭州日茂、烟台招金励福、广东佳博、喜讯金属、乐金股份等	
7	包封材料	江苏中鹏新材料	QFN 封装用绿色环保塑封材料产品 SP-G900，LQFP，产量 800 吨
		江苏华海诚科新材料	MIS 用环氧塑封料（ENG-900-MI），产量 3500 吨，用于 TO 系列、DIP 系列、SOT、SOP 系列、QFP、QFN 系列等
		无锡创达电子	产量 1500 吨
		科化新材料（泰州）	产量 800 吨
		汉高华威（10000 吨）、长春塑封料（常熟）（11000 吨）、苏州住友电木（5200 吨）、日立化成工业（苏州）（5000 吨）、长兴电子材料（昆山）（4000 吨）、江苏晶科（1200 吨）	

续表

序号	材料类别	企业名称	主　要　产　品
8	电子气体	江苏南大光电材料	高纯特种气体
		广东华特气体	标准气体、特种气体
		苏州金宏	标准气体、特种气体、7N 电子级超纯氨
		中船重工 718 所、山东绿菱	
9	电子化学品试剂	江阴润玛	各类电子化学品试剂、超净高纯钼铝蚀刻液、超净高纯氢氟酸、硝酸；各类蚀刻液等
		江阴江化微电子	ZX 型低张力正胶显形液、各类电子化学品试剂
		江阴化学试剂厂	各类电子化学品试剂
		湖北兴福	电子级磷酸、蚀刻液
		上海新阳	硫酸铜电镀液、添加剂、铜互连蚀刻清洗液、各类清洗液
10	CMP	安集微电子（上海）	用于 IC 的 CMP 工艺铜/阻挡层抛光液、二氧化硅抛光液、TSV 化学机械抛光液
11	靶材	常州苏晶电子材料	金属钼钯
		有研亿金新材料	超高纯铝合金溅射靶材

四、2016 年中国集成电路材料业技术进步情况

1. 2016 年中国集成电路材料业产品发展和技术进步获奖情况

中国半导体行业协会、中国电子材料行业协会、中国电子专用设备工业协会和中国电子报社共同举办了"第十一届（2016 年度）中国半导体创新产品和技术"评选，中国半导体专用材料企业获奖情况见表 2.13.6。

表2.13.6　2016年度中国半导体专用材料企业获奖情况

序号	单位名称	产品和技术
1	南京国盛电子有限公司	8 英寸 BCD 集成电路硅外延片
2	有研亿金新材料有限公司	集成电路用高透磁率高纯钴靶材
3	太原晋西春雷铜业有限公司	高密度集成电路引线框架铜合金带 C70250、TKA
4	广东华特气体股份有限公司	高纯三氟甲烷（99.999%）
5	青海黄河上游水电开发有限责任公司新能源分公司	电子级高纯多晶硅产品
6	江阴润玛电子材料股份有限公司	高纯铝蚀刻液
7	北京达博有色金属焊料有限责任公司	镀钯铜丝 HCP2
8	浙江金瑞泓科技股份有限公司/浙江大学	微量掺锗直拉硅单晶

2. 集成电路重大专项材料领域取得的成果

集成电路材料企业在国家科技重大专项集成电路材料项目的支持下，经过科技工作者的共同努力，历经 9 年艰苦攻关，已经成功打造我国集成电路制造业创新体系，引领和支撑我国集成电路产业快速崛起，实现了"从无到有，填实空白、由弱渐强、走向世界"的巨大转变。在集成电路材料业取得了丰硕的成果。靶材、特种气体、部分化学品（研磨液、电镀液）等关键材料已完成研发，通过大生产线考核认证后已大批量使用；靶材和抛光液等 100 多种产品已顺利进入海外市场，国产光刻胶已进入大生产线试用，实现了从无到有的突破，填补了产业链空白。

2016 年我国生产多晶硅 19.4 万吨，占世界总产量的 48.5%。尽管其中大部分为太阳能级硅材料，但也有部分企业可供应电子级多晶硅。大尺寸集成电路硅片用多晶硅还主要依赖进口。

国家电投集团黄河上游水电开发公司旗下新能源分公司，通过十多年的努力，建成了国内第一条电子级多晶硅生产线，符合 SEMI 标准的检测规范标准，通过北京有研、西安华晶、天津环欧、浙江金瑞泓等验证，现已在国内占到 10% 的电子级多晶硅市场。

黄河新能源分公司多晶硅项目采用西门子改良法，年产 2500 吨电子级多晶硅，实现完全闭路循环节能环保，其中，四氯化硅转化率达到国内最高峰，还原炉尾气回收处理。

青海省"黄河公司"生产出符合集成电路应用的高纯电子级多晶硅，成功应用于 IC 行业，打破了国内 IC 多晶硅被国外公司垄断的格局。

第十四节　2016年中国台湾地区集成电路产业发展情况

一、2016年中国台湾地区集成电路产业发展情况概述

中国台湾地区半导体（集成电路）产业是世界半导体产业最发达的地区之一，集成电路晶圆代工、封装、测试业居全球第一位；其集成电路设计业也居全球前列。中国台湾地区集成电路产业整体居世界第二位（仅次于美国，已超过日、韩）。

据"台湾工研院"（IEK）报道，2016年台湾地区集成电路产业产值达2.45兆元（新台币），约合758亿美元，同比增长8.2%（见图2.14.1），高于世界半导体产业增长率7.1个百分点，也属于近几年来增长最快的年份，增长幅度同比提高了5.4个百分点。

2017年中国台湾地区集成电路产业产值预计达到25916亿元新台币，同比增长5.8%。

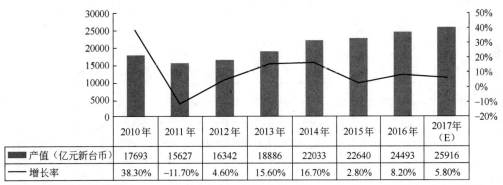

	2010年	2011年	2012年	2013年	2014年	2015年	2016年	2017年（E）
产值（亿元新台币）	17693	15627	16342	18886	22033	22640	24493	25916
增长率	38.30%	-11.70%	4.60%	15.60%	16.70%	2.80%	8.20%	5.80%

CAGR=4.89%（2010—2017年）
资料来源：TSIA/IEK/JSSIA整理（2017.2）。

图2.14.1　2010—2017年中国台湾地区集成电路产业产值及增长情况

2016年中国台湾地区集成电路产业进口额达363.17亿美元，同比增长14.6%，为中国台湾地区单一产品第一大进口额，占中国台湾地区商品进口额的15.70%（见表2.14.1）。进口地区分布情况见表2.14.2。

表2.14.1　2007—2016年中国台湾地区集成电路进口规模及增长情况

指标名称	单位	2007年	2008年	2009年	2010年	2011年	2012年	2013年	2014年	2015年	2016年	CAGR（%）
进口额	百万美元	28345	27426	24739	32935	34038	31477	31733	34370	31681	36317	2.8
同比	%	—	-3.2	-9.8	33.1	4.2	-7.5	0.8	8.3	-7.8	14.6	—
商品占比	%	12.1	11.4	14.2	13.1	12.1	11.6	11.8	12.5	13.9	15.7	—

注：除2008年、2012年、2013年外，集成电路进口额为第一大单一进口产品。

表2.14.2　2007—2016年中国台湾地区集成电路产品进口地区分布情况

地区名称	单位	2007年	2008年	2009年	2010年	2011年	2012年	2013年	2014年	2015年	2016年
中国大陆（含香港）	%	9.8	9.7	12.6	15.1	13.9	16.3	17.2	19.3	19.5	19.0
日本	%	17.2	20.4	21.1	19.6	18.2	20.1	17.2	13.9	16.9	16.9
韩国	%	21.7	17.5	15.0	17.1	19.5	13.5	14.0	14.1	13.4	14.9
美国	%	14.7	17.4	10.7	9.0	9.0	8.6	7.9	8.5	9.6	10.3
新加坡	%	6.7	6.4	10.0	12.1	11.1	12.9	13.6	12.8	11.4	8.7
其他	%	30.0	30.7	30.7	27.1	28.3	28.6	30.2	31.5	29.1	30.1
合计	%	100.0	100.0	100.0	100.0	100.0	100.0	100.0	100.0	100.0	100.0

注：中国大陆（含香港）为中国台湾地区主要进口地。

2016年中国台湾地区集成电路出口791.7亿美元，同比增长14%，占中国台湾地区商品出口总额的27.9%，为第一位单一大宗出口商品（见表2.14.3）。出口地区分布情况见表2.14.4。

表2.14.3　2007—2016年中国台湾地区集成电路出口规模及增长情况

指标名称	单位	2007年	2008年	2009年	2010年	2011年	2012年	2013年	2014年	2015年	2016年	CAGR（%）
出口额	百万美元	42037	40666	37699	50186	55528	57886	62823	72297	69429	79172	7.1
同比	%	—	-3.3	-7.3	33.1	10.6	4.2	8.5	15.1	-4.0	14.0	—
商品占比	%	17.0	15.9	18.5	18.3	18.0	19.2	20.6	23.0	24.8	27.9	—

表2.14.4　2016年中国台湾地区集成电路出口地区分布情况

地区名称	单位	2007年	2008年	2009年	2010年	2011年	2012年	2013年	2014年	2015年	2016年
中国大陆（含香港）	%	52.1	50.2	52.8	52.2	51.1	50.4	51.0	52.2	50.0	55.1
新加坡	%	9.8	11.7	12.6	13.7	18.6	19.6	18.7	18.2	16.6	14.0
日本	%	10.1	11.6	12.2	11.0	6.3	6.6	7.4	6.9	9.3	8.6
韩国	%	7.8	8.9	8.1	8.5	10.1	10.4	9.7	9.2	10.5	8.4
马来西亚	%	4.0	3.9	2.6	3.2	3.2	3.3	3.6	3.4	3.2	4.3
其他	%	16.2	13.9	11.6	11.3	10.7	9.8	9.5	10.0	10.5	9.5
合计	%	100.0	100.0	100.0	100.0	100.0	100.0	100.0	100.0	100.0	100.0

注：2016年中国台湾地区集成电路产品出口到中国大陆（含香港）占55.1%的份额，同比提升5.1个百分点。

2016 年，中国台湾地区集成电路产品进出口贸易顺差为 428.55 亿美元，占出口总额的 54.10%。中国台湾地区集成电路出口到中国大陆的产品约为 437 亿美元，占大陆进口额 2270.7 亿美元的 19.20%。

二、2016 年中国台湾地区集成电路产业各业发展情况

（一）2016 年中国台湾地区集成电路产业各细分行业发展概况

2016 年集成电路设计业产值为 6531 亿元新台币，约合 202 亿美元，同比增长 10.2%。

2016 年集成电路晶圆业产值为 13324 亿元新台币，约合 413 亿美元，同比增长 8.3%。其中，晶圆代工业产值为 11487 亿元新台币，约合 356 亿美元，同比增长 13.8%；内存制造业产值为 1837 亿元新台币，约合 57 亿美元，同比下降 16.8%。

2016 年集成电路封测业产值为 4638 亿元新台币，约合 144 亿美元，同比增长 5.1%。其中，集成电路封装业产值为 3238 亿元新台币，约合 100 亿美元，同比增长 4.5%；集成电路测试产值为 1400 亿元新台币，约合 44 亿美元，同比增长 6.5%。

2016 年集成电路产品产值为 8505 亿元新台币，约合 263.2 亿美元，同比增长 4.60%。

表 2.14.5 列出了 2010—2016 年中国台湾地区集成电路各业产值及增长情况。

表2.14.5 2010—2016年中国台湾地区集成电路各业产值及增长情况

单位：亿元新台币

年度	2010	同比	2011	同比	2012	同比	2013	同比	2014	同比	2015	同比	2016	同比
IC设计业	4548	17.9%	3856	-15.2%	4115	6.7%	4811	16.9%	5763	19.8%	5927	2.8%	6531	10.2%
IC制造业	8997	56.0%	7867	-12.6%	8292	5.4%	9965	20.2%	11731	17.7%	12300	4.9%	13324	8.3%
晶圆代工	5830	42.8%	5729	-1.7%	6438	13.2%	7592	17.1%	9140	20.4%	10093	10.4%	11487	13.8%
内存制造	3167	88.10%	2138	-32.5%	1809	-15.4%	2373	31.2%	2591	9.2%	2207	-14.8%	1837	-16.8%
IC封测业	4148	44.4%	3904	-5.9%	3935	7.9%	4110	4.4%	4539	10.4%	4413	-2.8%	4638	5.1%
封装业	2870	30.6%	2696	-6.1%	2720	0.9%	2844	4.6%	3160	11.1%	3099	-1.9%	3238	4.5%
测试业	1278	32.3%	1208	-5.5%	1215	0.6%	1266	4.2%	1379	8.9%	1314	-4.7%	1400	6.5%
IC产品产值	7715	39.2%	5994	-22.3%	5924	-1.2%	7184	21.3%	8354	16.3%	8134	-2.6%	8505	4.6%

资料来源：IEK（2017.2/2017.3）。

2016 年中国台湾地区集成电路三业中，设计业产值占总值的 26.7%，占比比 2015 年上升 0.5 个百分点。集成电路晶圆业产值占总值的 54.4%，居首位，比 2015 年上升 0.1 个百分点。集成电路晶圆业产值升幅不大的主要原因是存储器制造业同比下降 16.8%。集成电路封测业产值占总值的 18.9%，比 2015 年下降 0.6 个百分点（见图 2.14.2）。

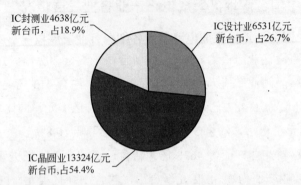

图 2.14.2　2016 年中国台湾地区集成电路三业产值结构情况

据拓墣产研所有关资料报告：2016 年中国台湾地区无晶圆设计业（Fabless）占总值的 23.9%，晶圆代工（Foundry）占总值的 50.50%。

（二）2016 年中国台湾地区集成电路设计业发展情况

2016 年中国台湾地区集成电路设计业产值为 6531 亿元（新台币），同比增长 10.2%，占集成电路总值的 26.7%（见图 2.14.3）。

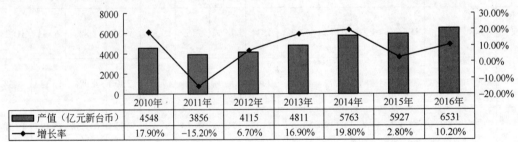

CAGR=5.31%（2010—2016年）
资料来源：IEK/JSSIA整理（2017.3）。

图 2.14.3　2010—2016 年中国台湾地区集成电路设计业发展规模及增长情况

2016 年中国台湾地区集成电路设计业前十大厂商情况见表 2.14.6。

表2.14.6　2016年中国台湾地区集成电路设计业前十大厂商情况

排序	厂商名称	2016 年营销额（亿元新台币）	2015 年营销额（亿元新台币）	同比（%）	占比（%）	占 IC 设计业营销额（%）
1	联发科	2755.1	2132.6	29.2	62.2	42.2
2	联咏科技	456.5	508.7	-10.3	10.3	7.0
3	瑞昱半导体	389.1	317.5	22.6	8.8	6.0

排序	厂商名称	2016年营销额（亿元新台币）	2015年营销额（亿元新台币）	同比（%）	占比（%）	占IC设计业营销额（%）
4	奇景	258.7	218.9	18.2	5.8	4.0
5	慧荣	125.4	74.3	68.8	2.8	1.9
6	敦泰	110.2	114.8	-4.0	2.5	1.7
7	矽创	101.9	92.7	10.0	2.3	1.6
8	晶豪	93.0	92.7	0.4	2.1	1.4
9	凌阳	75.6	84.7	-10.7	1.7	1.2
10	群联	65.4	54.1	20.9	1.5	1.0
	前十大集成电路设计业营业收入合计	4430.9	3690.8	20.1	100.0	68.0
	台湾集成电路设计业营业收入合计	6531.0	5927.0	10.2	67.8	100.0
	前十大企业合计占比（%）	67.8	62.3	+5.5个百分点	—	—

● 联发科在中国台湾地区集成电路设计业中一枝独秀，同比增长29.2%，占到集成电路设计业前十大企业之和的62.2%，占到中国台湾地区集成电路设计业总值的42.2%。其主要因素为在2016年完成了对力锝和奕力的收购合并，其季度毛利率低于40%大关（平均为35.8%），不难看出全球IC设计业竞争相当严峻。

● 瑞昱因Broadcom与Avago合并，同比增长22.6%，毛利率超过40%，季平均毛利率为43.5%。

● 慧荣和群联受惠于NAND Flash在2016年下半年供不应求，业绩分别增长68.8%和20.9%。2012—2017年中国台湾地区Fabless营业收入情况见表2.14.7。

表2.14.7　2012—2017年中国台湾地区Fabless营业收入情况

年度	2012年	2013年	2014年	2015年	2016年	2017年（E）	CAGR
营业收入（亿美元）	145.0	156.0	170.8	154.6	170.8	178.2	3.5%
同比（%）	—	7.6	9.5	-9.5	10.5	4.3	—

资料来源：拓墣产研所（2017.2）。

（三）2016年中国台湾地区集成电路晶圆业发展情况

2016年中国台湾地区集成电路晶圆业营收额为13324亿元新台币，同比增长8.3%（见图2.14.4），占台湾集成电路产业总产值的54.4%。其中，晶圆代工业营收额为11487亿元新台币，同比增长13.8%（见图2.14.5），占晶圆业产值的86.2%；内存制造业产值为1837亿元新台币，同比下降16.8%（见图2.14.6），占晶圆业产值的13.8%。

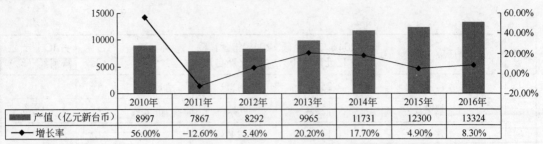

CAGR=5.77%（2010—2016年）

图 2.14.4 2010—2016 年中国台湾地区集成电路晶圆业营业收入规模及增长情况

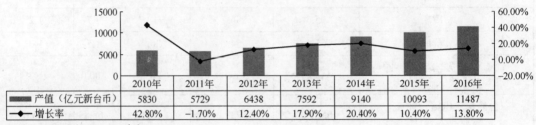

CAGR=10.17%（2010—2016年）

图 2.14.5 2010—2016 年中国台湾地区集成电路晶圆代工营业收入规模及增长情况

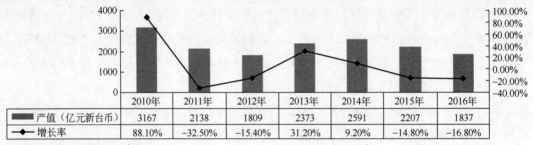

CAGR=-7.49%（2010—2016年）
资料来源：TSIA/IEK。

图 2.14.6 2010—2016 年中国台湾地区集成电路晶圆（内存制造业）营业收入规模及增长情况

据拓墣产研所报道：2016 年全球 IC 晶圆代工产值约为 522 亿美元，同比增长 5.8%。2016 年中国台湾地区晶圆代工产值为 353 亿美元，占全球 IC 晶圆代工产值的 67.6%。2016 年中国台湾地区集成电路晶圆制造（代工）企业前五位见表 2.14.8。

表2.14.8 2016年中国台湾地区集成电路晶圆制造（代工）企业前五位

单位：亿元新台币

序号	企业名称	2016 年营销额	2015 年营销额	同比（%）	占比（%）	占 IC 晶圆业营销额（%）
1	台积电	9479.4	8435.0	12.4	80.5	71.1
2	联华电子	1478.7	1448.3	2.1	12.6	11.1
3	力晶半导体	418.4	411.3	1.7	3.6	3.1

续表

序号	企业名称	2016年营销额	2015年营销额	同比（%）	占比（%）	占IC晶圆业营销额（%）
4	世界先进	258.3	233.2	10.8	2.2	1.9
5	稳懋半导体	136.1	120.4	13.0	1.2	1.0
前五大Foundry厂营业收入合计		11770.8	10647.9	10.5	100.0	88.3
台湾地区集成电路晶圆业营业收入合计		13324.0	12300.0	8.3	—	100.0
前五大企业占比（%）		88.3	86.6	+1.7		

资料来源：IEK/拓墣/JSSIA整理（2017.3）。

2016年全球前九大8英寸晶圆代工厂商，月产能合计为194.8万片（见表2.14.9），占全球8英寸厂（含IDM厂）月产能的35%。而前九大8英寸晶圆代工厂中有4家为中国台湾厂商，月产能总计达112.6万片，占前九大晶圆代工产能的57.8%。

表2.14.9　2016年世界半导体前九大晶圆代工8英寸线产能表

序号	企业名称	产能	序号	企业名称	产能
1	台积电*	58.8万片/月	6	塔富	16.0万片/月
2	联电*	30.2万片/月	7	华虹宏力	15.6万片/月
3	三星	19.0万片/月	8	格罗方德	13.3万片/月
4	中芯国际	18.3万片/月	9	PSC（力晶）*	7.0万片/月
5	VIS（先进）*	16.6万片/月	合计		194.8万片/月

注：中芯国际未含天津厂10.5万片每月产能；有*者为中国台湾企业。

1. 中国台湾地区晶圆代工先进制程情况

据拓墣产研所报道：2016年世界集成电路晶圆代工先进制程（≤28纳米）总产值为229亿美元，占全球晶圆代工总值522亿美元的43.9%。其中，台积电约占全球的68%，联电约占3%，三星约占19%，格罗方德约占9%，中芯国际约占1%。

台积电在14纳米/16纳米竞争力强劲，有稳定的良品率。28纳米在中低价智能手机的CPU采用上受到客户的欢迎，支撑WiFi以及digital TV、Set-top box、flash controller等产品。

联电最先进制程节点为28纳米，2017年最主要任务是使14纳米顺利量产。

2. 2016年中国台湾地区集成电路晶圆业投资情况

● 2015年台湾力晶与安徽合肥市合作投资135亿元人民币，建设"合肥晶合"12英寸

LCD 驱动 IC 生产线，技术水平为 0.090～0.15 微米，月投 4 万片能力，预计在 2017 年可投入运行。

● 2015 年台湾联华电子与厦门市合作投资 62 亿美元，建设"厦门联芯"12 英寸生产线，主要为代工性质。联电以 45/40 纳米导入，目标前进至 28 纳米，月投 5 万片产能。联电以投资 13 亿～14 亿美元介入其中，2016 年 10 月投入运行，预计 2017 年可进入量产。

● 2016 年台湾联华电子与福建泉州市在晋江建设"福建晋华"12 英寸生产线，主攻存储器产品，该项目投资 370 亿元人民币，月投片量为 6 万片，预计在 2018 年第三季度投产。

● 2016 年台积电在南京市独资投资 30 亿美元，建设"台积电（南京）集成电路项目"，技术水平可达到 16/14 纳米，月投片 2 万片，预计在 2019 年可投入运行。

● 2016 年台积电在上海松江 8 英寸生产线进行产能扩张至月投 12 万片的能力，可望成为中国大陆最大的单体生产线之一。

● 联发科与上海华力合作投资上海华力第二条生产线，总投资达 387 亿元人民币，月产 4 万片，工艺技术水平达 28～20～14 纳米，已于 2016 年 12 月 30 日开工建设。

● 联电对和舰科技（苏州）公司进行产能扩张（月投至 6 万～7 万片）。

3. 台积电 2016 年发展情况简介

2016 年台积电 28 纳米月产能为 15.5 万片（12 英寸晶圆片），市场占有率达到 80% 以上。10 纳米制程可在 2017 年第一季度量产，7 纳米制程预计在 2018 年可以量产。

2016 年台积电税后利润为 3342.5 亿元新台币（约合 103.5 亿美元），其中 2016 年第四季度营收额为 2622.3 亿元新台币（约合 81.2 亿美元），净利润为 1002 亿元新台币（约合 31.0 亿元美元）

2016 年台积电税后销售利润率为 35.3%，第四季度销售利润率为 38.2%，处于全球领先地位。

2011—2016 年台积电晶圆投片产能情况（折 8 英寸晶圆）见表 2.14.10。

表2.14.10　2011—2016年台积电晶圆投片产能情况（折8英寸晶圆）

单位：千片/年

指标名称	2011 年	2012 年	2013 年	2014 年	2015 年	2016 年（E）	CAGR（%）
晶圆投片产能	13221	15091	16448	18396	20904	23400	18.34
同比	—	14.10%	9.00%	11.80%	13.60%	12.00%	—

2016 年台积电晶圆制造各制程销售额比重分布情况见表 2.14.11。

表2.14.11　2016年台积电晶圆制造各制程销售额比重分布情况

制程技术	2016 年占比（%）	2015 年占比（%）	占比分析	制程技术	2016 年占比（%）	2015 年占比（%）	占比分析
20～16/14 纳米	28	20	提升 8 个百分点	0.13～0.11 微米	2	2	平
28 纳米	26	28	减少 2 个百分点	0.18～0.15 微米	10	12	减少 2 个百分点
45～40 纳米	14	14	平	0.25 微米及以上	4	5	减少 1 个百分点
65 纳米	11	12	减少 1 个百分点	合计	100.0	100.0	—
90 纳米	5	7	减少 2 个百分点				

由表 2.14.11 可以看出：2016 年台积电营收额主要来自 28 纳米及以下制程，同比提升 6 个百分点。

2016 台积电研发经费预计支出 22 亿美元，同比增长 6.4%。2017 年研发费增长 15%，预计达到 25.3 亿美元。其中主要用于提高 10 纳米良率和用于 7 纳米研发及 5 / 3 纳米预先铺垫工作（见表 2.14.12）。

表2.14.12　2012—2016年台积电集成电路研发经费支出规模及增长情况

指标名称	2012 年	2013 年	2014 年	2015 年	2016 年	2017 年（E）	CAGR（%）
研发费用（亿美元）	13.66	16.21	18.75	20.67	22.0	25.3	10.82
同比（%）	—	18.7	15.7	10.2	6.4	15.0	—

2016 年台积电研发人员持续增长（见表 2.14.13）。

表2.14.13　2012—2016年台积电集成电路研发人员规模及增长情况

指标名称	2012 年	2013 年	2014 年	2015 年	2016 年	CAGR（%）
研发人员（人）	3901	4367	4766	5123	5690	7.84
同比（%）	—	11.9	9.1	7.5	11.1	—

（四）2016 年中国台湾地区集成电路封测业发展情况

中国台湾地区是当今世界集成电路封装测试业最为发达的地区之一。现有封测企业 37 家（含封装、测试、设备、材料等）。

2016 年中国台湾地区集成电路封测业产值达 4638 亿元新台币，同比增长 5.1%（见图 2.14.7），其中，集成电路封装业产值为 3238 亿元新台币，同比增长 4.50%（见图 2.14.8）；集成电路测试业产值为 1400 亿元新台币，同比增长 6.50%（见图 2.14.9）。

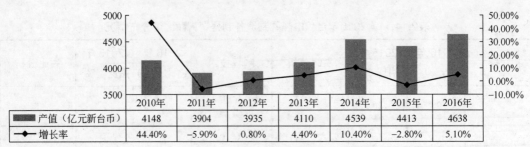

CAGR=1.61%（2010—2016年）
资料来源：IEK/JSSIA整理。

图 2.14.7 2010—2016 年中国台湾地区集成电路封测业营业收入规模及增长情况

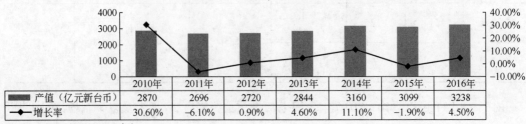

CAGR=1.74%（2010—2016年）
资料来源：IEK/JSSIA整理。

图 2.14.8 2010—2016 年中国台湾地区集成电路封装业营业收入规模及增长情况

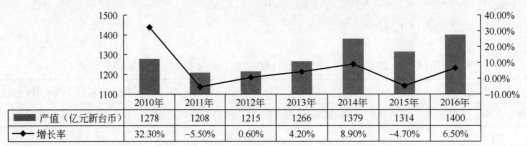

CAGR=1.31%（2010—2016年）
资料来源：IEK/JSSIA整理。

图 2.14.9 2010—2016 年中国台湾地区集成电路测试业营业收入规模及增长情况

2016 年中国台湾地区集成电路封测业企业前十名见表 2.14.14。

表2.14.14 2016年中国台湾地区集成电路封测业前十名

单位：亿元新台币

序号	企业名称	2016 年营销额	2015 年营销额	同比（%）	占比（%）	占 IC 封测业营销总额（%）
1	日月光半导体	1523.2	1418.0	7.4	39.5	32.8
2	矽品精密	851.1	828.4	2.7	22.0	18.4
3	力成科技	483.4	425.2	13.7	12.5	10.4
4	京元电子	200.8	171.3	17.2	5.2	4.3
5	南茂科技	193.9	198.7	-2.4	5.0	4.2

续表

序号	企业名称	2016 年营销额	2015 年营销额	同比（%）	占比（%）	占 IC 封测业营销总额（%）
6	顾邦科技	172.6	168.6	2.3	4.5	3.7
7	华泰	157.7	161.2	−2.2	4.1	3.4
8	超丰	105.7	95.4	10.8	2.7	2.3
9	华东	87.5	79.1	10.5	2.3	1.9
10	福懋科	84.9	87.6	−3.1	2.2	1.8
前十大 IC 封测企业营业收入合计		3860.8	3633.6	6.3	100.0	83.2
中国台湾 IC 封测业营业收入合计		4638.0	4413.0	5.1	—	100.0
前十大企业合计占比（%）		83.2	82.4	+0.8 个百分点	—	—

2016 年中国台湾地区集成电路封测业产销及技术进步情况：

2016 年中国台湾封测业前十大企业中，有 7 家企业同比上涨，有 3 家企业同比下降。日月光主要在第四季度，尤其在 12 月营收额有所下降，但全年增长 7.4%，仍居全球第一位。力成科技主要有合并一些企业的因素在内，同比增长较快，同时也受惠于在西安工厂产能扩充，尤其在 DRAM 产品供不应求情况下增长 13.7%。京元电子主要来自专业 IC 测试，海外客户占比逐年提升，占 49%，其中 Fabless 厂商业务占 76%，IDM 厂商占 22%，促使该公司业务提升 17.2%。南茂封测产品主要是液晶显示器驱动 IC 封装测试业务，因受液晶电视业的低速增长和业绩下滑影响，该公司封测业务同比下降 2.4%。

中国台湾地区高阶封装部分仍占优势，尤其在覆晶倒装（Flip Chip）领域，2016 年呈现产能满载的状态，成为封测厂重要的营业收入来源。中国台湾地区封装厂移动通信装置走向多功能质轻的趋势，对 WLCSP（Fan-in）的需求量呈攀升之状态（见表 2.14.15）。

中国台湾地区的封装厂自 2016 年 Apple　A10 芯片首次采用台积电 InFO 封装技术后，使各专业封测代工厂陆续公布自家 Fan-in 技术来发展，封测市场几乎都围绕 Fan-Out 的题材上谋求发展，其优点是可大幅减薄芯片的封装厚度，又可在更小的空间之下，完成异质芯片整合的效果，同时可支持更多的 I/O Port 等。目前 Fan-Out 可采用环氧模压树脂（EMC），利用 RDL 完成芯片与 PCB 的链接，直接省去载板，由于该技术主要应用于封测流程中贴近 IC 制造流程，因此有利于晶圆代工厂的切入。

表2.14.15　2016年中国台湾地区集成电路封测技术发展现状

封装类别	封装测试	日月光（ASE）	安靠（AMKOR）	矽品（SPIL）	长电科技（JECT）	力成（PTI）	天水华天（HT）	TF	台积电（TSMC）
先进封装	3DIC（TSV）	○	○	○	○	○	○	○	○
	2.5IC（TSV）	○	○	○	○	○	○	○	●
	Fan-Out	●	●	●	●	○	○	○	●

续表

封装类别	封装测试	日月光（ASE）	安靠（AMKOR）	矽品（SPIL）	长电科技（JECT）	力成（PTI）	天水华天（HT）	TF	台积电（TSMC）
高阶封装	Flip Chip	●	●	●	●	●	●		●
	WlCSP	●	●	●	●	●	●	●	●
	PoP	●	●	●	●	●	○	○	●
系统级封装	SiP	●	●	●	●	●	●		●
微机电封装	MEMS	●	●	●	●	●	●	●	●

注：●表示为已量产；○表示已开发未量产
资料来源：JSSIA 整理（2017.3）。

2016 年中国台湾地区集成电路封测业资本支出情况

据台湾拓墣产研所资料显示，中国台湾地区集成电路产业为保持世界集成电路封测业第一位的优势，不遗余力地加大投资（见图 2.14.10），维持 IC 封装技术领先的态势，并深深地影响到 2017 年。

单位：百万美元

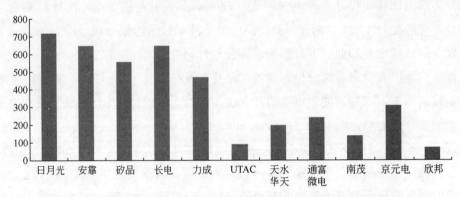

图 2.14.10　2016 年中国台湾地区集成电路封测代工厂商资本支出情况及对比

从图 2.14.10 中可以看出：世界集成电路封装代工厂商形成了三个层次，日月光、安靠、矽品、长电、力成这一层次的企业不断加大投资力度，形成相互追赶的态势；形成第一层次追赶的态势；第二层次是京元电子、天水华天、通富微电之间的比拼；第三层次为南茂、UTAC 和欣邦科技等。

第十五节　2017 年中国集成电路产业发展前景

一、2017 年中国经济发展情况预测

2017 年是我国实施"十三五"规划的重要一年。要以"稳中求进"为工作总基调，统筹推进"五位一体"的总体布局和协调"四个全面"战略布局，贯彻落实新发展理念，适应经济发展新常态。坚持以提高质量和效益为中心，坚持宏观政策要稳、产业政策要准、微观政策要活、改革政策要实、社会政策要托底的思路。加快推进供给侧结构性改革，适度扩大总需求，全面实现稳增长、促改革、调结构、惠民生、防风险的各项工作。在中央经济工作会议的指引下，取得更大成绩。

据中国有关统计和咨询机构预测，2017 年中国 GDP 增速在 6.1%～6.5%。

据上海财经学大学预测：2017 年中国 GDP 增速为 6.13%；CPI 增长为 1.9%；PPI 增长为 2.5%；消费增长为 10.1%；投资增长为 8.1%；进口增长为 0.2%；出口为下降 0.1%；M2 增长为 12.9%；人民币兑美元汇率将贬至 7.2；工业增加值增速达到 6.0%以上。

二、2017 年中国集成电路产业发展预测

2017 年，中国集成电路产业将迎来大发展时期。集成电路设计业 1300 余家企业集体发力，进入高端产品领域的集成电路设计企业赶超世界先进水平的步伐加快；集成电路晶圆制造业有 10 多条 12 英寸生产线在建设，有多条 12 英寸和 8 英寸生产线投入运营；集成电路封测业龙头企业在世界前列傲视群雄，掌握先进封装技术的企业发力成为新的增长点；集成电路装备和材料产业超越自我、赶超先进，12 英寸硅片扩大量产，更多种类的集成电路晶圆、材料制造设备进入国内外生产线，新材料在集成电路晶圆制造领域的应用取得长足进展；大基金和地方政府财政撬动的社会资本持续加大对集成电路产业的投入，为强力推进中国集成电路产业发展再现神功。中国集成电路产业必将完成和部分超额完成"十三五"规划期第二年预定的任务。

据 WSTS 预测，2017 年世界半导体产业发展颇为看好，预期为 3778 亿美元，同比增长 11.1%。

据中国半导体行业协会（CSIA）和 CCID 的预测，2017 年中国集成电路产业发展规模预计为 5355.2 亿元，同比增长 26.2%（见图 2.15.1）。

三、2017 年中国集成电路产业发展十大趋势

（1）中国企业国内外并购持续，整合重组项目接踵而上；

（2）中国地方政府攀高（新技术）热情不减，中小企业迎来上市潮；

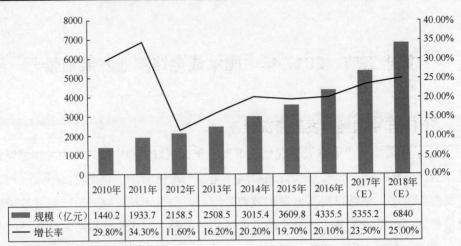

	2010年	2011年	2012年	2013年	2014年	2015年	2016年	2017年（E）	2018年（E）
■ 规模（亿元）	1440.2	1933.7	2158.5	2508.5	3015.4	3609.8	4335.5	5355.2	6840
— 增长率	29.80%	34.30%	11.60%	16.20%	20.20%	19.70%	20.10%	23.50%	25.00%

CAGR=18.90%（2010—2018年）

资料来源：CSIA/CCID/JSSIA整理。

图 2.15.1　2010—2018 年中国集成电路产业发展规模及增长预测

（3）晶圆代工产能进一步扩张，中国集成电路设计企业发展机会增多；

（4）中国集成电路人才短缺现状凸显，人才工作交流合作步伐加快；

（5）功率器件、MEMS 传感器产业进入新一轮发展期，中国企业差异化发展迎机遇；

（6）中国半导体材料和高端设备研发取得突破性新进展；

（7）中国集成电路制造在先进工艺领域获益更多，技术水平提升速度加快；

（8）中国集成电路产业领头羊集聚，强力破解发展瓶颈；

（9）中国集成电路制造成本继续上涨，中小微企业生存危机重重；

（10）中国半导体产品市场竞争加剧，价格战愈演愈烈。

第三章

2016 年中国集成电路产品市场发展情况

第一节　2016 年中国电子信息产品市场情况

2016 年中国电子信息产品产量情况见表 3.1.1，2016 年中国部分电子信息产品进出口情况见表 3.1.2。

表3.1.1　2016年中国电子信息产品产量情况

序号	产品名称	单位	产量	同比（%）	备注
1	手机	亿部	21	13.6	
	其中：智能手机	亿部	15	9.9	
2	微型计算机	万台	29009	-7.7	
3	彩色电视机	万台	15770	8.9	
	其中：液晶电视机	万台	15714	9.2	
	其中：智能电视机	万台	9310	11.1	占彩电的59.0%
4	移动通信基站设备	万信道	34084	11.1	
5	电子元件	亿只	37455	9.3	
6	集成电路	亿块	1318	21.2	中半协统计为1329.2亿块，同比增长13.6%
7	半导体分立器件	亿只	6432	11.0	中半协分立器件分会预计为5760亿只，同比增长4.4%
8	电冰箱	万台	9238	4.6	
9	空调机	万台	16049	4.5	
10	洗衣机	万台	7621	4.9	
11	光伏电池	万千瓦	7681	17.8	
12	多晶硅	万吨	19.4	17.6	
13	移动触控面板	亿件	14.0	10.9	

表3.1.2　2016年中国部分电子信息产品进出口情况

序号	产品名称	单位	出口额	同比（±%）	序号	产品名称	单位	进口额	同比（±%）
1	通信设备出口	亿美元	2039	-5.1	7	集成电路进口	亿美元	2270	-1.6
2	计算机出口	亿美元	1753	-9.7	8	集成电路出口	亿美元	614	-11.4
3	笔记本电脑出口	亿美元	583	-9.7	9	内资企业出口	亿美元	2307	-4.7
4	电子器材出口	亿美元	2862	-4.4	10	加工贸易进口	亿美元	2351	-9.5
5	手机出口	亿美元	1156	-6.6	11	三资企业进口	亿美元	3370	-7.6
6	家用电器出口	亿美元	1077	1.9	12	三资企业出口	亿美元	4903	-9.1

资料来源：工信部运监局/JSSIA 整理（2017.3.10）。

第二节　2016年中国集成电路产品市场概况

一、2016年中国半导体市场需求情况

2016年中国半导体市场需求为14197.4亿元，同比增长9.2%（见表3.2.1）。2010—2017年中国半导体市场占世界同业市场的份额见表3.2.2。

表3.2.1　2010—2017年中国半导体市场需求规模及增长情况

单位：亿元

指标名称	2010 年	2011 年	2012 年	2013 年	2014 年	2015 年	2016 年	2017 年（E）	CAGR
市场需求规模	8477.0	9238.8	9826.2	10566.0	12044.3	13001.3	14197.4	15816.0	8.11%
同比增长率	29.2%	9.0%	6.4%	7.5%	14.0%	7.9%	9.2%	11.4%	—

表3.2.2　2010—2017年中国半导体市场占世界同业市场的份额

指标名称	2010 年	2011 年	2012 年	2013 年	2014 年	2015 年	2016 年（E）	2017 年（E）
市场占有率	42.4%	47.7%	54.1%	55.8%	59.3%	62.3%	64.5%	62.7%
同比成长率	−0.1%	5.3%	6.4%	1.7%	3.5%	4.0%	2.2%	−1.8%

二、2016年中国集成电路市场规模

2016年中国集成电路市场规模为11985.9亿元，同比增长8.7%（见表3.2.3）。2016年中国集成电路市场占世界集成电路市场的份额见表3.2.4。

表3.2.3　2010—2017年中国集成电路市场规模及增长情况

单位：亿元

指标名称	2010 年	2011 年	2012 年	2013 年	2014 年	2015 年	2016 年	2017 年（E）	CAGR
市场销售额	7349.5	8065.6	8558.6	9166.3	10393.1	11024.3	11985.9	12950.1	7.34%
同比增长率	29.5%	9.7%	6.1%	7.1%	13.4%	6.1%	8.7%	8.0%	—

CAGR=7.34%（2010—2017年）

资料来源：CCID/JSSIA整理。

表3.2.4　2016年中国集成电路市场占世界集成电路市场的份额

单位：亿美元

指标名称	2010 年	2011 年	2012 年	2013 年	2014 年	2015 年	2016 年	2017 年（E）	CAGR
中国 IC 市场规模	1086	1249	1356	1472	1698	1764	1844	1933	7.47%
世界 IC 市场规模	2446	2468	2384	2518	2773	2745	2767	3072	2.89%
占中国市场占比（%）	44.4	50.6	56.9	58.5	61.2	64.3	66.6	62.9	—

注：2016年人民币兑美元（6.5∶1），2017年人民币兑美元（6.7∶1）。

第三节 2016 年中国集成电路产品结构情况

一、2016 年中国集成电路应用结构情况

2016 年中国集成电路市场应用结构如图 3.3.1 所示。

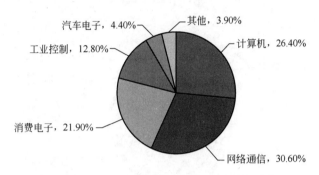

图 3.3.1 2016 年中国集成电路市场应用结构

2016 年中国集成电路应用市场规模及增长情况见表 3.3.1。2016 年我国网络通信应用领域首次超过计算机领域 15.9 个百分点，成为集成电路产品应用市场发展的推动力。2016 年中国集成电路应用市场同比增速图 3.3.2。

表3.3.1 2016年中国集成电路市场应用规模及增长情况

序号	应用领域名称	2016 年			2015 年	
		销售额（亿元）	同比（%）	占比（%）	销售额（亿元）	同比（%）
1	计算机	3164.3	-3.4	26.4	3274.2	-2.0
2	网络通信	3667.7	13.9	30.6	3219.1	8.7
3	消费电子	2624.9	9.2	21.9	2403.3	7.0
4	工业控制	1534.2	21.0	12.8	1267.8	33.9
5	汽车电子	527.4	54.3	4.4	341.8	32.5
6	其他	467.5	-9.8	3.9	518.1	-19.1
	合计	11985.9	8.7	100.0	11024.3	6.1

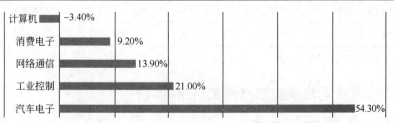

图 3.3.2 2016 年中国集成电路应用市场同比增速

从图 3.3.2 中可以看出：2016 年我国集成电路应用市场中，汽车电子应用增速最快，同比增长 54.30%，其次是工业控制领域成为集成电路应用的新亮点，同比增长 21.00%；最后是由于物联网、互联网等网络通信设备增长而带动集成电路在此领域中增长 13.9%。

二、2016 年中国集成电路市场产品供给结构情况

2016 年中国集成电路市场产品供给结构如图 3.3.3 所示，产品市场规模及增长情况见表 3.3.2。

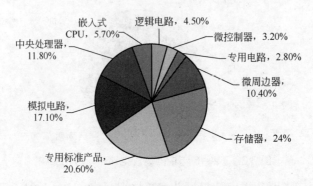

图 3.3.3　2016 年中国集成电路市场产品供给结构

表3.3.2　2016年中国集成电路产品市场规模及增长情况

序号	产品名称	2016 年		2015 年	
		销售额（亿元）	同比（%）	销售额（亿元）	同比（%）
1	Logic IC（逻辑电路）	539.4	13.0	477.3	5.6
2	MCU（微控制器）	383.5	11.2	344.9	19.5
3	ASICs（专用电路）	335.6	−4.5	351.4	10.5
4	Microperip herals（微周边器）	1246.5	−3.2	1287.7	18.1
5	Memory （存储器）	2876.6	10.6	2600.9	7.3
6	ASSPS（专用标准产品）	2469.1	18.4	2085.4	10.3
7	Analog IC（模拟电路）	2049.6	4.9	1750.3	12.1
8	CPU（中央处理器）	1414.3	−3.6	1265.0	−8.2
9	Embedded CPU（嵌入式 CPU）	683.2	18.8	646.4	9.1
	合计	11985.9	8.7	11024.3	100.0

资料来源：CCID（2017.3）。

三、2016 年中国集成电路产品工艺结构情况

2016 年我国集成电路产品市场中 12 英寸生产线产品需求量达到 69.6%；8 英寸生产线生产的产品需求量占 23.10%左右。2016 年中国集成电路市场产品工艺结构见图 3.3.4，各

类工艺规模见图 3.3.5。

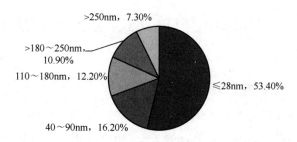

图 3.3.4　2016 年中国集成电路市场产品工艺结构

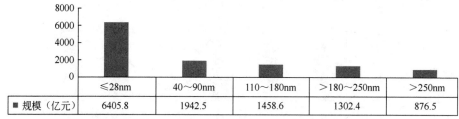

	≤28nm	40～90nm	110～180nm	＞180～250nm	＞250nm
■ 规模（亿元）	6405.8	1942.5	1458.6	1302.4	876.5

资料来源：CCID（2017.3）。

图 3.3.5　2016 年中国集成电路市场产品各类工艺规模

2016 年中国集成电路产品市场中小于 28 纳米制程的产品占 53.4%，产品全部信赖进口。40～90 纳米制程的产品占 16.20%，大部分靠进口。

第四节　2016年中国IT、IC主要产品市场发展情况

一、2016年中国彩电市场情况

2016年世界电视机产量约为2.5亿台，同比增长7.8%；2016年世界LCD电视机产量约为2.32亿台，同比基本持平，占比为92.8%。2017年世界电视机产量预计为2.65亿台，同比增长6.00%（见图3.4.1）。

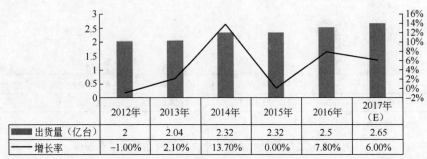

	2012年	2013年	2014年	2015年	2016年	2017年（E）
出货量（亿台）	2	2.04	2.32	2.32	2.5	2.65
增长率	−1.00%	2.10%	13.70%	0.00%	7.80%	6.00%

CAGR=4.80%（2012—2017年）。

图3.4.1　2012—2017年世界电视机出货量情况

据工信部运监局统计报道：2016年中国彩电产量达1.58亿台，同比增长8.9%，占世界电视机产量的63.2%（见图3.4.2）。

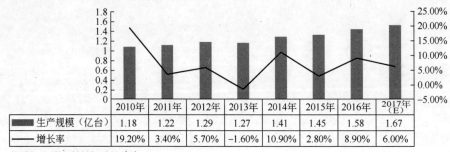

	2010年	2011年	2012年	2013年	2014年	2015年	2016年	2017年（E）
生产规模（亿台）	1.18	1.22	1.29	1.27	1.41	1.45	1.58	1.67
增长率	19.20%	3.40%	5.70%	−1.60%	10.90%	2.80%	8.90%	6.00%

CAGR=4.40%（2010—2016年）
资料来源：JSSIA整理。

图3.4.2　2010—2017年中国彩电生产规模及增长情况

2016年中国液晶电视产量为1.57亿台，同比增长7.4%，占彩电总量的99.40%（见表3.4.1）。

表3.4.1　2012—2017年中国LCD电视零售量规模

指标名称	2012年	2013年	2014年	2015年	2016年	2017年	CAGR（%）
LCD零售量（万台）	4271	4358	4460	4845	5203	5232	3.44
同比（%）	24.0	2.0	2.3	8.6	7.4	0.6	—

资料来源：中怡康（2017.4.7）。

2016 年中国智能彩电产量为 9310 万台，同比增长 11.10%，占彩电产量的 59.00%，出口值同比增长 1.80%。

2016 年中国 OLED 电视销售量约为 4 万台，2017 年可增长到 18 万台。

2016 年中国 55 英寸彩电市占率达到 26.2%。

二、2016 年中国计算机市场情况

据工信部运监局统计报道：2016 年中国计算机（微型计算机）产量为 29009 万台，同比下降 7.7%，出口值同比下降 5.4%（见图 3.4.3）。

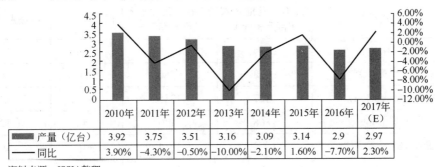

	2010年	2011年	2012年	2013年	2014年	2015年	2016年	2017年（E）
产量（亿台）	3.92	3.75	3.51	3.16	3.09	3.14	2.9	2.97
同比	3.90%	-4.30%	-0.50%	-10.00%	-2.10%	1.60%	-7.70%	2.30%

资料来源：JSSIA整理。

图 3.4.3 2010—2016 年中国计算机产量规模及增长情况

2016 年联想计算机业务营业收入为 85.98 亿美元，同比增长 20%，居第一位；美国惠普计算机业务营业收入为 82.24 亿美元，同比增长 10%，居第二位。

2016 年 PC 下滑的主要原因：一是因手机多功能和智能化的冲击，4G 手机的普及；二是平板电脑分去一部分市场份额；三是 PC 性能问题，前几年技术进步特别明显，这两年用户对 PC 性能的体验下降了。

现有分析称：世界计算机已处于谷底，反弹在望。理由：一是电脑游戏业板块在上升（2016 年第三季度同比增长 70%）；二是平板电脑同比增长 10%；三是可插拔电脑第四季度销量增长 91%；四是小型笔记本电脑成为热点，2016 年第四季度增长 258%。故此推断在 2017 年，世界计算机整体市场将增长 2.2%，中国市场将增长 2.3%。在 2017—2021 这 5 年间将维持在 1%～2% 的微增，再次跌入负增长区的可能性不大。

三、2016 年微控制器（MCU）产品市场情况

据 IC Insights 有关信息，2016 年世界微控制器市场销售额预计为 177 亿美元，同比增长 6.6%（见表 3.4.2）。

表3.4.2　2010—2018年世界MCU产品市场发展规模及增长情况

年份	2010	2011	2012	2013	2014	2015	2016	2017（E）	2018（E）	CAGR
销售额（亿美元）	146.7	157.2	151.7	151.9	159.0	166.0	177.0	185.0	200.0	3.50%
同比（%）	36.4	7.2	−3.5	0.1	4.7	4.4	6.6	4.5	8.1	—

资料来源：IC Insights。

据 IC Insights 报道：2016 年世界微控制器市场主要供应商排名如表 3.4.3 所示。

表3.4.3　2016年世界微控制器市场主要供应商排名

排序	公司名称	2016 年营业收入（百万美元）	2015 年营业收入（百万美元）	同比（%）	市场占比（%）
1	恩智浦（NXP）	2914	1350	116.0	19.0
2	瑞萨（Renesas）	2458	2560	−4.0	16.0
3	微芯（Microchip）	2027	1355	50.0	13.2
4	三星（Samsung）	1868	2170	−14.0	12.1
5	意法（ST）	1573	1514	4.0	10.3
6	英飞凌（Infineon）	1106	1060	4.0	7.2
7	德仪（TI）	835	820	2.0	5.4
8	赛普拉斯（Cypress）	622	540	15.0	4.1
	其他企业	1934	1639	18.0	12.6
	合计	15337	13008	17.9	100.0

资料来源：IC Insights/JSSIA 整理（2017.4.28）。

分析世界主要供应商情况，恩智浦在 2015 年 12 月完成对美国飞思卡尔（Freescale）的收购，使该公司 2016 年 MCU 营收额大涨 116%，从而超越日本瑞萨居第一位。恩智浦 MCU 的四分之三主要用于智能卡的 8 位与 16 位 MCU，飞思卡尔为恩智浦带来汽车应用的 MCU 产品线，市场目标更广泛，提供了 25% 的业务量。恩智浦已开发基于 ARM Cortex-M 内核 32 位的 MCU。

瑞萨（ReneSas）近年来在 MCU 市场占比持续下降（在 2011 年占全球 MCU 市场高达 33%），同比下降 4%，占比仅为 16%。

美国微信（Microchip）在 2016 年第二季度完成以 34 亿美元对艾特梅尔（Atmel）的收购，开始销售 ARM 内核的 32 位 MCU。对可编程系统芯片（PSOC）的增长也有贡献，营业收入大涨 50%。美国微信收购 Atmel 后开发基于美普思科（Mips）架构的 32 位 MCU，并以 ARM 内核的 SAM 系列为重点发展。

美国赛普拉斯（cypress）新晋第八位，主要源于在 2015 年 3 月以 50 亿美元完成对飞索（Spansion）的收购，MCU 业务较快增长。且飞索在 2013 年以 1.1 亿美元收购富士通微控制器与模拟业务。

三星公司在 MCU 中衰退最快，同比下降 14%，其产品主要为内供，减少外售。

2016 年世界微控制器（MCU）应用市场结构如图 3.4.4 所示。

2016 年世界各位数 MCU 出货量比例如图 3.4.5 所示。

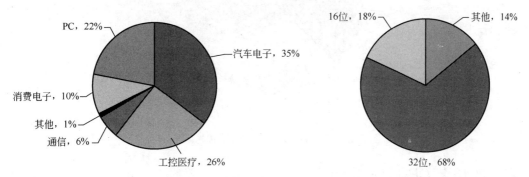

图 3.4.4　2016 年世界微控制器（MCU）应用市场结构　图 3.4.5　2016 年世界各位数 MCU 出货量比例

世界 MCU 市场预计：2016—2020 年 4/8 位 MCU 微控制器市场规模仍会维持稳定，市场规模为 32.3 亿美元；16 位 MCU 市场规模为 42.3 亿美元；32 位 MCU 市场规模则会上升到 158.9 亿美元的水平。

2016 年中国微控制器 MCU 产品市场规模及增长情况见表 3.4.4。

表3.4.4　2016年中国微控制器MCU产品市场规模及增长情况

年份	2010	2011	2012	2013	2014	2015	2016	2017（E）	2018（E）	CAGR
销售额（亿元）	218.5	232.0	242.2	260.1	297.9	313.1	338.1	350.0	375.0	6.19%
同比（%）	30.5	6.2	4.4	7.4	14.5	5.1	8.0	3.5	7.1	—

2016 年中国微控制器（MCU）市场应用结构如图 3.4.6 所示。

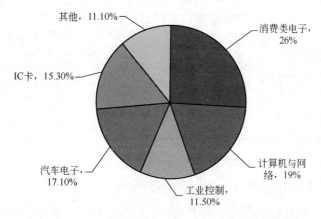

图 3.4.6　2016 年中国微控制器（MCU）市场应用结构

中国 MCU 产品市场品牌结构如图 3.4.7 所示。

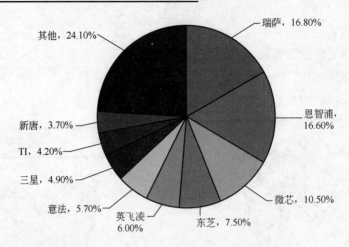

图 3.4.7　中国 MCU 产品市场品牌结构

四、2016 年 CPU 产品市场情况

2011—2016 年世界 CPU 市场规模及增长情况见表 3.4.5。

2016 年，世界 CPU 生产厂商以英特尔为主，占全球 85% 以上的份额，其中服务器 CPU 占世界的 95% 左右。2016 年上半年英特尔推出了 Broadwell 微架构的桌面型级 CPU 产品 Broadwell-E 和 Kabylake 处理器。从芯片制造技术来看，因英特尔 10 纳米制程的推迟，采用 14 纳米工艺，英特尔第八代酷睿处理器 Coffee Lake 将在 2017 年试验 7 纳米制程生产工艺，估计将在 2018 年推出的可能增大。

AMD 占到世界 CPU 市场的 5% 左右。2016 年推出了新一代服务器芯片 Seattle，为第一款 ARM 架构处理器，在中国市场发布 AMD 6330 CPU，是运算量大的 6 核处理器。计划下一代 CPU 架构 Zen 处理器，主要应用于网络服务器、网络装置、储存阵列。

表3.4.5　2011—2016年世界CPU市场规模及增长情况

单位：亿美元

年份 指标名称	2011	2012	2013	2014	2015	2016	CAGR（%）
服务器用 CPU	105.7	100.8	125.8	154.1	175.8	181.6	9.44
PC（桌面）用 CPU	375.7	373.4	365.4	378.9	358.2	364.4	−0.51
合计	481.1	474.2	491.2	533.0	534.0	546.0	2.13
成长率（%）	—	−1.4	3.6	8.5	0.2	2.2	—

资料来源：IDC/JSSIA 整理。

五、2016 年中国医疗电子产品市场情况

世界医疗电子市场在移动医疗、智慧医疗、远程医疗、家居医护等新模式的带动下，正处于稳步增长的发展阶段。2016 年世界医疗电子市场销售为 2434.7 亿美元，同比增长 6.1%（见图 3.4.8）。2010—2017 年世界医疗电子设备用半导体产品规模及增长情况（见图 3.4.9）。

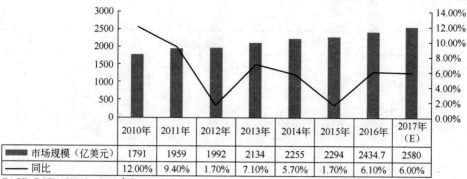

	2010年	2011年	2012年	2013年	2014年	2015年	2016年	2017年（E）
■市场规模（亿美元）	1791	1959	1992	2134	2255	2294	2434.7	2580
—同比	12.00%	9.40%	1.70%	7.10%	5.70%	1.70%	6.10%	6.00%

CAGR=7.57%（2010—2017年）
资料来源：CCID/JSSIA 整理。

图 3.4.8 2010—2017 年世界医疗电子市场规模及增长情况

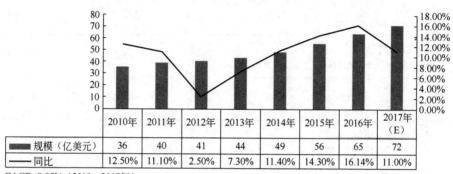

	2010年	2011年	2012年	2013年	2014年	2015年	2016年	2017年（E）
■规模（亿美元）	36	40	41	44	49	56	65	72
—同比	12.50%	11.10%	2.50%	7.30%	11.40%	14.30%	16.14%	11.00%

CAGR=9.05%（2010—2017年）
资料来源：IC Insights。

图 3.4.9 2010—2017 年世界医疗电子设备用半导体产品规模及增长情况

2016 年世界医疗器械（含医疗电子）前二十大企业营收额情况见表 3.4.6。

表3.4.6 2016年世界医疗器械（含医疗电子）前二十大企业营收额情况

序号	公司名称	营收额（百万美元）	占比（%）
1	强生 Johnson&Johnson（NYSE JNJ）	25836.0	12.0
2	美敦力 Medtronic plc（NYSE MDT）	23127.0	10.7
3	通用电气医疗集团 General Electric co（NYSE GE）	18030.0	8.4
4	费森尤斯医疗中心 Frsenius Medical Care AG&co KGAA（DB FME）	16982.3	7.9
5	巴德公司 Bader intemational inc （NYSE BAX）	16326.0	7.6
6	西门子公司（DB SIE） Siemens AG（DB SIE）	14600.4	6.8
7	卡地纳健康公司 Cardinal Health inc（NYSE CAH）	11395.0	5.3

续表

序号	公司名称	营收额（百万美元）	占比（%）
8	诺华 Novartis AG（SWX NOVN）	10485.0	4.9
9	荷兰皇家飞利浦公司 Koninklijke Philips NV	10402.5	4.8
10	史赛克骨科医疗设备 Stryker Corp（NYSE SYK）	9818.0	4.6
11	布尔公司 Becton Dickinson and co（NYSE BDX）	9410.0	4.4
12	波士顿科学公司 Boston Scientific Corp	7272.0	3.4
13	依视路世界视光 Essilor intemational SA（ENXTPAEJ）	7015.3	3.3
14	圣犹达医疗设备 Sl Jude Medical inc （NYSE STJ）	5565.0	2.6
15	3M 科技（美国） 3M Co （NYSE MMM）	5475.0	2.5
16	雅培公司 Abbott Laboratories（NYSE ABT）	5223.5	2.4
17	奥林巴斯光学成像 Olympus Corp（TSE 7733） （OTC OCPNY）	4811.5	2.3
18	施乐辉公司 Smith&Nephew plc（LSE SN）	4669.0	2.2
19	齐默巴奥米特控股公司 Zimmer Biomet Holdings Inc（NYSE ZBH）	4630.9	2.2
20	泰尔茂医疗产品 Terumo Corp （TSE 4543）	4114.6	1.9
	合计	215189.0	100.0

随着我国老龄化程度的加重和分级医疗制度的逐步推广，基层医疗设置的改善带动了我国医疗电子设备市场快速发展，特别是在便携式医疗电子领域和家居式医疗电子器械电子产品的增长，增速远高于世界医疗电子设备增长率 16.6 个百分点。据 CCID 报道：2016年中国医疗电子产品市场规模近 2000 亿元，2017 年预计增长 23.4%，达到近 2500 亿元的规模，到 2019 年将达到近 3550 亿元的水平（见图 3.4.10）。

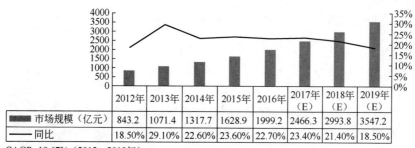

	2012年	2013年	2014年	2015年	2016年	2017年（E）	2018年（E）	2019年（E）
市场规模（亿元）	843.2	1071.4	1317.7	1628.9	1999.2	2466.3	2993.8	3547.2
同比	18.50%	29.10%	22.60%	23.60%	22.70%	23.40%	21.40%	18.50%

CAGR=19.67%（2012—2019年）

资料来源：CCID/JSSIA 整理（2017.3）。

图 3.4.10　2012—2019 年中国医疗电子产品市场规模及增长情况

2011—2017 年中国移动医疗电子市场规模及增长情况见图 3.4.11。

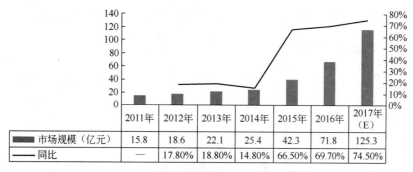

	2011年	2012年	2013年	2014年	2015年	2016年	2017年（E）
市场规模（亿元）	15.8	18.6	22.1	25.4	42.3	71.8	125.3
同比	—	17.80%	18.80%	14.80%	66.50%	69.70%	74.50%

图 3.4.11　2011—2017 年中国移动医疗电子市场规模及增长情况

2016 年中国医疗电子产品进出口总额为 163.8 亿美元，同比增长 6.1%。其中，出口额为 89.7 亿美元，同比增长 3.2%；进口额为 74.1 亿美元，同比增长 10.0%，进出口贸易顺差明显，但增幅比 2015 年有所下滑。

六、中国金融电子产品市场情况

据 CCID 报道：2014—2016 年中国金融电子市场为 592.4 亿元，同比增长 11.20%（见图 3.4.12）。

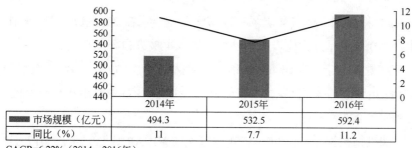

	2014年	2015年	2016年
市场规模（亿元）	494.3	532.5	592.4
同比（%）	11	7.7	11.2

CAGR=6.22%（2014—2016年）

图 3.4.12　2014—2016 年中国金融电子产品市场规模及增长情况

2016 年中国 IC 金融卡累计发行量达到 30 亿张。2016 我国 NFC 移动支付应用已呈现爆发式增长，手机支付宝风行。2011—2016 年中国金融 IC 卡当年发卡规模及增长情况见图 3.4.13。

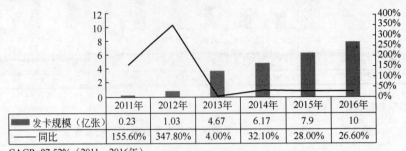

	2011年	2012年	2013年	2014年	2015年	2016年
发卡规模（亿张）	0.23	1.03	4.67	6.17	7.9	10
同比	155.60%	347.80%	4.00%	32.10%	28.00%	26.60%

CAGR=87.52%（2011—2016年）
资料来源：CCID。

图 3.4.13　2011—2016 年中国金融 IC 卡当年发卡规模及增长情况

七、2016 年中国智能卡市场

2016 年中国智能卡市场应用深入推广，其中移动通信卡和金融支付卡为重点，并占有近 75%的比例（见图 3.4.14）。

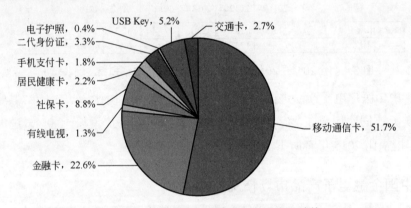

图 3.4.14　2016 年中国智能卡市场应用结构

八、2016 年中国可穿戴设备产品市场情况

据 Gartner 数据显示，2016 年世界可穿戴设备出货量在 2.8 亿部左右，同比增长 20%；营收额预计为 290 亿美元，同比增长 18.5%，其中 40%来自智能手表。

据 IHS 调研数据显示，2016 年可穿戴显示面板预计为 3950 亿片，同比增长 9.00%，其中，60%为采用主动矩阵有机发光二极管（AMOLED），且主要用在智能手机上。到 2020 年复合成长率约为 22%。

据有关市调机构数据显示，2016 年为虚拟现实 VR/AR 成长元年。2017 年将有一个成长高潮，产品技术有一个新的突破，成为市场发展的又一个新增长点。

2016 年世界可穿戴设备产品比例如图 3.4.15 所示。

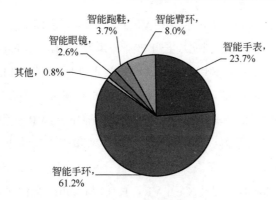

图 3.4.15 2016 年世界可穿戴设备产品比例

中国可穿戴设备产品和市场引起业界的高度关注，在 2013 年前为关注观望期，发展缓慢，到 2014 年以来，发展迅速，到 2016 年可以说是爆发式增长，销售额达 390.7 亿元，同比增长 210.0%（见图 3.4.16）。市场看好智能手机，如苹果 APPLE Watch、智能手表、小米光感手环，华为的 HUA WEI WATCH，同时也引发了"跨界""细分""专业化"智能穿戴的热门领域。据 CCID 分析报道，中国可穿戴设备 2017 年销售收入预计可达 623.2 亿元，同比增长 59.5%。

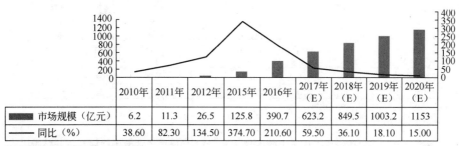

	2010年	2011年	2012年	2015年	2016年	2017年（E）	2018年（E）	2019年（E）	2020年（E）
市场规模（亿元）	6.2	11.3	26.5	125.8	390.7	623.2	849.5	1003.2	1153
同比（%）	38.60	82.30	134.50	374.70	210.60	59.50	36.10	18.10	15.00

CAGR=78.10%（2012—2020年）
资料来源：CCID（2017.3）。

图 3.4.16 2012—2020 年中国可穿戴设备产品市场规模及增长情况

九、2016 年中国虚拟现实（VR/AR）产品市场情况

据 Super Data 报告显示，2016 年世界虚拟现实领域市场销售额为 27 亿美元，主要营收集中在硬件终端市场，其他来自内容和应用。2016 年世界虚拟现实部分厂商产品出货量见表 3.4.7。

表3.4.7 2016年世界虚拟现实部分厂商产品出货量

厂商名称	型 别	出货量（万台）
谷歌	滑配式 Cardboard	630（三星占 71%）
三星	滑配式 Gear VR	
索尼	分离式 PS VR	74.5
	分离式 Oculus Rift	35.5
HTC	分离式	42.0

资料来源：Super Data。

据 CB Insights 报告显示，2016 年世界 VR/AR 投资获得 18 亿美元，同比增长 140%，投资交易（兼并）发生 171 宗，同比增长 14%。（其中，2014 年 Facebook 以 20 亿美元收购 Oculus，进入消费级市场）。其中，VR 硬件投资占 38%，其中 Magicleap 获得约 7.9 亿美元融资，累计融资达 14 亿美元，累计共投资达 45 亿美元；头盔制造商 Osterhout 获得 5800 万美元 A 轮投资；Unit 公司获得 1.8 亿美元融资，Next VR 获得 8000 万美元融资等。

2016 年 VR/AR 技术问题得到初步解决，VR 技术和核心部件已初步能满足消费应用；计算能力已比较强大，可以支撑渲染 VR 世界。Sony 开启 Morpheue Google 并推出 Cardboard，三星与 Oculus 合作推出 Gear VR，HTC 与 Valre 合作研发 Steam 游戏平台等，已初步形成一个较为完整的产业链。

据 CCID 报道显示：2016 年中国 VR/AR 产品市场为 68.2 亿元，同比增长 331.6%; 2017 年预计销售额可达 170.5 亿元，同比增长 150.0%（见图 3.4.17）。

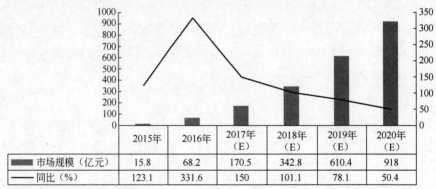

	2015年	2016年	2017年（E）	2018年（E）	2019年（E）	2020年（E）
▆ 市场规模（亿元）	15.8	68.2	170.5	342.8	610.4	918
—— 同比（%）	123.1	331.6	150	101.1	78.1	50.4

CAGR=96.8%（2015—2020年）
资料来源：CCID/JSSIA整理。

图 3.4.17　2015—2020 年中国虚拟现实（VR/AR）产品市场规模及增长情况

虚拟现实作为科技前沿领域，得到了中国政府的支持，在公布的《"十三五"国家科技创新规划》《"十三五"国家信息化规划》《"互联网+"人工智能三年行动实施方案》《智能硬件产业创新发展专项行动（2016—2018 年）》等国家政策中明确提出鼓励和支持虚拟现实产业发展。

各地方政府也相应出台相关政策支持发展虚拟现实产业。例如，福建 VR 产业园、数字福建（长乐产业园）等，南昌 VR 产业基地、红谷滩新区 VR 产业园，郑州 VR/AR 孵化器，中国西部虚拟产业园、贵州贵安、北斗湾，光大 We-东莞基地，潍坊基地、长沙 VR/AR 基地等。

十、2016 年中国人工智能（AI）与机器人产品市场情况

2016 年世界服务机器人 50 家主要企业数量分布情况见图 3.4.18。美国的主要企业数量占世界 50 家主要企业中的 64%。

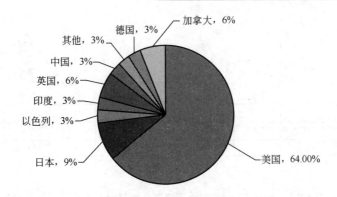

图 3.4.18　2016 年世界服务机器人 50 家重要企业数量分布情况

2016 年世界 33 家主要 RBR 服务机器人各细分领域所占比重见图 3.4.19。

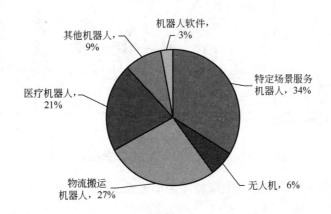

图 3.4.19　2016 年全球 33 家 RBR 服务机器人各细分领域所占比重

作为高新技术产业的代表和推进制造业转型升级的重要工具，机器人在中国国家政策层面备受重视，业界基本形成共识，国内机器人产业热潮正在形成和快速发展。2015 年，国务院发布《中国制造 2025》行动纲领中，机器人与高档数控机床一起，被列为十大重点领域。

2016 年 4 月，工信部、发改委等联合印发了《机器人产业发展规划（2016—2020 年）》，提出了发展机器人的目标任务：自主品牌工业机器人年产量达 10 万台，服务机器人年销售收入达 300 亿元，培养 3 家以上具有国际竞争力的龙头企业，打造 5 个以上机器人生产配套集群，机器人密度达到 150 人以上。

2016 年中国机器人市场销售量达 9.5 万台，同比增长 26.7%（见图 3.4.20）。

据 CCID 报道，2016 年中国工业机器人产量约为 5.2 万台，同比增长 57.6%（见图 3.4.21）。

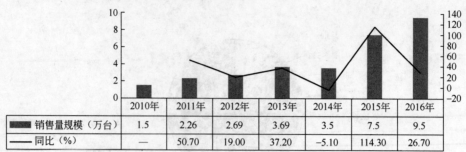

	2010年	2011年	2012年	2013年	2014年	2015年	2016年
■ 销售量规模（万台）	1.5	2.26	2.69	3.69	3.5	7.5	9.5
— 同比（%）	—	50.70	19.00	37.20	−5.10	114.30	26.70

CAGR=30.17%（2010—2016年）

图3.4.20　2010—2016年中国机器人市场销售量规模及增长情况

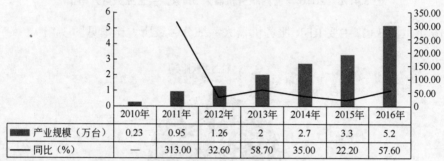

	2010年	2011年	2012年	2013年	2014年	2015年	2016年
■ 产业规模（万台）	0.23	0.95	1.26	2	2.7	3.3	5.2
— 同比（%）	—	313.00	32.60	58.70	35.00	22.20	57.60

资料来源：CCID/JSSIA整理（2017.3）。

图3.4.21　2010—2016年中国工业机器人产量

截至2016年年底中国机器人上市公司名单见表3.4.8。

表3.4.8　截至2016年年底中国机器人上市公司名单

序号	上市公司名称	股票代码	序号	上市公司名称	股票代码
1	科大讯飞	002230	6	川大智胜	002253
2	奥飞娱乐	002292	7	GQY视讯	300076
3	巨星科技	002444	8	天智航	834360
4	康力电梯	002367	9	捷通华声	837791
5	慈星股份	300307	10	智臻智能	834869

据CCID统计报道，2016年中国人工智能市场规模为239亿元（见图3.4.22），其中，智能硬件平台销售额为152.5亿元，占63.8%；软件平台销售额为86.5亿元，占36.2%。

在中国人工智能市场细分结构中，服务机器人市场规模为70.5亿元，占销售额的29.5%；智能工业机器人市场规模为62亿元，占销售额的26%（见表3.4.9）。

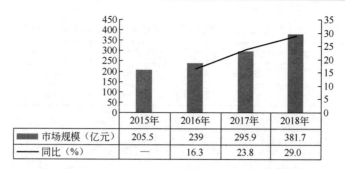

	2015年	2016年	2017年	2018年
■ 市场规模（亿元）	205.5	239	295.9	381.7
— 同比（%）	—	16.3	23.8	29.0

图3.4.22　2015—2018年中国人工智能市场规模及增长情况

表3.4.9　2016年中国人工智能（AI）产品结构

序号	型别	市场规模（亿元）	占比（%）	序号	型别	市场规模（亿元）	占比（%）
1	服务机器人	70.5	29.5	4	语音识别	44.5	18.7
2	智能工业机器人	62.0	26.0	5	智能无人设备	7.4	3.1
3	机器视觉	54.1	22.7		合计	238.5	100

十一、2016年中国消费级无人机产品市场情况

消费级无人机特指无人机产品中面向个人消费者，主要用于娱乐与航拍功能的飞行器，一般为四轴或六轴的多旋翼机型，主要由飞行控制系统、动力系统、通信系统、云台及拍摄设备、地面控制站（遥控柄、平板、手机等）及机身等系统构成，可实现自主飞行/半自主飞行，即能够按控制算法完成自动起降、定点悬停、绕点飞行、路线规划等功能。

据互联网趋势研究机构 KPCB 数据显示，2016 年世界消费级无人机市场规模预计为202.8 亿美元，同比增长 83.5%；销售量预计为 780.0 万台，同比增长 81.40%（见表 3.4.10）。

表3.4.10　2013—2017年世界消费级无人机市场规模发展情况

指标名称	单位	2013 年	2014 年	2015 年	2016 年	2017 年（E）	CAGR
销售收入	亿美元	14.95	62.75	110.50	202.80	270.00	—
	同比（%）	—	319.70	76.10	83.50	33.10	78.30%
销售量	万台	60.00	250.00	430.00	780.00	1000.00	—
	同比（%）	—	316.7	72.0	81.4	28.3	75.5%

资料来源：IDC/JSSIA 整理。

2016 年中国国内消费级无人机市场销售火爆，据 IDC 数据显示，2015 年国内消费级无人机销量近 10 万台，占全球市场的 2.3%；市场规模近 3 亿元，占全球市场的 2.70%。2016 年国内消费级无人机销量预计达到 39 万台（其中娱乐无人机达 20 万台），同比增长290%，占全球市场的 5.0% 左右；到 2019 年销量将突破 300 万台（见表 3.4.11）。

表3.4.11　2015—2019年中国消费级无人机市场规模发展情况

指标名称	单位	2015 年	2016 年	2017 年（E）	2018 年（E）	2019 年（E）	CAGR
销售量	万台	10.0	39.0	100.0	180.0	300.0	—
同比	%	—	290.0	156.0	80.0	66.7	97.40%

资料来源：IDC/JSSIA 整理（2016.11）。

2015 年以来，高通、英特尔、三星、英伟达及国内芯片厂商均进入无人机芯片市场。这些厂商目前推出了各具特色的无人机芯片解决方案，其共同的方向是推动无人机小型化、智能化，降低无人机制造成本，缩短技术开发时间，突破行业技术壁垒，消费级无人机进入到 2.0 时代。意法半导体无人机芯片为 STM32 系列，德州仪器无人机芯片为 OMAP3630 系列，阿特梅尔无人机芯片为 Mega 2560 芯片。

中国国产无人机芯片厂家有联芯科技、全志科技等。全志和英伟达联合开发出为无人机定制的 Jerson TX1 和 LC 1860 芯片模组，全芯已将物联网芯片 R 系列应用到无人机芯片产品中。无人机芯片现已应用到：电池、遥控器、图传、云台、GPS、飞控板、电机、摄像头、电子调速器、螺旋桨等。

2016 年中国消费级无人机主要厂商发展情况见表 3.4.12。

表3.4.12　2016年中国消费级无人机主要厂商发展情况

序号	厂商名称	主要经营信息
1	小米	布局消费级无人机，产品为 1080 版与 4K 版。2016 年 5 月 1080 版开启众筹，"双 11" 登陆出售
2	腾讯	腾讯空影无人机在 2016 年 10 月出售，优势在于低价和微信分享
3	华为	2016 年 7 月宣布进军无人机领域
4	高通	2015 年 9 月推出骁龙飞行平台，2016 年推出 Dobby、Hover Camera 等多款骁龙无人机使用平台
5	海康威视	定位于无人机应用、飞行器、云台、地面站全套自主设计和提供整体化解决方案

资料来源：CCID/JSSIA 整理。

十二、2016 年中国卫星导航产业发展情况

据 CCID 统计报道显示：2016 年中国卫星导航产业规模达 376.1 亿元，同比增长 34%（见图 3.4.23）。

2016 年上半年，中国北斗导航基带、射频芯片/模块销量突破 2400 万片，测量高精度板卡销量近 12 万套，导航天线销售 400 万套，高精度天线销量超过 50 万只。

2016 年 8 月，长沙北斗产业安全技术研究院成立。2016 年 9 月，上海北斗导航创新研究院成立。"互联网+北斗"成为新业态、新模式，在校园安全、民生保健、农业鱼牧、智能电网、智能交通、智能手机等领域发挥了重要的作用，在国家安全、航天航空航海中发挥了不可替代的作用。

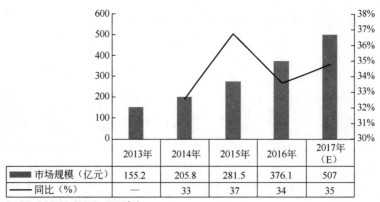

	2013年	2014年	2015年	2016年	2017年（E）
市场规模（亿元）	155.2	205.8	281.5	376.1	507
同比（%）	—	33	37	34	35

CAGR=26.71%（2013—2017年）

图3.4.23 2013—2017年中国卫星导航产业市场规模及增长情况

十三、2016年中国电源管理电路产品市场情况

2016年世界电源管理电路产品市场预计为390亿美元，同比增长4.8%，增幅同比下降1.7%个百分点（见图3.4.24）。

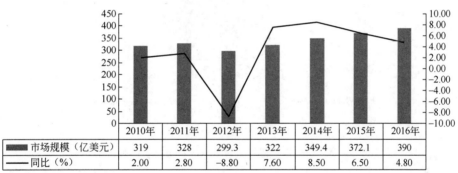

	2010年	2011年	2012年	2013年	2014年	2015年	2016年
市场规模（亿美元）	319	328	299.3	322	349.4	372.1	390
同比（%）	2.00	2.80	-8.80	7.60	8.50	6.50	4.80

CAGR=3.41%（2010—2016年）
资料来源：JSSIA整理。

图3.4.24 2010—2016年世界电源管理电路产品市场规模及增长情况

2016年世界电源管理电路芯片出货量预计为14.31亿颗，同比增长9.8%（见图3.4.25）。

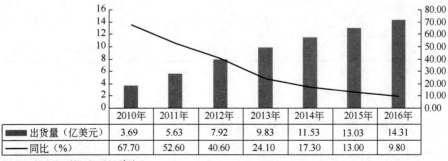

	2010年	2011年	2012年	2013年	2014年	2015年	2016年
出货量（亿美元）	3.69	5.63	7.92	9.83	11.53	13.03	14.31
同比（%）	67.70	52.60	40.60	24.10	17.30	13.00	9.80

CAGR=25.34%（2010—2016年）
资料来源：CCID/JSSIA整理。

图3.4.25 2010—2016年世界电源管理电路芯片出货量规模及增长情况

2016 年中国电源管理电路市场规模预计达 723.0 亿元，同比增长 14.0%（见图 3.4.26）。

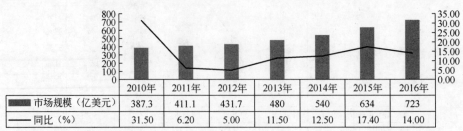

	2010年	2011年	2012年	2013年	2014年	2015年	2016年
市场规模（亿美元）	387.3	411.1	431.7	480	540	634	723
同比（%）	31.50	6.20	5.00	11.50	12.50	17.40	14.00

CAGR=9.33%（2010—2016年）
资料来源：CCID/JSSIA整理。

图 3.4.26 2010—2016 年中国电源管理电路市场规模及增长情况

2016 年智能电源管理芯片市场各品牌市占率如图 3.4.27 所示。

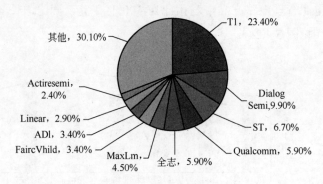

图 3.4.27 2016 年智能电源管理芯片市场各品牌市占率

2010—2016 年中国智能电源管理芯片出货量及增长情况见表 3.4.13。

表3.4.13 2010—2016年中国智能电源管理芯片出货量及增长情况

指标名称	2010 年	2011 年	2012 年	2013 年	2014 年	2015 年	2016 年
智能电源管理芯片出货量（亿颗）	2.40	3.85	5.11	6.53	8.02	9.62	11.26
同比增长率	87.5%	60.4%	32.7%	27.8%	22.8%	20.0%	17.0%

CAGR=24.71%（2010—2016 年）
资料来源：CCID/JSSIA 整理。

十四、2016 年中国智能电表产品市场情况

中国智能电表市场经过几年的增长、回落、再增长的反复，现正处于饱和的状况，产能过剩。多家智能电表厂商经历市场拼杀，已显得疲惫不堪。据有关产业信息，2016 年同比再呈下滑的状态，产量约为 2.1 亿只，同比下降 8.7%（见表 3.4.14）。

表3.4.14 2011—2016年中国智能电表产量规模及增长情况

指标名称	2011 年	2012 年	2013 年	2014 年	2015 年	2016 年	CAGR
产量规模（万只）	9850	10920	24600	22200	23000	21000	13.45%
同比	—	10.9%	125.3%	-9.7%	3.6%	-8.7%	—

2010—2016 年中国电力载波芯片市场规模及增长情况见表 3.4.15。

表3.4.15 2010—2016年中国电力载波芯片市场规模及增长情况

指标名称	2010 年	2011 年	2012 年	2013 年	2014 年	2015 年	2016 年	CAGR
产量规模（亿元）	2.5	4.3	6.2	10.0	12.2	14.4	14.0	33.26%
同比	108.3%	72.0%	44.0%	61.3%	22.0%	8.0%	-2.8%	—

2010—2016 年中国智能电表安装与出口情况见表 3.4.16。

表3.4.16 2010—2016年中国智能电表安装与出口情况

指标名称	2010 年	2011 年	2012 年	2013 年	2014 年	2015 年	2016 年	CAGR
国内安装量	2182	2424	2667	3152	3636	4364	4606	11.26%
同比	28.6%	11.1%	10.0%	18.2%	15.4%	20.0%	5.5%	—
出口量	7394	7758	8000	8242	8727	9212	9697	3.95%
同比	1.7%	4.9%	3.1%	3.0%	5.9%	5.6%	5.3%	—

资料来源：CCID/JSSIA 整理。

十五、2016 年中国通信设备产品市场情况

据CCID统计报道：2016年中国通信设备市场销售规模达2679.7亿元，同比下降13.20%（见图 3.4.28）。

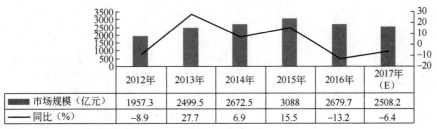

	2012年	2013年	2014年	2015年	2016年	2017年（E）
市场规模（亿元）	1957.3	2499.5	2672.5	3088	2679.7	2508.2
同比（%）	-8.9	27.7	6.9	15.5	-13.2	-6.4

CAGR=4.22%（2012—2017年）
资料来源：CCID（2017.3）。

图 3.4.28 2012—2017 年中国通信设备市场规模及增长情况

2016 年中国通信设备市场产品结构见图 3.4.29。

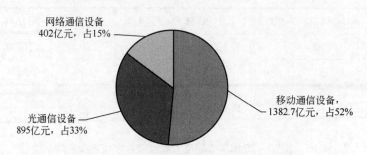

图 3.4.29　2016 年中国通信设备市场产品结构

2017 年中国通信设备市场规模预测见表 3.4.17。

表3.4.17　2017年中国通信设备市场规模预测

序号	指标名称	2017 年			2016 年		
		销售额（亿元）	占比（%）	同比（%）	销售额（亿元）	占比（%）	同比（%）
1	移动通信设备	1116.1	44.5	−19.3	1382.7	51.6	5.6
2	光通信设备	970.7	38.7	8.5	895	33.4	—
3	网络通信设备	421.4	16.8	4.8	402	15	—
	合计	2508.2	100.0	−6.4	2699.7	100	−13.2

资料来源：CCID/JSSIA 整理。

十六、2016 年中国智能硬件产品市场情况

据 CCID 报道：随着物联网的高速发展，智能硬件市场迎来高速发展期，从 2012 年的营业收入 12.6 亿元，增长到 2015 年的 430.4 亿元，年均增速达 228.7%，到 2016 年可达到 1039.8 亿元，同比增长 141.6%，仍保持高速发展的态势，预计到 2018 年将达到 3034.2 亿元的规模，年均增长 118.9%（见图 3.4.30）。2016 年与 2012 年中国智能硬件市场规模对照见表 3.4.18。

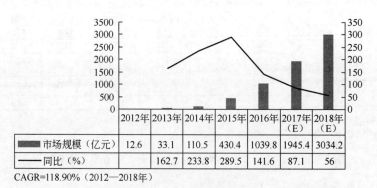

	2012年	2013年	2014年	2015年	2016年	2017年（E）	2018年（E）
市场规模（亿元）	12.6	33.1	110.5	430.4	1039.8	1945.4	3034.2
同比（%）		162.7	233.8	289.5	141.6	87.1	56

CAGR=118.90%（2012—2018年）

图 3.4.30　2012—2018 年中国智能硬件产品市场规模及增长情况

表3.4.18 2016年与2012年中国智能硬件市场规模对照表

序号	指标名称	2016 年			2012 年		CAGR（%）
		金额（亿元）	占比（%）	2016 年与 2012 年市场规模之比	金额（亿元）	占比（%）	
1	智能家居	371.28	35.7	80.5	4.61	36.6	107.81
2	个人穿戴	216.32	20.8	73.1	2.96	23.5	104.47
3	交通出行	163.28	15.7	95.5	1.71	13.6	113.79
4	医疗健康	57.20	5.5	101.0	0.52	4.1	118.89
5	其他产品	231.92	22.3	82.8	2.80	22.2	108.78
	合计	1039.8	100.0	82.5	12.6	100.0	108.66

十七、2016 年中国信息安全产品市场情况

2016 年，安全泄漏事件频发，DDOS、勒索软件、远程控制、电信骚扰、电信诈骗不断升级。信息安全关注度不断提升，政府部门、重点行业对信息安全产品和服务加大投入，我国信息安全市场依然保持较好的发展势头。据 CCID 统计显示，2016 年我国信息安全市场规模达 338.39 亿元，同比增长 22.3%；2017 年将达到 410.5 亿元，同比增长 21.3%（见图 3.4.31）。

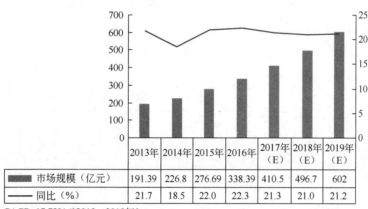

	2013年	2014年	2015年	2016年	2017年（E）	2018年（E）	2019年（E）
市场规模（亿元）	191.39	226.8	276.69	338.39	410.5	496.7	602
同比（%）	21.7	18.5	22.0	22.3	21.3	21.0	21.2

CAGR=17.79%（2013—2019年）

图 3.4.31 2013—2019 年中国信息安全产品市场规模及增长情况

2017 年，信息安全重点关注金融、能源、电力、通信、交通等领域；关键信息基础是国家经济运营的中枢，是网络安全、云管理平台的重中之重。我国信息安全产品市场应用和发展前景广阔。

十八、2016 年中国云计算产业市场情况

据《中国电子报》报道：2016 年世界公共云服务市场规模达到 2040 亿美元，比 2015 年增长 16.6%（见图 3.4.32）。而 2016 年世界 IT 支出总额达到 3.54 万亿美元，比 2015 年的 3.52 万亿美元仅增长 0.60%。

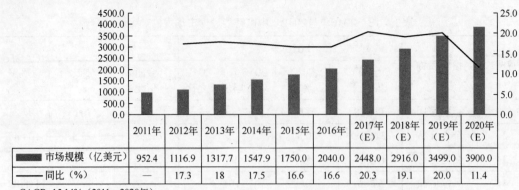

	2011年	2012年	2013年	2014年	2015年	2016年	2017年（E）	2018年（E）	2019年（E）	2020年（E）
■ 市场规模（亿美元）	952.4	1116.9	1317.7	1547.9	1750.0	2040.0	2448.0	2916.0	3499.0	3900.0
— 同比（%）	—	17.3	18	17.5	16.6	16.6	20.3	19.1	20.0	11.4

CAGR=15.14%（2011—2020年）

图 3.4.32　2011—2020 年世界公共云服务市场规模及增长情况

据 IDC 报道，2016 年世界公有云和基础设施总额为 984.7 亿美元。公有云由 IaaS（基础设施服务）、PasS（平台服务）和 SaaS（软件服务）所组成，其中，SaaS 占近 70%的份额。

2016 年世界知名云计算公司得到快速发展，所占比例也同时提升，如在 2016 年第四季度，AWS 营收额为 35 亿美元，同比增长 47%；微软"知能云"营业收入持平；阿里云"智能云"营业收入为 17.64 亿美元，同比增长 115%。

据国际数据公司（IDC）报道，2017 年全球云计算产业营收额将达到 2448 亿美元，同比增长 20.3%；2017 年世界公有云服务和基础设施总额达 1225 亿美元，同比增长 24.4%。

中国云计算市场保持快速增长的态势，2016 年规模达到 2797 亿元，同比增长 41.7%（见图 3.4.33）。2013—2019 年中国公有云服务市场规模及增长情况见图 3.4.34。

	2013年	2014年	2015年	2016年	2017年（E）	2018年（E）	2019年（E）
■ 市场规模（亿元）	804.7	1315.8	1974.6	2797	3686.5	4631.8	5706.4
— 同比（%）	67	63.5	50.1	41.7	31.8	25.6	23.2

CAGR=32.29%（2013—2019年）
资料来源：CCID（2017.3）。

图 3.4.33　2013—2019 年中国云计算市场规模及增长情况

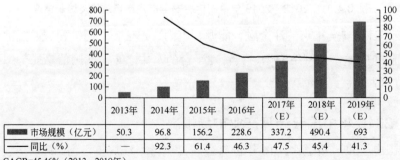

	2013年	2014年	2015年	2016年	2017年（E）	2018年（E）	2019年（E）
■ 市场规模（亿元）	50.3	96.8	156.2	228.6	337.2	490.4	693
— 同比（%）	—	92.3	61.4	46.3	47.5	45.4	41.3

CAGR=45.46%（2013—2019年）
资料来源：CCID（2017.3）。

图 3.4.34　2013—2019 年中国公有云服务市场规模及增长情况

十九、2016 年中国大数据产业市场情况

据《2015 年中国大数据交易白皮书》显示，2016 年全球大数据市场规模为 663 亿美元（见图 3.4.35）。2016 年世界大数据市场应用结构见图 3.4.36。

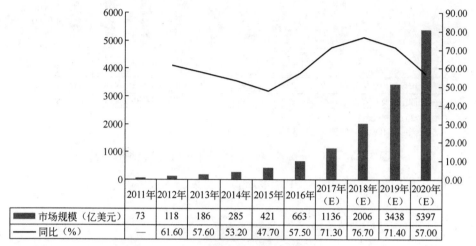

	2011年	2012年	2013年	2014年	2015年	2016年	2017年（E）	2018年（E）	2019年（E）	2020年（E）
▮ 市场规模（亿美元）	73	118	186	285	421	663	1136	2006	3438	5397
— 同比（%）	—	61.60	57.60	53.20	47.70	57.50	71.30	76.70	71.40	57.00

CAGR=53.77%（2011—2020 年）

图 3.4.35　2011—2020 年世界大数据市场规模及发展预测

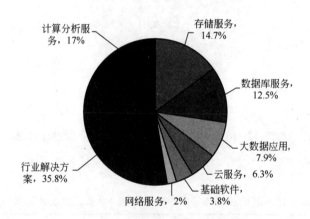

图 3.4.36　2016 年世界大数据市场应用结构

2016 年 1 月国家工信部《大数据产业发展规划（2016—2020 年）》正式印发，进一步明确促进我国大数据产业发展的主要任务、重大工程和保障措施。随着政府对大数据技术和产业创新发展的支持力度的增大，我国大数据产业将保持快速发展的态势。

据 CCID 报道，2016 年我国大数据产业市场规模达到 3097.7 亿元，同比增长 34.5%，预计到 2017 年将达到 4185 亿元，同比增长 35.1%。未来几年将保持在 35% 左右的速度发展（见图 3.4.37）。

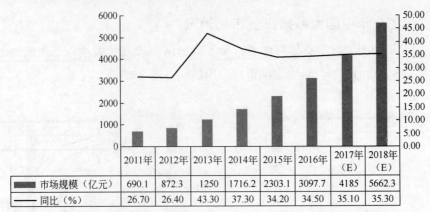

	2011年	2012年	2013年	2014年	2015年	2016年	2017年（E）	2018年（E）
市场规模（亿元）	690.1	872.3	1250	1716.2	2303.1	3097.7	4185	5662.3
同比（%）	26.70	26.40	43.30	37.30	34.20	34.50	35.10	35.30

CAGR=30.09%（2011—2018年）
资料来源：CCID/JSSIA整理（2017.3）。

图 3.4.37　2011—2018年中国大数据市场规模及增长情况

2016年中国大数据产业市场应用领域所占比重见图3.4.38。

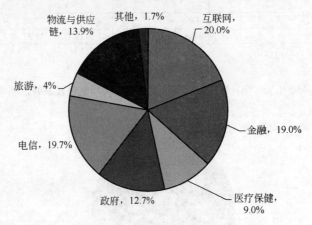

图 3.4.38　2016年中国大数据行业市场应用领域所占比重

截至2016年年底中国大数据产业集聚发展地区状况见表3.4.19。

表3.4.19　截至2016年年底中国大数据产业集聚发展地区状况

地区	应用类型
东北地区	行业大数据
京津冀地区	大数据协同发展
长三角地区	结合智慧城市、云计算
珠三角地区	产业应用和发展
中西部地区	产业发展新增长点

2014—2017年中国大数据产业投资规模情况见图3.4.39。

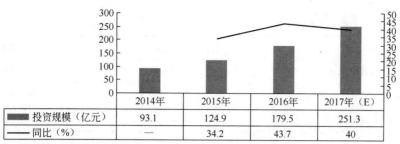

	2014年	2015年	2016年	2017年（E）
投资规模（亿元）	93.1	124.9	179.5	251.3
同比（%）	—	34.2	43.7	40

CAGR=28.18%（2014—2017年）

图 3.4.39　2014—2017 年中国大数据产业投资规模

二十、2016 年中国软件产业情况

据工信部运行监测协调局数据显示：2016 年我国软件和软件业务收入 1.54 万亿元，同比增长 12.8%，增速比 2015 年提高 0.9 个百分点（见表 3.4.20）。软件和信息服务业实现利润 6021 亿元，同比增长 14.9%，增速比 2015 年回落 4.6 个百分点（见表 3.4.21）；软件实现出口 519 亿美元，同比增长 5.8%，增速比 2015 年提高 4.1 个百分点（见表 3.4.22）。江苏省软件产业位居全国之首位，同比增长 14.4%。

表3.4.20　2016年1—12月中国软件业收入增长情况

月份	1—2	1—3	1—4	1—5	1—6	1—7	1—8	1—9	1—10	1—11	1—12	全年
2016 年（%）	15.5	15.5	15.3	14.9	15.1	14.8	14.8	14.7	14.7	14.7	14.8	14.8
2015 年（%）	15.8	16.7	16.7	17.1	17.1	16.6	16.7	16.5	16.4	16.2	15.7	15.7
同比（%）	-0.3	-1.2	-1.3	-2.2	-2.0	-1.8	-1.5	-1.8	-1.7	-1.5	-0.9	-0.9

表3.4.21　2016年1—12月中国软件业利润总额增长走势情况

月份	1—2	1—3	1—4	1—5	1—6	1—7	1—8	1—9	1—10	1—11	1—12	全年
2016 年（%）	20.0	18.8	17.8	13.5	21.6	21.1	21.3	19.3	18.6	19.8	14.9	14.9
2015 年（%）	11.7	9.1	11.5	8.5	12.6	12.8	9.0	9.4	9.3	10.8	19.5	19.5
同比（%）	8.3	9.7	6.3	5.0	9.0	8.3	12.3	9.9	9.3	9.0	-4.6	-4.6

表3.4.22　2016年1—12月中国软件业出口增长情况

月份	1—2	1—3	1—4	1—5	1—6	1—7	1—8	1—9	1—10	1—11	1—12	全年
2016 年（%）	3.5	5.6	5.8	6.4	6.5	6.9	6.9	7.0	5.9	7.0	5.8	5.8
2015 年（%）	11.6	9.7	6.0	5.4	5.7	6.5	6.1	5.0	5.2	5.0	1.7	1.7
同比（%）	-8.1	-4.1	-0.2	1.0	0.8	0.4	0.8	2.0	0.7	2.0	4.1	4.1

2016 年我国软件和信息技术服务业收入达 4.9 万亿元，同比增长 14.9%。各类别情况见表 3.4.23。

表3.4.23　2016年我国软件和信息技术服务业各类别情况

类别	收入（万亿元）	同比
软件产品	1.54	12.8%
信息技术服务	2.51	16%
嵌入式系统	0.8	15.50%

2016 年我国软件业业务收入前五名省市：江苏省、广东省均超过 8000 亿元，北京市超过 6000 亿元，山东省超过 4000 亿元，上海市近 4000 亿元。2016 年我国软件业业务收入增长率排名前十的省市见表 3.4.24。

表3.4.24　2016年我国软件业业务收入增长率排名前十的省市

省市名	江苏	广东	北京	山东	上海	浙江	四川	福建	辽宁	陕西
增长率（%）	14.4	15.4	11.6	17.9	13.0	18.6	14.0	18.5	3.8	21.7

据 CCID 报告显示，2016 年中国工业软件业市场规模为1241.9 亿元，同比增长 15.00%，2017 年预计为 1435.6 亿元，同比增长 15.6%（见图 3.4.40）。

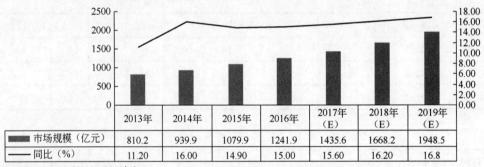

	2013年	2014年	2015年	2016年	2017年（E）	2018年（E）	2019年（E）
市场规模（亿元）	810.2	939.9	1079.9	1241.9	1435.6	1668.2	1948.5
同比（%）	11.20	16.00	14.90	15.00	15.60	16.20	16.8

CAGR=13.36%（2013—2019年）
资料来源：CCID（2017.3）。

图 3.4.40　2013—2019 年中国工业软件产业市场规模及增长情况

二十一、2016 年中国连接器产品市场情况

2016 年世界连接器产品市场约为 559.4 亿美元，同比增长 3.20%（见表 3.4.25）。

表3.4.25　2013—2018年世界连接器市场规模及增长情况

指标名称　　年份	2013	2014	2015	2016	2017（E）	2018（E）	CAGR
市场规模（亿美元）	537.8	567.9	542.1	559.4	577.3	595.8	2.09%
同比（%）	—	5.6	-4.5	3.2	3.2	3.2	—

2016 年世界连接器细分市场规模及所占比重情况见表 3.4.26。

表3.4.26　2016年世界连接器细分市场规模及所占比重情况

序号	产品领域	市场规模（亿美元）	占比（%）	序号	产品领域	市场规模（亿美元）	占比（%）
1	汽车	124.2	22.2	7	消费电子	29.1	5.2
2	电信和数据通信	114.1	20.4	8	医疗	18.5	3.3
3	计算机与周边产品	91.2	16.3	9	仪器仪表	12.9	2.3
4	工业	66.6	11.9	10	商业与办公设备	8.4	1.5
5	军事航空	34.1	6.1	11	其他	26.9	4.8
6	运输	33.6	6.0		合计	559.4	100.0

2016 年中国连接器产品市场为 1394.9 亿元，同比增长 5.00%（见表 3.4.27），占世界连接器产品市场的 38.4%。2016 年中国连机器企业产品毛利率为 15%左右，汽车连接器企业产品毛利率稳定在 30%上下。

2013—2018 年中国汽车连接器产品、手机连接器产品市场规模及增长情况分别见表 3.4.28、表 3.4.29。2016 年中国汽车连接器市场占中国连接器产品市场总值的 40%以上。

表3.4.27　2013—2018年中国连接器产品市场规模及增长情况

指标名称 ＼ 年份	2013	2014	2015	2016	2017（E）	2018（E）	CAGR
市场规模（亿元）	1141.3	1270.5	1328.5	1394.9	1464.7	1537.9	5.07%
同比（%）	—	11.3	4.6	5.0	5.0	5.0	—

表3.4.28　2013—2018年中国汽车连接器产品市场规模及增长情况

指标名称 ＼ 年份	2013	2014	2015	2016	2017（E）	2018（E）	CAGR
市场规模（亿元）	425	460	507	560	650	710	8.86%
同比（%）	9.0	8.2	2.2	4.5	6.1	9.2	—

表3.4.29　2013—2018年中国手机连接器产品市场规模及增长情况

指标名称 ＼ 年份	2013	2014	2015	2016	2017（E）	2018（E）	CAGR
市场规模（亿元）	97.7	108.4	119.2	123.7	127.9	132.4	4.77%
同比（%）	—	11.0	10.0	3.8	3.4	3.5	—

第五节　2016 年中国手机产品市场情况

（一）2016 年手机产品市场概况

2016 年世界手机出货量约为 27.3 亿部，同比增长 2.6%（见图 3.5.1），其中智能手机出货量约为 15.3 亿部，同比增长 5%，占比为 56%。

	2011年	2012年	2013年	2014年	2015年	2016年	2017年（E）
出货量（亿部）	21.3	22.9	23.9	25.1	26.6	27.3	27.9
增长率	8.00%	7.50%	4.20%	5.00%	5.80%	2.60%	2.30%

CAGR=3.93 %（2011—2017年）

资料来源：CCS/IDC/JSSIA整理（2017.2）。

图 3.5.1　2011—2016 年世界手机出货量

2012—2016 年世界智能手机出货量排名前十厂商见表 3.5.1。2016 年智能手机前十大企业品牌出货量占比见图 3.5.2。

表3.5.1　2012—2016年世界智能手机出货量排名前十厂商

单位：百万部

序号	厂商名称	国家	2012 年	2013 年		2014 年		2015 年		2016 年	
			出货量	出货量	同比（%）	出货量	同比（%）	出货量	同比（%）	出货量	同比（%）
1	三星 Samsung	韩国	210.7	320.0	51.9	318.0	-0.6	320.0	0.6	310.0	−3.1
2	苹果（APPLE）	美国	135.8	153.4	13.0	192.7	25.6	231.5	20.1	215.4	−7.0
3	华为（Huawei）	中国	32.0	50.6	58.1	73.5	45.3	108.0	46.9	139.0	28.7
4	欧珀（OPPO）	中国	5.6	15.1	169.6	25.1	66.2	46.0	81.3	95.0	106.5
5	维沃（vivo）	中国	7.0	14.1	101.4	24.5	73.8	42.0	71.4	82.0	95.2
6	小米（Xiaomi）	中国	7.0	18.7	167.1	61.1	226.7	73.0	19.5	58.0	−20.5
7	中兴（ZTE）	中国	25.0	40.0	60.0	48.0	20.0	52.8	10.0	57.0	8.0

续表

序号	厂商名称	国家	2012年	2013年		2014年		2015年		2016年	
			出货量	出货量	同比（%）	出货量	同比（%）	出货量	同比（%）	出货量	同比（%）
8	LG	韩国	26.3	47.6	81.0	59.2	24.4	59.7	0.8	55.1	−7.7
9	联想（lenovo）	中国	23.7	45.9	93.7	59.4	29.4	73.9	24.4	50.0	−32.3
10	TCL	中国	6.5	17.6	170.8	41.5	135.8	43.2	4.1	34.0	−21.3
	合计		479.6	723.0	50.8	903.0	24.9	1050.1	16.3	1095.5	4.3

资料来源：半导体行业观察。

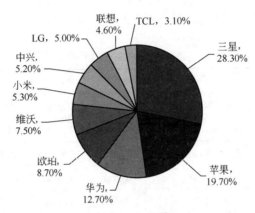

图 3.5.2　2016 年世界智能手机前十大企业品牌出货量占比

前五大手机厂商出货量占前十位厂商出货总量的 76.9%。2016—2017 年世界智能手机厂商使用的主芯片选型情况见表 3.5.2。

表3.5.2　2016—2017年世界智能手机厂商使用的主芯片选型情况

序号	厂商名称	主要芯片选型
1	三星	采用自研自制芯片 SDM835/高通公司的 MSM8998
2	苹果	采用自研自制芯片
3	华为	海思的 Kirin960 和 965，部分会用高通 MSM8953/8940
4	欧珀	主要使用高通的 MSM8953/8976，后面还讲采用 MSM8998/8979
5	维沃	主要使用高通的 MSM8953/8976，后面还讲采用 MSM8998/8979，低端会使用 MSM/8917
6	小米	主要使用高通的 MSM8953/8976，后面还讲采用 MSM8998/8979，低端会使用 MSM/8917

据 IC Insights 报道：2016 年世界手机芯片市场被高通、联发科、三星和海思四家厂商瓜分，占手机芯片市场的 96%。其中，高通骁龙芯片占比最高达到近六成，霸主地位稳固（见图 3.5.3）。

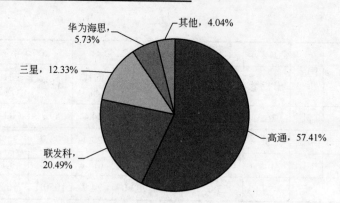

图 3.5.3　2016 年世界手机芯片市场占比

2016 年手机主芯片厂商制程情况见表 3.5.3。

表3.5.3　2016年手机主芯片厂商制程情况

序号	厂商名称	型号	制程	工艺
1	高通	骁龙 830	10nm	FinFET（LPE/LPP）
		骁龙 821/820	14nm	FinFET（LPP）
		骁龙 650/652	28nm	HKMG（HPM）
		骁龙 430	14nm	FinFET（LPP）
		骁龙 626	28nm	Poly/SiON（LP）
2	联发科	Helio X30	10nm	FinFET Plus（FF++）
		Helio X20/25	20nm	HKMH（单一工艺）
		Helio P20	28nm	HKMG（HPC+）
		Helio P11	16nm	FinFET Compact（FFC）
3	三星	Exynos 9	10nm	FinFET（LPE/LPP）
		Exynos 8890/8895	14nm	FinFET（LPP）
4	苹果	A11	10nm	FinFET Plus（FF++）/ FinFET（LPE/LPP）
		A10	16nm	FinFET（LPP）
5	海思	麒麟 960	16nm	FinFET Plus（FF++）
		麒麟 955/950	16nm	FinFET Plus（FF++）
		麒麟 650	16nm	FinFET Plus（FF++）

海通证券（2017.5.30）。

（二）2016 年中国手机产量及增长情况

据工信部运监局统计报道：2016 年中国手机产量约为 21.0 亿部，同比增长 13.6%，是喜获丰收之年，增幅比 2015 年提升 8.2 个百分点（见图 3.5.4）。

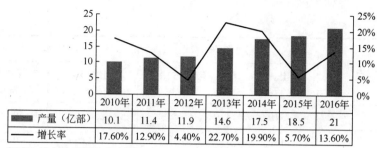

	2010年	2011年	2012年	2013年	2014年	2015年	2016年
产量（亿部）	10.1	11.4	11.9	14.6	17.5	18.5	21
增长率	17.60%	12.90%	4.40%	22.70%	19.90%	5.70%	13.60%

CAGR=10.64%（2010—2016年）
资料来源：JSSIA整理。

图 3.5.4 2010—2016 年中国手机产量及增长情况

2016 年中国智能手机（3G、4G）产量约为 14.5 亿部，同比增长 9.9%，占总产量的 69.0%。

2016 年中国手机产量约占全球手机总产量的 70%。

2016 年 2 月—2017 年 2 月中国国内手机出货量及各类别占比情况见表 3.5.4。

表3.5.4 2016年2月—2017年2月中国国内手机出货量及各类别占比情况

年月 指标名称	2016 年											2017 年	
	1—2	3	4	5	6	7	8	9	10	11	12	1	2
出货量（万台）	2222	4468	4255	5017	4456	5087	4757	4773	4232	5452	6316	4685	2956
其中：4G 占比（%）	91.6	90.0	93.2	94.1	93.6	94.6	93.3	90.1	91.8	94.4	95.6	96.3	94.2
3G 占比（%）	7.3	8.7	6.1	5.5	5.7	5.0	6.0	8.4	7.5	5.4	4.2	3.5	5.5
2G 占比（%）	1.0	1.4	0.7	0.4	0.6	0.4	0.7	1.5	0.6	0.2	0.2	0.2	0.3

据 IDC 数据显示，2016 年中国国内智能手机市场出货量为 4.67 亿部，同比增长 8.7%，增幅高于 2015 年 1.6 个百分点。2016 年中国国内手机市场厂商出货量排名前五名的企业情况见表 3.5.5。

表3.5.5 2016年中国国内手机市场厂商出货量排名前五名的企业情况

序号	厂商名称	2016 年		2015 年		2016/2015 年增长
		出货量 （百万）	市场占比 （%）	出货量 （百万）	市场占比 （%）	
1	欧珀（OPPO）	78.4	16.8	35.3	8.2	122.2
2	华为（Huawei）	76.6	16.4	62.9	14.6	21.8
3	维沃（vivo）	69.2	14.8	35.1	8.2	96.9
4	苹果（Apple）	44.9	9.6	58.4	13.6	-23.2
5	小米（Xiaomi）	41.5	8.9	64.9	15.1	-36

续表

序号	厂商名称	2016 年		2015 年		2016/2015 年增长
		出货量（百万）	市场占比（%）	出货量（百万）	市场占比（%）	
	小计	310.6	66.5	256.6	59.7	21.0
	其他	156.7	33.5	173.4	40.3	-9.6
	合计	467.3	100	429.9	100	8.7

资料来源：IDC。

2016 年中国国内手机市场约为 5.44 亿部（含零售量），同比增长 5.1%（见图 3.5.5）；2010—2016 年中国国内智能手机市场规模及增长情况见图 3.5.6。

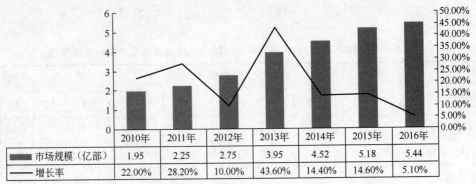

	2010年	2011年	2012年	2013年	2014年	2015年	2016年
市场规模（亿部）	1.95	2.25	2.75	3.95	4.52	5.18	5.44
增长率	22.00%	28.20%	10.00%	43.60%	14.40%	14.60%	5.10%

CAGR=15.78%（2010—2016 年）

图 3.5.5 2010—2016 年中国国内手机市场规模及增长情况

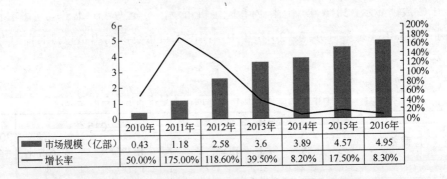

	2010年	2011年	2012年	2013年	2014年	2015年	2016年
市场规模（亿部）	0.43	1.18	2.58	3.6	3.89	4.57	4.95
增长率	50.00%	175.00%	118.60%	39.50%	8.20%	17.50%	8.30%

图 3.5.6 2010—2016 年中国国内智能手机市场规模及增长情况

（三）2016 年中国手机芯片市场情况

2016 年中国手机芯片市场销量为 406.4 亿块，同比增长 13.8%（见表 3.5.6）。

表3.5.6　2010—2020年中国手机芯片市场销量规模及增长情况

指标名称	单位	2010年	2011年	2012年	2013年	2014年	2015年	2016年	2017年（E）	2018年（E）	CAGR（%）
销量	亿块	149.9	218.9	223.1	278.0	320.8	357.1	406.4	449.5	490.4	13.08
同比	%	—	12.3	1.9	24.6	15.4	11.3	13.8	10.6	9.1	—

2016年中国手机芯片市场销售收入为2931亿元，同比增长17.7%（表3.5.7），销售收入增幅与销售量增幅基本同步。

表3.5.7　2010—2020年中国手机芯片市场销售收入规模及增长情况

年度	收入（亿元）	同比（%）	年度	收入（亿元）	同比（%）
2010	1363.3	—	2016	2931.0	17.7
2011	1506.5	10.5	2017	3230.9	10.2
2012	1582.2	5.0	2018	3534.6	9.4
2013	1936.2	22.4	2019	3820.9	8.1
2014	2248.5	16.1	2020	4141.9	8.4
2015	2491.3	10.8	CAGR（%）	10.63	—

2016年中国手机芯片各类产品销售情况见表3.5.8。

表3.5.8　2016年中国手机芯片各类产品销售情况

序号	产品名称	销量（亿块）	占比（%）	收入（亿元）	占比（%）
1	模拟电路（Analog Device）	191.4	47.1	491.6	17.4
2	标准产品（ASSP）	133.3	32.8	873.0	30.9
3	应用处理器（APPLic）	15.0	3.7	644.1	22.8
4	逻辑电路（Logic）	19.5	4.8	138.4	4.9
5	存储器（Memory）	47.1	11.6	678.0	24.0
	合计	406.4	100.0	2825.1	100

资料来源：CCID（2016.12）。

2016年手机芯片标准产品（ASSP）销售收入占比为30.9%，同比增长0.5个百分点。标准产品（ASSP）包括基带、音频解码、图像处理、无线连接、GPS、传感器等专用芯片。

2016年手机芯片中，模拟电路芯片销售量居第一位，占比达47.1%。

预计2017年中国手机芯片市场，指纹及触控芯片、存储芯片、CMOS图像传感芯片将成为主要增长点；2017年第一季度全球搭载指纹识别智能手机出货量约1.8亿部，占全球智能手机出货量的53.7%，同比上升18个百分点，预计第二季度同比上升57%，8英寸生产线的产能已经排满。

在未来几年里，虽然 VOLTE、载波聚合"4G+"等又对市场带来一定的替代需求，印度、拉丁美洲、非洲等海外市场有一定的需求拉动增长，但手机（智能手机）市场已超饱和、增速也会放缓。AMOLED 曲面、大屏、全屏等将是发展重点；在 5G 全面商用之前，手机芯片市场增速将会放缓。

● 华为：在主芯片方面，华为通过其子公司海思进行主芯片研发，依托丰富的 4G/5G 专利，重点在 Modem 进行发力，主打双摄。2017 年会推出 12+8 的双后摄，甚至会让 ODM 采用其算法，做荣耀系列的双摄手机。

● 欧珀：2016 年 OPPO 的 R9 出货 2000 万台，成为神话，2017 年 OPPO 出货量继续增长，但缺乏产业链布局和专利布局，进入后期会有所滞缓。

● 维沃：vivo 与 OPPO 同出师门，在 2016 年微创新是柔光自拍，抓住了年轻者的喜欢，在印度有一定的市场。2017 年 vivo 有可能发力赶超华为，但后续力量不及华为。

● 英伟达 2016 年第四季度营收破纪录达 21.7 亿美元，其中游戏业务带来 13.48 亿美元，同期增长 66.00%。

第六节　2016 年中国汽车电子市场情况

2016 年中国汽车产量达 2811.88 万辆，同比增长 14.8%，增幅同比提升 11.5 个百分点；汽车销量达 2802.82 万辆，同比增长 13.7%，增幅同比提升 8.9 个百分点，双双创历史新高。

2016 年乘用车产量达 2442.1 万辆，同比增长 15.5%，增速贡献为 92.3%；乘用车销量达 2437.7 万辆，同比增长 14.9%，增速贡献为 94.1%。2016 年汽车购置优惠政策 1.6 升以下乘用车销量为 1706.7 万辆，同比增长 21.4%，占乘用车销量比重的 72.2%，同比提升 3.6 个百分点，贡献率为 97.9%。

2016 年新能源汽车生产量达 51.7 万辆，同比增长 51.7%，其中纯电动汽车产量为 41.7 万辆，同比增长 63.9%；新能源汽车销售量达 50.7 万辆，同比增长 53.00%，其中纯电动汽车销量为 40.9 万辆，同比增长 65.1%。

2017 年 1 月 1 日起，国内购置 1.6 升及以下排量乘用车购置税按 7.5% 征收，鼓励政策的退坡也将成为中国汽车产销量下降的主要因素之一。购置税刺激政策在 2016 年促使汽车购置力提前释放，也将是影响 2017 年汽车产销市场下滑的主要原因。2018 年新能源汽车将迎来爆发之年。

（一）2016 年汽车电子市场概况

据 IC Insights 统计报道，2016 年世界汽车电子半导体市场规模为 229 亿美元，同比增长 10.8%（见图 3.6.1）。2016 年世界汽车电子半导体市场各类别产品所占比重见图 3.6.2。

	2014年	2015年	2016年	2017年（E）
销售额（亿美元）	211	206	229	280
同比	11.50%	−2.50%	10.80%	22.40%

资料来源：IC Insights（2017.5.25）。

图 3.6.1　2014—2017 年汽车电子半导体市场情况

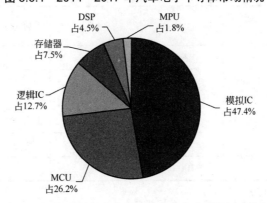

图 3.6.2　2016 年世界汽车电子半导体市场各类别产品所占比重

2016 年世界汽车电子半导体产品市场各类别产品发展及预测见表 3.6.1。

表3.6.1 2016年世界汽车电子半导体产品市场各类别产品发展及预测

序号	产品	2016 年（百万美元）	同比（%）	2016 年占比（%）	预测 2017 年占比（%）
1	Analog	10827	20.5	47.4	46.6
2	MCU	5989	9.9	26.2	23.5
3	Logic	2910	43.0	12.7	14.9
4	MOS Memory	1706	51.1	7.5	9.2
5	DSP	1026	9.7	4.5	4.0
6	MPU	405	21.5	1.8	1.8
	合计	22863	22.4	100.0	100.0

资料来源：IC Insights（2017.5）。

2016 年世界车用半导体厂商排名前十大企业情况见表 3.6.2。

表3.6.2 2016年世界车用半导体厂商排名前十大企业情况

排名	公司名称	2016 年市场占比（%）	2015 年市场占比（%）	市占率增减（百分点）	备注
1	恩智浦（NXP）	14	13.6	上升 0.4 个百分点	收购飞思卡尔（Freescale）
2	英飞凌（Infineon）	10.7	9.9	上升 0.8 个百分点	
3	瑞萨（Renesas）	9.6	9.3	上升 0.3 个百分点	
4	意法半导体（ST）	7.6	7.3	上升 0.3 个百分点	
5	德州仪器（TI）	6.9	6.4	上升 0.5 个百分点	
6	罗伯特博世（Robert Bosch）	5.9	5.0	上升 0.9 个百分点	
7	安森美半导体（ON Semiconductor）	4.4	4.0	上升 0.4 个百分点	
8	美国微芯科技（Microchip Technology）	2.9	3.0	下降 0.1 个百分点	
9	东芝（Toshiba）	2.6	2.6	平	
10	罗姆半导体集团（Rohm Semiconductor）	2.5	2.3	上升 0.2 个百分点	
前十大企业合计（TOP 10 Total）		67.1	63.4	上升 3.7 个百分点	
其他（Others）		32.9	36.6	下降 3.7 个百分点	
合计（Top）		100.0	100.0	—	

资料来源：SEMI（2017.3.31）。

（二）2016 年中国汽车电子市场规模及增长情况

2016 年中国汽车电子产品销售额为 4850 亿元，同比增长 15.0%；2017 年预计为 5578 亿元，同比增长 15%；2018 年预计为 6470 亿元，同比增长 16%（见图 3.6.3）。

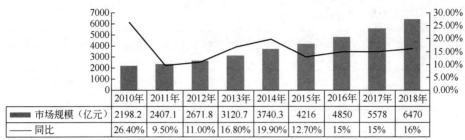

	2010年	2011年	2012年	2013年	2014年	2015年	2016年	2017年	2018年
▉ 市场规模（亿元）	2198.2	2407.1	2671.8	3120.7	3740.3	4216	4850	5578	6470
—— 同比	26.40%	9.50%	11.00%	16.80%	19.90%	12.70%	15%	15%	16%

CAGR=12.74%（2010—2018 年）
资料来源：CCID。

图 3.6.3　2010—2018 年中国汽车电子半导体市场规模及增长情况

2016 年中国汽车电子半导体市场各类产品应用规模及所占比重见图 3.6.4。

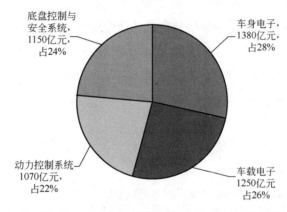

图 3.6.4　2016 年中国汽车电子半导体市场各类产品应用规模及所占比重

2016 年中国本土企业在车用芯片领域发展成就见表 3.6.3。

表3.6.3　2016年中国本土企业在车用芯片领域发展成就

企业	细分方向	新 成 绩
华为海思	汽车电子半导体设计	2015 年年底华为海思芯片方案击败高通等芯片巨头，与奔驰签署了为期十年的合同，其产品用于奔驰二代车载模块项目。此外，与奥迪也有合作，奥迪 2015 年款 Q7SUV 内置了华为 LTE 4G 车载通信模块
大唐恩智浦	汽车电子半导体设计	门驱动芯片是中国汽车电子前装市场的第一颗国产芯片，也是中国首个符合 AEC-Q100 行业标准的产品
四维图新	汽车电子半导体设计	6 亿美元收购 IC 设计企业联发科旗下的杰发科公司，主攻车载、车控类汽车电子芯片解决方案
北京君正集成电路公司	CMOS 图像传感器	2016 年 7 月，宣布以 120 亿元人民币收购豪威科技公司，6.2 亿美元收购思比科公司，深度布局 CMOS 市场

企业	细分方向	新 成 绩
比亚迪	新能源汽车 IGBT	已布局 IGBT 全产业链，包括芯片设计、晶圆制造、测试、封装、新能源汽车应用等。旗下比亚迪微电子公司与上海先进半导体制造公司正合作开发 IGBT 产品
中芯国际	代工制造	通过收购意大利 LFoundry 公司，获得具有汽车电子半导体产品经验的 8 英寸生产线
华虹宏力	代工制造	深耕 FS-IGBT 工艺产品，与多家合作单位推出 600V、1200V、1700V 等 IGBT 器件工艺

（三）中国汽车电子半导体市场发展预测

车载电子市场在前装和后装改装两个市场的推动下，未来三年的增速呈现先快后慢的特点。随着汽车信息和娱乐系统产品和服务的不断完善，多媒体系统、车载电视、车载 GPS 等产品的普及率将不断提升，推动车载电子市场的发展。

汽车电子产业的发展将为半导体企业带来四大发展机遇。

机遇一：智能化推动汽车半导体搭载数量和性能提升，ADAS 需大量 CMOS 传感器、MEMS 传感器等。

机遇二：新能源汽车对功率器件需求旺盛，大量逆变器、变压器、变流器对 IGBT、MOSFE、二极管器件需求高于传统汽车之要求——纯电动汽车的半导体成本达 740 美元，其中功率器件成本为 387 美元，占比达 55%。

机遇三：汽车智能化带来海量信息存储需求，车载信息娱乐（IVI）存储、ADAS 系统存储需求不断提高。

机遇四：汽车电子成为半导体新技术发展的驱动力，电子驱动激光需求向固态化发展；毫米波雷达向低成本 CMOS 工艺发展；新能源汽车推动新型 SiC 功率器件的应用等。

第七节　2016年中国平板显示器产品市场情况

（一）2016年中国平板显示器市场概况

据 IHS 报道，2016 年世界液晶面板出货量达 2.62 亿片，同比下降 5%，出货面积达 1.3 亿平方米。

2016 年中国平板显示器在世界显示器整体滑坡的背景下，销售收入为 1864.5 亿元，同比增长 13.0%，增速比 2015 年下降 4 个百分点（见图 3.7.1）。

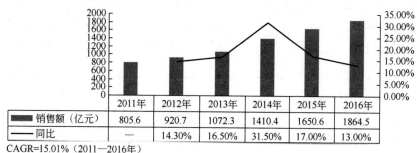

	2011年	2012年	2013年	2014年	2015年	2016年
销售额（亿元）	805.6	920.7	1072.3	1410.4	1650.6	1864.5
同比	—	14.30%	16.50%	31.50%	17.00%	13.00%

CAGR=15.01%（2011—2016年）
资料来源：CCID（2017.3）。

图 3.7.1　2011—2016 年中国显示器产业销售收入及增长情况

2016 年中国平板显示产业出货面积为 5700 万平方米，居世界第二位，申请专利 2 万件，申请海外专利占 10%。2016 年第四季度世界显示器面板主要生产厂家市占率情况见表 3.7.1。

表3.7.1　2016年第四季度世界显示器面板主要生产厂家市占率情况

序号	厂商名称	2016 年 Q4 市占率（%）	2015 年 Q4 市占率（%）	2016 年 成长率	2016Q4/2015Q4 市占率
1	京东方	22.0	16.4	27.4	提升 5.6 个百分点
2	乐金显示	19.1	21.3	-14.7	下降 2.2 个百分点
3	群创	16.2	16.7	-1.8	下降 0.5 个百分点
4	友达	13.6	13.1	-0.9	上升 0.5 个百分点
5	三星显示	10.4	13.8	-28.5	下降 3.4 个百分点
	其他厂家	18.7	19.8	-10.0	下降 1.1 个百分点
	合计	100.0	100.0	-4.9	—

资料来源：IHS（2017.4）。

2016—2018 年世界显示面板产销增长率情况见表 3.7.2。

表3.7.2 2016—2018年世界显示面板产销增长率情况

年度	2016 年	2017 年（E）	2018 年（E）
市场需求增长率（%）	6	7	5
产能增长率（%）	5	2	7
评述	需大于供	需大于供	供大于需

资料来源：IHS Markit（2017.4）。

2017 年电视机尺寸市场销量增长情况预测见表 3.7.3。

表3.7.3 2017年电视机尺寸市场销量增长情况预测

尺寸（英寸）	32	39	40	42	43	45	48	49	50	55	65	70	75	>75
增长率（%）	14.7	2.1	6.3	2.5	14	0.7	2.5	8.5	12.1	26.2	4.8	0.8	0.2	0.2
市场表现	☆				☆				☆	☆				

☆：表示比较畅销。

资料来源：中怡康/JSSIA 整理（2017.2）。

（二）2016 年中国 LCD 面板市场情况

表 3.7.4 列出了京东方投资建设 LCD 显示屏生产线的情况。

表3.7.4 京东方投资建设LCD显示屏生产线的情况

地点	项 目	时间	投资额（亿元）
北京	第 5 代 TFT-LCD 生产线	2003 年	110
成都	第 4.5 代 TFT-LCD 生产线	2008 年	34
合肥	第 6 代 TFT-LCD 生产线	2009 年	175
北京	第 8.5 代 TFT-LCD 生产线	2009 年	280
鄂尔多斯	第 5.5 代 LTPS/AMOLED 生产线	2011 年	220
合肥	第 8.5 代 TFT-LCD 生产线	2012 年	285
重庆	第 8.5 代 TFT-LCD 生产线	2013 年	328
成都	第 6 代 LTPS/AMOLED 生产线	2015 年	465
福州	第 8.5 代 TFT-LCD 生产线	2015 年	300
合肥	第 10.5 代 TFT-LCD 生产线	2015 年	458
绵阳	第 6 代 AMOLED 生产线	2016 年	465
合计			3062

资料来源：JSSIA 整理（2017.5）。

2016 年投资筹建、在建的 10 代以上液晶面板生产线投产期见表 3.7.5。

表3.7.5 2016年投资筹建、在建的10代以上液晶面板生产线投产期

投资商	技术水平	投资额	产能	投产期	地点
京东方	10.5 代	458 亿元	120K/月	2018Q1	合肥
华星光电	11 代	538 亿元	140K/月	2019Q1	深圳
惠科	10.5 代	610 亿元		2019 年	昆明

京东方在合肥投 10.5 代 LCD 液晶面板线,康宁公司在其旁边投资 13 亿美元建一座 10.5 代玻璃基板厂;华星光电和旭硝谈妥意向,旭硝为其提供玻璃基板,才能使 11 代线落地。

(三) 2016 年中国 OLED 面板市场情况

随着近年来 OLED 技术的不断成熟,平板显示器件产业正面临由 TFT-LCD 向 OLED 升级换代的关键时期,一方面,平板显示企业纷纷加码投资 OLED 器件,缩减 TFT-LCD 产能,2016 年,全球 OLED 显示器件领域投资超过 400 亿美元,三星、LG、夏普纷纷缩减 TFT-LCD 产能,增加 OLED 投资。另一方面,OLED 以其材料选择范围广、发光亮度和效率高、全彩色显示、视角宽、响应速度快、驱动电压低、制作过程相对简单、可柔性显示、可透明显示等优点,越来越多地被下游应用厂商及消费者所接受,特别是在智能手机领域,OLED 屏幕渗透率从 2013 年的 16%,增长到 2016 年的 23.4%,带动了上游产业的发展。

未来三年,随着国内近年投资建设的高世代 TFT-LCD 项目以及 AMOLED 项目规模投产,2017 年以后中国平板显示器件产业规模增速将呈逐年上升态势,预计到 2019 年,中国平板显示器件产业规模将达到 2735.3 亿元。

据 DSCC 报道:2016 年 OLED 产能 7500 万平方米。2016 年韩国 OLED 占世界市场的 92%,中国 OLED 市占率为 6%。

2016 年 OLED 面板市场需求 3.89 亿片。2017 年苹果手机采用 OLED 面板将占 25%~30%。

中国已建或在建的 OLED 产线情况见表 3.7.6。

表3.7.6 中国已建或在建的OLED产线情况

序号	面板厂商	产线代数	区域分布	设计产能	状态	总投资(亿元)
1	京东方	5.5	鄂尔多斯(B6)	54K/月	投产(2014Q2)	220
2	京东方	6	成都(B7)	48K/月	在建(预计 2017Q2 投产)	465
3	京东方	6	绵阳(B11)	48K/月	在建(预计 2019 年投产)	465
4	和辉光电	4.5	上海	21K/月	投产(2014Q4)	—
5	和辉光电	6	上海	30K/月	在建(预计 2019Q1 投产)	272.78

序号	面板厂商	产线代数	区域分布	设计产能	状态	总投资（亿元）
6	天马微电子	4.5	上海	2K/月	投产（托管）	4.916
7	天马微电子	5.5	上海	4K/月	投产（2015Q4）	100
8	天马微电子	6	武汉	30K/月	在建（预计2017H2投产）	120
9	维信诺	5.5	昆山	4K/月	投产（2015Q2）	—
10	黑牛食品（华夏幸福）	6	河北固安	30K/月	在建（预计2018年投产）	300
11	信利光电	4.5	惠州	30K/月	投产（2016Q4）	63
12	华星光电	6	武汉（T4）	45K/月	待定	350

数据来源：赛迪顾问2017.02/JSSIA整理。

第八节 2016 年存储器产品市场情况

一、2016 年存储器产品市场概况

受惠于世界智能手机的出货量增加和信息设备内存搭载量的不断增加，自 2016 年下半年起，世界存储器市场（包括 DRAM 和 NAND Flash）产销脱节、市场供不应求，产品价格飞快上涨，一扫近 18 个月来存储器低迷的现象，据 WSTS 和 SIA 报道，2016 年世界存储器市场为 767.7 亿美元，同比下降 0.6%（见图 3.8.1）。

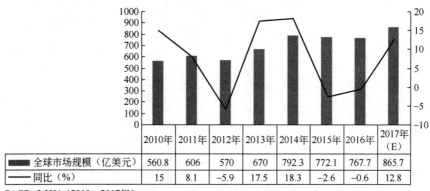

	2010年	2011年	2012年	2013年	2014年	2015年	2016年	2017年(E)
全球市场规模（亿美元）	560.8	606	570	670	792.3	772.1	767.7	865.7
同比（%）	15	8.1	−5.9	17.5	18.3	−2.6	−0.6	12.8

CAGR=5.58%（2010—2017年）
资料来源：WSTS/SIA/JSSIA整理（2017.5）。

图 3.8.1 2010—2017 年世界存储器市场规模及增长情况

2016 年世界存储器产品市场分类应用情况见表 3.8.1。在 2016 年存储器应用领域，网络通信首次超越计算机应用领域的占比率，居首位。2016 年世界存储器市场规模占集成电路领域的 24.4%。

表3.8.1 2016年世界存储器产品市场分类应用情况

应用市场	网络通信	计算机	消费电子	工业控制	汽车电子	其他	合计
占比（%）	30.6	26.4	21.9	12.8	3.9	4.4	100.0

中国是世界存储器的消费大国，占到世界近三分之一的消费需求量（见表 3.8.2）。其中，动态随机存取存储器占世界消费总量的 22%；NAND Flash 占世界消费总量的 29.1%。在电子信息产业消费总值中，有报道称存储器占比可达到 52.9%的份额。中国大陆所需的存储器产品几乎全部需要进口。

表3.8.2　2012—2016年中国存储器市场需求及增长情况

年份 指标名称	2012	2013	2014	2015	2016	CAGR（%）
市场需求额（亿元）	1746.0	1943.3	2465.5	2649.0	2930.0	10.91
同比（%）	-1.0	11.4	26.9	7.5	10.6	—

二、2016年存储器产品主要生产厂商情况

2016年世界存储器主要厂商情况见表3.8.3。三星、海力士、美光为世界存储器三巨头。

表3.8.3　2016年世界存储器主要厂商情况

序号	厂商名称	市场占比（%）
1	三星半导体	47.1
2	SK海力士	26.0
3	美光	19.6
4	南亚科	3.2
5	华邦电子	1.6
6	芯成半导体	0.5
7	晶豪科技	0.5
8	钰创	0.3
9	力积	0.1
	其他	1.0
合计		100.0

2016年世界NAND Flash主要厂商为三星、西数/闪迪、东芝、美光、海力士和英特尔六家企业，占全球NAND市场总值的96%以上，其中，三星一家独大，占全球总值35%的份额。

近两年来，3D NAND Flash市场风头正足，起到了市场的推动作用，2016年以3D NAND Flash 64层为主流技术，2017年三星将进入72层制程领域，并在2019年进入92层。SK海力士准备大干一场，64层直接跳跃进入96层技术领域，超越三星半导体。

2016年第四季度世界Flash前六大企业中，三星占到市场的1/3（见表3.8.4），其主要是生产工艺技术领先于其他企业，14纳米已导入生产制程，产出高容量的eMMCA/eMCCP面市，14纳米制程的TLC在未来市场竞争中更具实力。三星、美光、海力士、英特尔都取得了不俗的业绩。但东芝Flash产品售价出现下滑，市占率不升反降，由2015年的第二位下跌到2016年的第三位。2017年东芝半导体产品事业部将被公司出售，市场占有率可能更要下降。

表3.8.4　2016年Q4及2017年Q1世界Flash主要厂商业绩情况

序号	公司名称	2016 年 Q4 收入（百万美元）	2017 年 Q1 收入（百万美元）	环比（%）	2016 年 Q4 占比（%）	2017 年 Q1 占比（%）
1	三星（Samsung）	3984.5	4215.6	−5.8	33.3	35.4
2	西数/闪迪（WDC/SD）	2127.3	2133.7	0.3	17.8	17.9
3	东芝（Toshiba）	2095.8	1967.9	−6.5	17.5	16.5
4	美光（Micron）	1272.1	1412.0	11.0	10.6	11.9
5	SK 海力士（SK Hynix）	1156.6	1312.7	13.5	9.7	11.0
6	英特尔（Intel）	816.2	866.0	6.1	6.8	7.3
	前六家企业合计	11955.4	11907.8	−0.4	100	100

资料来源：拓墣产研院（2017.6）。

2016 年世界闪存市场中，NAND Flash 市场规模为 306 亿美元，占市场总规模的 97% 左右；而 NOR Flash 仅有 11 亿美元，只占市场总规模的 3%左右。由于 2016 年 NOR Flash 被市场看好，相比 2015 年同比增长了 57.10%，市占率也相应提升了 1 个百分点。

2016 年 NAND 闪存主要企业市占率情况见表 3.8.5。

表3.8.5　2016年NAND闪存主要企业市占率情况

序号	公司名称	2015 年（%）	2016 年第四季度（%）	2017 年第一季度（%）
1	三星	31.9	33.3	35.4
2	西数/闪迪	14.8	17.8	17.9
3	东芝	18.6	17.5	16.5
4	美光	14.5	10.6	11.9
5	SK 海力士	11.2	9.7	11.0
6	英特尔	8.9	6.8	7.3

3D NAND Flash 主要厂商产能和技术布局见表 3.8.6。

表3.8.6　3D NAND Flash主要厂商产能和技术布局

厂商名称	产能和技术布局
三星	考虑扩大 Line 17 产能，投片量由每月 4 万片提升到 5 万片，技术转进 18/14 纳米，3D NAND，拉大与竞争对手的距离。以 64 层为主流技术，推出高容量 32TB，争取发展到 72 层，目标为 92～96 层
海力士	由保守改为积极，M14 厂投片由每月 1.5 万片提升到 7 万片，在技术上 2015 年第四季度进入 21 纳米，2016 年产量占到 50%以上，在 2016 年 16～14 纳米导入生产，着手 3D NAND 从 48 层发展到 64 层产业化为主，跳过 72 层进入 96 层，计划另建工厂（利川市）扩大生产规模

厂商名称	产能和技术布局
美光	公司布局较慢，进入 20 纳米后，产量还不见提升，以 64 层为主，容量达 2TB，扩大产能 1 倍
东芝	生产 64 层，容量为 256GB，提升到 512GB，在 Fab2 工厂扩大闪存生产
英特尔	进入晚，进步快，在大连投入 55 亿美元，在 2016 年第一季度出芯片，2016 年实现月产达 4 万片

三、2016 年存储器产品市场供求和价格情况

由于受智能手机、大数据、物联网、汽车电子市场需求上扬的带动，从 2016 年下半年到年底，世界 DRAM、NAND Flash、NOR 等产品短缺、供不应求，使存储器市场价格一路飙升，使我国靠进口支撑的产品成本持续高涨。2016 年中国市场 DRAM 芯片、NAND Flash 芯片价格增长情况分别见表 3.8.7 和表 3.8.8。

表3.8.7　2016年中国DRAM芯片价格增长情况

季　度	Q1	Q2	Q3	Q4
片单价上涨（%）	−3.8	4.3	15.6	19.1

表3.8.8　2016年中国NAND Flash芯片价格增长情况

季　度	Q1	Q2	Q3	Q4
芯片单价上涨（%）	−2.8	2.2	10.6	18.7

面对每年巨大的存储芯片消耗量及本土在存储芯片的技术研发、制造水平中存在的严重不足，更凸显出发展我国存储器的迫切性和必要性。国家和地方政府已花大资金来发展存储生产线，建设多条 12 英寸晶圆生产线来支撑集成电路产业发展，如武汉长江存储、福建晋华、合肥长鑫等。在集成电路设计业中有兆易创新、珠海欧比特、西安华芯等，来加快提升自身研发实力。同时国外资本也大规模涌入中国大陆来发展存储器产业，如三星在西安扩产 3D NAND Flash，SK 海力士在无锡扩建 DRAM 工厂，英特尔在大连转产 3D NAND Flash，格罗方德在成都建设 DRAM 工厂，台积电在南京建设 12 英寸 DRAM 生产线。

第九节　2016 年中国物联网产品市场发展情况

一、2016 年中国物联网半导体市场概况

据市场调研机构 IC Insights 报告指出，世界连网装置数量的增长速度已超越上网人数，目前每年物联网（IoT）新连结的增加数量是上网人口的 6 倍。物联网半导体销售额 2016 年增长 19.5%，达到 184 亿美元（见图 3.9.1）。

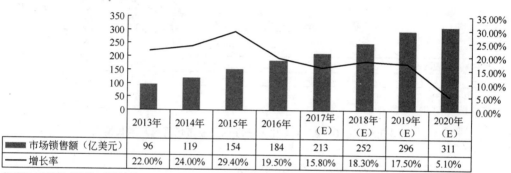

	2013年	2014年	2015年	2016年	2017年（E）	2018年（E）	2019年（E）	2020年（E）
市场锁售额（亿美元）	96	119	154	184	213	252	296	311
增长率	22.00%	24.00%	29.40%	19.50%	15.80%	18.30%	17.50%	5.10%

CAGR=15.83%（2013—2020年）
资料来源：IC Insights（2017.6）。

图 3.9.1　2013—2020 年世界物联网半导体市场销售发展情况

2016 年世界物联网半导体市场结构如图 3.9.2 所示。

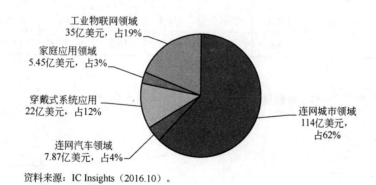

工业物联网领域
35亿美元，占19%

家庭应用领域
5.45亿美元，占3%

穿戴式系统应用
22亿美元，占12%

连网汽车领域
7.87亿美元，占4%

连网城市领域
114亿美元，占62%

资料来源：IC Insights（2016.10）。

图 3.9.2　2016 年世界物联网半导体市场结构

据分析机构 Marketsand Markets 报告：2016 年世界物联网芯片市场规模达 55.0 亿美元，同比增长 20.00%（见表 3.9.1）。

表3.9.1 2015—2018年世界物联网芯片市场规模

年 度	2015	2016	2017	2018
市场规模（亿美元）	45.8	55.0	65.0	71.5
同比（%）	—	20	18	10

资料来源：Marketsand/JSSIA 整理（2016.10）。

2016 年中国物联网产业市场规模为 9400 亿元，同比增长 25.30%（见图 3.9.3）。

	2010年	2011年	2012年	2013年	2014年	2015年	2016年	2017年（E）
市场规模（万亿元）	0.2	0.26	0.37	0.55	0.58	0.75	0.94	1.1
同比（%）	—	30.2	39	49.9	5.5	29.3	25.3	17

CAGR=23.75%（2010—2017年）
资料来源：CCID（2017.3）。

图 3.9.3 2010—2017 年中国物联网产业市场规模及增长情况

二、2016 年中国物联网设备市场情况

2016 年世界物联网设备市场为 266.6 亿美元，同比增长 15.20%，到 2017 年可达到 307.3 亿美元，同比增长 15.30%（见表 3.9.2）。

表3.9.2 2012—2018年世界物联网设备市场规模及增长情况

年 度	2012	2013	2014	2015	2016	2017	2018	CAGR
销售额（亿美元）	154.1	176.6	203.5	231.4	266.6	307.3	358.2	15.53%
增长率（%）	—	14.6	15.2	13.7	15.2	15.3	16.6	—

资料来源：HIS（2017.4）。

2016 年中国工业物联网整体规模及增长情况见图 3.9.4。

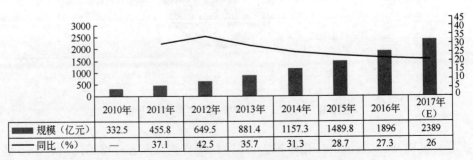

	2010年	2011年	2012年	2013年	2014年	2015年	2016年	2017年（E）
规模（亿元）	332.5	455.8	649.5	881.4	1157.3	1489.8	1896	2389
同比（%）	—	37.1	42.5	35.7	31.3	28.7	27.3	26

图 3.9.4 2016 年中国工业物联网整体规模及增长情况

2016 年中国工业传感器市场规模及增长情况见图 3.9.5。

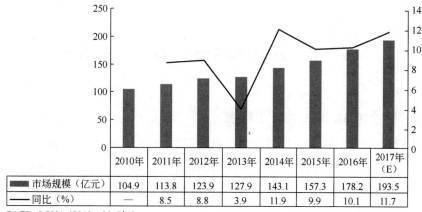

	2010年	2011年	2012年	2013年	2014年	2015年	2016年	2017年（E）
市场规模（亿元）	104.9	113.8	123.9	127.9	143.1	157.3	178.2	193.5
同比（%）	—	8.5	8.8	3.9	11.9	9.9	10.1	11.7

CAGR=8.70%（2010—2017年）
资料来源：CCID/JSSIA整理。

图 3.9.5　2016 年中国工业传感器市场规模及增长情况

三、2016 年物联网产业投资情况

据 IDC 公布的数据，2016 年全球物联网产业投资支出为 6855 亿美元；2017 年将略高于 8000 亿美元，同比增长 16.7%。

美国 2016 年物联网支出为 2320 亿美元，到 2019 年将增长到 3570 亿美元，复合增长率达到 16.10%，其中制造业、交通行业是支出的最大部分。

在物联网投资区域中，亚太地区（不含日本）为 4520 亿美元，美国为 4210 亿美元，欧洲为 2740 亿美元。

物联网（IoT）作为工业/制造业转型升级的基础，具有规模大、带动性强的特点，已成为世界各国发展竞争的焦点，美国的"先进制造业伙伴计划""德国的'工业 4.0'"和中国的"中国制造 2025"等，都在抢占新一轮国际制造业竞争的制高点。工业物联网、智能制造、工业传感感知、工业物联网平台在新型工业技术体系中起着不可或缺的作用，其重要性日益凸显。

2016 年中国物联网产业区域已形成四大集聚区域：长三角地区（以上海、无锡为中心城市）、珠三角地区（以深圳、广州为中心城市）、环渤海地区（以北京、天津为中心城市）、西部地区（以重庆、成都为中心城市）。

第十节　2016 年中国互联网产业情况

一、2016 年中国互联网产业概况

据 IHS 报道，2016 年世界互联网产业规模预计为 692 亿美元（近 700 亿美元），比 2015 年的 577 亿美元增长 20%。预计 2017 年和 2018 年分别增长 22.8% 和 21.9%，实现连续多年的快速增长，推动世界万物互联的产业大格局发展（见图 3.10.1）。

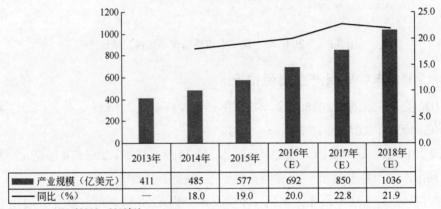

	2013年	2014年	2015年	2016年（E）	2017年（E）	2018年（E）
产业规模（亿美元）	411	485	577	692	850	1036
同比（%）	—	18.0	19.0	20.0	22.8	21.9

CAGR=16.66%（2013—2018年）
资料来源：IHS/JSSIA整理（2016.12）。

图 3.10.1　2013—2018 年世界互联网产业规模及增长情况

2016 年中国移动互联网用户数为 8.5 亿户（人），同比增长 8%；PC 互联网用户数为 7.2 亿户（人），同比增长 6.0%。自 2013 年中国移动互联网网民数超过 PC 互联网网民数以来，移动互联网迈入全民时代，用户占到全国总人口的 62% 以上，居全球第一位（见表 3.10.1）。

表3.10.1　2007—2016年中国移动和PC互联网用户规模及增长情况

指标 年度	移动互联网用户		PC 互联网用户		中国网民普及率（%）
	用户（亿）	同比（%）	用户（亿）	同比（%）	
2016	8.5	7.6	7.2	5.9	62.0
2015	7.9	8.2	6.8	4.6	58.5
2014	7.3	12.3	6.5	4.8	46.9
2013	6.5	14.0	6.2	8.8	44.1
2012	5.7	32.6	5.7	9.6	39.9
2011	4.3	53.6	5.2	13.0	36.2
2010	2.8	40.0	4.6	17.9	34.0

续表

指标 年度	移动互联网用户		PC互联网用户		中国网民 普及率（%）
	用户（亿）	同比（%）	用户（亿）	同比（%）	
2009	2.0	100.0	3.9	30.0	29.5
2008	1.0	150.0	3.0	42.9	23.1
2007	0.4	—	2.1	—	16.0

资料来源：CCID/中国互联网/JSSIA整理（2017.6）。

据《2016年中国互联网行业发展趋势分析》报告，2016年中国网络经济市场规模为1.46万亿元，同比增长25.80%；预计到2017年网络经济市场规模将达到1.74万亿元，同比增长19.20%（见图3.10.2）。

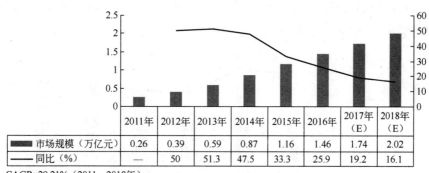

	2011年	2012年	2013年	2014年	2015年	2016年	2017年（E）	2018年（E）
市场规模（万亿元）	0.26	0.39	0.59	0.87	1.16	1.46	1.74	2.02
同比（%）	—	50	51.3	47.5	33.3	25.9	19.2	16.1

CAGR=29.21%（2011—2018年）

图3.10.2　2011—2018年中国网络经济市场规模及增长情况

二、2016年中国互联网产业各细分市场状况

2016年中国金融互联网市场延续高速增长的态势，市场总规模达50.97万亿元，同比增长30.5%（见图3.10.3）。

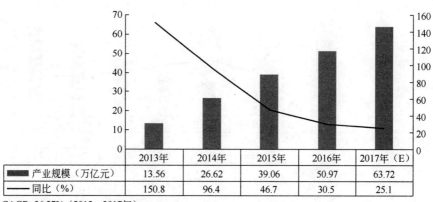

	2013年	2014年	2015年	2016年	2017年（E）
产业规模（万亿元）	13.56	26.62	39.06	50.97	63.72
同比（%）	150.8	96.4	46.7	30.5	25.1

CAGR=36.27%（2013—2017年）
资料来源：CCID/JSSIA整理（2017.3）。

图3.10.3　2013—2017年中国金融互联网市场交易规模及增长情况

2010—2017 年中国互联网教育市场规模及增长情况见图 3.10.4。

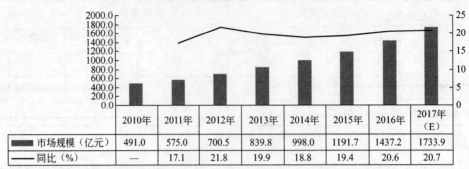

	2010年	2011年	2012年	2013年	2014年	2015年	2016年	2017年（E）
■ 市场规模（亿元）	491.0	575.0	700.5	839.8	998.0	1191.7	1437.2	1733.9
— 同比（%）	—	17.1	21.8	19.9	18.8	19.4	20.6	20.7

CAGR=17.08%（2010—2017年）
资料来源：《2016年中国互联网行业发展趋势分析》。

图 3.10.4 2010—2017 年中国互联网教育市场规模及增长情况

泛娱乐产业链包括网络文字、动漫、影视、游戏、音乐、竞技、视频、直播等，2016 年产业规模达到 5172.1 亿元，同比增长 17.3%（见图 3.10.5）。

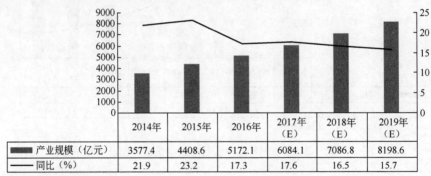

	2014年	2015年	2016年	2017年（E）	2018年（E）	2019年（E）
■ 产业规模（亿元）	3577.4	4408.6	5172.1	6084.1	7086.8	8198.6
— 同比（%）	21.9	23.2	17.3	17.6	16.5	15.7

CAGR=148.46%
资料来源：CCID（2017.3）。

图 3.10.5 2014—2019 年中国互联网泛娱乐产业规模及增长情况

2012—2018 年中国社交网络市场规模及增长情况见图 3.10.6。

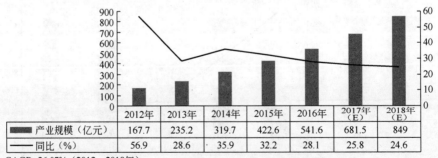

	2012年	2013年	2014年	2015年	2016年	2017年（E）	2018年（E）
■ 产业规模（亿元）	167.7	235.2	319.7	422.6	541.6	681.5	849
— 同比（%）	56.9	28.6	35.9	32.2	28.1	25.8	24.6

CAGR=26.07%（2012—2018年）
资料来源：CCID（2017.3）。

图 3.10.6 2012—2018 年中国社交网络市场规模及增长情况

2013—2018 年中国互联网医疗市场规模及增长情况见图 3.10.7。

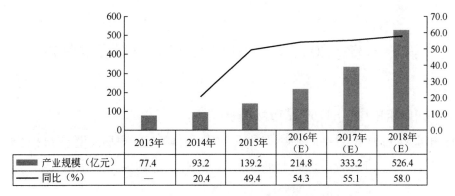

	2013年	2014年	2015年	2016年(E)	2017年(E)	2018年(E)
产业规模（亿元）	77.4	93.2	139.2	214.8	333.2	526.4
同比（%）	—	20.4	49.4	54.3	55.1	58.0

图 3.10.7 2013—2018 年中国互联网医疗市场规模及增长情况

2011—2017 年中国互联在线旅游市场规模及增长情况见图 3.10.8。

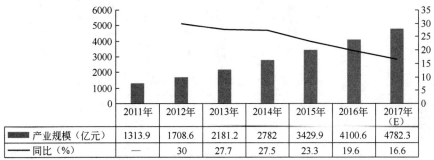

	2011年	2012年	2013年	2014年	2015年	2016年	2017年(E)
产业规模（亿元）	1313.9	1708.6	2181.2	2782	3429.9	4100.6	4782.3
同比（%）	—	30	27.7	27.5	23.3	19.6	16.6

CAGR=20.27%（2011—2017年）
资料来源：《2016年中国互联网行业发展趋势分析》。

图 3.10.8 2011—2017 年中国互联在线旅游市场规模及增长情况

第十一节　2016 年中国 LED 产品市场发展情况

一、2016 年中国 LED 产品市场概况

2016 年世界 LED 产品（含衬底、外延、芯片、封装等）市场规模为 148 亿美元，同比增长 14.3%，2017 年预计可达到 154 亿美元，同比增长 4.1%（见图 3.11.1）。

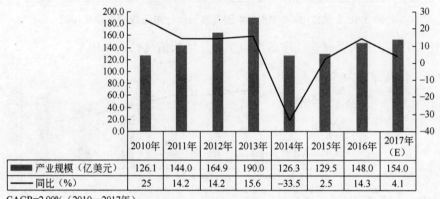

	2010年	2011年	2012年	2013年	2014年	2015年	2016年	2017年(E)
产业规模（亿美元）	126.1	144.0	164.9	190.0	126.3	129.5	148.0	154.0
同比（%）	25	14.2	14.2	15.6	−33.5	2.5	14.3	4.1

CAGR=2.90%（2010—2017年）

图 3.11.1　2010—2017 年世界 LED 产品规模及增长情况

据 CCID 统计报道，2016 年中国 LED 市场规模达 907 亿元，同比增长 32.70%（见图 3.11.2）。

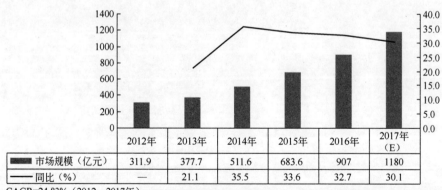

	2012年	2013年	2014年	2015年	2016年	2017年(E)
市场规模（亿元）	311.9	377.7	511.6	683.6	907	1180
同比（%）	—	21.1	35.5	33.6	32.7	30.1

CAGR=24.83%（2012—2017年）
资料来源：CCID（2017.3）。

图 3.11.2　2012—2017 年中国 LED 产品规模及增长情况

二、2016 年中国 LED 产品分类市场情况

2016 年世界 LED 照明市场规模为 296 亿美元，同比增长 15.2%；2017 年预计达 331 亿美元，同比增长 11.80%，LED 照明市场渗透率将达到 52%（见图 3.11.3）。

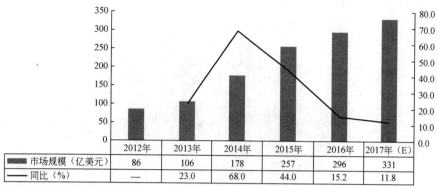

CAGR=25.19%（2012—2017年）
资料来源：CCID（2017.3）。

图 3.11.3　2012—2017 年世界 LED 照明市场规模及增长情况

2016 年中国 LED 照明市场规模为 4602 亿元，同比增长 16%（见图 3.11.4），LED 照明产品国内渗透率达到 42.00%，同比增长 10%。

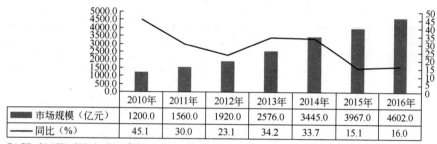

CAGR=21.17%（2010—2016年）

图 3.11.4　2010—2016 年中国 LED 照明市场规模及增长情况

自 2016 年起照明企业的重心将转移到专业高亮度照明领域，如工业照明、商业照明、工程照明和建筑照明等。2010—2017 年世界高亮度 LED 产业市场规模及增长情况见表 3.11.1。

表3.11.1　2010—2017年世界高亮度LED产业市场规模及增长情况

指标名称	2010 年	2011 年	2012 年	2013 年	2014 年	2015 年	2016 年	2017 年（E）	CAGR
市场规模（亿美元）	83	88	109	130	142	145	149	155	9.33%
同比	53%	6%	24%	19%	9%	2%	3%	4%	—

2016 年中国 LED 市场应用分类见图 3.11.5。

三、2016 年中国 LED 芯片市场情况

2016 年世界 LED 芯片市场为 65.02 亿美元，较 2015 年 63.29 亿美元增长 2.70%（见表 3.11.2）。

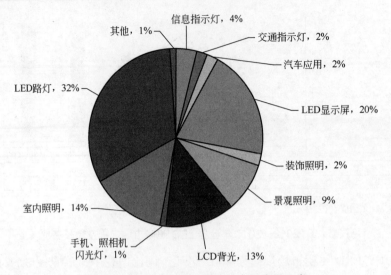

图 3.11.5　2016 年中国 LED 市场应用分类

表3.11.2　2014—2017年世界LED芯片市场规模及增长情况

指标	2014 年	2015 年	2016 年	2017 年	CAGR
市场规模（亿美元）	61.39	63.29	65.02	67.11	2.25%
同比（%）	—	3.1	2.7	3.2	—

据统计数据显示，2016 年中国 LED 产品销售额为 728 亿元，同比增长 6.5%（见表 3.11.3）。其中，上游芯片领域市场规模为 139 亿元，同比增长 9.4%，占到 19.10%（见图 3.11.6）；中游封装领域市场规模达 589 亿元，同比增长 6.0%，占到 80.9%（见图 3.11.7）。

表3.11.3　2014—2016年中国LED产品结构情况

指标名称	2016 年			2015 年		2014 年
	业绩（亿元）	同比（%）	占比（%）	业绩（亿元）	同比（%）	业绩（亿元）
衬底	6.1	7.0	4.4	5.7	1.8	5.6
外延	38.9	7.5	28.0	36.2	−5.5	38.3
芯片	94.0	10.5	67.6	85.1	−7.6	92.1
芯片业小计	139.0	9.4	19.1	127.0	−7.0	136.0
封装业	589.0	6.0	80.9	556.0	0.8	551.6
LED 合计	728.0	6.5	100.0	683.0	−0.7	687.6

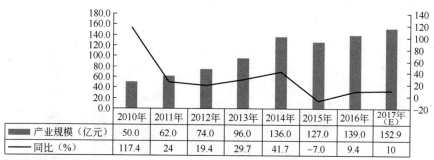

	2010年	2011年	2012年	2013年	2014年	2015年	2016年	2017年（E）
产业规模（亿元）	50.0	62.0	74.0	96.0	136.0	127.0	139.0	152.9
同比（%）	117.4	24	19.4	29.7	41.7	−7.0	9.4	10

CAGR=15.00%（2010—2017年）
资料来源：CCID/JSSIA整理。

图 3.11.6　2010—2017 年中国 LED 芯片业市场规模及增长情况

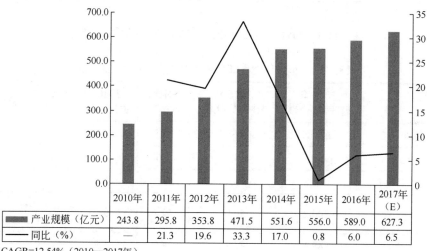

	2010年	2011年	2012年	2013年	2014年	2015年	2016年	2017年（E）
产业规模（亿元）	243.8	295.8	353.8	471.5	551.6	556.0	589.0	627.3
同比（%）	—	21.3	19.6	33.3	17.0	0.8	6.0	6.5

CAGR=12.54%（2010—2017年）
资料来源：CCID/JSSIA整理。

图 3.11.7　2010—2017 年中国 LED 封装业市场规模及增长情况

四、2016 年中国 LED 产品产量

据大半导体产业网报道，2015 年全国 LED 产品产量达 3918.2 亿只，同比增长 24.3%；2016 年全国 LED 产品产量预计为 4780 亿只，同比增长 22%，增速下降 2.3 个百分点（见图 3.11.8）。

五、2016 年中国 LED 产业重点地区和主要企业情况

据中国照明电器协会数字显示，2015 年年底中国 LED 企业有 25000 余家，产业凸显过剩，虽经 2016 年市场洗涤淘汰部分弱小企业，我国 LED 产业整体还是过于庞大。2016 年世界 LED 封装排名前十三大企业情况见表 3.11.4。

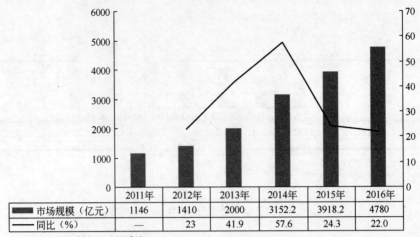

	2011年	2012年	2013年	2014年	2015年	2016年
市场规模（亿元）	1146	1410	2000	3152.2	3918.2	4780
同比（%）	—	23	41.9	57.6	24.3	22.0

CAGR=26.87%（2011—2016年）

图 3.11.8 2011—2016 年中国 LED 产品产量与增长情况

表3.11.4 2016年世界LED封装排名前十三大企业情况

序号	企业名称	2016 年营收额（M）	2015 年营收额（M）	同比（%）	2016 年占比（%）	备注
1	日亚化学	2423.1	2685.7	-9.8	27.4	
2	亿光	963.5	948.6	1.6	10.9	
3	首尔半导体	841.8	892.3	-5.7	9.5	
4	木林森	800.2	562.7	42.2	9.0	木林森以 4 亿欧元收购朗德万斯
5	osram 光半导体	787.6	827.8	-4.9	8.9	
6	LG Innotek	613.2	692.9	-11.5	6.9	
7	Cree	584.8	578.2	1.1	6.6	
8	隆达	453.9	468.4	-3.1	5.1	
9	Lumens	355.5	375.6	-5.4	4.0	
10	鸿利智慧	324.0	230.8	40.4	3.7	
11	国星光电	314.5	230.8	36.3	3.6	
12	荣创	202.6	203.3	-0.3	2.3	
13	丰田合成	186.5	334.9	44.3	2.1	
	合计	8851.2	9032.0	-2.0	100.0	

资料来源：Digitimes（2017.6）。

分析可见，2016 年世界 LED 芯片业同比下降 2.0%。十三大企业中有 7 家企业呈下滑态势，占 54%。其中日亚化学下降幅度最大，达到 9.8%。但丰田合成、木林森、鸿利智慧、国星光电等企业同比分别增长 44.3%、42.2%、40.4%和 36.3%。木林森收购欧司朗旗下的朗德万斯后实力大增。

2016 年，厦门已经成为我国规模最大、技术水平最强、品种最全的 LED 外延、芯片生产基地，在 LED 产品应用领域最具开发实力。2016 年 LED 产业销售额约为 323 亿元，占光电行业的 26.9%，占全国 LED 产业总收入的 35.6%。在全国 LED 灯泡前十大企业中，有 5 家为厦门企业，出口额占全国 LED 灯泡出口额的近一半。

三安光电：LED 芯片产销规模和产能居全国第一、世界第三位。

华灿光电：LED 月产能 70 万片，LED 芯片居全国第二位，占全国 1/3 的份额。

木林森：2016 年产能超 42000KK 颗/月，居全国第一位；实现收入 55.2 亿元，同比增长 42.2%，销售利润 5.79 亿元，同比增长 114.10%。以 4 亿欧元收购公司朗旗下的朗德万斯，实力大增。

国星光电：2016 年销售收入 24.2 亿元，同比增长 31.54%，净利 1.92 亿元，同比增长 20.02%。

利亚德：2016 年销售收入 43.76 亿元，净利实现 6.69 亿元，外销收入占 41.32%。

六、2016 年中国 LED 照明产品出口情况

"一带一路"国家政策的发布给 LED 照明产品出口创造了有利条件和机会，缓解了我国 LED 照明产品过剩的问题，扩大了对印度、俄罗斯、巴基斯坦、非洲、东南亚和欧洲等地区（国家）的出口。2016 年我国 LED 照明产品出口为 134 亿美元，同比增长 20.00%（见表 3.11.5）。

表3.11.5　2010—2016年中国LED照明产品出口规模及增长情况

指标名称	2010 年	2011 年	2012 年	2013 年	2014 年	2015 年	2016 年	CAGR
出口额（亿美元）	10	20	35	60	90	112	134	44.88%
同比	—	100%	75%	71%	50%	24%	20%	—

七、2015 年中国 LED 产业技术进步情况

我国 LED 照明技术与国际先进水平差距正在缩小；功率型白光 LED 光效实现 150Lm/W 产业化生产；具有我国自主知识产权的功率型硅基 LED 芯片产业化光效超过 140Lm/W；GaN 同质衬底白光 LED 技术采用 GaN/AL203 复合衬底同质外延技术制备的高亮度 LED，光效超过 130Lm/W；深紫外延 LED 发光波长 293 纳米、在 20mA 电流下输出功率为 4.8mW。此外，OLED 器件制备技术接近国际先进水平，在 1000cd/m^2 亮度下，效率为 99 Lm/W，显色指数为 85%，寿命达 10000 小时。

2016 年 1 月 8 日，南昌大学联合晶能光电的江风益团队"硅衬底高光效 GaN 基蓝色发光二极管"技术项目获得 2015 年度国家科学技术奖技术发明类唯一的一等奖。

2016 年小间距显示屏受到传统 LED 显示屏厂商的青睐，受消费者对高画质的需求日渐提高的影响，小间距 LED 显示屏带动了 LED 使用数量呈几何级增长，LED 业者倾向于移动到间距 P1.5 毫米以下的市场，用精密度更高的规格来避开价格竞争。2016 年小间距 LED 消费量将达到 290 亿颗。

IR LED（红外光 LED）应用成为 LED 厂商关注的焦点，主要是以安防监控的 IR LED 为主流应用。2016 年世界 IR LED（不含光学感测元件市场）市场产值达 2.78 亿美元。MICRO LED 可望在 2017 年问世。

随着可穿戴装置持续导入光学感测元件及由于手机品牌厂需求，2016 年光学感测市场也相当可观。

受惠于 UV-A LED 固化市场需求与 UV-CLED 技术提升，2016 年世界 UV LED（紫外线 LED）市场达 1.4 亿美元。

2017 年是微 LED 产品可望问世之年。从专家和业界看来，微 LED（Micro LED）是有机会取代 OLED 面板的次世代显示技术，目前吸引了许多品牌大厂投入研发。虽然现阶段微 LED 距离取代 TFT-LCD（液晶）及 OLED 显示器仍相当遥远，但部分厂商已计划推出相关应用，LEDinside 预估 2017 年陆续会有微 LED 产品问世。

第十二节　2016 年中国半导体功率器件产品市场情况

功率器件是电子电力领域的基础性器件，可分为二极管、三极管、整流桥等。通过微电子技术与电力电子技术的结合，实现功率转换放大与管理功能，包括变频、交流、变压等，从而根据设备使用需要，使得电能的利用更加节能，合理高效。

一、2016 年中国半导体功率器件市场概况

据 CCID 预测报告，2016 年世界半导体功率器件产品市场规模为 416 亿美元，同比增长 4.00%（见图 3.12.1）。

据 Marketsand Markets 报道，2016 年世界 IGBT 市场规模约为 82.56 亿美元，2015—2020 年年均复合增长率为 9.5%。

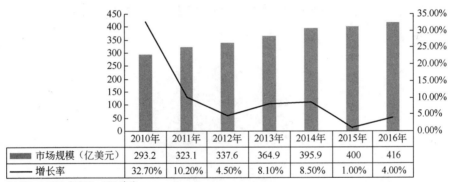

	2010年	2011年	2012年	2013年	2014年	2015年	2016年
市场规模（亿美元）	293.2	323.1	337.6	364.9	395.9	400	416
增长率	32.70%	10.20%	4.50%	8.10%	8.50%	1.00%	4.00%

CAGR=5.12%（2010—2016年）
资料来源：CCID/JSSIA整理。

图 3.12.1　2010—2016 年世界功率器件产品市场规模及增长情况

2016 年中国半导体功率器件市场规模进一步扩大，市场规模预计达 1501.1 亿元，同比增长 7.6%（见图 3.12.2）。2017 年中国半导体功率器件市场规模预计为 1607.7 亿元，同比增长 7.1%。

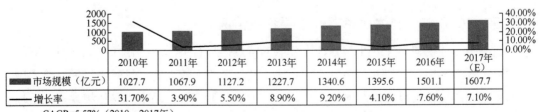

	2010年	2011年	2012年	2013年	2014年	2015年	2016年	2017年(E)
市场规模（亿元）	1027.7	1067.9	1127.2	1227.7	1340.6	1395.6	1501.1	1607.7
增长率	31.70%	3.90%	5.50%	8.90%	9.20%	4.10%	7.60%	7.10%

CAGR=5.57%（2010—2017年）
资料来源：CCID/JSSIA整理。

图 3.12.2　2010—2017 年中国功率器件产品市场规模及增长情况

二、2016年中国半导体功率器件应用市场情况

半导体功率器件下游应用领域包括 LED 照明、消费电子、IC 电源管理、新能源汽车、航空航天等。2016 年世界功率器件应用市场情况见图 3.12.3，可见汽车是最大的下游应用领域，占比达 40%。图 3.12.4 所示为 2016 年中国功率器件应用市场情况，工业控制是最大的应用领域。

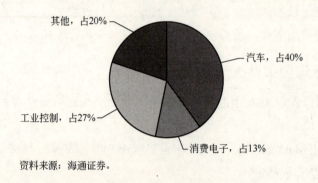

图 3.12.3　2016 年世界功率器件应用情况

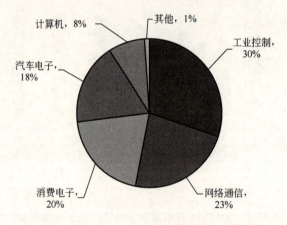

图 3.12.4　2016 年中国功率器件市场应用情况

功率器件市场巨大且稳定，功率器件占半导体市场 6% 的规模，且有稳定的市场，2010—2018 年应用市场规模约为 200 亿美元，预计年均复合率（CAGR）增速为 5.12%。

三、2016年半导体功率器件主要企业情况

世界半导体功率器件产业具有较为分散的特点，只有英飞凌、德仪、意法等几家较大的厂商，还未形成几家独大、垄断性的企业。其他企业占较大的市场发展空间，给中国功率器件生产厂商带来很好的发展机遇。2016 年世界前五大分立功率半导体模块企业市场占比见图 3.12.5。

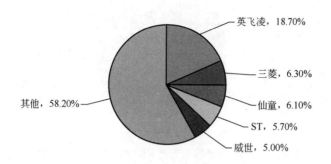

图 3.12.5　2016 年世界前五大分立功率半导体模块企业市场占比

2016 年世界前五大功率 IGBT 模块企业市场占比见图 3.12.6。

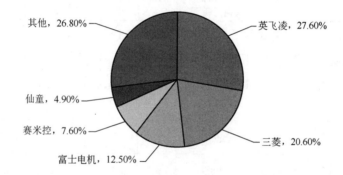

图 3.12.6　2016 年世界前五大功率 IGBT 模块企业市场占比

2016 年世界前五大标准功率 MOSFET 企业市场占比见图 3.12.7。

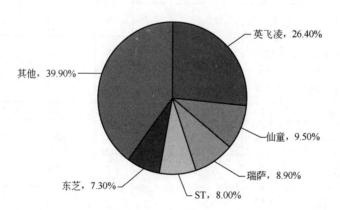

图 3.12.7　2016 年世界前五大标准功率 MOSFET 企业市场占比

2016 年世界前五大 RF 功率半导体企业市场占比见图 3.12.8。

2016 年世界 IGBT 生产企业排名前十五大企业情况见表 3.12.1。

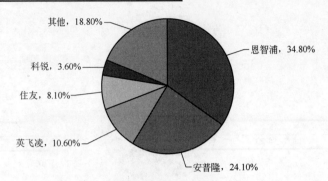

图 3.12.8　2016 年世界前五大 RF 功率半导体企业市场占比

表3.12.1　2016年世界IGBT生产企业排名前十五大企业情况

序号	公司名称	国别	2016 年			2015 年		2016/2015 年占比（%）
			销售额（百万美元）	同比（%）	占比（%）	销售额（百万美元）	占比（%）	
1	英飞凌（Infinen）	德国	757.3	−5.3	24.5	799.4	21.9	上升 2.6 个百分点
2	三菱电机（Mitsubishi）	日本	754.4	−17.8	24.4	918.2	25.8	下降 1.4 个百分点
3	富士电机（Fuji Electric）	日本	377.2	−13.8	12.2	437.8	12.3	下降 0.1 个百分点
4	赛米控 （西门康）（Semikron）	德国	299.9	−8.4	9.7	327.4	9.2	上升 0.5 个百分点
5	日立（Hitachi）	日本	98.9	−4.2	3.2	103.2	2.9	上升 0.3 个百分点
6	安森美（ON）	美国	95.9	−13.1	3.1	110.3	3.1	平
7	威科（Vincotech）	德国	89.7	5.0	2.9	85.4	2.4	上升 0.5 个百分点
8	ABB	瑞士	80.4	2.7	2.6	78.3	2.2	上升 0.4 个百分点
9	仙童（Fairchild）	美国	77.3	−9.5	2.5	85.4	2.4	上升 0.1 个百分点
10	丹佛斯（Danfoss）	丹麦	52.6	−1.5	1.7	53.4	1.5	上升 0.2 个百分点
11	嘉兴斯达（StarPower）	中国	49.5	−13.0	1.6	56.9	1.6	平
12	东芝（Toshiba）	日本	43.3	−49.3	1.4	85.4	2.4	下降 1 个百分点
13	艾赛斯（IXYS）	德国	37.1	108.4	1.2	17.8	0.5	上升 0.7 个百分点
14	中国中车（CRRC）	中国	37.1	4.2	1.2	35.6	1.0	上升 0.2 个百分点
15	IR（国际整流器）	美国	18.6	162.0	0.6	7.1	0.2	上升 0.4 个百分点
	其他厂商（Others）		219.5	−25.7	7.1	295.4	8.3	—
	合计（Total）		3091.9	−13.1	100.0	3558.9	100.0	—

资料来源：IHS（2017.4）。

分析可见，前十大 IGBT 厂商销售收入占比达 86.8%，同比提升 3.1 个百分点；前十五大 IGBT 厂商销售收入占比为 92.8%，同比提升 1.2 个百分点；2016 年中国中车公司首次进入前十五大企业。

2016 年 IR（国际整流器）以 162% 的增幅，首次进入前十五大企业。

2016 年中国 IGBT 主要生产厂商情况见表 3.12.2。

表3.12.2 2016年中国IGBT主要生产厂商情况（排名不分先后）

厂商	类型	地点	产品情况
株洲中车时代电气	IDM	株洲	1200～6500V 高压模块，国内唯一自主掌握了高铁动力 IGBT 芯片及模块技术的企业。8 英寸生产线，年产 12 万片，形成年产 100 万只 IGBT 模块封装测试能力
深圳比亚迪	IDM	深圳	工业级 IGBT 模块、汽车级 IGBT 模块（新能源车用与上海先进合作）、600VIGBT 单管、IGBT 驱动芯片
杭州士兰微	IDM	杭州	300～600V 穿通型 IGBT 工艺、1200V 非穿通型槽栅 IGBT 工艺，面向电焊机、变频器、光伏逆变器、电机逆变器、UPS 电源、家电、消费电子
吉林华微	IDM	吉林	3 英寸、4 英寸、5 英寸与 6 英寸等多条功率半导体分立器件及 IC 芯片生产线，应用于逆变器、电磁炉、UPS 电源
中航微电子	IDM	重庆	1200V/20～50AIGBT 功率器件
中环股份	IDM	天津	用于消费电子 IGBT 已经量产，高电压 IGBT 还在研发，节能型功率器件可用于充电桩
中国中车（子公司西安永电）	模块	西安	1200～6500V/75～2400A 高压模块，主要面向轨道交通、智能电网等高压领域
西安爱帕克	模块	西安	600～1200V/50～400A 模块
威海新佳	模块	威海	1200V/50～300A 模块，应用于 AC 和 DC 电机控制、变频器、UPS 等领域
江苏宏微	模块	常州	600～1200V/15～60A 单管，600～1700V/15～800A 模块，应用于特种电源、电焊机、UPS、逆变器及变频器等领域
嘉兴斯达	模块、设计	嘉兴	600～3300V/1800～3700A 模块
南京银茂微	模块、设计	南京	600～1700V/15～200A 模块，应用于工业变频、新能源、电源装备等
中科君芯	设计	无锡	国内唯一全面掌握 650～6500V 全电压段 IGBT 芯片技术的企业，面向电磁感应加热、变频家电、逆变焊机、工业变频器、新能源等领域
西安芯派	设计	西安	650～1700V/80～600AIGBT，应用于电源管理、电池管理、电机控制及充电桩等领域
吉林华微斯帕克	设计	吉林	智能功率模块及大功率 IGBT 模块
宁波达斯	设计	余姚	单管、模块、面向逆变焊机、工业变频、白色家电、充电桩、UPS 电源、光伏逆变器、空调、电磁感应加热

无锡同方微	设计	无锡	600V/1200V/1350V，用于交/直流驱动，不间断电源、电磁炉、通用逆变器、开关和共振模式电源供给等
无锡新洁能	设计	无锡	Trench NPT/Trench FS 工艺，1200V/1350V，适宜于电磁加热等各类软开关应用
金芯微电子	设计	上海	面向电磁炉领域
山东科达	设计	东营	600V、1200V 单管、模块，应用于电磁炉、小功率变频器、逆变焊机、无刷马达控制器、UPS、开关电源、液晶电视及显示器、太阳能应用等领域
华虹宏力	制造	上海	拥有 600～1200V Trench FS 及 1700V Trench NPT 工艺；3300～6500V 高压芯片工艺正在研发
上海先进	制造	上海	为英飞凌代工
深圳方正微	制造	深圳	提供功率分立器件 IGBT 晶圆制造技术
中芯国际	制造	上海	代工厂
华润上华	制造	无锡	1200V planar NPT IGBT 工艺

资料来源：微电子制造。

2016 年中国半导体功率器件十强企业见表 3.12.3。

表3.12.3　2016年中国半导体功率器件十强企业

排名	企 业 名 称
1	吉林华微电子股份有限公司
2	扬州扬杰电子科技股份有限公司
3	苏州固锝电子股份有限公司
4	无锡华润华晶微电子有限公司
5	瑞能半导体有限公司
6	常州银河世纪微电子股份有限公司
7	北京燕东微电子有限公司
8	中国振华集团永光电子有限公司（国营第八七三厂）
9	无锡新洁能股份有限公司
10	深圳深爱半导体股份有限公司

2016 年中国在建功率器件生产线项目情况见表 3.12.4。

表3.12.4 2016年中国在建功率器件生产线项目情况

序号	公司名称	项目地点	投资规模	生产线规模	主要产品
1	万国半导体	重庆	10 亿美元	12 英寸	MOSFET
2	宇宙半导体	大连	24 亿元	8 英寸	功率半导体器件芯片、封装
3	燕东微电子	北京	48 亿元	8 英寸	LCD 驱动、IGBT，电源管理等
4	三安光电	厦门	35 亿元	6 英寸	GaN 器件、GaAs 器件
5	士兰集昕	杭州	10 亿元	8 英寸	高压集成、功率器件、MEMS
6	中车时代	株洲	3.5 亿元	6 英寸	SiC IGBT

资料来源：半导体分立器件分会收集整理。

四、2016 年中国半导体功率器件企业兼并购情况

2016 年中国半导体功率器件企业并购案比 2015 年有所减少（见表 3.12.5），但建广资本以 27.5 亿美元收购恩智浦公司标准产品部门（SP 业务）项目，吸引业界眼球。该部门主要产品为 MOS FET 产品线（2015 年收购恩智浦 RF Power 公司）。

表3.12.5 2015—2016年半导体功率器件企业并购情况

时间	收购者	被收购者	金额（美元）	目 的
2015 年 5 月	建广资本	NXP 旗下 RFPower 部门	18	获得了具有国际竞争力的小型基站、工业照明、汽车电子的功率器件产品线
2015 年 5 月	英飞凌	LSPower	—	扩大智能功率模块（IPM）市场占有率
2015 年 9 月	Inersil	Great Wall	0.19	扩展在电源管理和云计算领域 MOSFET 产品
2015 年 10 月	上海先进	—	—	与国家电网、比亚迪等成立战略合作产业联盟
2016 年 7 月	英飞凌	WOLFspead	8.5	提供世界最广泛的化合物半导体、强化竞争地位
2017 年 1 月	建广资本	NXP 标准产品部门	27.5	提供 MOSFET 产品线

五、2016 年中国半导体功率器件技术进步情况

中车株洲电力所 8 英寸 IGBT 生产线产品已代表我国自主高端功率器件产品进入电力传输、工业自动化和高铁运营领域。

杭州士兰集成电路有限公司 600V 超结结构高压 MOSFET 芯片荣获 2016 年中国半导体分立器件（功率器件、光电器件）创新产品和技术奖。

扬州扬杰借助资本市场融资，2015 年成功收购美国 MCC 的 100%股权，为该公司进军北美市场节省了 10 年时间；同时，入股中电集团 55 所国宇电子股权，顺利切入 SiC 领域。2016 年，该公司成功定增 10 亿元，投入 SiC 芯片、器件研发及产业化建设

及其他项目。

三安光电在 GaAs 高速半导体器件和 GaN 高功率半导体器件应用上，依托国内市场，有望实现国产化合物半导体的弯道超车。

吉林华微通过 TS16949 体系认证，标志着该公司质量管理体系又迈上一个新的台阶，为该公司进军汽车领域奠定了基础。

新能源汽车的启动与发电、DC-DC 变换器、电机控制 DC-AC 逆变器、光电装置 DC-DC 转换器及安全保护装置、快速开关、继电器等电子器件 76%是功率器件，约占 279 美元/辆。相应配套的每根充电桩使用功率器件 460 美元，市场份额可观。

六、2016—2017 年中国功率器件产品市场预测

据 CCID 预测，2017 年中国功率器件产品市场约为 1607.7 亿元，同比增长 7.10%，其中，功率 MOSFET 占功率器件国内市场 11.10%的份额，功率二极管占功率器件国内市场 4.5%的份额。

第十三节 2016 年中国 MEMS 产品市场发展情况

一、2016 年中国 MEMS 产品市场概况

2016 年世界 MEMS 产品市场规模预计达 138.44 亿美元,同比增长 11.1%。预计到 2017 年市场规模达 152.92 亿美元,同比增长 10.5%;预计到 2020 年将突破 210 亿美元。2014—2020 年全球 MEMS 复合增长率为 9.63%(见图 3.13.1)。

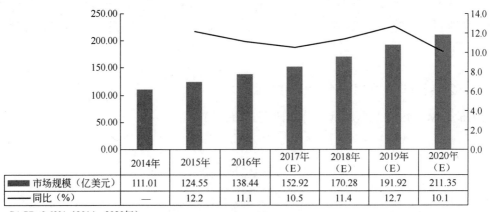

	2014年	2015年	2016年	2017年(E)	2018年(E)	2019年(E)	2020年(E)
市场规模(亿美元)	111.01	124.55	138.44	152.92	170.28	191.92	211.35
同比(%)	—	12.2	11.1	10.5	11.4	12.7	10.1

CAGR=9.63%(2014—2020年)
资料来源:Yole/CSIA(2017.5)。

图 3.13.1 2014—2020 年世界 MEMS 产品市场规模及增长情况

据 CCID 数据显示,2016 年中国 MEMS 市场销售额为 363.2 亿元,同比增长 17.8%;预计 2017 年将达到 430.4 亿元,同比增长 18.5%(见图 3.13.2)。

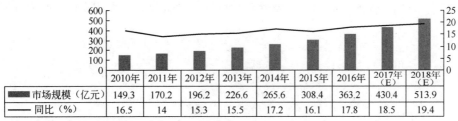

	2010年	2011年	2012年	2013年	2014年	2015年	2016年	2017年(E)	2018年(E)
市场规模(亿元)	149.3	170.2	196.2	226.6	265.6	308.4	363.2	430.4	513.9
同比(%)	16.5	14	15.3	15.5	17.2	16.1	17.8	18.5	19.4

CAGR=14.72%(2010—2018年)
资料来源:CCID。

图 3.13.2 2010—2018 年中国 MEMS 传感器市场规模及增长情况

2016 年 MEMS 产值分布情况见图 3.13.3。

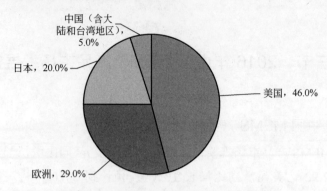

图 3.13.3　2016 年 MEMS 产值分布情况

据 IC Insights 报道：2016 年世界传感器出货量为 203 亿颗，同比增长 17%。其中 82% 来自各种装置运用的 MEMS 组件，包括压力传感器、MEMS 麦克风、转换器、加速偏转传感器。

二、2016 年中国 MEMS 产品应用情况

2016 年 MEMS 市场区域应用分布情况见图 3.13.4。

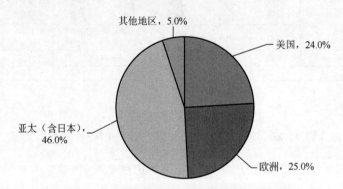

图 3.13.4　2016 年 MEMS 市场区域应用分布情况

2016 年世界 MEMS 产品应用类型分布和市场应用情况分别见图 3.13.5 和表 3.13.1。

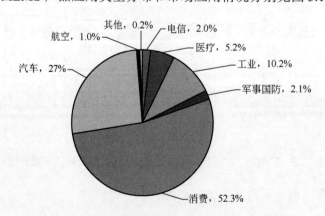

图 3.13.5　2016 年世界 MEMS 产品应用类型分布情况

表3.13.1　2016年世界MEMS市场应用情况

单位：百万美元

年度	2015		2016		2017（E）		2018（E）		CAGR
指标名称	业绩	同比（%）	业绩	同比（%）	业绩	同比（%）	业绩	同比（%）	（%）
电信	266	10.4	280	5.3	288	2.9	299	3.8	3.76
医疗	712	12.4	797	11.9	892	11.2	993	11.3	9.58
工业	1262	12.5	1415	12.1	1563	10.5	1729	10.6	9.43
军事国防	266	6.0	288	8.3	313	8.7	343	9.6	7.11
消费	6430	14.4	7241	12.6	8062	11.3	9028	12.0	10.74
汽车	3386	8.9	3681	8.7	4023	9.3	4482	11.4	8.36
航空	133	7.3	142	6.8	151	6.3	154	2.0	4.79
合计	12455	12.2	13844	11.1	15292	10.5	17028	11.4	9.63

中国 MEMS 产品应用类型分布情况见图 3.13.6。2016 年中国 MEMS 市场产品结构情况见图 3.13.7。

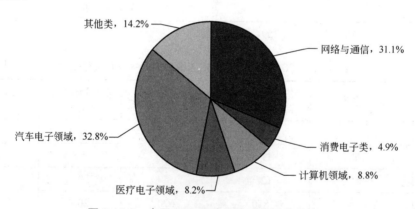

图 3.13.6　中国 MEMS 产品应用类型分布情况

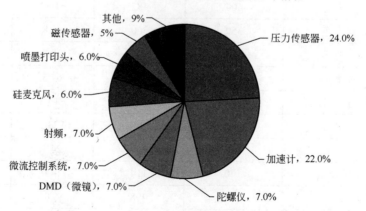

图 3.13.7　2016 年中国 MEMS 市场产品结构情况

三、2016 年 MEMS 主要生产企业情况

2016 年世界 MEMS 生产企业排名前二十大企业情况见表 3.13.2。2016 年世界 CMOS 图像传感器主要厂商情况见表 3.13.3。

表3.13.2　2016年世界MEMS生产企业排名前二十大企业情况

排名	企业名称	销售收入（亿美元）	排名	企业名称	销售收入（亿美元）
1	博世	11.6	11	松下	3.22
2	博通	9.1	12	西门子	2.93
3	德州仪器	7.57	13	英飞凌	2.44
4	意法半导体	6.3	14	佳能	2.4
5	Qorvo	5.85	15	亚德诺	2.29
6	惠普	4.64	16	AKM	2.15
7	Knowles	4.2	17	MURATA	2.15
8	Denso	4.02	18	Amphenol	2.11
9	TDK	3.68	19	Goertek	2.02
10	高通	3.42	20	Honeywell	1.82

数据来源：根据 YOLE 整理（2017.5）。

表3.13.3　2016年世界CMOS图像传感器主要厂商情况

排序	厂商名称	2016 年销售额（M）	2015 年销售额（M）	2016 年同比（%）	2016 年占比（%）
1	索尼	3645	2779	31.2	35.2
2	三星	1930	1825	5.8	18.7
3	豪威	1250	1378	−9.2	12.1
4	安森美	810	670	20.9	7.8
5	佳能	404	482	−16.2	3.9
6	东芝	350	360	−2.8	3.4
7	松下	336	244	37.7	3.2
8	SK 海力士	325	200	62.5	3.1
9	格科微	275	325	−15.4	2.7
10	意法	200	260	−23.1	1.9
11	原相	170	166	24.1	1.6
12	派视尔	130	114	14.0	1.3
	其他	523	498	5.0	5.1
	合计	10348	9300	11.3	100.0

2016年中国从事传感器研制、生产和应用的企事业单位 1688 家，从事 MEMS 研制生产的企业 50 家左右。2016 年中国半导体 MEMS 十强企业见表 3.13.4。

表3.13.4　2016年中国半导体MEMS十强企业

排名	企 业 名 称	排名	企 业 名 称
1	歌尔声学股份有限公司	6	苏州迈瑞微电子有限公司
2	瑞声声学科技（深圳）有限公司	7	苏州敏芯微电子技术有限公司
3	美新半导体（无锡）有限公司	8	苏州明皜传感科技有限公司
4	深迪半导体（上海）有限公司	9	无锡芯奥微传感技术有限公司
5	美泰电子科技有限公司	10	无锡康森斯克电子科技有限公司

从 2016 年 MEMS 十强企业来看，压力传感器、加速传感器、MEMS 麦克风、磁传感器、微测幅射热计和微流控制芯片具有一定的市场竞争力。歌尔声学股份公司和瑞声声学科技（深圳）公司是全球 MEMS 麦克风领先企业。

2016 年中国 MEMS 科研机构见表 3.13.5。中国 MEMS 设计企业见表 3.13.6。中国 MEMS 晶圆生产线情况见表 3.13.7。

表3.13.5　2016年中国MEMS科研机构

城市名称	科研院校名称
北京市	中科院微电子研究所、电子学研究所；航天科技集团：701 所、702 所、704 所、772 所；中国电科第 11 所、13 所、45 所；北京大学、清华大学、北京航空航天大学、北京理工大
天津市	天津大学、南开大学、国家纳米技术与工程研究所
太原市	中北大学、中国电科第 2 所
沈阳市	沈阳仪器仪表工业研究所
长春市	中科院长春光机所
哈尔滨市	哈尔滨工业大学、中国电科第 49 所
石家庄市	中国电科第 13 所
大连市	大连理工大、中科院大连化学物理研究所
西安市	西安交大、西安工业大学；航天科技集团：11 所、618 所、771 所
绵阳市	中国工程物理研究院
武汉市	华中科技大学
重庆市	重庆大学；中国电科第 24 所、26 所、44 所
长沙市	国防科技大学
昆明市	兵器工业集团 211 所

城市名称	科研院校名称
上海市	复旦大学、上海交大、上海大学、华东师范大学、中科院微系统与信息技术研究所
无锡市	中国电科第 58 所
苏州市	兵器集团 214 所
杭州市	浙江大学、浙江加州国际纳米技术研究院
厦门市	厦门大学
南京市	东南大学、南京理工大学、中国电科第 55 所
合肥市	中国科技大学、中国电科第 38 所、中科院合肥智能机械研究所

表3.14.6　中国MEMS设计企业

城市	MEMS 设计	IDM	城市	MEMS 设计	IDM
北京市	北京广微积电、Selko、Epson、GE、欧姆龙、Denso、Senslng、Meleslx、OKI、Murata、博奥生物	歌尔声学、青鸟元芯	上海市	Bosch、ST、TI、ADI、SONY、InvenSense、上海深迪、上海巨哥、GE、Dalsa、欧姆龙、上海芯敏、Muratu	Sensata
苏州市	苏州敏芯、苏州明皓、Sonlon MEMS A/S	Knowles	无锡市	美新电子、英飞凌、纳微电子、MEMSIC	无锡芯奥微
西安市	中星监控、西安维纳	—	武汉市	华中科技大学	高德红外、飞恩微电子
深圳市	ST、MSI	Intersema	杭州市	浙江大学	
沈阳市	沈阳罕王集团	—	大连市	欧姆龙	—
天津市	飞思卡尔	—	广州市	X-Fab	—

表3.13.7　中国MEMS晶圆生产线情况

企业名称	项目性质	晶圆尺寸	产品类别
中国电科第 55 所	IDM+中试线	6 英寸	射频器件
中国电科第 13 所	IDM+中试线	6 英寸	MEMS 陀螺仪、加速度计、射频/微波开关、射频/微波滤波器
北京大学	中试线	4～6 英寸	陀螺仪、加速度传感器、压力传感器
中科院微系统所	中试线	4 英寸	陀螺仪、加速度传感器、压力传感器
中科院纳米所	中试线	6 英寸	麦克风、压力传感器、陀螺仪、红外等
中芯国际	代工	8 英寸	MEMS 振荡器、硅麦克风、陀螺仪、微流体传感器、惯性传感器等
华润上华科技	代工	6 英寸	红外探测器
台积电（中国）	代工	8 英寸	陀螺仪、加速度计、硅麦克风、压力传感器、微流体计等

企业名称	项目性质	晶圆尺寸	产品类别
上海先进	代工	8英寸	三轴陀螺仪、加速度计、生物 MEMS 芯片、光学 MEMS、微流体开关等
上海华虹宏力	代工	8英寸	磁传感器
杭州士兰微	IDM+代工	6英寸	三轴加速度传感器、三轴磁传感器、压力传感器等
中航（重庆）	IDM+代工	8英寸	红外探测器、惯性传感器

中国 MEMS 封测企业主要集中在长三角地区、珠三角地区，京津地区、东北地区和中西部地区也有部分企业。

第十四节　2016年中国白色家电产品市场情况

一、2016年中国家用电器行业简况

据国家统计局发布数据显示：

2016年我国家用电器行业主营业务收入14605.6亿元，同比增长3.80%；利润总额为1196.9亿元，同比增长20.40%。

2016年我国家电产销率为94.9%，同比2015年下降0.1个百分点。

2016年我国家电出货3725亿元，同比增长7.90%。

2016年我国电冰箱产量为9238.3万台，同比增长4.60%。

2016年我国空调机产量为16049.3万台，同比增长4.50%。

2016年我国洗衣机产量为7620.9万台，同比增长4.9%。

2016年我国家电网购（B2C）规模达到3846亿元，同比增长27.9%，纯家用电器线上市场规模为1796亿元，同比增长35.30%。

二、2016年中国小家电产品市场

2016年前11个月，尤其在下半年，中国家电生产企业面临生产原材料涨价，如铜材料涨40%、钢材涨200%、铝材涨30%、塑料涨30%。家电产品价格也随之有所上涨，冰箱涨价5%～10%，洗衣机涨价8%左右。

据中怡康线下监测数据显示：2016年嵌入式消毒柜零售额渗透率为79.1%、电烤箱零售额渗透率为75.6%、洗碗机零售额渗透率为83.0%、蒸汽炉零售额渗透率为97.10%；嵌入式橱电整体零售额渗透率为47.9%，零售额同比增长42.3%。一体化家装概念的普及和成熟，使更多白色家电产品将融入嵌入式家电的大潮中。

预测2017年中国白色家电市场整体仍处于低迷状态，预计白色家电市场零售额规模同比负增长0.6%，达到2962亿元。

● 冰箱零售量同比负增长1.3%，达到3148万台；零售额同比负增长1.2%，达到819亿元。

● 冰柜零售量同比增长3.4%，达到703万台；零售额同比增长1.2%，达到96亿元。

● 空调机零售量同比负增长2.30%，达到4349万台；零售额同比负增长1.30%，达到1437亿元。

● 洗衣机零售量预计增长3.4%，达到3536万台；零售额同比增长1.7%，达到610亿元。

2017年中国白色家电产业面临的形势大致为：一是房地产市场有所好转，给白色家电销售好转带来一定的利好。二是从人口出生来看，二胎出生高潮来临，改善家居条件有一个购买力的释放。三是城镇的兴起，家电由下乡到向三、四线城镇的扩张。四是中国经济形势的向好，"一带一路"的实施将扩大家电产品向世界出口。

第十五节　2017 年中国集成电路产品市场发展前景

一、2017 年世界半导体产品市场预测

据世界半导体贸易统计组织（WSTS）报道：2017 年世界半导体产业销售收入将达到 3778 亿美元，同比增长 11.5%，是 2010 年以来的又一次最高值。2018 年世界半导体产业销售收入预计将达到 3879 亿美元，同比增长 2.7%左右（见图 3.15.1）。

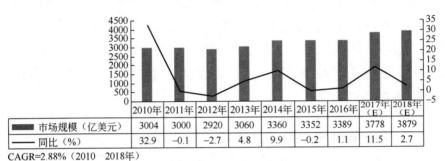

	2010年	2011年	2012年	2013年	2014年	2015年	2016年	2017年(E)	2018年(E)
市场规模（亿美元）	3004	3000	2920	3060	3360	3352	3389	3778	3879
同比（%）	32.9	-0.1	-2.7	4.8	9.9	-0.2	1.1	11.5	2.7

CAGR=2.88%（2010　2018年）
资料来源：WSTS/SIA/JSSIA整理（2017.6）。

图 3.15.1　2010—2018 年世界半导体市场发展规模及增长情况

2016—2018 年世界半导体市场区域分布规模及增长情况预测见表 3.15.1。

表3.15.1　2016—2018年世界半导体市场区域分布规模及增长情况预测

国家/地区	2016 年			2017 年（E）			2018 年（E）		
	销售额（百万美元）	同比（%）	占比（%）	销售额（百万美元）	同比（%）	占比（%）	销售额（百万美元）	同比（%）	占比（%）
北美	65537	-4.7	19.3	75560	15.3	20.0	77968	3.2	20.1
欧洲	32707	-4.5	9.7	35513	8.6	9.4	36075	1.6	9.8
日本	32292	3.8	9.6	35135	8.8	9.3	35687	1.6	9.3
亚太及其他地区	208395	3.6	61.4	231591	11.1	61.3	238171	2.8	61.4
合计	338931	1.1	100.0	377799	11.5	100.0	387911	2.7	100.0

2017 年世界集成电路产品市场结构预测见表 3.15.2。

表3.15.2　2017年世界集成电路产品市场结构预测

产品名称	2016 年			2017 年（E）			2018 年（E）		
	销售额（百万美元）	同比（%）	占比（%）	销售额（百万美元）	同比（%）	占比（%）	销售额（百万美元）	同比（%）	占比（%）
模拟电路	47848	5.8	17.3	52440	9.6	17.0	55676	6.2	17.1
微处理器	60585	-1.2	21.9	61078	8.1	19.8	64850	6.1	20.0
逻辑电路	91498	0.8	33.1	95010	3.8	30.8	101127	6.4	31.1
存储器	76767	-0.6	27.7	100000	30.3	32.4	103030	3.1	31.7
合计	276698	0.8	100	308528	11.5	100.0	324683	5.2	100.0

　　预测分析，2017 年世界半导体市场将仍然主要集中在亚太地区，北美地区增幅最大，同比提高 20 个百分点。从产品分布上来看：2017 年世界集成电路市场规模达 3085 亿美元，同比增长 11.5%；其中存储器为最大的亮点，因 DRAM 和 NAND 市场供不应求，售价上升 15%~20%，使存储器同比增长 30.3%，占 32.4%，超过了逻辑电路产品市场的占比份额，成为第一大产品市场。

二、2017 年中国集成电路产品市场预测

　　据 CCID 分析报告，2017 年中国集成电路产品市场预计为 12950.1 亿元，同比增长 8.0%，占世界集成电路产品市场 62.9% 的份额（见表 3.15.3）。

表3.15.3　2010—2018年中国集成电路产品市场规模及增长情况

指标名称	2010 年	2011 年	2012 年	2013 年	2014 年	2015 年	2016 年	2017 年（E）	2018 年（E）	CAGR
市场规模（亿元）	7349.5	8065.6	8558.6	9166.3	10393.1	11024.3	11985.9	12950.1	13934.2	7.37%
同比（%）	29.5	9.7	6.1	7.1	13.4	6.1	8.7	8.0	7.6	—
占世界市场（%）	44.4	50.6	56.9	58.5	61.2	64.3	66.6	62.9	64.1	—

　　2017 年中国集成电路产品市场应用结构情况和市场应用规模预测分别见图 3.15.2 和表 3.15.4。

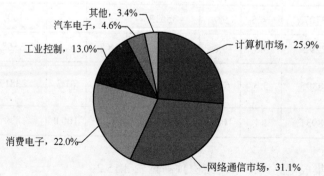

图 3.15.2　2017 年中国集成电路产品市场应用结构情况预测

表3.15.4　2016—2017年中国集成电路产品市场应用规模预测

序号	应用领域名称	2017 年（E）			2016 年		
		销售额（亿元）	同比（%）	占比（%）	销售额（亿元）	同比（%）	占比（%）
1	计算机	3354.1	6.0	25.9	3164.3	-3.4	26.4
2	网络通信	4027.5	9.8	31.1	3667.7	13.9	30.6
3	消费电子	2849.0	8.5	22.0	2624.9	9.2	21.9
4	工业控制	1683.5	9.7	13.0	1534.2	21.0	12.8
5	汽车电子	595.7	13.0	4.6	527.4	54.3	4.4
6	其他	440.3	-5.4	3.4	467.5	-9.8	3.9
	合计	12950.1	8.0	100.0	11985.9	8.7	100.0

资料来源：CCID/JSSIA 整理（2017.6）。

从表 3.15.4 中可以看出，2017 年集成电路产品在汽车电子应用领域增长最快，同比增长 13%，其次是网络通信和工业控制，分别同比增长 9.8%和 9.7%。在产品应用领域占比中，网络通信业占 31.1%、计算机占 25.9%、消费电子占 22%，成为集成电路应用的三大领域（网络通信首次超越计算机，成为三大应用领域之首，其原因是 PC、平板电脑的下滑，笔记本电脑增长起伏缓慢；智能手机发展迅速，又处于换机潮之中等）。

2017 年中国集成电路市场产品结构预测见图 3.15.3。

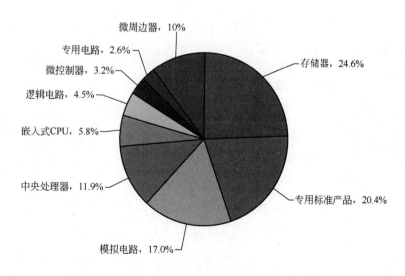

图 3.15.3　2017 年中国集成电路市场产品结构预测

2017 年中国集成电路市场产品规模预测见表 3.15.5。

表3.15.5　2017年中国集成电路市场产品规模预测

序号	产品名称	2017 年（E）			2016 年		
		销售额（亿元）	同比（%）	占比（%）	销售额（亿元）	同比（%）	占比（%）
1	存储器（Memory）	3146.9	9.4	24.3	2876.6	10.6	24.0
2	专用标准产品（ASSPs）	2641.8	7.0	20.4	2469.1	18.4	20.5
3	模拟电路（Analogic）	2201.5	7.4	17.0	2049.6	4.9	17.1
4	中央处理器（CPU）	1541.1	9.0	11.9	1414.3	-3.6	11.8
5	嵌入式 CPU	751.1	9.9	5.8	683.2	18.8	5.7
6	逻辑电路（Logic IC）	582.8	8.1	4.5	539.4	13.0	4.5
7	微控制器（MCU）	414.4	8.0	3.2	383.5	11.2	3.2
8	专用电路 ASICs）	336.7	0.3	2.6	335.6	-4.5	2.8
9	微周边器（Microperip）	1346.8	8.1	10.4	1246.5	-3.2	10.4
合计		12950.1	8.0	100.0	11985.9	8.7	100.0

资料来源：CCID/JSSIA 整理（2017.3）。

第四章

2016 年江苏省集成电路产业发展情况

第一节　2016年江苏省经济发展概况

2016年，面对复杂多变的宏观经济环境和艰巨繁重的改革发展任务，江苏省认真贯彻中央和省委、省政府决策部署，坚持稳中求进工作总基调，自觉践行新发展理念，以供给侧结构性改革为主线，扎实做好各项工作，经济社会保持平稳健康发展，实现了"十三五"良好开局。江苏省综合实力明显增强，转型升级步伐加快，新旧动力加速转换，发展质量稳步提升，社会事业取得进步，民生福祉持续改善。2016年江苏省主要经济指标完成情况见表4.1.1。

表4.1.1　2016年江苏省主要经济指标完成情况

序号	指标名称	业绩	同比（%）	序号	指标名称	业绩	同比（%）
1	全省生产总值	76086 亿元	7.8	17	外商港澳台投资	5.3%	
	GDP	7.8%	—	18	生产彩电	1839.4 万台	14.7
2	全省人均生产总值	95259 元	7.5	19	生产智能手机	4998.8 万台	30.2
3	高技术产值	67000 亿元	8.0	20	生产冰箱	945.8 万台	-4.1
4	战略性新兴产值	49000 亿元	10.5	21	生产空调器	454.1 万台	12.7
5	非公有经济值	51510 亿元	8.0	22	程控交换机	0.68 万线	-15.0
6	就业人口	4756.2 万人	—	23	生产汽车	144.9 万辆	14.3
7	失业登记率	3.0%	—	24	汽车产值	7967.7 亿元	13.1
8	失业人员再就业	77.82 万人	—	25	新能源汽车	3.1 万辆	8.6
9	居民消费价格指数（CPI）	2.30%	—	26	太阳能电池	3484.4 万千瓦	22.6
10	工业生产者出厂价格（PPI）	-1.9%	-1.9	27	固定资产投资	49370.9 亿元	7.5
11	工业增加值	7.7%	7.7	28	工业投资	24544.4 亿元	7.9
12	工业主营业务收入	158000 亿元	7.5	29	工业技改投资	13603.9 亿元	10.2
13	工业利润	10525.8 亿元	10.0	30	高新投资	8010.8 亿元	6.3
14	企业亏损面	12.3%	-1.5	31	进出口总值	33634.8 亿元	-0.7
15	工业主营业务收入利润率	6.7%	3.1	32	出口总值	21063.2 亿元	0.2
16	工业成本费用利润率	7.2%	2.9	33	进口总值	12571.6 亿元	-2.2

资料来源：2016年江苏省国民经济和社会发展统计报告/JSSIA 摘录。

2017 年江苏省经济社会发展的主要预期目标：生产总值增长 7%～7.5%，全社会研发投入占地区生产总值比重达到 2.65%，一般公共预算收入同口径增长 5%左右，固定资产投资增长 7.5%左右，社会消费品零售总额增长 10%左右，外贸进出口和实际利用外资保持稳定，居民消费价格涨幅 3%左右，城镇新增就业 110 万人，城镇登记失业率控制在 4%以内，城乡居民收入增长与经济增长同步，节能减排和大气、水环境质量确保完成国家下达的目标任务。

2017 年，江苏省将组织开展大规模技术改造，实施 200 项省重点技术改造项目，累计创造 450 个智能车间。在发展先进制造业方面，江苏省重点放在推进苏南城市群建设上，并组织实施一批具有高端技术水平和产业化规模的战略性新兴产业项目，推进产业向中高端迈进。

第二节　2016 年江苏省集成电路产业发展状况分析

2016 年，江苏省半导体业界同仁在《国家集成电路产业发展推进纲要》和《省政府关于加快全省集成电路产业发展的意见》等一系列政策文件的激励和指导下，在江苏省委、省政府和省经信委、省科技厅、省商务厅的领导和支持下，抓住传统类消费电子、通信类产品市场好转的契机；抓住智能移动通信、汽车电子、物联网、大数据、云计算、智能家居、医疗保健等市场需求兴旺的有利时机，奋力拼搏，取得了较好的业绩，保持了稳中求进、进中向好的发展势头，在"十三五"开局之年实现了开门红，也为"十三五"规划目标的实现打下了坚实的基础。

一、2016 年江苏省集成电路产业基本情况

1. 2016 年江苏省集成电路产业营收情况

2016 年，江苏省集成电路产业销售收入为 1434.2 亿元，同比增长 20.30%（见图 4.2.1），其中，集成电路产业主营业务销售收入为 1096.81 亿元，同比增长 25.19%。集成电路支撑业销售收入为 337.37 亿元，同比增长 6.73%。

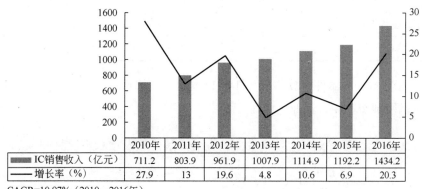

	2010年	2011年	2012年	2013年	2014年	2015年	2016年
IC销售收入（亿元）	711.2	803.9	961.9	1007.9	1114.9	1192.2	1434.2
增长率（%）	27.9	13	19.6	4.8	10.6	6.9	20.3

CAGR=10.97%（2010—2016 年）

图 4.2.1　2010—2016 年江苏省集成电路产业销售收入规模及增长情况

2016 年江苏省集成电路产品产量为 459.97 亿块，同比增长 12.5%；半导体分立器件产品产量为 918.4 亿只，同比增长 9.3%。

2016 年江苏省集成电路产业销售收入仍位居全国同业第一，这是自 2007 年以来连续第十年保持全国总值之首。

2. 江苏省集成电路产业企业数量

2016 年江苏省半导体产业链相关企业约 520 家，其中，集成电路设计业企业 280 家，集成电路晶圆制造业企业 30 家，集成电路封测企业 70 家，半导体分立器件企业 43 家，半导体支撑业企业近 90 家。

3．江苏省集成电路产业从业人数

2016 年江苏省半导体产业从业人数约 11.5 万人，其中研发人员占职工总数的 15.1%左右。从业人员各学历层次的情况是：博士学历人员占职工总人数的 0.3%，硕士学历人员占职工总人数的 2.5%，本科学历人员占职工总人数的 24.1%，大专学历人员占职工总人数的 31%，大专学历以下人员占职工总数的 42.1%。

二、2016 年江苏省集成电路产业运行分析

（一）2016 年江苏省集成电路产业运行概况

2016 年江苏省集成电路产业主营业务销售收入得到较快增长，这主要是得益于集成电路封测业销售收入的快速增长（见表 4.2.1）。

表4.2.1　2016年江苏省集成电路各产业销售收入情况

序号	指标名称	单位	2016 年度实绩	2015 年度实绩	同比（±%）
	集成电路产业主营业务销售收入	亿元	1096.81	876.09	25.19
1	其中：IC 设计业	亿元	161.34	153.72	4.96
2	IC 晶圆业	亿元	216.13	209.67	3.08
3	IC 封测业	亿元	719.34	512.7	40.30
	集成电路支撑业销售收入	亿元	337.37	316.1	6.73
	销售收入合计	亿元	1434.18	1192.20	20.30

2016 年江苏省分立器件销售收入为 144.18 亿元，同比增长 5.24%。分立器件销售收入分别包含在晶圆制造业和封测业之中。

2010—2016 年江苏省集成电路产业主营业务发展规模及增长情况见图 4.2.2。

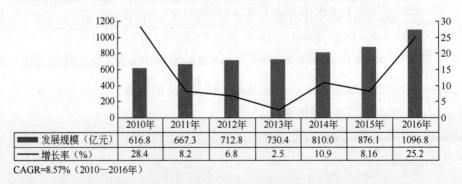

	2010年	2011年	2012年	2013年	2014年	2015年	2016年
发展规模（亿元）	616.8	667.3	712.8	730.4	810.0	876.1	1096.8
增长率（%）	28.4	8.2	6.8	2.5	10.9	8.16	25.2

CAGR=8.57%（2010—2016年）

图 4.2.2　2010—2016 年江苏省集成电路产业主营业务发展规模及增长情况

（二）2016 年度江苏省集成电路产业主营业务详情

长电科技收购星科金朋和通富微电收购 AMD（槟城、苏州工厂）后，江苏省集成电路封测业的体量有了较大幅度的增加，2016 年江苏省集成电路产业的三业销售收入比例发

生了明显变化（见图 4.2.3）。与 2015 年相比，设计业所占比重下降 2.89 个百分点，晶圆业占比下降了 4.19 个百分点，封测业占比增长了 7.08 个百分点。

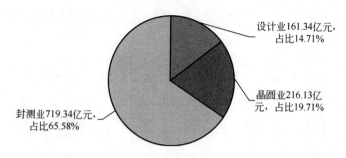

图 4.2.3　2016 年度江苏省集成电路产业三业所占比重情况

2016 年江苏省集成电路产业各季度与 2015 年同期相比都有所增长，第四季度同比增长达到新的高峰（见图 4.2.4 和表 4.2.2）。

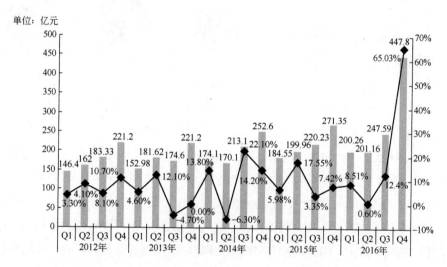

图 4.2.4　2012—2016 年江苏省集成电路产业各季度同比发展情况

表4.2.2　2016年江苏省集成电路产业主营业务各季度累计发展情况

季度	第一季度			上半年度			前三季度			全年		
产业＼指标	业绩（亿元）	同比（%）	占比（%）	业绩（亿元）	同比（%）	占比（%）	业绩（亿元）	同比（%）	占比（%）	业绩（亿元）	同比（%）	占比（%）
IC 设计业	27.7	8.5	13.8	47.2	4.0	11.8	88.2	—	13.6	161.3	5.0	14.7
IC 晶圆业	44.1	20.4	22.0	94.0	-7.8	23.4	154.2	5.6	23.8	216.1	3.1	19.7
IC 封测业	128.5	4.3	64.2	260.3	2.8	64.8	406.7	11.5	62.6	719.3	40.3	65.6
合计	200.3	8.5	100.0	401.4	7.6	100.0	649.1	7.3	100.0	1096.8	25.2	100.0

（三）江苏省集成电路产业在全国同业中的地位

2016 年江苏省集成电路产业主营业务销售收入为 1096.8 亿元，占全国集成电路产业销售收入 4335.5 亿元的 25.3%（见图 4.2.5）。2016 年江苏省集成电路产业各业分别占全国同业的比重见图 4.2.6。

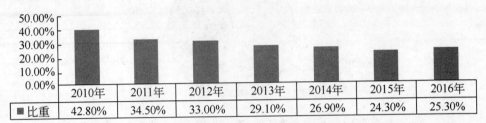

	2010年	2011年	2012年	2013年	2014年	2015年	2016年
■ 比重	42.80%	34.50%	33.00%	29.10%	26.90%	24.30%	25.30%

图 4.2.5　2010—2016 年江苏省集成电路产业主营业务销售收入占全国集成电路产业比重情况

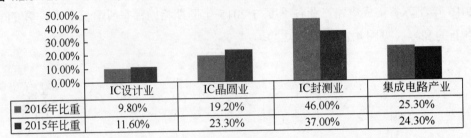

	IC设计业	IC晶圆业	IC封测业	集成电路产业
■ 2016年比重	9.80%	19.20%	46.00%	25.30%
■ 2015年比重	11.60%	23.30%	37.00%	24.30%

图 4.2.6　2016 年江苏省集成电路产业各业分别占全国同业的比重

2016 年江苏省集成电路产业在全国同业取得较好成绩，主要来自封装测试业。2016 年江苏省集成电路封测业大幅度增长的主要原因是江苏长电科技收购兼并星科金朋和通富微电收购兼并 AMD 的槟城和苏州工厂后，产能扩大、订单增加，销售收入明显上升。这两家产业界龙头企业的销售收入总额在江苏省内同业的占比由 2015 年的 37%提高到 46%，提升幅度达 9 个百分点。而江苏省集成电路设计业和晶圆业在 2016 年内没有新的增长点，销售收入增幅落后于其他兄弟省市。因此，2016 年江苏省集成电路设计业和晶圆制造业销售收入在全产业中的占比呈下降态势：集成电路设计业占全产业的比重为 9.8%，比 2015 年下降 1.8 个百分点；集成电路晶圆业占全产业的比重为 19.2%，比 2015 年下降 4.1 个百分点，差距正在拉大。

2016 年江苏省与其他主要省市集成电路产业销售收入情况见表 4.2.3。2016 年江苏省集成电路产业销售收入继续居全国省市之首位。在集成电路产业三业中：江苏省集成电路设计业销售收入居全国第四位；集成电路晶圆制造业销售收入居全国第三位；集成电路封测业销售收入居全国第一位，且遥遥领先。

表4.2.3　2016年江苏省与其他主要省市集成电路产业销售收入情况

省市名称	IC 主营业		设计业		晶圆业		封测业		支撑业		集成电路产业	
	实绩(亿元)	同比(%)	实绩(亿元)	同比(%)	实绩(亿元)	同比(%)	实绩(亿元)	同比(%)	实绩(亿元)	同比(%)	实绩(亿元)	同比(%)
江苏省	1096.8	25.2	161.3	5.0	216.1	3.1	719.3	40.3	337.4	6.7	1434.2	20.3

省市名称	IC 主营业		设计业		晶圆业		封测业		支撑业		集成电路产业	
	实绩(亿元)	同比(%)	实绩(亿元)	同比(%)	实绩(亿元)	同比(%)	实绩(亿元)	同比(%)	实绩(亿元)	同比(%)	实绩(亿元)	同比(%)
上海市	940.0	9.9	365.2	20.3	262.0	21.4	312.8	−5.8	112.6	14.2	1052.6	10.8
北京市	685.9	94.7	510.4	19.9	72.6	36.5	102.9	28.0	68.8	32.5	754.7	23.4
浙江省	191.6	—	87.7	14.3	103.9	17.3	（含在晶圆业中）		—	—	—	—
陕西省	394.8	41.4	36.6	21.2	241.1	62.1	117.1	16.6	125.3	−1.7	520.1	27.9
天津市	120.8	2.8	14.7	20.5	23.8	5.8	82.3	平	25.0	26.3	145.8	6.2
深圳市	569.42	30.2	493.51	29.6	22.4	108.2	53.51	15	—	—	—	—
重庆市	176.0	67.6	32.0	45.5	62.0	29.2	82.0	134.3	—	—	—	—

第三节 2016 年江苏省集成电路产品产量情况

2016 年江苏省集成电路产品产量为 459.97 亿块，同比增长 12.5%（见图 4.3.1）。在产量增长的同时，集成电路销售收入也有所增长，两者增长率相差并不大。可见江苏省集成电路各企业提高自身技术水平、调整产品结构、谋求自身发展取得了一定成效。

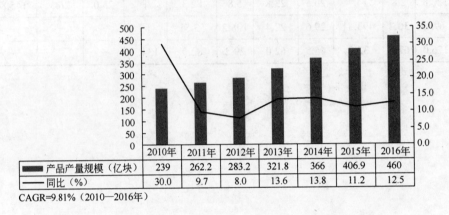

	2010年	2011年	2012年	2013年	2014年	2015年	2016年
产品产量规模（亿块）	239	262.2	283.2	321.8	366	406.9	460
同比（%）	30.0	9.7	8.0	13.6	13.8	11.2	12.5

CAGR=9.81%（2010—2016 年）

图 4.3.1 2010—2016 年江苏省集成电路产品产量规模及增长情况

2010—2016 年江苏省集成电路产品产量占全国总产量的比重情况见图 4.3.2。

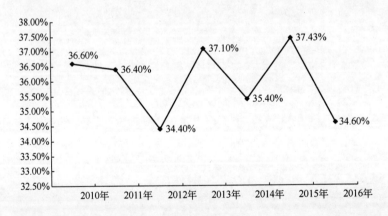

图 4.3.2 2010—2016 年江苏省集成电路产品产量占全国总产量的比重情况

2016 年江苏省集成电路产品产量排名前十位企业见表 4.3.1 所示。2016 年江苏省集成电路产品产量增长率排名前十位企业见表 4.3.2 所示。

表4.3.1　2016年江苏省集成电路产品产量排名前十位企业

序号	企业名称	序号	企业名称
1	江苏新潮科技集团有限公司	6	海太半导体（无锡）有限公司
2	南通华达微电子集团有限公司	7	颀中科技（苏州）有限公司
3	三星电子（苏州）半导体有限公司	8	英飞凌科技（无锡）有限公司
4	无锡华润安盛科技有限公司	9	力成科技（苏州）有限公司
5	无锡红光微电子股份有限公司	10	无锡晶源微电子有限公司

表4.3.2　2016年江苏省集成电路产品产量增长率排名前十名企业

序号	企业名称	序号	企业名称
1	苏州磐启微电子有限公司	6	无锡硅动力微电子股份有限公司
2	苏州通富超威半导体有限公司	7	南通华达微电子集团有限公司
3	无锡晶源微电子有限公司	8	江苏新潮科技集团有限公司
4	苏州矽湖微电子有限责任公司	9	颀中科技（苏州）有限公司
5	力成科技（苏州）有限公司	10	无锡红光微电子股份有限公司

第四节　2016 年江苏省集成电路产品出口情况

2016 年江苏省集成电路产品出口额为 346.76 亿元，同比增长 10.65%（见图 4.4.1）。

2016 年江苏省集成电路产品出口额占全省工业制成品的 1.71%，占全省高技术产品的 4.5%。

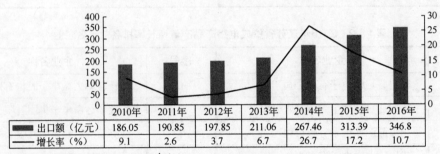

	2010年	2011年	2012年	2013年	2014年	2015年	2016年
出口额（亿元）	186.05	190.85	197.85	211.06	267.46	313.39	346.8
增长率（%）	9.1	2.6	3.7	6.7	26.7	17.2	10.7

CAGR=9.30%（2010—2016 年）

图 4.4.1　2010—2016 年江苏省集成电路产品出口额及增长率情况

2016 年江苏省集成电路产品出口额占全国集成电路产品出口总额 612.9 亿美元的 8.7%（见图 4.4.2），比 2015 年占全国集成电路产品出口总额的比重提高 1.5 个百分点。

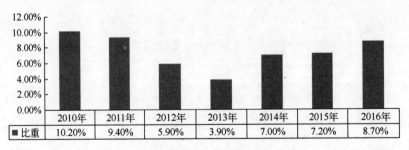

	2010年	2011年	2012年	2013年	2014年	2015年	2016年
比重	10.20%	9.40%	5.90%	3.90%	7.00%	7.20%	8.70%

图 4.4.2　2010—2016 年江苏省集成电路产品出口额占全国同业产品出口总额的比重

2016 年江苏省集成电路出口额增长的企业占 72.3%，增长企业的增幅比 2015 年提升了 39 个百分点；出口额下降的企业占 27.7%，出口额下降的企业与 2015 年相比下降幅度有所收窄。

第五节 2016 年江苏省集成电路产业地区分布情况

2016 年江苏省集成电路产业分布情况与前些年相比有些变化，从苏南的"硅谷"和沿江的"硅走廊带"向苏中、苏北地区扩散（见图 4.5.1）。在苏州、无锡、常州、南京、南通、扬州、泰州等城市的集成电路产业增长的同时，苏中、苏北地区逐渐发展起来。从长江北岸的南京江北新区、扬州、泰州，到徐州、宿迁、淮安等地新建、扩建了电子信息产业园区、集成电路产业园区，集成电路企业数量也在逐渐增长。

图 4.5.1　2016 年江苏省集成电路产业分布情况

江苏省苏南地区还是集成电路产业的重镇。2016 年江苏省苏南地区的集成电路产业销售收入占江苏省集成电路销售收入的 84.9%，其中，无锡市集成电路产业销售收入占江苏省的 52.4%，苏州市集成电路产业销售收入占江苏省的 26.7%。南京市集成电路产业销售收入占江苏省的 4.4%，常州市集成电路产业销售收入占江苏省的 1.1%，镇江市集成电路产业销售收入占江苏省的 0.3%。

2016 年苏中地区的集成电路销售收入占江苏省集成电路销售收入的 15.1%，其中，南通市集成电路销售收入占江苏省的 12.9%，扬州市集成电路销售收入占江苏省的 2.1%，泰州市集成电路销售收入占江苏省的 0.1%。

2016 年，苏中地区（通、扬、泰）是江苏省集成电路发展最快的地区。该地区集成电路产业销售收入占江苏省的比重比 2015 年提高了 8.2 个百分点，成为江苏省集成电路发展的亮点。

2016 年江苏省各地集成电路产业销售收入与 2015 年相比都有不同程度的增长（见表 4.5.1）。南京市集成电路产业增长幅度较大，但因为统计方法的调整，表 4.5.1 中所列数据与上年度统计的数据存在不可比因素。

表4.5.1 2016年江苏省各地集成电路产业三业销售收入情况

单位：亿元

序号	城市名称	合计		其中					
		实绩	同比（±%）	设计业	同比（±%）	晶圆业	同比（±%）	封测业	同比（±%）
1	无锡市	574.73	25.68	84.64	11.22	191.59	3.81	298.50	51.79
2	苏州市	292.42	6.75	32.30	8.75	17.54	−3.20	242.58	7.29
3	南通市	141.87	145.45	0.77	—	—	—	141.10	144.12
4	南京市	48.50	—	41.30	—	—	—	7.20	—
5	扬州市	22.73	35.30	1.73	—	7.00	—	14.00	42.86
6	常州市	12.15	0.16	0.60	—	—	—	11.55	0.17
7	镇江市	3.51	39.29	—	—	—	—	3.51	39.29
8	泰州市	0.90	36.36	—	—	—	—	0.90	36.36

注：因统计方法调整南京市集成电路设计业本年度数据与上年度数据存在不可比因素。

2016 年江苏省各地集成电路产业三业销售收入占全省的比重情况见表 4.5.2。

表4.5.2 2016年江苏省各地集成电路产业三业销售收入占全省的比重情况

单位：亿元

序号	城市名称	合计		其中					
		实绩	占比（%）	设计业	占比（%）	晶圆业	占比（%）	封测业	占比（%）
1	无锡市	574.73	52.40	84.64	52.46	191.59	88.65	298.50	41.50
2	苏州市	292.42	26.66	32.30	20.02	17.54	8.12	242.58	33.72
3	南通市	141.87	12.93	0.77	0.48	—	—	141.10	19.62
4	南京市	48.50	4.42	41.30	25.60	—	—	7.20	1.00
5	扬州市	22.73	2.07	1.73	1.07	7.00	3.24	14.00	1.95
6	常州市	12.15	1.11	0.60	0.37	—	—	11.55	1.61
7	镇江市	3.51	0.32	—	—	—	—	3.51	0.49
8	泰州市	0.90	0.08	—	—	—	—	0.90	0.13

第六节　2016 年江苏省集成电路产业从业人员情况分析

2016 年江苏省集成电路产业从业人员结构情况如下：

（1）2016 年江苏省集成电路产业从业人员 11.5 万余人，从业人数同比增加 4.5%。

（2）2016 年，江苏省集成电路产业博士学历的人员占职工总数的 0.3%；硕士学历人员占职工总数的 2.5%。本科学历人员占全省职工总数的 24.1%，同比上升了 2.6 个百分点；大专学历职工占全省职工总数的 31%；大专以下学历职工占全省职工总数的 42.1%（见图 4.6.1）。

（3）2016 年江苏省集成电路产业研发人员占职工总人数的 15.1%，同比提高了 1 个百分点。

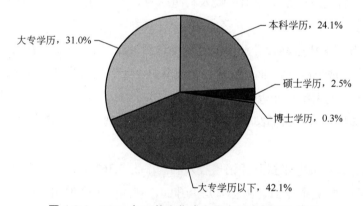

图 4.6.1　2016 年江苏省集成电路产业人员结构情况

● 2016 年 12 月 20 日，工信部人才交流中心与江苏省有关院校、江苏省半导体行业协会共同签署"芯动力"人才发展计划，组织和委托江苏省有关院校（南京大学、东南大学、扬州大学、苏州大学、江南大学、江苏信息职业技术学院等）开办高级研修班，协同做好集成电路产业人才的培养工作。

● 江苏省半导体行业协会与江苏省信息技术学院建立集成电路产业人才培训基地，对江苏省集成电路产业在职职工进行岗前培训、业务培训。此项工作已进行多年，收到了较好的成效。

● 华进半导体封装先导技术研发中心坚持每季一次的"华进开放日"活动，为集成电路封装技术人员进行技术交流和新技术发布提供平台，很受业界欢迎。

● 江苏省各地在招商引资的同时，不断提出吸引集成电路专业技术人才的政策和举措，对集成电路企业引进人才、留住人才起到了积极的作用。

第七节 2016年江苏省集成电路企业经营情况分析

2016年，在江苏省政府和各地方政府、产业园区的大力支持下，江苏集成电路产业发展继续呈上升态势，集成电路设计、晶圆制造、封装测试和设备、材料等集成电路产业全链都有相继开工建设的新增企业。

2016年，随着江苏省集成电路企业数量、职工总数的增长，江苏省集成电路销售收入比前几年有较大的增幅。集成电路企业融资难的问题逐步得到缓解，企业经营业绩明显提高，还出现了排队上市的情况。集成电路封测龙头企业长电科技、通富微电在收购兼并境外企业后内部整合取得成效，经营业绩大幅提升。

2016年江苏省集成电路产业销售收入利润率情况如下：

2016年江苏省集成电路企业销售收入利润率为6.8%，比2015年同期下降了1.4个百分点。

2016年江苏省集成电路设计业企业利润率达到12.85%，各企业都有不同幅度的上升和降低。江苏省集成电路设计业利润增长、减少的企业数量六四开。其中，南京矽力杰、无锡芯朋微电子、无锡新洁能等企业表现突出。

2016年江苏省集成电路晶圆业销售收入利润率为9.3%，比2015年同期下降了2.5个百分点。

2016年江苏省集成电路封测业销售收入利润率为5.36%，同比下降了0.9个百分点。从统计数据来看，封测企业销售额总体是上升的，利润率下降说明原材料在下半年上涨较快、劳动力成本上升、企业管理费上升，封测加工利润越来越薄。

第八节　2016 年江苏省集成电路产业发展环境分析

到 2016 年，江苏省集成电路产业已经走过了四十年的发展历程。在集成电路产业发展道路上经历了从无到有、从小到大的各个阶段，各地方、各企业在产业发展的过程中都有不少成功经验，也存在若干困难和问题。在进入新一轮产业发展高潮的时候，总结以往的历史经验，分析当前存在的困难和问题，有利于江苏省集成电路产业健康有序地快速发展。

一、江苏省集成电路产业发展成功经验

经验之一：集成电路产业发展需要政府领导高度重视。

纵观江苏地区集成电路产业发展的各个阶段，无论是无锡的"六五工程""七五工程""九０八工程"，还是近年南京的江北新区集成电路产业重大项目建设，都是政府领导，特别是"一把手"高度重视和亲自过问才能使项目落地、进展顺利。

经验之二：集成电路产业发展需要集中优势"兵力"。

集成电路产业发展人才是关键。江苏省实施的所有重大项目都得到来自全国各地专业人才的支持。江苏省能够成为我国集成电路产业的重镇，也正是因为江苏的高校和科研院所能够培养集成电路相关专业技术人才。江苏省各地高等职业技术院校也为集成电路企业提供了大量具有一定专业知识的操作技术员工。

经验之三：集成电路产业发展需要资金持续投入。

江苏省集成电路产业的发展得到了各级政府和金融机构的支持和帮助。凡是有大额资金投入的重大项目和技术改造工程，都能够进展顺利。集成电路产业发展的特点决定了产业资金的投入不是一次性的，还需要持续不断地追加投资，才能适应技术高速发展、产品快速更新的市场。

经验之四：集成电路产业发展需要产业链"集聚"。

江苏省集成电路产业发展早期，在"引进、消化、吸收"的基础上，为解决集成电路产品研制、生产各个环节所需的配套供应问题，派生出若干细分产业。因此，在江苏省苏南地区及沿江各地构建集成电路完整的产业链。随着产业发展的步伐加快，产业分工的专业化程度越来越高，对产业链"集聚"的要求，自然而然地达成了共识。江苏省厚实的产业链底蕴，是多年来苏南和沿江地区集成电路产业蓬勃发展的基础条件，也必将在新一轮产业发展高潮中凸显功效。

二、江苏省集成电路产业发展的困难和问题

江苏省集成电路产业发展存在的困难和问题，主要表现就是没有持续利用好上述几个方面的成功经验，形成了产业发展"时热时冷"的现象。与此同时，江苏省集成电路产业发展还存在以下几个方面的困难和问题。

主要困难和问题之一：引进和留用高层次人才难。

最近几年，江苏省各地特别是苏南地区的集成电路企业界人士反映引进和留用高层次人才难。从地缘情况分析，苏南地区离上海太近，在江苏本地引进或者培训出来的人才，被上海高薪资、高福利和升职空间大等良好的职业条件吸引过去。从生活便利性看，江苏省的人才很容易迁移到上海就职，甚至有"家留在江苏、人在上海工作"的现象。从人才政策方面分析，上海市政府连续一贯地坚持执行对集成电路高层次人才的税收、落户等多项优惠政策，对创新、创业取得成就的高层次人才给予更多的精神和物质奖励。上海的集成电路企业更是为引进高层次人才创设宜居环境采取了若干具体举措。这样便能激励更多的高层次人才引荐老同事、老同学、老朋友到上海创业、工作。当然，在上海工作升职空间大的一个很重要的原因是上海近年来在设计、制造、封测和设备、材料等领域新建和扩建项目多、规模大、技术先进，所需人才数量大，给高层次人才职业生涯发展提供了广阔的前景。

主要困难和问题之二：内资企业规模普遍较小。

江苏省集成电路企业数量较多，但是除长电科技和通富微电少数几家封测企业外，集成电路设计和制造的内资企业规模普遍较小。江苏省集成电路产业的外资企业大多数只为本企业加工服务，在人才、技术和产业生态等方面对地方集成电路产业发展所起的作用不大。内资企业势单力薄，难以形成规模效应。这也是在全国新一轮集成电路产业发展高潮到来时，规模较大的内资项目很少选择在江苏落地的原因之一。

主要困难和问题之三：省内各地方争相发展集成电路产业是好事，但缺乏全省统筹规划安排。

近两年来，江苏省内各地方逐步认识到发展集成电路产业的重要性，有争相发展的情况。对国内外的集成电路产业项目，只要得到信息，各地争先恐后地抢着、拉着，没有全省统筹安排的意识。非但不利于项目引进落地，反而给投资者留下了不良印象，更加严重的是造成了重复建设和浪费。

三、江苏省集成电路产业发展的对策建议

对策建议一：注重产业生态环境建设。

集成电路产业发展对产业生态环境有很强的依赖性。特别是在人才方面，无论是集成电路设计、晶圆制造、封装测试，还是专用设备、材料和应用服务，各个领域都是以高层次人才为核心。为此，建设好留住人才的良好的生态环境显得尤为重要。建议要做好以下

几个方面的工作：一是要制订切实可行的人才政策，并一以贯之地予以执行，体现政策的可操作性和连续性；二是要鼓励和支持用人单位给予高层次人才相应的激励政策，以及从家居生活、子女配偶读书、工作等各方面给予关心和帮助；三是鼓励和支持用人单位的人才团队建设、企业文化建设，营造适合留住高层次人才工作的氛围。

对策建议二：引导产业做强做大，发挥规模效应。

对于已经奠定了较好集成电路产业发展基础的江苏省来说，要做大做强集成电路产业具有很多有利条件。除了依靠引进项目外，还可以通过政策引导，使更多的中小企业采取不同形式的合资合作，让同业、同类的企业抱起团来，谋求技术进步、扩大市场规模、避免重复建设、规避低价竞争。特别是要在集成电路设计领域，培育具有较大规模的企业、具有特色产品的企业。通过政府政策引导、行业组织牵线搭桥，聚合中小企业的资源，采取差异化的谋略，从细分产品入手，在产品市场上做大做强。

对策建议三：统筹规划、合理布局，推动产业健康发展。

集成电路产业发展的特点就是技术升级周期短、投资规模大且需要持续投入。因此，随着集成电路设计、制造、封测工艺技术进入到高端水平，市场竞争的格局必然发生很大的变化。江苏省是我国集成电路产业发展的重镇，从有利于本地区产业健康发展的长远利益考虑，从充分挖掘和利用本地区产业发展资源为产业发展服务考虑，要研究制订江苏省集成电路产业发展布局规划，根据产业资源状况、结合全国的产业布局情况，指导各地突出重点、统筹规划、合理安排，从而促进江苏省集成电路产业抓住重点、有序发展。

第九节　2016 年江苏省集成电路产业产品和技术进步情况

一、2016 年荣获"第十一届中国半导体创新产品和技术"的企业和项目情况

由中国半导体行业协会、中国电子材料行业协会、中国电子专用设备工业协会、中国电子报社共同举办的"第十一届（2016 年度）中国半导体创新产品和技术"项目评选揭晓，共有 62 个项目入选。其中，集成电路产品和技术 31 项、分立器件与 MEMS 6 项、集成电路制造技术 1 项、集成电路封装与测试技术 4 项、半导体设备和仪器 12 项、半导体专用材料 8 项。

江苏省集成电路产业入围的产品和技术如下。

1. 集成电路产品和技术（设计业）

● 南京国博电子有限公司的智能手机用射频开关系列产品，采用 GaAs　PHEMT 和 SOI 工艺加工，在低电压工作的大功率开关、小型化射频开关设计等关键技术方面有突破，拥自主知识产权 12 项，产品已被主流手机品牌认可。

● 江苏卓胜微电子有限公司基于 CMOS 技术的超低噪声 4G LTE LNA 放大器芯片，采用源简低噪放大器结构在 LTE 频段实现最优噪声匹配，并优化器件设计、提高隔离及减小寄生和建立精确器件的噪声优化模型，实现用硅工艺的最佳性能；获 2 项发明专利和 4 项集成电路布图设计登记。

● 南京矽力杰半导体技术有限公司的高性能、双向快充锂电管理系列芯片，支持 4.0～13.5V 宽范围输入电压，在充电时，具有自动识别上游充电器的类型并进行通信，选择最优方案进行充电的功能；在供电时，可以自动识别下游充电设备，对其直接进行充电，最高输出可达到 12V、2.25A 或者 5V、4.5A，最大功率超过 20W，在 12V 输出环境中最高可达到 27W；已授权专利 3 项，申请专利 6 项。

● 无锡硅动力微电子股份有限公司的 LED 开关调色温专用控制电路 SP5432F，利用墙壁开关控制色温切换，操作方便；电源脚检测开关是否导通，检测精确且易实现；色温切换的复位时间可自由设置；采用高压工艺设计，驱动能力强；工作电流极低，对系统功耗影响极小；内部设计电源钳位保护功能，防止电源电压过高时损坏电路；产品获得发明专利授权一项。

2. 分立器件（半导体功率器件、光电器件）、MEMS 产品和技术

● 苏州能讯高能半导体有限公司的高功率氮化镓微波放大管 DX1H2527240，采用全新的高功率多指栅设计，多介质层沉积和复合场板结构，低阻抗多层复合金属结构欧姆电

极，三维散热结构设计，可满足新一代移动无线通信基站的高性能要求；已申请国内外专利86项（其中，中国发明专利66项，国际发明专利14项，实用新型专利6项），获得授权13项。

3. 集成电路封装与测试技术产品和技术

● 华天科技（昆山）电子有限公司/华天科技（西安）有限公司的基于 TSV、倒装和裸露塑封的指纹识别芯片系统级封装技术，申报专利15项，授权8项；包含了深槽和深孔的刻蚀、低翘曲倒装工艺、FC+Open Molding 的基板系统级封装技术等关键制程，实现了晶圆级薄片指纹识别芯片侧面包封结构。

● 江苏长电科技股份有限公司的 3D-SIP 系统级电源管理 IC 的模块封装技术，包括特殊设计的引线框架技术、大尺寸引脚 SMD 器件贴装技术、3D 模块结构化封装技术和特殊结构的包封技术；实现了对原有电源管理配套封装的模块化、系统化，提高了产品的精度和性能。现已获得2项专利授权。

4. 半导体设备、仪器产品和技术

● 无锡日联科技股份有限公司的微焦点 X 射线检测设备 AX9100，通过编程控制轨道速度和实现样品精确定位；封闭式射线源和平板探测器作为核心部件，辐射剂量小，具备绝佳的检测效果；强大的 SPC 数据分析随时追踪监视产线品质；该产品申请发明专利2项。

● 江苏苏净集团有限公司的液体颗粒计数器，采用精密传感检测光路的设计，微弱光电检测信号的处理，基于精密注射器结构的液体取样系统，提升了液体介质清洁度检测水平，该技术已获授权发明专利3项，实用新型专利4项。

5. 半导体专用材料产品和技术

● 南京国盛电子有限公司的 8 英寸 BCD 集成电路硅外延片，通过温度及气流的精确控制，优化硬件配置及工艺参数，实现了高温下高阻薄层外延片的制备，提高了外延片均匀性水平，同时满足了埋层外延对于图形漂移及畸变的特殊要求，相关技术已获得4项专利授权。

● 江阴润玛电子材料股份有限公司的高纯铝蚀刻液，采用自主研发的配方以及简单易行的杂质离子控制技术与混配工艺，可高效去除金属杂质离子，并高效控制颗粒含量，可控制蚀刻角度和蚀刻量，有效提高了蚀刻产品的良率，该技术获发明专利和实用新型专利各1项。

二、集成电路设计业方面技术进步获奖情况

● 无锡华润矽科微电子有限公司"符合 Q1 标准的单片无线充电接收电路 CS4978"获 CITE 2017 第五届中国信息博览会"创新产品与应用奖"。

● 苏州纳米微电子股份有限公司"NSA9260汽车级桥式传感器调理芯片"获 CITE 2017

第五届中国信息博览会"创新产品与应用奖"。

● 苏州纳米微电子股份有限公司"NSA（C）2860 高精度压力传感器调理变送调理芯片"获 CITE 2017 第五届中国信息博览会"创新产品与应用奖"。

● 华润矽科微电子有限公司开发的"智能网火灾检测 SoC"获 2016 年第十一届"中国芯"最具潜质产品奖。

● 南京龙渊微电子科技有限公司"基于国产龙芯和自主协议的远距离物联网基站 LY-JZI"获 2016 年第十一届"中国芯"最具创新应用产品奖。

● 南京龙渊微电子科技有限公司获 2016 年第十一届"中国芯"最具投资价值企业的称号。

三、江苏省集成电路晶圆制造业方面技术进步情况

● 华润上华科技有限公司基于 6 英寸和 8 英寸平面型和沟槽型 1700V、2500V 和 3300V IGBT 芯片已进入量产。

● 扬州扬杰收购美国 MCC 公司和入股中电科第 55 所国宇电子，切入 SiC 领域。

● 无锡华润微电子有限公司 HPP650R1K9DN 型超级功率 MOS 型场效应晶体管获 CITE 2017 第五届中国信息博览会创新产品与应用奖。

● 华润半导体（深圳）有限公司 HK 101X 长爬距光耦产品获 CITE 2017 第五届中国信息博览会创新产品与应用奖。

● 华润微电子有限公司"功率高压 MOS 器件关键技术和应用"获四川省科技进步一等奖。

● 华润微电子有限公司与浙大共建宽禁带功率半导体器件实验室，成功开发第一款 SiC 1200V/5A 二极管。

● 华润微电子有限公司通过内部资源整合，开发完成首款 IPM 模块。

四、江苏省集成电路封装主要企业技术进步情况

● 江苏长电科技

2016 年，长电科技自主开发的 FO-ECP（Fanout-Embedded Chip Packaging）开始量产，并持续导入新产品。与 BGA、QFN 等封装比较，FO-ECP 具有更小的封装尺寸和更薄的封装厚度。同时，长电科技的扇出型晶圆级封装（FO-Ewlb Embedded Wafer Level BGA）也大幅扩产，成为全球封装业亮点。另外，在 3D-SiP 系统级电源管理 IC 模块封装技术领域，长电科技取得了新的突破。

● 通富微电

通富微电 2016 年成功完成 WLCSP 小尺寸芯片（0.6mm×0.3mm）6 面包覆的工艺开发，并通过客户产品的可靠性考核。在系统集成封装（System in Package，SiP）设计方面

有了重大进展，于 2016 年 6 月成功开发 HVDC 模块及样品试制，并进行中高功率电源模块的开发。同时，通富微电在 2016 年，强化在蓝牙及无线通信方面系统级封装产品的设计能力，获得国内外客户的广泛认同，开启了先进封装新的领域。通富微电在 2016 年 5 月正式完成超微（AMD）半导体苏州及槟城厂 85%的股权收购，具备了高阶处理器的封装设计及量产能力，再一次填补了国内在这方面的空白。

● 华天科技（昆山）

华天科技 2016 年研发了一系列国际先进封装技术，华天科技（昆山）开发的晶圆级六面保护封装技术、等离子体划片技术，14nm 晶圆级凸点技术均实现了规模化量产；晶圆级硅基埋入扇出技术实现了小批量的出货。华天科技（昆山）与华天科技（西安）合作研发了"基于 TSV、倒装和裸露塑封的指纹识别芯片系统级封装技术"，该技术是目前世界领先的指纹识别封装技术，产品已经成功用于华为 mate 9 Pro 以及 P10 等终端手机品牌。华天科技（西安）有限公司 16/14nm 工艺芯片倒装封装技术量产获得突破，2016 年量产突破 3500 万颗。

● 苏州晶方科技

苏州晶方半导体科技公司专注于传感器领域先进封测服务，为全球最大的晶圆级芯片尺寸封测服务商，是全球首家具备 12 英寸影像传感器 WLP 晶圆级芯片尺寸封装量产能力的专业封测厂商，在传感器领域拥有全球封装量产最完整的专利布局。

苏州晶方科技自 2013 年公司承接了"12 英寸硅通孔工艺国产集成电路制造关键设备与材料量产应用工程"项目，在全球半导体设备在 12 英寸硅通孔封装应用不成熟的背景下，晶方科技协同国内设备材料商共同进行客制开发与整合，最终建立了全球首条基于国产关键设备与材料的 12 英寸晶圆级硅通孔封装量产线，建立了全球行业标准，成为行业标杆。项目设备国产化率约 80%，真正推动了国产设备及材料的全面产业化应用。通过实施此项目，晶方科技成为全球 12 英寸晶圆级芯片尺寸封装技术引领者，实现了在传感器市场占有率的有效提升，成功超越国际主要竞争对手，跃居全球第一。

五、江苏省 MEMS 产业产品和技术情况

江苏省 MEMS 产业已经形成较强的产业链，尤其在苏州市形成了较为完整的 MEMS 产业链布局，在研发、生产、应用领域有一定的基础；设计、制造、封测企业基本配套，有望实现中国 MEMS 产业核心；在 MEMS 麦克风、压力传感器、惯性传感器、微测辐射热计、微流控芯片等领域具有一定的市场竞争力。

● 美新半导体（无锡）公司是国内为数不多的掌握了从传感器到系统集成技术的公司，也是国内真正在 MEMS 领域能与国际同业巨头竞争的公司。

美新半导体（无锡）的主要产品有加速度传感器、地磁传感器等。在汽车电子、工业控制、消费类电子三类传感器应用领域中广泛应用，其中，在国内的地磁传感器市场占 30%、

加速度传感器约占 25%。现在美新公司的 MEMS 单片集成技术、无线传感网络及惯性导航系统技术都处于世界领先水平。美新公司的相关技术已经在超过 10 亿部手机、4000 万辆汽车中得到应用。美新公司是国内唯一向国外汽车公司出售关键位置传感器产品的公司。

● 苏州迈锐微电子有限公司拥有独创的"C-Q-T"电容传感理论，专利组合中 2 个核心发明专利已授权；基于该专利组合的第 1 代产品可基于 1.8V 驱动电平穿透 200μm 以上保护介质，在综合性能上超越第 1 代 Touch ID；基于该专利组合的第 2 代产品可穿透 350μm 以上保护介质；第 3 代产品正在研发中，设计指标为 450μm 普通强化玻璃穿透能力。本公司同时拥有独创的 Pattern Phase Match 指纹识别理论，并深度优化为商用化指纹识别算法 Vision4.0，对 6mm×6mm 面积的低质量指纹图像的测试指标为 FNMR50000=1.34%；其中 FNMR/FMR 的统计方式为 image to finger，同指标下优于传统的 image to image 统计方式 20 倍以上。

● 苏州敏芯微电子技术有限公司是中国国内最早成立的 MEMS 研发公司之一。已申请和在申请专利累计已达 70 多项，拥有数项涉及 MEMS 关键技术的突破性发明和世界级科研成果。

其中，微硅麦克风——敏芯微电子是全球为数不多且国内唯一掌握硅麦克风的 MEMS 和 ASIC 晶圆技术并批量生产的厂家，已经成功完成 MEMS 晶圆厂、封装厂及测试和编带的本土产业链整合，且被多家著名的手机品牌厂家广泛采用并大批量稳定供货。

压力传感产品——敏芯微依托自身 MEMS 麦克风成熟的 MEMS 产业链，完成了从 10 kPA 到 5 MPA 的压力芯片布局：高度计（气压计）芯片/数字胎压计芯片/血压计传感器/汽车 MAP 成品等均已经大批稳定供货，产品广泛地应用于消费电子、医疗、汽车、工业控制等众多领域。

● 苏州明皜传感科技有限公司主要从事 MEMS 传感器的研发、设计和生产，并提供相关技术服务。主要产品有加速度传感器、陀螺仪、压力传感器、6 轴电子罗盘、软件陀螺仪、智能记步芯片和磁传感器，旨在为消费电子、汽车电子、工业自动化以及航空等领域提供所需的产品和集成方案。

● 无锡芯奥微传感技术有限公司 2012 年增资扩股成为国有企业控股的中外合资企业，公司技术研发能力大幅提升。该公司目前产品线为硅基麦克风，目标市场涵盖消费类电子、医疗、工业控制及汽车电子等领域。目前拥有发明专利 14 项，其中，中国大陆地区 5 项，美国 6 项，中国台湾地区 3 项。

● 无锡康森斯克电子科技有限公司拥有在 MEMS 设计、制造和测试方面的核心能力，可以为客户提供高精确度和高可靠性的 MEMS 解决方案。主要产品有消费类、工业类和汽车类 MEMS。该公司的单片集成体硅压力传感器是一种智能化高精度的测量器件，经过全温区的校准和检测，配备了求值电路，适用各种元件柜。

第十节　2016 年江苏省集成电路产业投资情况

随着《国家集成电路产业发展推进纲要》和江苏省政府《关于加快全省集成电路产业发展的意见》文件的贯彻执行，集成电路产业发展得到了政府和社会各界的广泛重视。2016年，江苏省集成电路产业在省政府和各地政府的支持下，迎来了新一轮的产业投资热潮，一批新建、扩建项目落地开工，在建项目加速进展，集成电路产业界焕发出熠熠生辉的朝气和活力。

2016—2017 年江苏省集成电路产业投资情况和 2016 年江苏省集成电路产业投资基金情况分别见表 4.10.1 和表 4.10.2。

表4.10.1　2016—2017年江苏省集成电路产业投资情况

序号	日期	投资方	相关方	投资标的/要约
1	2015 年 12 月	江苏鑫华	江苏中能	投资 5 亿元，生产电子级多晶硅材料
2	2016 年 1 月 29 日	淮安德科玛	淮安市	总投资 150 亿元，其中，一期为 8 英寸晶圆厂，投资 5 亿美元，月产 4 万片；二期为 12 英寸晶圆厂 20 亿美元，月产 2 万～4 万片，主产影像传感芯片（CIS）；产业为 IDM 型。2017 年 6 月 2 日，主厂房封顶。采用 65/55 纳米的东芝工艺技术
3	2016 年 3 月	台积电（南京）		台积电在南京江北新区投资 30 亿美元，建设 12 英寸晶圆生产线，月产 2 万片，16/14 纳米 FinFET（目标为投资 70 亿美元，月产 4 万片），预计 2017 年 10 月设备安装，2018 年投产，2019 年实现量产
4	2016 年	扬州扬杰		成功定向增发 10 亿元，投入 SiC 芯片、功率器件及产业化建设等项目。在 2015 年成功收购美国 MCC100% 的股权；入股中电科第 55 所国宇电子等
5	2016 年 7 月	中芯长电（江阴）	中芯国际、高通、大基金	中芯长电二期项目于 2016 年 7 月开工，总投资 10.5 亿美元，专注于集成电路 12 英寸凸块和再布线加工服务，开展三维系统集成芯片业务
6	2016 年	国家大基金	江苏中能	国家大基金承诺对江苏中能投资
7	2016 年	纳沛斯	韩国纳沛斯	在淮安建 8 英寸生产线，注册资本 7400 万美元，投资 3 亿美元，建 12 英寸多元化晶圆凸块（BumP）封测服务等，年产 8/12 英寸晶圆 236 万片

序号	日期	投资方	相关方	投资标的/要约
8	2016 年 6 月 16 日/ 2017 年 6 月	德科玛（南京）	南京经开区 以色列塔尔	在南京建 8 英寸晶圆厂，总投资 6.8 亿美元，月产 4 万片。预计 2017 年 11 月封顶。2018 年 4 月竣工，6 月量产。二期募集 25 亿元，采用 IDM 型组织架构。主产模拟 IC，逐步发展物联网、汽车电子、智能移动芯片。2017 年 6 月投资升至 30 亿美元（一期 12.5 亿美元，二期 25 亿美元）
9	2016 年 10 月 18 日	中兴通讯股份	南京软件谷	中兴通讯在南京软件谷投资（注册资金 10 亿元），落户南京，年营收目标 550 亿元
10	2016 年	国家大基金	苏州元禾	国家大基金承诺对苏州元禾投资
11	2017 年 2 月 7 日	SK 海力士		SK 海力士（无锡）公司投资 36 亿美元（其中设备 28 亿美元），拟建设第 2 座 DRAM 工厂，技术水平为 1Y 纳米级，月产 9 万片。此为 SK 海力士第六期技术升级项目，全部建成后形成月产 12.1 万片能力，其中 10 纳米级产品 17.5 万片/月、20 纳米级 6 万片/月。2017 年投资 46 亿元，将于 2019 年建成。2017 年 6 月报道投资增加到 80 亿美元，10 纳米产品月投 20 万片
12	2017 年 2 月 12 日	清华紫光	南京市政府	清华紫光在南京投资 300 亿美元，建半导体产业基地及 12 寸 Flash、DRAM 生产线。2019 年建成，主产 3D NAND Flash、DRAM，月产 10 万片；一期投资 100 亿美元
13	2017 年	展讯通信		在南京投资 2.98 亿美元，研发 CPU、5G、移动智能终端芯片
14	2017 年	中星微		在南京投资 1.5 亿美元，研发物联网芯片和低功耗蓝牙芯片等
15	2017 年 4 月 24 日	欧司朗光电		投资 1.95 亿欧元在无锡开建第二期工程，开展 LED 光电业务，于 2019 年投产
16	2017 年 4 月 26 日	台湾颀铨科技		在南京投资 1.4 亿美元发展 IC 封测业务
17	2017 年 4 月 18 日	美国底特律汽车公司		在宜兴投资 18 亿元发展电动汽车
18	2017 年 4 月 18 日	东方环晟		在宜兴投资 50 亿元生产太阳能电池组件（年产 500MW 高效电池片）
19	2017 年 5 月 18 日	通富微电	英飞凌	在合肥建 4.0 智能制造生产线
20	2017 年 5 月 25 日	清华大学	澜起、英特尔	在昆山投资 20 亿元，联合开发英特尔 X86 架构的新型 CPU 可重构计算（CPU+ASIC）
21	2017 年 6 月 4 日	江化微		投资 2 亿元在镇江建湿化学试剂生产线，年产 22 万吨
22	2017 年 6 月 5 日	苏州卓胜微	美国（NI）	达成战略合作，在苏州联合开发射频芯片，提高开关速度并量产

续表

序号	日期	投资方	相关方	投资标的/要约
23	2017年6月16日	IBM	淮安市	将相变存储器知识产权转移到淮安市，专利275项，知识产权92项，非专利技术1000项
24	2017年6月25日	富士康	昆山政府	富士康在昆山投资250亿元，建光通信连接器/高速连接器等（协议）
25	2017年6月26日	通富微电	厦门海沧区	通富微电在厦门海沧区投资70亿元，建封测工厂（生产凸块、FC、WLCSP、SiP等）
26	2017年6月30日	常州欣盛芯片		投资5亿美元，建LCD面板驱动芯片
27	2017年6月30日	扬州市	日本太阳日酸公司	日本太阳日酸公司在扬州投资30亿～40亿日元，建"乙硼烷""氟甲烷"等特殊气体工厂

表4.10.2　2016年江苏省集成电路产业投资基金情况

序号	日期	投资方	投资金额	标的/要约
1	2016年	南京市政府宁政发（2016）264号	600亿元（500亿元+100亿元）	成立"南京市集成电路产业专项发展基金"，500亿元为IC产业投资基金，100亿元为产业发展基金
2	2016年	南京市江北新区	200亿元	发展南京江北新区IC产业及台积电（南京）项目
3	2016年	南京高新区	100亿元	IC产业引导基金
4	2016年1月18日	浪潮集团	55亿元	与无锡市政府共建浪潮大数据，总部落户无锡，建浪潮大数据产业园等
5	2017年1月25日	无锡市政府锡政发（2016）272号	200亿元，首期募集50亿元	设立"无锡市集成电路产业投资基金"，重点聚焦和培育若干国内外知名龙头企业，扶持一批中小型集成电路企业等
6	2017年2月12日	紫光集团	300亿元	在南京建设紫光南京半导体国际城园区（基地），2017—2019年建成（科技园、封装测试产业基地、国际学校、公寓等）
7	2017年2月20日	昆山市	100亿元	设立"海峡两岸集成电路产业投资基金"
8	2017年2月20日	中电海康	100亿元	在无锡市建设物联网研究院、智慧城市、全国运营中心、物联网产业资本交易平台等
9	2017年4月18日	淮安市政府	200亿元	成立"淮安市集成电路产业发展基金"，其中100亿元支持德科玛公司发展DRAM，100亿元支持时代芯存公司发展传感器，打造江苏又一个IC产业重镇
10	2017年6月24日	南通港闸区	25亿元	设立"通科集成电路产业基金"

2016年江苏省集成电路投资见效项目情况见表4.10.3。

表4.10.3　2016年江苏省集成电路投资见效项目情况

序号	日期	投资标的/项目	投资额	投资见效情况
1	2014年12月	江苏长电收购星科金朋	7.8亿美元（20.31亿元）	收购新加坡星科金朋后，提升封装技术水平，2016年居世界IC封装业第三位
2	2015年9月	中芯长电（江阴）厂	2.8亿美元	2016年6月项目竣工，实现IC中段硅片制造和测试服务
3	2015年10月	通富微电	3.7亿美元	收购AMD（槟城、苏州）工厂，拓展CPU、GPU、FPGA等产品，使通富微电进入世界IC封装前十大企业
4	2015年	华天科技（昆山）	0.5亿美元	收购美国矽太（昆山）公司，使华天科技业务水平提高，进入全球IC封装前十大企业，经济效益可观
5	2015年9月	通富微电（苏通工厂）	3.4亿元	在苏通园区建通富微电苏通工厂，2016年下半年投产
6	2015年10月	通富微电（合肥工厂）	30亿元	在合肥建通富微电合肥工厂，2016年下半年投产
7	2015年	华润微电子（深圳工厂）		在深圳投资建封装工厂，2016年8月投产，月产1亿块
8	2015年10月	英飞凌		在英飞凌（无锡）公司再投3亿美元，建第二座工厂，2016年年底竣工，2017年上半年投产
9	2015年	江苏长电科技（宿迁、滁州）		在江苏宿迁和安徽滁州分别投资建设分立器件后道封测工厂，在2016年均投入生产，在2017年得到较好的回报率

第十一节　2016年江苏省集成电路设计业发展情况

集成电路设计业是集成电路产业发展的龙头，起到引领作用，是代表一个国家和地区集成电路产业发展和技术水平高低的重要标志之一。

2016年，江苏省集成电路设计业继续保持了较快的增长速度，取得了较好的成就，具体表现为："产业规模不断扩大，企业经营不断改善，产业环境不断优化，技术力量不断集聚"，体现着生机和活力。但也存在诸多矛盾和问题，主要表现在"技术进步不快，新产品亮点不多，企业规模不大，整合力度不强，经济效益不高"等弱点和软肋。2016年江苏省集成电路设计业销售收入在全国集成电路设计业同行中居第四位。

一、江苏省集成电路设计业现状

1. 江苏省集成电路设计业产业规模不断壮大

2016年江苏省集成电路设计业销售收入为161.34亿元，同比增长5.0%（见图4.11.1），增速较2015年同比下降了23.2个百分点（主因为2015年有一批设计企业进入南京市集成电路行业的统计渠道，基数较高）；占江苏省集成电路产业总收入的14.71%，比2015年下降2.9个百分点。

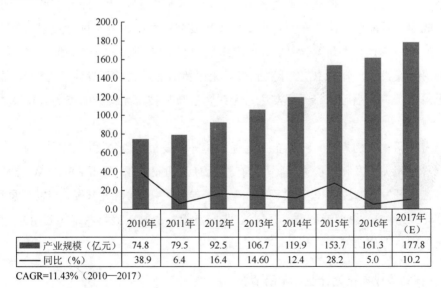

	2010年	2011年	2012年	2013年	2014年	2015年	2016年	2017年(E)
■ 产业规模（亿元）	74.8	79.5	92.5	106.7	119.9	153.7	161.3	177.8
— 同比（%）	38.9	6.4	16.4	14.60	12.4	28.2	5.0	10.2

CAGR=11.43%（2010—2017）

图4.11.1　2010—2017年江苏省集成电路设计业发展规模及增长情况

2. 2016年江苏省集成电路设计业基本情况

江苏省集成电路设计业历经三十多年的发展和集聚，已形成"苏南硅谷"和沿江"走廊带"的"一谷一带"之势，成为全国集成电路设计业的重镇之一。

1）江苏省集成电路设计业分布

江苏省集成电路设计业企业有 280 余家，主要集聚在苏州（有 100 家）、无锡（有 100 余家）、南京市（约 45 家），占江苏省集成电路设计企业数量的 94.2%。

2）江苏省集成电路设计业企业类型

在江苏省集成电路设计业中，民营和海归来苏创业的企业数量占 70%左右，外资和合资的企业数量占 30%左右。无锡、南京等地以民资（海归）企业为主，苏州市以外资（合资）企业为主。

3．江苏省集成电路设计业区域分布结构特点

1）南京

以高校、研究所为主，有东大国家 ASIC 工程中心，东大射频与广电集成电路研究所，南大微电子设计研究所等，研究相对前沿技术，承接政府项目，形成 IP 和培育学生；研究所以中国电科第 55 所和 14 所为代表，前者以研究微波和光电子器件为主，后者以 ASIC 和系统解决方案为主。知名 IC 设计企业有南京国博电子、江苏东大 IC 系统工程技术公司、南京微盟电子公司等。

2）无锡

以企业、研究所为主，企业有国有、民营企业、530 海归企业。以无锡华润矽科微电子有限公司等为代表的一批从事消费类电子集成电路研发的企业，面向市场，为境内外客户提供集成电路及配套解决方案，具有良性循环发展能力；还有一批海归创业企业，从事网络、音视频、RFID 电路等研发；研究所有中国电科第 58 所、总参 56 所，主要从事 ASIC 和系统解决方案设计。知名 IC 设计企业有：无锡新洁能、美新半导体（无锡）、无锡中微爱芯、无锡力芯、无锡芯朋、无锡友达、无锡德思普科技、无锡矽力杰等公司。

3）苏州

以境内外研发机构为主，海归企业为辅。境外研发机构以集团配套开发为主，主要从事微控制器等相关研发和解决方案提供；有一批海归创业企业，从事 RFID、WLAN、CMOS Sensor 等芯片开发。知名 IC 设计公司有：三星半导体（中国）研究开发、创发信息科技（苏州）、苏州国芯科技、思瑞浦科技（苏州）、张家港凯恩科技、盛科网络（苏州）、华芯微电子、苏州迈瑞、苏州明皓、苏州敏芯等公司。

4．江苏省集成电路设计业产学研情况

江苏省高校中有微电子（集成电路半导体物理等）学科的院校有：南京大学、东南大学、南京航空航天大学、南京理工大学、南京邮电大学、苏州大学、江南大学、扬州大学、南通大学、江苏省信息职业技术学院、南京三江学院等。

江苏省拥有中国电科第 14 所、55 所、58 所、江南计算机所、无锡微电子所等。

江苏省拥有国家微电子高技术产业基地（发改委）、国家集成电路设计无锡产业化基地（科技部）等产业化基地。

江苏省还拥有苏州中科集成电路设计中心有限公司，以及分布在无锡、苏州、南京、南通等城市经济开发区和大型企事业单位中的集成电路设计服务平台。

5. 江苏省集成电路设计业集聚发展情况

江苏省集成电路设计业呈园区集聚发展的态势，主要集中在：苏州工业园区、苏州新区、昆山市经开区、苏州吴中区；无锡市新吴区（国家集成电路设计无锡产业化基地）、无锡蠡园开发区（无锡国家集成电路设计中心）；南京江宁开发区等。2016 年，由于台积电在南京投资建设 12 英寸生产线，吸引一大批集成电路设计企业落户到南京江北新区，将有力地促进江苏省和南京市集成电路设计业的发展。

江苏省集成电路产业（设计业）现拥有 2 个国家级集成电路（设计）产业基地，4 个国家级电子信息产业园，12 个省级电子信息产业基地，15 个省级电子信息产业园；拥有集成电路设计（EDA）、测试、可靠性试验、FPGA 验证、快速封装等一系列公共服务平台；建有高密度封装国家工程实验室、国家级 ASIC 工程中心、省级 VLSI 工程中心、半导体封装先导技术研发中心等工程研究机构，以及众多企事业内部白有研发测试中心等设计保障机构。

2010—2016 年江苏省主要城市集成电路设计业发展规模及增长情况分别见图 4.11.2～图 4.11.4。

江苏省集成电路设计业还在持续发展过程中，除了南京、无锡、苏州等主要集成电路设计业集聚地外，常州市、南通市、扬州市、泰州市、昆山市等地集成电路设计企业数量也在不断增加，在新一轮产业发展高潮中这些新增企业将茁壮成长。

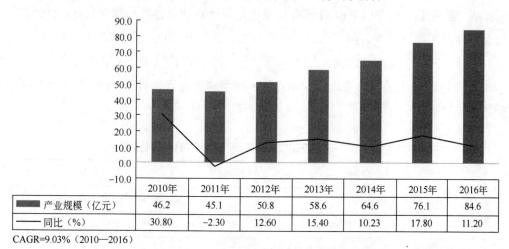

	2010年	2011年	2012年	2013年	2014年	2015年	2016年
产业规模（亿元）	46.2	45.1	50.8	58.6	64.6	76.1	84.6
同比（%）	30.80	−2.30	12.60	15.40	10.23	17.80	11.20

CAGR=9.03%（2010—2016）

图 4.11.2 2010—2016 年无锡市集成电路设计业发展规模及增长情况

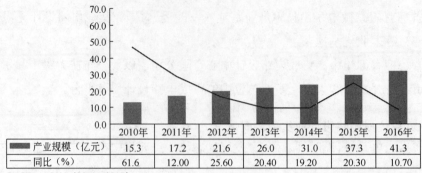

	2010年	2011年	2012年	2013年	2014年	2015年	2016年
■产业规模（亿元）	15.3	17.2	21.6	26.0	31.0	37.3	41.3
—同比（%）	61.6	12.00	25.60	20.40	19.20	20.30	10.70

CAGR=15.24%（2010—2017）

图 4.11.3　2010—2016 年南京市集成电路设计业发展规模及增长情况

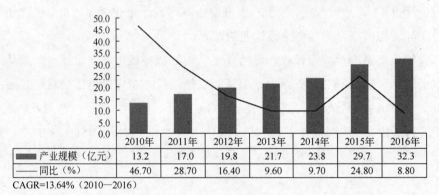

	2010年	2011年	2012年	2013年	2014年	2015年	2016年
■产业规模（亿元）	13.2	17.0	19.8	21.7	23.8	29.7	32.3
—同比（%）	46.70	28.70	16.40	9.60	9.70	24.80	8.80

CAGR=13.64%（2010—2016）

图 4.11.4　2010—2016 年苏州市集成电路设计业发展规模及增长情况

二、2016 年江苏省集成电路设计企业情况

　　2016 年江苏省集成电路设计企业取得了较好的业绩。根据会员单位销售收入数据统计，销售收入同比增长的企业数占 66.67%；销售收入同比持平的企业数占 4.17%；销售收入同比减少的企业数占 29.17%。江苏省集成电路设计企业总体发展状况良好，部分骨干企业表现优异，如南京国博、创发信息、江苏东大、无锡新洁能、华润矽科、美新半导体等公司。此外，部分企业增长迅速，如无锡新洁能、苏州赛芯电子、南京矽力杰等。

　　2016 年江苏省集成电路设计企业销售收入排名情况见表 4.11.1，销售收入增长率排名情况见表 4.11.2。

表4.11.1　2016年江苏省集成电路设计企业销售收入排名情况

序号	企业名称	序号	企业名称
1	南京国博电子有限公司	5	无锡华润矽科微电子有限公司
2	创发信息科技苏州有限公司	6	美新半导体（无锡）有限公司
3	江苏东大集成电路系统工程技术有限公司	7	无锡中微爱芯电子有限公司
4	无锡新洁能股份有限公司	8	无锡力芯微电子股份有限公司

序号	企业名称	序号	企业名称
9	无锡芯朋微电子股份有限公司	13	无锡德思普科技有限公司
10	南京微盟电子有限公司	14	三星半导体（中国）研究开发有限公司
11	苏州国芯科技有限公司	15	无锡市晶源微电子有限公司
12	无锡友达电子有限公司	16	南京矽力杰半导体技术有限公司

表4.11.2　2016年江苏省集成电路设计企业销售收入增长率排名情况

序号	企业名称	序号	企业名称
1	无锡新洁能股份有限公司	6	无锡市晶源微电子有限公司
2	苏州赛芯电子科技有限公司	7	美新半导体（无锡）有限公司
3	南京矽力杰半导体技术有限公司	8	无锡芯朋微电子股份有限公司
4	宽腾达通讯（无锡）有限公司	9	瑞萨集成电路设计（北京）有限公司苏州分公司
5	无锡中微爱芯电子有限公司	10	无锡德思普科技有限公司

2016 年江苏省集成电路设计企业平均利润率达到 12.85%，比 2015 年上升 3.7 个百分点，各企业都有不同幅度的上升和降低。2016 年江苏省集成电路设计业利润增长、减少的企业分别约占 60%、40%。其中，南京矽力杰、无锡芯朋微电子、无锡新洁能等企业表现突出。

2016 年江苏省集成电路设计企业成本开支普遍上扬，主要反映在开发费用、差旅费、工资劳务费、验证费用等明显增长。虽然政府和产业园区能够给予一些补贴，但总显得杯水车薪。

三、2016 年江苏省集成电路设计业在全国同行的地位

1. 2016 年江苏省集成电路设计业集成电路收入占全国总额的比重

2016 年江苏省集成电路设计业销售收入为 161.34 亿元，占全国集成电路设计业销售收入 1644.7 亿元的 9.8%（见图 4.11.5）。

江苏省集成电路设计业销售收入在全国同业总值中呈历年下滑的态势，这说明江苏省集成电路设计业虽然企业数量众多（占全国的 20.6%），但销售收入仅占全国同业的 9.8%。江苏省集成电路设计业发展没有亮点，没有龙头企业的引领，差距正在拉大。

2. 2016 年江苏省集成电路设计业与部分省市集成电路设计业销售收入情况

2016 年全国主要省市集成电路设计业销售收入情况见表 4.11.3 和表 4.11.4。

2016 年北京市集成电路设计业销售收入为 510.4 亿元，占全国 IC 设计业总额的

31.00%;

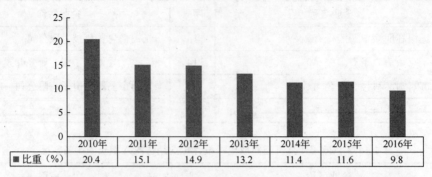

比重（%）	2010年	2011年	2012年	2013年	2014年	2015年	2016年
	20.4	15.1	14.9	13.2	11.4	11.6	9.8

图4.11.5　2010—2016年江苏省集成电路设计业销售收入占全国总额的比重

2016年深圳市集成电路设计业销售收入为420.0亿元，占全国IC设计业总额的25.5%；2016年上海市集成电路设计业销售收入为365.2亿元，占全国IC设计业总额的22.2%。

表4.11.3　2014—2016年全国主要省市集成电路设计业销售收入情况

序号	省市名称	2016 年			2015 年			2014 年	
		实绩（亿元）	同比（%）	占比（%）	实绩（亿元）	同比（%）	占比（%）	实绩（亿元）	同比（%）
1	北京市	510.4	19.9	31.0	425.7	9.9	32.1	387.4	18.0
2	深圳市	420.0	10.5	25.5	380.1	43.3	28.7	265.2	20.0
3	上海市	365.2	20.3	22.2	305.0	26.6	23.0	240.9	14.7
4	江苏省	161.3	5.0	9.8	153.7	28.2	11.5	119.9	12.4
5	浙江省	87.7	14.3	5.3	76.3	9.0	5.8	70.0	22.3
6	陕西省	36.6	21.2	2.2	30.2	32.0	2.3	22.8	33.0
7	重庆市	32.0	45.5	1.9	—	—	—	—	—
8	天津市	14.7	20.5	8.9	12.2	-69.6	0.9	40.0	—

表4.11.4　2016年全国主要城市集成电路设计业销售收入情况

序号	城市名称	2016 年（亿元）	2015 年（亿元）	同比（%）	序号	城市名称	2016 年（亿元）	2015 年（亿元）	同比（%）
1	深圳市	420	380.1	10.5	9	珠海市	30.6	17.8	71.9
2	无锡市	84.6	76.1	11.2	10	厦门市	23.0	18.0	27.8
3	杭州市	63.2	40.8	54.9	11	长沙市	22.0	4.1	431.0
4	成都市	45.4	33.0	37.6	12	福州市	16.0	14.5	7.5
5	南京市	41.3	37.3	10.7	13	合肥市	13.2	4.4	201.4
6	西安市	36.6	30.2	21.2	14	大连市	10.3	8.1	14.9
7	苏州市	32.3	29.7	8.8	15	济南市	8.3	5.1	56.6
8	武汉市	32.0	25.0	28.0					

资料来源：中半协IC设计分会/JSSIA整理（2016.12）。

从上述资料中可以看出，江苏省集成电路设计业在全国主要中心城市中：无锡居第二位、南京居第五位、苏州居第七位。但应看到其中杭州市、厦门市、武汉市、西安市、长沙市、合肥市发展速度很快，有后浪超前浪之势。

四、江苏省集成电路设计业发展的优劣势分析

（一）江苏省集成电路设计业发展的优势

1. 江苏省政府关心支持集成电路设计业的发展

江苏省政府十分重视集成电路产业的发展，将集成电路产业作为江苏省战略性新兴产业予以大力支持，《省政府关于加快全省集成电路产业发展的意见》（苏政发〔2015〕71号）指出，要把大力发展集成电路设计业作为突破口，做大做强集成电路制造业、封测业和设备材料业等，使江苏省集成电路产业得到快速发展。同时也明确突出集成电路设计业在集成电路产业中的龙头引领地位。

2016年，南京市政府设立了600亿元的"南京市集成电路产业专项发展基金"，其中500亿元为集成电路产业投资基金，100亿元为产业发展基金。

2016年，南京江北新区设立了200亿元的集成电路产业发展基金（主要是针对台积电南京项目）。

2016年年底无锡市设立了200亿元的"无锡市集成电路产业投资基金"，首期募集50亿元，支持培育市内知名集成电路龙头企业，扶持一批中小型集成电路企业做大做强。

2017年2月，昆山市政府设立100亿元的"海峡两岸集成电路投资基金"。

2017年4月淮安市政府设立200亿元的集成电路产业发展基金，其中100亿元支持德科玛。

2017年6月，南通市港闸区设立25亿元的"通科集成电路产业基金"。

从各级政府支持的力度来看，江苏省集成电路产业正在发力的路上，前景光明。

2. 2016年江苏省集成电路设计业技术具有个性化、差异化发展的特点

2016年，江苏省集成电路设计业高端企业已进入20/14纳米世界顶尖设计技术领域，设计的集成电路产品具有较高的价值，收入可观。有少部分企业设计技术进入90～65～28纳米级水平，部分企业进入0.11微米级水平，大部分企业处在0.25～0.18～0.13微米级水准。各个工艺节点都有一定的产品需求，在差异化发展过程中，不少设计企业具备新工艺、新技术研发能力。

2016年，江苏省集成电路设计业还处在成长阶段，大部分企业相当于全国同业中游水平。基于SoC设计平台的技术较为成熟，EDA设计工具应用普遍规范化，设计周期大幅缩减，正向设计产品日益增多。江苏省设计服务业成长迅速，无锡华大国奇、苏州芯禾科技等设计服务企业都已经在集成电路设计领域发展了各自的客户群，技术水平和服务能力

赶上国际著名企业。

3. 2016年江苏省集成电路设计业亮点增多

● 中科芯——目前产品设计已跨入40纳米。

* 重点打造"亿芯"系列旗帜FPGA，已具备亿门级研制能力。

* 千万级FPGA实现自主可控，可量产集成高速接口的自主千万级FPGA器件。

* 突破扇入扇出、单片凸点生产等多项关键微系统技术。

* 建立完整的SoC正向设计流程，搭建覆盖130～55纳米设计平台。

* 2016年中科芯营业收入实现13.2亿元，同比增长25.8%；实现利润3186万元，同比增长105.1%。

● 无锡芯朋微电子实现国内首推AC-DC产品，产品多次获奖。

● 无锡友达电子致力于模拟及数模混合IC设计，卓有成效。

● 无锡力芯微电子开发MCU、高压模拟电路、数模混合信号电路等，取得一定的成绩。

● 中国电科第55所主要从事固态器件、微波毫米波模块、微电机系统、封装等开发与生产，形成射频电子、功率电子两大民品产业链。

● 苏州国芯致力于IP授权、技术开发与服务，具有自身特色的SoC设计服务平台和嵌入式模块，包括不同性能C*Core系列的CPU内核。在信息安全产品方面主产品包括安全芯片、安全模块和板卡等。

4. 江苏省集成电路设计业聚集一批专业技术人才

江苏省集成电路设计业经历三十多年的发展，拥有一批专业技术人才，在各自的岗位上做出了积极的贡献，尤其在模拟电路、音视频电路、驱动IC、专用电路等方面积累了丰富的经验，是江苏省集成电路产业宝贵的财富。

（二）江苏省集成电路设计业存在的问题简析

1. 江苏省集成电路设计企业普遍存在的问题

1）在人力资源方面

缺少高层次管理人才、技术人才和营销人才；招工难、吸引人才难、留住高端人才更难；人才生态环境比不过邻近的省市；用工成本上升幅度大。

2）在资金方面

设计企业以中小企业为主，中小企业融资困难多、门槛高、融资成本高；同类产品相互压价竞争激烈，利润空间越来越小；企业间货款拖欠现象严重，账期控制困难。

3）在新产品开发方面

集成电路设计业新品试制费用很高，新品开发周期较长；新品从上市到上量阶段有一个较长的过程。

2．江苏省集成电路设计业存在的差距及主要因素分析

1）设计业发展迟缓，产业结构不尽合理

江苏省集成电路设计业内资企业的技术创新能力还不强，技术水平与国内先进水平和外资企业相比落后 2～3 代，与海思、展讯、华大等公司相比仍有很大的差距。江苏省内集成电路设计企业能够提供的产品档次不高，中低档次的产品市场竞争越发激烈，产品利润空间窄小。纵观 2016 年其他省市集成电路设计企业发展的态势，尤显得江苏省集成电路设计业发展迟缓。

正是由于江苏省集成电路设计产业近年来没有突出的亮点，产业规模没有较大的扩展，连续多年都处于全国第四位，落后于北京、深圳和上海。

根据 2016 年半导体产业结构状况分析，世界集成电路各细分产业构成是：设计业、晶圆业、封测业之比是 3∶5∶2（28.0%∶53.6%∶18.4%）；中国集成电路产业三业之比是 4∶2∶4（37.9%∶26.0%∶36.1%）；江苏省集成电路产业三业之比是 1∶2∶7（14.7%∶19.7%∶65.8%）。明显看出江苏省集成电路设计业占比不足 15%，显得尤为弱小。

2）缺少龙头型企业，产业引领作用较弱

江苏省集成电路设计企业有近 280 家，占全国设计企业总数的 20.6%左右，居全国第一位。但企业体量不大、规模弱小，2016 年没有一家企业进入全国前十位之列。

江苏省集成电路设计业以中小型企业居多；大多数企业是民营企业，部分为海归和中外合资企业；人数以小于 50 人的企业居多；除有为数不多的超亿元的设计企业和部分设计企业营业收入在千万元左右以外，年销售收入在千万元以下的企业居多，缺乏像深圳海思、深圳中兴微、上海展讯、上海锐迪科、上海格科微、北京华大、大唐半导体、北京南瑞智芯、深圳汇顶、敦泰科技（深圳）、北京中星微、杭州士兰微等这样重量级的设计企业来引领江苏省集成电路产业的发展。

3）缺乏设计领军型人才，产品技术处于中低端水平

集成电路设计业的发展高度依赖高水平的创新型人才，特别是创新型领军人才，这其中包含企业高管人才、高级技术型人才、高级市场人才，以及"大国工匠"式的软硬件兼备的工程技术人员和较高水平的操作技能的职工队伍。

由于集成电路产业高端人才交流和流动性很强，全国各省市都在发展集成电路产业，都需要各类集成电路人才，为集成电路专业人才流动创造了条件。从另一个角度分析，产业的制高点在上海、北京、深圳等经济发达地区，人往高处走，明显可见集成电路设计业高端人才向上述地区汇集的现象。江苏省集成电路设计业每年招聘的大量新员工，两三年后，成了其他地区设计企业的中坚力量。江苏省似乎成了初入职人才的培训基地。由于各方面的综合因素，江苏省集成电路产业引进人才和留住人才的确有一定困难。

由于高端人才团队缺乏，特别是集成电路设计和制造领域的工艺技术研发人才和软硬件兼备的高端人才缺乏，使得江苏省集成电路设计企业主流产品多数集中在电源、驱动、音视频等消费类周边配套电路，且以中低档产品为主，同质化竞争状况严重。

4）产业链协同创新格局未形成，产业链整合能力不足

纵观 2016 年江苏省集成电路设计业经营动态，设计业上下游产业链协同创新的动作不大，大多数企业处在单打独斗的态势，与整机厂商联动机制尚未形成；没有构成芯片设计企业与芯片制造企业协作发展的模式，不少设计企业依靠境外企业流片，或在国内制造厂商中排队等候，延误上市周期。

5）投资环境有待改善

集成电路产业是一个高投入、高风险的产业，集成电路设计业更是如此。投资成功一个新品，往往需要数百万元、上千万元、成亿元的大量连续的投入。成功的企业有，受到挫折的企业也屡见不鲜。这其中缺乏强有力的资金支持也是一个重要因素。投资的瓶颈在于江苏省的集成电路设计企业以中小型居多，自身发展资金有限，且融资成本高，难以融资；银行也不向这些小微企业放贷；抵押贷款也基本无门。

（三）江苏省集成电路设计业发展对策

（1）江苏省集成电路设计业企业要抛弃"宁当鸡头，不当凤尾"的观念，采取联合、兼并方式，实现优势互补，抱团作战，以快速提高企业的市场竞争力。

（2）江苏省集成电路设计企业在产品设计领域，继续保持"有所为、有所不为"的原则，在某一行业、某一细分领域内力争做大、做强、做精、做专、做特，发扬"大国工匠"的精神，立足于行业精英之列。

（3）抓住新兴领域今后几年或十几年将爆发式增长的机遇，扩大产业发展所需高附加值产品的设计能力，向新的集成电路应用空间延伸。要把传感网芯片、嵌入式 CPU、显示驱动 IC、移动终端 TFT 驱动器、模拟 IC、数模混合 IC、LED 驱动 IC、RFID 芯片、FPGA 芯片、通信类 IC、MEMS 系统 IC、化合物 IC、射频 IC、智能电网芯片以及水表气表远程控制 IC、安监芯片、IC 卡芯片及高压 IGBT 等作为重点产品发展方向。

（4）江苏省集成电路设计企业要在各级政府的支持下，注重营造人才引进、培养和留用的生态环境。加强与省内的南京大学、东南大学等一批专业培养 IC 人才的示范性微电子学院的联系；加强与江苏信息职业技术学院等高等职业技术院校的联系，力争为企业就近招聘到适才适用的毕业生，并建立激励机制，在培养人才的同时，用好、留住人才，为企业长远发展服务。

（5）江苏省集成电路设计企业在发展过程中，要积极、主动地与融资、金融机构建立联系渠道，采用多种方式获取企业发展资金的支持。企业发展到一定阶段，积极寻求上市融资，以求得快速发展。

第十二节　2016 年江苏省集成电路晶圆业发展情况

一、江苏省集成电路晶圆制造业现状

江苏省集成电路产业是我国集成电路产业化大生产的发祥地，也是我国重要的集成电路生产基地。

江苏省集成电路晶圆制造企业有 30 家，主要集中在无锡市和苏州市，2016 年无锡市和苏州市集成电路晶圆制造业销售收入分别占江苏省同业总值的 88.65% 和 8.12%。

1．2016 年江苏省集成电路晶圆业销售收入

2016 年江苏省集成电路晶圆制造业销售收入为 216.1 亿元，同比增长 3.1%（见图 4.12.1）。

2017 年江苏省集成电路晶圆制造业销售收入预计为 222.6 亿元，同比增长 3.00%。

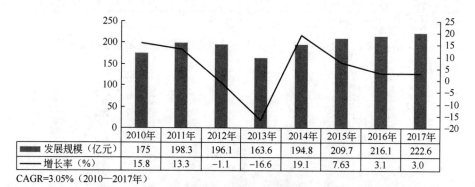

CAGR=3.05%（2010—2017年）

	2010年	2011年	2012年	2013年	2014年	2015年	2016年	2017年
发展规模（亿元）	175	198.3	196.1	163.6	194.8	209.7	216.1	222.6
增长率（%）	15.8	13.3	-1.1	-16.6	19.1	7.63	3.1	3.0

图 4.12.1　2010—2017 年江苏省集成电路晶圆业发展规模及增长情况

2016 年 Q1—2016 年 Q4 江苏省集成电路晶圆业销售收入情况如表 4.12.1 所示。

表4.12.1　2016年Q1—2016年Q4江苏省集成电路晶圆业销售收入情况

时间 指标	2016 年第一季度		2016 年上半年		2016 年前三季度		2016 年全年	
	业绩	同比 （%）	业绩	同比 （%）	业绩	同比 （%）	业绩	同比 （%）
销售收入（亿元）	44.12	4.28	93.96	2.81	154.15	5.6	216.13	3.08

2．2016 年江苏省集成电路晶圆业地区分布情况

江苏省集成电路晶圆业主要分布在苏南地区，其中，无锡市 2016 年集成电路晶圆制造业销售收入为 191.59 亿元，同比增长 3.81%，占全省集成电路晶圆业销售收入的 88.65%；苏州市 2016 年集成电路晶圆制造业销售收入为 17.54 亿元，同比下降 3.2%，占全省集成

电路晶圆业销售收入的 8.12%；苏中地区的扬州市 2016 年集成电路晶圆制造业销售收入为 7.0 亿元，占全省集成电路晶圆业销售收入的 3.24%。

无锡市集成电路晶圆业是我国集成电路产业商品化大生产的发祥地，居江苏省第一位，居全国第三位（仅次于上海市、西安市），2016 年集成电路晶圆业销售收入占全国同业的 17%。无锡市和苏州市 2010—2016 年集成电路晶圆业发展规模及增长情况分别见图 4.12.2 和图 4.12.3。

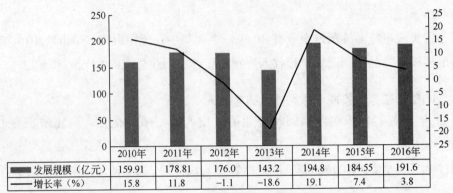

	2010年	2011年	2012年	2013年	2014年	2015年	2016年
发展规模（亿元）	159.91	178.81	176.0	143.2	194.8	184.55	191.6
增长率（%）	15.8	11.8	−1.1	−18.6	19.1	7.4	3.8

CAGR=2.62%（2010—2016 年）

图 4.12.2 2010—2016 年无锡市集成电路晶圆业发展规模及增长情况

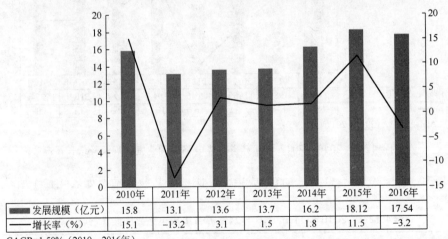

	2010年	2011年	2012年	2013年	2014年	2015年	2016年
发展规模（亿元）	15.8	13.1	13.6	13.7	16.2	18.12	17.54
增长率（%）	15.1	−13.2	3.1	1.5	1.8	11.5	−3.2

CAGR=1.50%（2010—2016 年）

图 4.12.3 2010—2016 年苏州市集成电路晶圆业发展规模及增长情况

2016 年江苏省集成电路晶圆业销售收入中，中国台资和外资企业销售收入为 140.20 亿元，占 64.9%；内资企业销售收入为 75.9 亿元，占 35.10%。

3. 2016 年江苏省集成电路晶圆制造企业情况

2016 年江苏省集成电路晶圆制造企业整体情况喜忧参半，根据会员单位统计数据分析，集成电路晶圆制造销售收入同比增长、减少的企业数各占 50%。主要的增长企业有：中微晶园、华润微电子、江阴新顺。

2016 年江苏省集成电路晶圆制造企业销售收入排名情况和销售收入增长率排名情况分别见表 4.12.2 和表 4.12.3。

表4.12.2 2016年江苏省集成电路晶圆制造企业销售收入排名情况

序号	企业名称	序号	企业名称
1	SK 海力士半导体（中国）有限公司	4	江阴新顺微电子有限公司
2	华润微电子有限公司	5	无锡中微晶园电子有限公司
3	和舰科技（苏州）有限公司	6	江苏东晨电子科技有限公司

表4.12.3 2016年江苏省集成电路晶圆企业销售收入增长率排名情况

序号	企 业 名 称
1	无锡中微晶园电子有限公司
2	华润微电子有限公司
3	江阴新顺微电子有限公司

4．2016 年江苏省集成电路晶圆业经济效益情况

2016 年江苏省集成电路产业晶圆业销售收入利润率为 9.3%，比 2015 年同期下降 2.5 个百分点，但比集成电路产业平均销售利润率高出 2.5 个百分点。其主要原因有：在 2016 年下半年原材料上涨较快、劳动力成本上升、企业管理费上升，以及市场竞争等因素综合而成。

二、2016 年江苏省集成电路产业在全国同业中的地位

2016 年江苏省集成电路行业销售收入为 216.13 亿元，占全国集成电路晶圆产业销售收入 1126.9 亿元的 19.2%（见图 4.12.4），居全国第三位（仅次于上海市和陕西省）。

图 4.12.4 2010—2016 年江苏省集成电路晶圆业销售收入占全国同业比重

从图 4.12.4 中可见，江苏省集成电路晶圆业销售收入在全国的比重，由 2011 年的 45.9% 逐年下降，到 2016 年仅占全国同业的 19.2%。这是由于江苏省集成电路晶圆业这些年来没有较大投入，而其他省市在这方面的投入加大，集成电路晶圆制造业销售收入持续增长的缘故，真正体现了不进则退的道理。

2016 年江苏省集成电路晶圆业与其他主要省市同业发展情况见表 4.12.4。

表4.12.4　2016年江苏省集成电路晶圆业与其他主要省市同业发展情况

指标＼省市名称	上海市	陕西省	江苏省	浙江省	北京市	重庆市	天津市	合计
业绩（亿元）	262.0	241.1	216.1	103.9	72.6	62.0	23.8	981.5
同比（%）	21.4	62.1	3.1	17.3	36.5	29.2	5.8	—
占全国总值（%）	23.2	21.4	19.2	9.2	6.4	5.5	2.1	87.0

注：浙江省晶圆业中含封测业收入。

资料来源：兄弟省市报告中摘录/JSSIA 整理。

从表 4.12.4 中可以看出，上海市、陕西省等 7 个省市晶圆业收入为 981.5 亿元，占全国集成电路晶圆业产值的 87%。上海市因中芯国际产能扩大，陕西省因西安三星工程投产，两地的集成电路晶圆制造业销售收入规模已超过了江苏省；且 2016 年江苏省集成电路晶圆业销售收入的增速仅为 3.1%，远远落后于其他省市的增速。

中国半导体行业协会根据会员单位上报的统计报表评出 2016 年度中国集成电路晶圆制造业十大企业（见表 4.12.5），其中，江苏省有三家，分别是 SK 海力士半导体（中国）有限公司（居第三位）、华润微电子有限公司（居第四位）、和舰科技（苏州）有限公司（居第十位）。

表4.12.5　2016年度中国集成电路晶圆制造业十大企业

排名	企业名称	销售额（亿元）
1	三星（中国）半导体有限公司	237.5
2	中芯国际集成电路制造有限公司	202.2
3	SK 海力士半导体（中国）有限公司	122.7
4	华润微电子有限公司	56.7
5	上海华虹宏力半导体制造有限公司	50.2
6	英特尔半导体（大连）有限公司	45.8
7	台积电（中国）有限公司	39.6
8	上海华力微电子有限公司	30.3
9	西安微电子技术研究所	25
10	和舰科技（苏州）有限公司	17.5

2016 年，三星（中国）半导体有限公司由于在西安的 12 英寸晶圆生产线达产及 NAND Flash 市场热销，收入同比增长 64.10%，使三星（西安）工厂超越中芯国际居第一位。中芯国际因在 2016 年 28 纳米市场看好，以及 65～40 纳米市场饱满，再加上其多条 12 英寸

线和 8 英寸线产能趋于饱满,使中芯国际销售收入同比增长 39.30%。而 SK 海力士(无锡)工厂销售收入反而同比下滑 3.40%,落后三星(西安)、中芯国际公司一大截。华润微电子公司一扫往年徘徊不前的状况,在 2016 年以 56.7 亿元,同比增长 47.8%,保持第四位,实属不易。和舰科技(苏州)公司则在 2016 年显得退步较大。

江苏省集成电路晶圆业的现状要到 2018/2019 年待台积电(南京)、德科玛及 SK 海力士(无锡第六期)工程完工上马投产后才会有根本的改观。

三、2016 年江苏省集成电路晶圆生产线情况

1. 江苏省集成电路晶圆生产线情况

2016 年,江苏省 30 家集成电路晶圆企业拥有 53 条生产线(不含在建的生产线),其中,12 英寸生产线 2 条,8 英寸生产线 4 条,6 英寸生产线 14 条,5 英寸生产线 9 条,4 英寸生产线 16 条,3 英寸生产线 8 条,分布情况见表 4.12.6。

表4.12.6 江苏省集成电路晶圆生产线分布情况

单位:条

线直径	形态	合计	苏州	无锡	南通	扬州	常州	南京
12 英寸线	生产	2	—	2	—	—	—	—
8 英寸线	生产	4	3	1	—	—	—	—
6 英寸线	生产	14	4	4	—	2	—	4
5 英寸线	生产	9	—	5	—	3	1	—
4 英寸线	生产	16	—	8	3	2	2	1
3 英寸线	生产	8	—	4	1	1	1	—
合计	—	53	8	24	4	8	4	5

2. 江苏省集成电路晶圆生产线产品结构

从产品结构看,江苏省晶圆制造企业的 12 英寸、8 英寸、6 英寸、5 英寸(部分)生产线为集成电路产品生产线;2 条 6 英寸线及部分 5 英寸线及 4 英寸线主要是分立器件产品晶圆生产线。

3. 江苏省集成电路晶圆生产线技术和产能情况

6 英寸以上的集成电路晶圆生产线以 CMOS 工艺技术为主;5 英寸及以下的晶圆生产线以双极、VDMOS、FRD、IGBT、可控硅等工艺技术为主。江苏省晶圆生产线技术和产能情况见表 4.12.7。

表4.12.7 江苏省集成电路晶圆生产线技术和产能情况

序号	晶圆尺寸（英寸）	状况	企业名称	工艺	技术水平（μm）	产能（万片/月）
1	12	生产	海力士半导体（中国）有限公司	DRAM	0.090～0.040	10.0
2		生产	海力士半导体（中国）有限公司	CMOS	0.045～0.020	7.0
3	8	生产	和舰科技（苏州）有限公司	CMOS	0.35～0.15	10.0
4		生产	和舰科技（苏州）有限公司	CMOS	0.13～0.11	
5		生产	华润微电子（无锡）（华润上华2厂）	Xixed-Signal、HV CMOS、BCD、RF CMOS、e-NVM、DMOS、Logic	0.25～0.13	6.0
6		生产	江苏多维科技（张家港）	TMR 磁传感器		
7	6	生产	无锡华润上华1厂	BCD、HV CMOS、Mixed-Signal、BiCMOS、IGBT、DMOS、Logic MEMS	0.5～0.35	11.0
8		生产	无锡华润上华5厂			
9		生产	无锡华润华晶	IGBT、FRD、Bipolar、MOSFET	1.2～0.8	12.5
10		生产	江苏东晨（宜兴）	IGBT、VDMOS、数模	0.8～0.35	3.0
11		生产	苏州纳科	MEMS	中试线	
12		生产	扬州晶新	CMOS	0.35～0.18	3.0
13		生产	南京英特神思	MEMS	0.35	0.5
14		生产	苏州同冠微电子	IGBT	0.5	0.5
15		生产	中电科第55所	MEMS	0.35～0.25	
16		生产	中电科第55所	SiC	0.25～0.11	2017 年通线
17		生产	桑德斯（南京）	IGBT	0.35	
18		生产	苏州能讯高能	CMOS	0.25	0.8
19		生产	苏州固锝		分立器件	2.0
20		生产	扬州扬杰	TR		1.0
21	5	生产	华润华晶（无锡）	VDMOS	>3.6	>10.0
22		生产	华润华晶（无锡）	TR	1.6～0.8	>10.0
23		生产	中国电科第58所（无锡）	CMOS	0.6	0.6～1.0

续表

序号	晶圆尺寸（英寸）	状况	企业名称	工艺	技术水平（μm）	产能（万片/月）
24		生产	江阴新顺公司	TR	2.0～1.6	8.0
25		生产	扬州国宇	VDMOS、IGBT	0.6	2.0
26	5	生产	扬州晶新	双极&TR	1.0	5.0
27		生产	力特半导体（无锡）	TR	1.6	
28		生产	扬州中芯晶来	TR	1.6	3.0
29		生产	常州华诚常半	TR		
30		生产	中国电科第58所（无锡）	声表	2.0	0.6
31		生产	江苏东晨微电子（宜兴）（3条）	TR、IGBT、可控硅	5.0～2.0	5.0
32		生产	敦南微电子（无锡）（3条）	TR	2.0～1.6	18.0
33		生产	江苏捷捷微电子（启东）（2条）	TR、可控硅、二极管	5.0～2.0	6.0
34	4	生产	宜兴环洲（出售）	TR	5.0～2.0	3.0
35		生产	扬州中芯晶来（2条）	TR、晶闸管等	5.0～2.0	3.0
36		生产	中国电科第55所	GaAs射频	0.35～0.15	2.0
37		生产	常州星海	TR		
38		生产	常州银河世纪微电子	TR		
39		生产	启东吉莱电子	TR		4.0
3英寸生产线有：华诚常半、扬晶、宜兴环洲、苏半总厂、南通皋鑫						

资料来源：JSSIA整理。

4．2016年江苏省集成电路晶圆投资（在建、拟建）生产线情况

2016年江苏省在建和拟建的晶圆制造生产线情况见表4.12.8。

表4.12.8　2016年江苏省在建和拟建的晶圆制造生产线情况

序号	晶圆尺寸	状况	日期	企业名称	工艺	技术水平（μm）	投资	产能（万片/月）	备注
1	12英寸	在建	2016.3	台积电（南京）	DRAM	0.016/0.014	30亿美元	2.0	2017年10月安装设备，2018年投产，2019年量产
2		拟建		台积电（南京）	DRAM	FinFET	70亿美元	4.0	（二期目标）

序号	晶圆尺寸	状况	日期	企业名称	工艺	技术水平（μm）	投资	产能（万片/月）	备注
3		拟建	2016.1	淮安德科玛	CIS		20 亿美元	2.0~4.0	为淮安德科玛二期工程
4		拟建	2017.2	紫光南京	Flash DRAM		300 亿美元	10.0	一期投资 100 亿美元
5	12英寸	拟建	2017	德科玛（南京）	CMOS		25 亿美元		为德科玛二期工程
6		在建	2017.2	SK 海力士	DRAM	0.01Y	36 亿美元/80 亿美元	20.0	建第二座 12 英寸厂
7		在建	2017.2	SK 海力士	DRAM		9 亿美元		对第一座工厂扩产
		合计					490 亿美元		暂不含 SK 海力士后期的 80 亿美元
8		在建	2016.1	德科玛（淮安）	COMS	CIS	5 亿美元	4.0	IDM 型企业
9	8英寸	在建	2016	纳沛斯（淮安）			0.74 亿美元		凸块芯片（以封装为主）
10		在建	2016.6	德科玛（南京）	CMOS		12.5 亿美元	4.0	2018 年 4 月竣工，6 月量产
		合计					18.2 亿美元		

5. 2016 年江苏省集成电路晶圆线产能情况

从"江苏省集成电路晶圆生产线技术和产能情况"和"2016 年江苏省集成电路晶圆投资（在建、拟建）生产线情况"中可以看出，江苏省集成电路晶圆业在沉寂数年后，又将迎来一个高涨的爆发期，到 2018—2019 年江苏省晶圆产能和技术又将登上一个新台阶。

2016 年江苏省集成电路晶圆生产线产能测算如下所示。

● 12 英寸生产线：生产线 2 条，月产能为 17 万片（折合 8 英寸为 38.3 万片/月）。

● 8 英寸生产线：生产线 4 条，月产能约 18 万片。

● 6 英寸生产线：生产线 14 条，月产能 38 万~40 万片（折合 8 英寸约 23 万片/月）。

● 5 英寸生产线：生产线 9 条，月产能约 55 万片（折合 8 英寸约 22 万片）。

● 4 英寸生产线：生产线 16 条，月产能约 52 万片（折合 8 英寸约 13 万片）。

江苏省集成电路 4 英寸以上晶圆生产线（折合 8 英寸）生产能力月投片约为 115.0 万片。

2016 年江苏省集成电路晶圆生产线（在建、拟建）投资情况：2016 年江苏省集成电路晶圆生产线（在建、拟建）投资是十分巨大的，12 英寸生产线投资在 490 亿~500 亿美元（按建设周期 2 年计算，每年要投入 200 亿～250 亿美元），8 英寸晶圆生产线投资在 18 亿～20 亿美元（按建设周期 1.5～2 年计算，每年也要投资 9 亿～12 亿美元），且产线运营后还需要持续投资。

四、江苏省集成电路晶圆制造技术进步情况

1. 2016 年江苏省集成电路晶圆业技术状况

江苏省集成电路晶圆制造技术以 SK 海力士 12 英寸生产线和华润微电子、和舰科技（苏州）8 英寸生产线为代表。

● SK 海力士半导体（中国）有限公司现有 2 条 12 英寸生产线，该公司分五次增资，在一期工程时以 90 纳米技术为主，二期工程达到 65 纳米，三期工程已达 45 纳米，月投片 16.8 万片。2012 年 4 月 24 日经韩国政府批准，在不增用地、不增已批产能的情况下，全部利用企业自有折旧资金，再投资 20 亿美元进行 12 英寸技术升级。生产技术从 45 纳米提升到 29 纳米，2013 年 11 月进行五期工程，再投资 25 亿美元，2015 年已达到 25 纳米水平，并全力提升至 20～10 纳米级水平。该公司累计投资达 106.6 亿美元，主要从事 DRAM、Flash 生产，成为我国、江苏省单体投资规模最大的外资项目。

2017 年 2 月，SK 海力士对无锡的 DRAM 厂区产能进行技术提升和扩产，投资 9 亿美元，DRAM 工艺技术水平达到 20 纳米。

2017 年 2 月，SK 海力士对无锡投资 36 亿美元，建造第二座 DRAM 厂房；另有报道称，该项目增加到投资 80 亿美元，技术水平达到 1Y 纳米级，月产能达 20 万片。

● 作为我国民族微电子旗舰的华润微电子有限公司的 8 英寸晶圆生产线，达到 0.25～0.18～0.13～0.11 微米的水平，是内资集成电路制造业 8 英寸线的较好水平，2016 年达到月投 6 万片的产能。

● 由中国台湾联华电子投资的和舰科技（苏州）有限公司拥有 2 条 8 英寸生产线，技术水平为 0.25～0.18～0.13～0.11 微米。联华电子对和舰科技（苏州）有限公司 8 英寸生产线进行扩产性投资，新增产能 1.1 万片/月，月投片量扩大到 10 万片以上。

2. 江苏省集成电路晶圆制造工艺技术简述

江苏省集成电路晶圆制造工艺技术呈现多样性和专业性，晶圆工艺技术已涵盖了 0.8 微米～25 纳米的数代技术节点。代表性制程有：DRAM 工艺、标准 CMOS 工艺、逻辑制程（Logic）、混合模式制程（Mixed Mode）、高压制程（High Voltage）、非挥发性存储器制程（Non-Volatile Memory）、e-EEPROM 及 e-Flash 等嵌入式工艺、CMOS 图像传感器制程（CMOS image sensor）、e-NVM 工艺、Flash 工艺、SONOS e-Flash 工艺、SONOS EEPROM 工艺、高压 MOSFET 工艺、Xixed-Signah 工艺制程、HV CMOS 工艺、RF CMOS 工艺、DMOS 工艺、MEMS 工艺、SOI 工艺、高压 BCD 技术、功率器件 IGBT 技术、浮动闸嵌

入式闪存技术、射频技术以及双极型线性技术，较好地满足了集成电路设计对制造工艺的多样化需求。

五、2016 年江苏省集成电路晶圆业代工能力分析

江苏省集成电路晶圆代工始于 20 世纪 90 年代末，由原中国华晶电子集团公司与香港上华公司合作，开启了中国集成电路晶圆业代工的先河，使中国集成电路晶圆制造业由原先的 IDM 型走向晶圆代工业（Foundry），起到了领头羊的作用。

1. 江苏省集成电路晶圆代工业现状

江苏省集成电路晶圆代工业主要分为三种形式：一是内资企业的 IDM 式；二是外资式的，为其母公司纯代工；三是混合式的企业。IDM 式的代表企业为华润微电子公司、江阴新顺微电子、江苏东晨微电子公司等；纯代工式的代表企业为 SK 海力士（中国）公司；混合式的代表企业为和舰科技（苏州）公司，一方面要完成其母公司台湾联电的生产任务，另一方面要在大陆自寻代工业务，以求发展。现 IDM 与纯代工的界限日益模糊，正在相互融合，如华润微电子既是自成体系的标准式 IDM 企业，但又是走向代工的主要企业。

2. 江苏省集成电路 12 英寸晶圆制造代工产能分析

江苏省有 2 条 12 英寸晶圆代工生产线，都为 SK 海力士（中国）公司（韩资企业）所有，技术水平达 90～65～45～29～25～20 纳米水平，月产能达 17.0 万片，主产品为 DRAM，处于世界和中国集成电路晶圆生产线的第一梯队。该公司专属为 SK 海力士母公司代工服务，基本不对外代工服务。

2017 年 SK 海力士在无锡投资 36 亿美元（其中设备费为 28 亿美元），建设第二座 DRAM 工厂，技术水平达到 1Y 纳米级，月产 9 万片，此为 SK 海力士无锡工厂的第六期技术升级项目，全部建成后将形成月产 12.1 万片的产能。两座工厂 10 纳米级产品线产能达 17.5 万片/月，20 纳米级产品线产能达 6 万片/月，2017 年将投入 46 亿元，于 2019 年建成、量产。

另据报道，SK 海力士将对无锡工厂投资追加到 80 亿美元，其中 10 纳米技术产品月产能达到 20 万片的规模。这将是 SK 海力士在中国的又一里程碑，从而追平三星在西安的投资规模和生产规模，不至于在起跑线上就落后于三星（西安）工厂。

3. 江苏省集成电路 8 英寸生产线代工竞争力分析

江苏省集成电路晶圆制造企业有 4 条 8 英寸生产线，生产能力月投约 18 万片，占全国 8 英寸生产能力的 18.4%。除江苏多维科技的 1 条生产线专做磁传感器外，内资企业华润微电子的 1 条生产线和台资企业和舰科技（苏州）公司的 2 条承担集成电路晶圆代工业务。国内集成电路晶圆制造 8 英寸生产线情况见表 4.12.9。

表4.12.9 国内集成电路晶圆制造8英寸生产线情况

序号	地区	企业名称	Fab	产能（万片/月）	工艺技术（μm）
1	江苏省	华润上华	Fab2	6.0	0.25～0.13 CMOS，努力向0.11发展
2		和舰科技（苏州）	Fab1	6.0	0.35～0.15，CMOS
3			Fab2	4.0	0.13～0.11，CMOS
4	上海市	中芯国际	Fab1	12.0	0.35～0.11，CMOS
5			Fab2		0.13～0.09，CMOS
6			Fab3	3.0	0.13～0.09，Cu制程
7			Fab9	3.0	0.18～0.13，CiS制程（滤膜）
8			Fab15	3.0	0.35～0.11，CMOS（深圳工厂）
9			Fab7	15.0	0.35～0.13，CMOS（天津工厂）
10		华虹宏力	Fab1	8.0	0.35～0.11，CMOS
11			Fab2	4.0	0.35～0.11，数模混合
12			Fab3	5.0	0.35～0.09，CMOS
13			Fab4		MEMS
14		上海先进	Fab3	3.0	0.35～0.25，CMOS
15		台积电（中国）	Fab10	12.0	0.25～0.13，CMOS
16		上海新进芯	Fab4	2.0	0.5～0.18，CMOS
17	四川省	成都德仪成芯	CFA11	5.0	0.35～0.18，CMOS/数模混合
18	重庆市	中航渝芯	Fab1	4.0	0.35～0.18 CMOS
19			Fab2		0.35～0.18 数模混合
20	湖南省	中车株洲	Fab2	1.0	0.35，高压功率器件（IGBT），FRD

从表4.12.9中可见：江苏省集成电路晶圆制造8英寸生产线产能居全国第二位。江苏省集成电路晶圆制造8英寸生产线最高技术水平为0.11微米，而上海市最高水平已达到90纳米。江苏省集成电路晶圆制造8英寸生产线在BCD工艺和高压功率器件（IGBT）方面落后于中车株洲所；在数模混合加工代工方面，还落后于成都德仪成芯公司。江苏省集成电路晶圆制造8英寸生产线代工业需要迎头赶上。

4. 江苏省集成电路晶圆代工技术

● 和舰科技（苏州）有限公司的两条8英寸生产线，有多项目晶圆代工服务、IP服务、BOAC.Mini-Library、Chip Shuttle、NMOS/PMOS混合信号/射频电路、逻辑电路等标准工艺和服务平台。技术水平达到0.25～0.13～0.11微米的水平。

● 华润上华公司拥有e-NVM工艺平台（0.18微米OTP技术、0.18～0.13微米e-Flash

工艺、0.13 微米 SONOS e-Flash 工艺、0.18～0.13 微米 SONOS EEPROM 工艺），高压 MOSFET 从传统工艺升级到超结工艺模块，还拥有功率器件（IGBT）工艺平台、MEMS 工艺平台、模拟 SOI 工艺平台等。

● 华润华晶公司拥有 VDMOS、TR、IGBT、LED 等工艺平台。

● 江苏省集成电路晶圆代工企业拥有 CMOS、PMOS、NMOS、DMOS、MIXED、FRD、BipoLar、HVCMOS、MG、NVM（be/OTP）、EEPROM/Flash、BICMOS、BIPOLAR、BCD、MEMS、MOSFET、IGBT 等标准工艺技术平台。

六、2016 年江苏省集成电路晶圆业享受进口税优惠政策的生产企业名单

国家四部委（国家发改委、工信部、财政部、海关总署）于 2016 年 10 月 17 日联合发文，公告集成电路生产企业落实有关进口税优惠政策，经确认的企业自 2015 年 11 月起执行。

江苏省线宽小于 0.25 微米或投资额超过 80 亿元，线宽小于 0.5 微米（含）的集成电路生产企业名单如表 4.12.10 所示。

表4.12.10　江苏省线宽小于0.25微米或投资额超过80亿元，
线宽小于0.5微米（含）的集成电路生产企业名单

序号	企业名称	类型	备注
1	和舰科技（苏州）有限公司	线宽小于 0.25 微米	存续企业
2	无锡华润上华科技有限公司	线宽小于 0.25 微米	存续企业
3	SK 海力士半导体（中国）有限公司	线宽小于 0.25 微米	存续企业
4	中芯长电半导体（江阴）有限公司	线宽小于 0.25 微米	新增企业
5	无锡华润微电子有限公司	线宽小于 0.25 微米	新增企业
6	台积电（南京）有限公司	线宽小于 0.25 微米	新增企业
7	淮安德科玛半导体有限公司	线宽小于 0.25 微米	新增企业
8	无锡华润华晶微电子有限公司	线宽小于 0.5 微米	存续企业
9	无锡华润上华半导体有限公司	线宽小于 0.5 微米	存续企业
10	江苏东晨电子科技有限公司	线宽小于 0.5 微米	新增企业
11	苏州能讯高能半导体有限公司	线宽小于 0.5 微米	新增企业
12	无锡中微晶圆电子有限公司	线宽小于 0.5 微米	新增企业
13	中国电子科技集团第五十八研究所	线宽小于 0.5 微米	新增企业
14	中国电子科技集团第五十五研究所	线宽小于 0.5 微米	新增企业
15	中科芯集成电路股份有限公司	线宽小于 0.5 微米	新增企业

第十三节 2016 年江苏省集成电路封测业发展情况

一、2016 年江苏省集成电路封测产业发展概况

2016 年江苏省集成电路封装企业有 70 家。江苏省集成电路封测企业主要集中在苏南和苏中地区，呈集群分布。江苏省集成电路封测业由小到大、发展迅速，已从传统封装形式（如 DIP、SOP、PLCC）、中档封装（如 QFP、QFN……）向先进封装（如 BGA、MCM、SiP、CSP、WLP、FC、TSV、2.5/3D 等）形式发展，在先进封装技术领域取得突破性进展和创新产品，部分拥有自主知识产权的封装技术已达到国际先进水平。

2016 年江苏省集成电路封测产业完成产量 460.9 亿块，同比增长 12.50%，占全国产量 1329 亿块的 34.6%。

2016 年江苏省集成电路封测产业实现销售收入 719.3 亿元，同比增长 40.3%，占全国集成电路封测产业销售收入 1564.3 亿元的 46.0%，持续保持全国第一的位置。

2016 年江苏省集成电路封测产业销售收入占全省集成电路产业销售收入 1096.8 亿元的 65.60%。

2017 年江苏省集成电路封测业销售收入预计为 766.1 亿元，同比增长 6.5%（见图 4.13.1）。

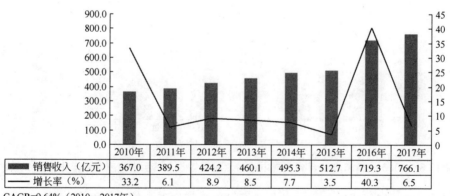

	2010年	2011年	2012年	2013年	2014年	2015年	2016年	2017年
销售收入（亿元）	367.0	389.5	424.2	460.1	495.3	512.7	719.3	766.1
增长率（%）	33.2	6.1	8.9	8.5	7.7	3.5	40.3	6.5

CAGR=9.64%（2010—2017年）

图 4.13.1　2010—2016 年江苏省集成电路封测产业销售收入及增长情况

2016 年江苏省集成电路封测业同比增长 40.3%，其主要因素有：一是长电科技 2015 年以 7.8 亿美元并购新加坡星科金朋封装工厂，提升了该公司封装技术水平和扩大了产能，扩大了世界集成电路封装市场，从 2016 年起并购企业合并报表，销售收入达到 193 亿元，同比增长 109.3%。2016 年进入世界集成电路封测业第三位，中国第一位。二是通富微电 2015 年以 3.7 亿美元收购美国 AMD 位于马来西亚槟城和中国苏州的工厂，拓展了 CPU、

GPU、FPGA 等产品，提升了公司的技术水平，扩大了产能，2016 年合并报表后销售收入达 135.7 亿元，同比增长 140.6%，居世界集成电路封测业的第八位，全国同业的第二位。

2016 年，长电科技和通富微电的快速增长，带动和促进了江苏省集成电路封测业快速增长。2016 年 Q1—2016 年 Q4 江苏省集成电路封测业同比运行发展情况见表 4.13.1。

表 4.13.1　2016 年 Q1—2016 年 Q4 江苏省集成电路封测业同比运行发展情况

指标＼时间	2016 年第一季度		2016 年上半年		2016 年前三季度		2016 年全年	
	业绩	同比（%）	业绩	同比（%）	业绩	同比（%）	业绩	同比（%）
销售收入（亿元）	128.46	7.72	260.25	7.58	406.71	11.52	719.34	40.30

2010—2016 年江苏省集成电路封测业销售收入占全国同业总收入的比重见图 4.13.2。

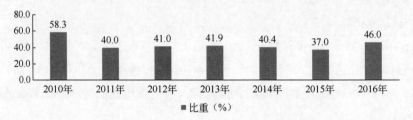

图 4.13.2　2010—2016 年江苏省集成电路封测业销售收入占全国同业总收入的比重

2010—2016 年江苏省集成电路封测业销售收入占全省集成电路产业销售收入的比重见图 4.13.3。

图 4.13.3　2010—2016 年江苏省集成电路封测业销售收入占全省集成电路产业销售收入的比重

2016 年江苏省集成电路封测产业销售收入与其他省市的比较见表 4.13.2。

表4.13.2　2016年江苏省集成电路封测产业销售收入与其他省市的比较

省市名称	2016 年			2015 年		
	销售收入（亿元）	同比（%）	占全国同业（%）	销售收入（亿元）	同比（%）	占全国同业（%）
江苏省	719.3	40.3	46.0	512.7	3.5	37.0
上海市	312.8	−5.8	20.0	330.9	8.0	24.2

省市名称	2016 年			2015 年		
	销售收入（亿元）	同比（%）	占全国同业（%）	销售收入（亿元）	同比（%）	占全国同业（%）
陕西省	117.1	16.6	7.5	100.4	27.4	7.3
浙江省	103.9	17.3	6.6	88.6	—	6.4
北京市	102.9	28.0	6.6	80.4	-7.9	5.7
天津市	82.3	平	5.2	82.8	—	6.0
重庆市	82.0	134.3	5.2	46.5	-11.1	3.4

注：浙江省集成电路封测业中含有晶圆业收入。

二、2016 年江苏省集成电路封测业区域分布情况

2016 年江苏省集成电路封测企业近 65 家，规模以上封测企业超 45 家，主要集中在苏南和苏中地区（见表 4.13.3）。

表4.13.3　2016年江苏省规模以上集成电路封测企业数统计表

城市名称	苏州市	无锡市	南通市	常州市	扬州市	泰州市	合计
企业数（家）	17	16	5	3	3	1	45

从封测企业所在地区和企业性质来看，苏州市企业数量最多，且大多以外商或合资企业为主；无锡市企业数量次之，大多以民营企业为主。

从封测企业生产形式来看，都以代工为主，其中外商和合资企业以为其母公司制造为主。

从封测企业制造技术水平来看，大型骨干企业（长电科技、通富微电）封装水平领先，部分接近和达到世界先进水平；外资和部分企业以中档水平为主；大部分民营中小型企业以传统封装为主。

苏州市主要封测企业有：快捷半导体（苏州）、矽品科技（苏州）、京隆科技（苏州）、日月新（苏州）、瑞萨半导体（苏州）、三星电子（苏州）、智瑞达（苏州）、苏州晶方科技、颀中科技（苏州）、嘉盛（苏州）、苏州固锝、力成科技（苏州）、震坤科技（苏州）、苏州通富（AMD）。

无锡市主要封测企业有：江苏长电、华润安盛、矽格微（无锡）、无锡固电、力特科技（无锡）、无锡红光、无锡海太、英飞凌科技（无锡）、罗姆半导体（无锡）、东芝半导体（无锡）、华润华晶、强茂电子（无锡）、中微高科（无锡）、华进半导体。

南通市主要封测企业有：通富微电、启东吉莱、南通皋鑫、捷捷微电子。

常州市主要封测企业有：常州银河、常州星海、华盛常半。

扬州市主要封测企业有：扬州扬杰、扬州晶来、扬州晶新。

泰州市主要封测企业有：泰州海天。

2016年江苏省主要地区集成电路封测业销售收入情况见表4.13.4。

表4.13.4　2016年江苏省主要地区集成电路封测业销售收入情况

序号	城市名称	2016 年			2015 年	
		销售收入（亿元）	同比（%）	占比（%）	销售收入（亿元）	同比（%）
1	无锡市	298.5	51.8	41.5	196.7	3.3
2	苏州市	242.58	7.3	33.7	226.1	1.2
3	南通市	141.10	144.1	19.6	57.8	7.6
4	扬州市	14.00	42.9	2.0	9.8	16.7
5	常州市	11.65	1.3	1.6	11.5	-2.5
6	南京市	7.20	-5.3	1.0	7.6	20.6
7	镇江市	3.51	—	0.5	—	—
8	泰州市	0.9	28.6	0.1	0.7	-41.7

2016年江苏省集成电路封测业主要城市（无锡、苏州、南通）发展规模及增长情况分别见图4.13.4～图4.13.6。

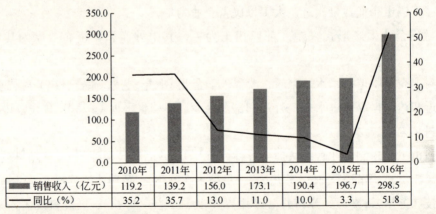

	2010年	2011年	2012年	2013年	2014年	2015年	2016年
销售收入（亿元）	119.2	139.2	156.0	173.1	190.4	196.7	298.5
同比（%）	35.2	35.7	13.0	11.0	10.0	3.3	51.8

CAGR=14.01%（2010—2016年）

图4.13.4　2010—2016年无锡市集成电路封测业发展规模及增长情况

2016年无锡市集成电路封测业销售收入达298.5亿元，同比增长51.80%，占江苏省同业总值的41.5%，同时也首次超过苏州市IC封测业，居第一位。

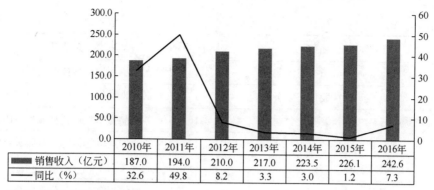

	2010年	2011年	2012年	2013年	2014年	2015年	2016年
销售收入（亿元）	187.0	194.0	210.0	217.0	223.5	226.1	242.6
同比（%）	32.6	49.8	8.2	3.3	3.0	1.2	7.3

CAGR=3.79%（2010—2016 年）

图 4.13.5 2010—2016 年苏州市集成电路封测业发展规模及增长情况

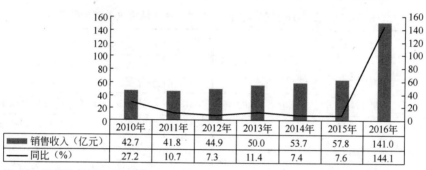

	2010年	2011年	2012年	2013年	2014年	2015年	2016年
销售收入（亿元）	42.7	41.8	44.9	50.0	53.7	57.8	141.0
同比（%）	27.2	10.7	7.3	11.4	7.4	7.6	144.1

CAAGR=18.61%（2010—2016 年）

图 4.13.6 2010—2016 年南通市集成电路封测业发展规模及增长情况

三、2016 年江苏省集成电路封测业主要企业情况

2016 年江苏省集成电路封测业大部分企业生产订单饱满，产量和销售收入持续增长。根据会员单位统计数据分析，2016 年江苏省集成电路封测业销售收入同比增长的企业数占82.76%，销售收入同比下降的企业数占 17.24%。尤其突出的企业是长电科技、通富微电、海太半导体、常州银河世纪、日月新半导体（苏州）、江苏艾科半导体有限公司、泰州海天科技等。

2016 年江苏省集成电路封测企业销售收入排名情况和销售收入增长率排名情况分别见表 4.13.5 和表 4.13.6。

表4.13.5 2016年江苏省集成电路封测企业销售收入排名情况

序号	企业名称	序号	企业名称
1	江苏新潮科技集团有限公司	4	三星电子（苏州）半导体有限公司
2	南通华达微电子集团有限公司	5	矽品科技（苏州）有限公司
3	海太半导体（无锡）有限公司	6	英飞凌科技（无锡）有限公司

序号	企业名称	序号	企业名称
7	日月新半导体（苏州）有限公司	14	无锡华润安盛科技有限公司
8	扬州扬杰电子科技股份有限公司	15	嘉盛半导体（苏州）有限公司
9	快捷半导体（苏州）有限公司	16	苏州晶方半导体科技股份有限公司
10	苏州通富超威半导体有限公司	17	常州银河世纪微电子有限公司
11	顾中科技（苏州）有限公司	18	江苏艾科半导体有限公司
12	瑞萨半导体（苏州）有限公司	19	江苏捷捷微电子股份有限公司
13	力特半导体（无锡）有限公司	20	无锡红光微电子股份有限公司

表4.13.6　2016年江苏省集成电路封测企业销售收入增长率排名情况

序号	企业名称	序号	企业名称
1	南通华达微电子集团有限公司	9	华进半导体封装先导技术研发中心有限公司
2	江苏新潮科技集团有限公司	10	扬州扬杰电子科技股份有限公司
3	太极半导体（苏州）有限公司	11	苏州通富超威半导体有限公司
4	常州银河世纪微电子有限公司	12	力成科技（苏州）有限公司
5	日月新半导体（苏州）有限公司	13	瑞萨半导体（苏州）有限公司
6	江苏艾科半导体有限公司	14	无锡罗姆半导体科技有限公司
7	泰州海天电子科技股份有限公司	15	苏州震坤科技有限公司
8	南通皋鑫电子股份有限公司	16	顾中科技（苏州）有限公司

2016年中国十大半导体封装测试企业情况见表4.13.7。

表4.13.7　2016年中国十大半导体封装测试企业情况

2016年排名	2015年排名	企业名称	型别	2016年销售额（亿元）	2015年销售额（亿元）	2016/2015（%）	2016年占比（%）	占全国（%）
1	1	江苏新潮科技集团有限公司	内资	193*	92.2	109.3	27.7	12.3
2	3	南通华达微电子集团有限公司	内资	135.7**	56.4	140.6	19.5	8.7
3	2	威讯联合半导体（北京）有限公司	外资	83.0	62.0	33.9	11.7	5.7
4	5	天水华天电子集团	内资	66.6	47.8	39.3	9.5	4.3
5	4	恩智浦半导体	外资	58.9	54.2	8.7	8.4	3.8
6	6	英特尔产品（成都）有限公司	外资	39.7	40.5	-2.0	5.7	2.5

续表

2016年排名	2015年排名	企业名称	型别	2016年销售额（亿元）	2015年销售额（亿元）	2016/2015（%）	2016年占比（%）	占全国（%）
7	7	海太半导体（无锡）有限公司	合资	32.4	37.2	-12.9	4.6	2.1
8	8	上海凯虹科技有限公司	外资	30.4	30.1	1.0	4.4	1.9
9	9	安靠封装测试（上海）有限公司	外资	30.1	29.5	2.0	4..4	1.9
10	10	晟碟半导体（上海）有限公司	外资	27.6	27.6	平	4.0	1.8
		前十企业合计		697.4	477.5	46.1	100.0	—
		全国IC封测业收入		1564.3	1384.0	13.0	—	44.6

注：*包括星科金朋销售数据，**包括AMD苏州、马来西亚工厂销售数据。

分析全国集成电路封测十大企业的情况可以看出，2016年江苏新潮科技销售收入仍保持第1名，且遥遥领先。南通华达微电子集团公司由2015年的第3名上升到2016年的第2名；天水华天电子集团由2015年的第5名上升到2016年的第4名。

在前十大封测企业中，2016年有7家企业销售收入同比增长，有2家企业同比下滑，有1家企业同比持平。

在前十大封测企业中，内（合）资企业和外资企业的销售收入占比分别为61.3%和38.7%，内（合）资企业的销售收入占比率比2015年同期上升12.4个百分点。

在前十大封测企业中，江苏省拥有3家（江苏新潮、南通华达和海太半导体）。这3家企业的销售收入占全国同业十大企业总收入的51.8%，占全国集成电路封测业销售收入总值的23.1%，居全国第一位。

据中国半导体行业协会封装分会统计报道，在全国集成电路封测业前11～30名企业中，江苏省集成电路封测企业入选的有12家，占到后20名的60%，这说明江苏省集成电路封测业的实力（见表4.13.8）。

表4.13.8　全国集成电路封测业三十大企业中江苏省入选企业名单

排序	企业名称	销售额（亿元）	型别	排序	企业名称	销售额（亿元）	型别
11	三星电子（苏州）	27.9	外资	22	顾中科技（苏州）	8.1	台港资
12	瑞萨半导体（苏州）	25.4	外资	25	力特半导体（无锡）	6.6	外资
14	矽品科技（苏州）	21.9	台资	26	无锡华润安盛	6.4	内资
15	英飞凌科技（无锡）	20.4	外资	27	嘉盛半导体（苏州）	5.9	外资
19	日月新半导体（苏州）	12.7	台资	29	苏州晶方科技	5.1	内资
21	快捷半导体（苏州）	9.4	台资	30	华润赛美科	4.5	内资

2010—2016 年江苏省集成电路封测业 4 家主要企业发展规模及增长情况分别见图 4.13.7～图 4.13.10。

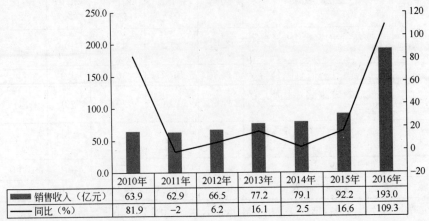

	2010年	2011年	2012年	2013年	2014年	2015年	2016年
销售收入（亿元）	63.9	62.9	66.5	77.2	79.1	92.2	193.0
同比（%）	81.9	−2	6.2	16.1	2.5	16.6	109.3

CAGR=17.11%（2010—2016年）

图 4.13.7　2010—2016 年江苏新潮科技集团有限公司发展规模及增长情况

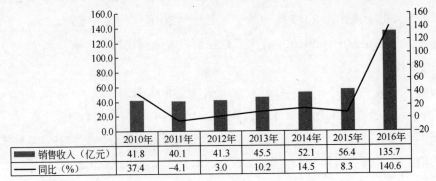

	2010年	2011年	2012年	2013年	2014年	2015年	2016年
销售收入（亿元）	41.8	40.1	41.3	45.5	52.1	56.4	135.7
同比（%）	37.4	−4.1	3.0	10.2	14.5	8.3	140.6

CAGR=18.32%（2010—2016 年）

图 4.13.8　2010—2016 年南通华达微电子股份有限公司发展规模及增长情况

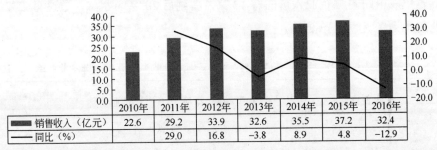

	2010年	2011年	2012年	2013年	2014年	2015年	2016年
销售收入（亿元）	22.6	29.2	33.9	32.6	35.5	37.2	32.4
同比（%）		29.0	16.8	−3.8	8.9	4.8	−12.9

CAGR=5.28%（2010—2016 年）

图 4.13.9　2010—2016 年海太半导体（无锡）有限公司发展规模及增长情况

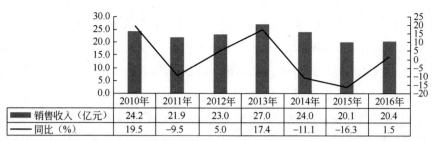

	2010年	2011年	2012年	2013年	2014年	2015年	2016年
销售收入（亿元）	24.2	21.9	23.0	27.0	24.0	20.1	20.4
同比（%）	19.5	-9.5	5.0	17.4	-11.1	-16.3	1.5

CAGR=-2.41%（2010—2016 年）

图 4.13.10　2010—2016 年英飞凌科技（无锡）有限公司发展规模及增长情况

四、2016 年江苏省集成电路封装测试业技术进步情况

1. 在集成电路封装技术方面

2016 年江苏省集成电路封测业是全国最具先进性、最具世界竞争力的基地，其主要表现为：

封测领域的中高端产品占比，代表了一个国家或一个地区封测业发展水平。据不完全统计，2016 年国内的集成电路产品中，BGA、CSP、WLP/WLCSP、FCBGA/FCCSP、BumPing、MCM、SiP 和 2.5D/3D 等中高端先进封装销售收入占比约为 32%，江苏省主要封测企业的集成电路产品，先进封装销售收入占比已经达到 40%～60% 的水平。

先进封装技术广泛应用于智能移动设备，如智能手机、平板电脑等，由于移动设备的使用数量以及设备功能还在不断增加和优化，为此，各种先进封装的需求也越发增多。物联网将是推动未来半导体增长的主要动力。由于物联网比手机更强调轻薄短小，因此需要将不同工艺和功能的芯片利用堆叠等方式封装，缩小体积、降低功耗。因此能提供完整系统封装（SiP）和系统模组整合能力，是封测企业技术发展的方向。

圆片级芯片尺寸封装（WLCSP）是一种先进的封装技术，封装时不需封装基板，在性能、成本上有非常高性价比优势，更适合于手机、平板电脑、笔记本电脑、数码摄像机和汽车电子产品的应用。

扇出型圆片级封装（FO-WLP）具有超薄、高 I/O 脚数等特性，产品具有体积小、成本低、散热佳、电性优良、可靠性高等优势。其中，单芯片扇出封装主要用于基频处理器、电源管理、射频收发器等芯片；高密度扇出封装则主要用于处理器、存储器等芯片，研究机构 Yole 认为，扇出型封装市场潜力巨大。

为了满足国内外市场对各类先进封装技术和工艺的需求，国内集成电路封装的三大领军企业——长电科技、通富微电、华天科技（昆山）对先进封装技术和工艺不断深化布局，加强研发力度，不断取得新的成果。

2. 2016 年江苏省集成电路封测企业获奖情况

在"第十一届（2016 年）中国半导体创新产品和技术"获奖项目中：

● 华天科技（昆山）电子有限公司/华天科技（西安）有限公司的基于 TSV、倒装和裸露塑封的指纹识别芯片系统级封装技术，申报专利 15 项，授权 8 项；包含了深槽和深孔的刻蚀、低翘曲倒装工艺、FC+Open Molding 的基板系统级封装技术等关键制程，实现了晶圆级薄片指纹识别芯片侧面包封结构。

● 江苏长电科技股份有限公司的 3D-SIP 系统级电源管理 IC 的模块封装技术，包括特殊设计的引线框架技术、大尺寸引脚 SMD 器件贴装技术、3D 模块结构化封装技术和特殊结构的包封技术；实现了对原有电源管理配套封装的模块化、系统化，提高了产品的精度和性能；现已获得 2 项专利授权。

3．2016 年江苏省集成电路封测骨干企业在技术进步中取得的成绩

● 长电科技 2016 年完成 Bumping 130 万片以上；WLCSP 出货量达 55 亿块；FO ECP 产品累计出货突破亿块，继续保持着中国大陆最大中道封装企业地位；2016 年实现归属于上市公司股东的净利润与 2015 年同期相比增加 90%～120%。

长电先进的 FO ECP 技术高度兼容现有的晶圆级封装平台，产品设计灵活，既可实现单颗芯片扇出，也可实现多种芯片集成扇出，与 WLCSP 相比，可节省芯片面积 20%，较 BGA、QFN 和 SOP 等封装，FO ECP 具有更小的封装尺寸和更薄的封装厚度，是电子产品高度集成封装的理想选择。

长电先进聚焦于集成电路中道封装技术，包括晶圆凸点、扇入与扇出型晶圆级封装，硅通孔封装及 2D/2.5D/3D 封装等，是国内规模最大、技术水平最先进的集成电路中道封装企业，2016 年实现营业收入超过 20 亿元。

中芯长电自 2016 年 6 月竣工投产，全年营收额将突破 8000 万元，其主要是在技术上拥有先进的 12 英寸凸块和再布线加工服务的能力，致力于世界一流的集成电路中道硅片封装制程和测试服务。

五、2016—2017 年上半年江苏省集成电路封测业投资情况

2016—2017 年上半年，江苏省集成电路封测业出现了多个投资项目，为发展江苏省集成电路产业起到了推进器作用。

● 中芯长电半导体（江阴）有限公司第二期工程于 2016 年 7 月正式奠基，工程总投资 10.5 亿美元，主产 12 英寸凸块和再布线加工服务，实现提供世界一流的中段硅片制造和测试服务。

● 2016 年，韩国纳沛斯公司在淮安投资 3 亿美元（注册资本为 7400 万美元），一期建 8 英寸封装线，二期建 12 英寸的多元化晶圆凸块（BumP）封装及服务。年产能 8/12 英寸晶圆片 236 万片，COF 封装 10 亿颗。

● 2017 年 2 月 12 日，中芯长电、中芯国际、国家大基金、美国高通公司投资的中芯

长电 3D 芯片及封装二期项目开工，总投资为 80 亿元，主产 12 英寸高密度凸块加工和 3D 集成电路芯片集成制造服务；二期项目以加工 14 纳米芯片封装为主，预期在 2022 年竣工，年产值 10 亿美元。

● 2017 年 2 月 12 日，紫光集团在南京投资 300 亿元（与投资 300 亿美元建 12 英寸晶圆线相配套），建设紫光南京半导体国际产业园（基地），园区规划由集成电路封测生产线及科技园、国际学院、公寓等组成。

● 欧司朗光电于 2017 年 4 月 14 日投资 1.95 亿欧元，在无锡开工二期工程，以生产 LED 芯片与封装，将于 2019 年投产。

● 2017 年 4 月 26 日台湾欣铨科技在南京投资 1.4 亿美元建集成电路封测生产线。

● 2017 年 5 月 18 日，通富微电与英飞凌科技在合肥建 4.0 智能制造生产线。

● 2017 年 6 月 26 日，通富微电在厦门海沧区投资 70 亿元建集成电路封装工厂，采用 3D 凸块、FC、WLCSP、SiP 等先进封装技术生产。

● 华润微电子在深圳龙岗投资建二期集成电路封装工程，预计 2018 年投产，年产能 1 亿块。

第十四节　2016 年江苏省半导体分立器件产业发展情况

一、2016 年江苏省半导体分立器件产业概况

江苏省半导体分立器件产业是我国半导体分立器件产业化大生产的基地之一，拥有分立器件企业 43 家，具有产业基础雄厚、企业众多、产业链齐全、人才集聚等优势，在全国占有重要的地位。

2016 年江苏省半导体分立器件销售收入达 144.2 亿元（已包含在集成电路产业销售数据中），同比增长 5.24%（见图 4.14.1）。分立器件销售收入占 2016 年江苏省集成电路产业总销售收入的 13.15%，同比增速下降 2.4%。2016 年江苏省半导体分立器件销售收入占全国同业销售收入的 6.4%（见表 4.14.1）。

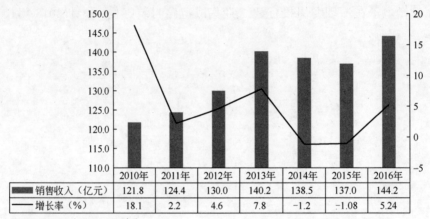

	2010年	2011年	2012年	2013年	2014年	2015年	2016年
销售收入（亿元）	121.8	124.4	130.0	140.2	138.5	137.0	144.2
增长率（%）	18.1	2.2	4.6	7.8	-1.2	-1.08	5.24

CAGR=2.44%（2010—2016年）

图 4.14.1　2010—2016 年江苏省半导体分立器件销售收入及增长情况

表4.14.1　2010—2016年江苏省半导体分立器件销售收入在全国同业中所占比重情况

单位：亿元

指标名称	2010 年	2011 年	2012 年	2013 年	2014 年	2015 年	2016 年	CAGR
全国分立器件收入	1135.4	1388.6	1390.0	1536.0	1872.4	1999.7	2237.7	10.18%
江苏省分立器件收入	121.8	124.4	130.0	140.2	138.5	137.0	144.2	2.44%
江苏省占比	10.7%	9.0%	9.4%	9.1%	7.4%	6.9%	6.4%	—

2016 年江苏省半导体分立器件产品产量约为 918.4 亿只，同比增长 9.3%（见图 4.14.2），占全国分立器件总产量的 14.3%（见表 4.14.2）。

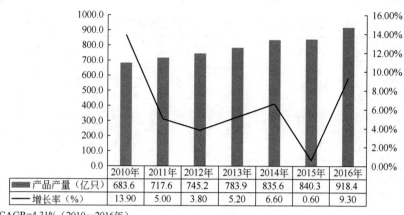

	2010年	2011年	2012年	2013年	2014年	2015年	2016年
产品产量（亿只）	683.6	717.6	745.2	783.9	835.6	840.3	918.4
增长率（%）	13.90	5.00	3.80	5.20	6.60	0.60	9.30

CAGR=4.31%（2010—2016年）

图 4.14.2　2010—2016 年江苏省半导体分立器件产品产量及增长情况

表4.14.2　2010—2016年江苏省半导体分立器件产品产量占全国的比重

单位：亿只

指标名称	2010 年	2011 年	2012 年	2013 年	2014 年	2015 年	2016 年	CAGR
全国 TR 总产量	3403.9	4134.1	4146.5	4606.0	5316.8	5704.9	6433.0	9.52%
江苏 TR 产量	683.6	717.6	745.2	783.9	835.6	840.3	918.4	4.31%
江苏 TR 占比	20.1%	17.4%	17.8%	17.0%	15.7%	14.17%	14.3%	—

二、2016 年江苏省分立器件产业情况分析

1．2016 年江苏省分立器件企业情况分析

2016 年根据统计会员单位数据分析，江苏省分立器件销售收入同比增长的企业数占 71%，销售收入同比下降的企业数占 29%。2016 年江苏省分立器件企业销售收入排名情况见表 4.14.3。销售收入增长率较大的企业有南通华达集团、常州银河世纪、南通皋鑫、无锡罗姆、无锡红光微电子等，见表 4.14.4。

表4.14.3　2016年江苏省分立器件企业销售收入排名情况

序号	企业名称	序号	企业名称
1	江苏新潮科技集团有限公司	6	常州银河世纪微电子有限公司
2	无锡华润华晶微电子有限公司	7	常州星海电子有限公司
3	英飞凌科技（无锡）有限公司	8	无锡红光微电子股份有限公司
4	力特半导体（无锡）有限公司	9	南通皋鑫电子股份有限公司
5	苏州晶方半导体科技股份有限公司	10	无锡罗姆半导体科技有限公司

表4.14.4 2016年江苏省半导体分立器件企业销售收入增长率排名情况

序号	企业名称	序号	企业名称
1	南通华达微电子集团有限公司	5	无锡红光微电子股份有限公司
2	常州银河世纪微电子有限公司	6	力特半导体（无锡）有限公司
3	南通皋鑫电子股份有限公司	7	江苏新潮科技集团有限公司
4	无锡罗姆半导体科技有限公司		

2. 2016年江苏省分立器件产量情况分析

2016年江苏省分立器件产量约为918.4亿只，同比增长9.3%。由于分立器件产品的销售价格不断下降，2016年江苏省分立器件销售收入增长的幅度只有5.24%，与产量增长幅度相比相去甚远，增产不增收、少增收的现象严重。2016年江苏省分立器件企业按产量排名情况见表4.14.5，产量增长率排名情况见表4.14.6。

表4.14.5 2016年江苏省分立器件企业按产量排名情况

序号	企业名称	序号	企业名称
1	江苏新潮科技集团有限公司	6	常州星海电子有限公司
2	英飞凌科技（无锡）有限公司	7	无锡红光微电子股份有限公司
3	力特半导体（无锡）有限公司	8	南通皋鑫电子股份有限公司
4	苏州晶方半导体科技股份有限公司	9	无锡罗姆半导体科技有限公司
5	常州银河世纪微电子有限公司	10	南通华达微电子集团有限公司

表4.14.6 2016年江苏省分立器件企业产量增长率排名情况

序号	企业名称	序号	企业名称
1	南通华达微电子集团有限公司	5	无锡红光微电子股份有限公司
2	常州银河世纪微电子有限公司	6	力特半导体（无锡）有限公司
3	南通皋鑫电子股份有限公司	7	江苏新潮科技集团有限公司
4	无锡罗姆半导体科技有限公司		

三、2016 年江苏省半导体分立器件产业技术进步情况

由中国半导体行业协会、中国电子材料行业协会、中国电子专用设备工业协会和中国电子报共同举办的"第十一届（2016 年度）中国半导体创新产品和技术"项目经专家评审发布。江苏省半导体分立器件企业获奖产品和技术如下：

● 苏州能讯高能半导体有限公司的高功率氮化镓微波放大管 DX1H2527240，采用全新的高功率多指栅设计，多介质层沉积和复合场板结构，低阻抗多层复合金属结构欧姆电极，三维散热结构设计，可满足新一代移动无线通信基站的高性能要求；已申请国内外专利 86 项（其中，中国发明专利 66 项，国际发明专利 14 项，实用新型专利 6 项），获得授权 13 项。

● 其他具有优势和先进性的产品和技术有：

无锡华润华晶微电子有限公司 600～1200V FS（Field-Stop）场截止 IGBT 制造技术与产品属原始创新，其 FS 结构通过注入形成，具有和一般 FS 不同的浓度分布，使得该产品具有极强的参数稳定性和很高的产品应用可靠性优势。

华润上华科技有限公司自主研发的"跑道型 NLDMOS 晶体管及其制作方法"技术开创了国内首个可应用于单片机智能开关电源集成电路工艺技术，达到国际领先水平。

华润上华半导体公司展示出无线充电方案、环境光接近检测芯片和 700V BCD 工艺，将在高电压、高功率、高密度等方面把 BCD 持续做强。

无锡新浩能股份有限公司自主研发的能实现电流双向流通的功率 MOSFET 器件，获发明专利授权，实现了单颗 MOSFET 电流双向流通只需一颗 MOSFET 芯片，替代了原先要两颗芯片，且导通电阻与耐电压能力保持不变。该专利技术填补了国内空白，在世界上也属领先水平。

● 经中国半导体行业协会和赛迪顾问咨询公司联合评出中国半导体行业功率器件十强企业，其中江苏省半导体分立器件企业中获此荣誉的企业是：扬州扬杰电子科技股份有限公司、苏州固锝电子股份有限公司、无锡华润华晶微电子有限公司、常州银河世纪微电子股份有限公司、无锡新洁能股份有限公司。

四、2016 年江苏省半导体分立器件生产规模情况

2016 年江苏省半导体分立器件企业生产的各类产品品种示意图见图 4.14.3。

2016 年江苏省半导体分立器件封测厂家产品情况见表 4.14.7。

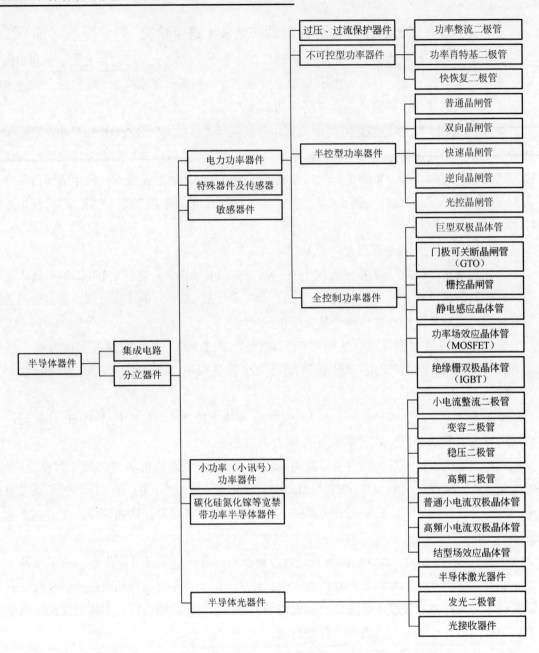

图 4.14.3　2016 年江苏省半导体分立器件企业生产的各类产品品种示意图

表4.14.7　2016年江苏省半导体分立器件封测厂家产品情况

序号	公司名称	主要产品	生产能力（亿只/年）
1	江苏长电科技股份有限公司	SOT/SOD 系列、DFN/FBP 系列、TO 系列、中大功率系列	300.0
2	南通华达微电子集团有限公司	SOT-23、SC70、SOT89、SOT223、TO92、TO251、TO252、TO263、TO220、TO247	30.0

续表

序号	公司名称	主要产品	生产能力（亿只/年）
3	苏州固锝电子股份有限公司	TO-220AB、TO-220AC、TO-263	30.0
4	英飞凌科技（无锡）有限公司	SOT-23、SOD323	27
5	常州银河半导体控股有限公司	SOT/SOD 系列、DFN 系列	60
6	罗姆半导体（中国）有限公司	SOT/SOD 系列、二三极管	250
7	无锡华润华晶微电子有限公司	TO-92 系列、SOT/SOD 系列、TO-126、TO-220、TO-251/252 系列	
8	无锡红光微电子股份有限公司	SOT-223、SOT-23-23L/25L、SOT-89、TO-252/251、TO-92/92L/92S、TO-126、TO-200/5L、7L、TO-200、TO-263、TO-247、TO-3P、MEMS 以及 QFN、DFN、ESOP/8、DFN	
9	启东吉莱电子股份有限公司	TO3P、TO-220B/C/P/F、TO-220 ST、TO-247、TO-220 M-1/M-2、TO-220 HD、TO-126/D、TO-92、TO-251/252/263、SOT223、SOT/89-3L、SOT23	
10	江苏东晨电子科技有限公司	SMB（DO-214AA）、DO-15、SMA（DO-214AC）、SMAFL、SOP-8、TO-3P、TO-3PN、TO-92、TO-126、TO-202-3、TO-220、TO-220F、TO-247、TO-251、TO-252、TO-262、TO-263、GBJ15（20～80）、纽扣式、模块、凸台式、GBU、GBJ、GBPC、KBP、GBL、KBJ、KBU、KBL、MB-M、MB-S、DB1、DB1S、DB15、DB15S、AR/ARS	
11	泰州海天科技股份有限公司	TO-92、TO-126、TO-220、TO-220F、TO-3PB	

2016 年中国半导体分立器件产量区域分布情况见图 4.14.4。

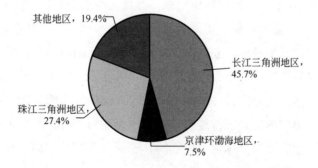

图 4.14.4　2016 年中国半导体分立器件产量区域分布情况

五、2016 年影响江苏省半导体分立器件产业发展的因素分析

1. 有利因素

1）密集的产业政策推动半导体产业的发展

近年来，国家密集推出产业政策来推动半导体产业的发展，分立器件作为半导体领域一个重要分支迎来布局良机。我国发布《中国制造 2025》勾勒出未来十年产业转型升级的

整体方向与发展规划，在产业转型升级的过程中功率半导体发挥的作用不可替代。针对我国当前功率半导体产业发展状况，以及2016—2020年电力电子产业发展重点，中国宽带功率半导体及应用产业联盟、中国 IGBT 技术创新与产业联盟、中国电器工业协会电力电子分会、北京电力电子学会共同发布《电力电子器件产业发展蓝皮书》（以下简称《蓝皮书》）。《蓝皮书》建议，"十三五"期间，我国以功率半导体为重点的电力电子产业将在硅基电力电子器件和关键电力电子器件方面进行重点布局，并制定关键材料和关键器件的相关技术标准，到2020年发展目标为：在关键材料方面，形成硅基电力电子器件所需全部材料等的生产能力，并建立相应标准体系和专利保护机制；在关键电力电子器件方面，形成系列化产品，综合性能达到国际先进水平，SiC 二极管、晶体管及其模块产品和 GaN 器件产品具有国际竞争力。这些具体的发展目标将极大地促进我国半导体分立器件的发展。

2）上游国产化前景巨大，行业供给稳定，下游市场需求旺盛

2016年，国家和各地的集成电路产业基金为半导体行业投资助力，各地集成电路制造企业扩产迅速。国内半导体企业利用专利交叉授权、自主研发等方式逐步缓解了国外产业巨头的市场垄断。半导体材料和设备市场规模也呈稳步上升的趋势，在分立器件产品主要原材料中，芯片约占产品成本的50%，芯片的国产化是必然趋势。2016年国内分立器件芯片制造厂商为国内设计、封测企业提供了具有价格竞争优势的芯片。

分立器件的需求市场呈现多样性的局面。传统的家电行业逐步向智能家居方向发展，带动了 BT 等模块的延伸发展。电表行业已经逐步转换为远程抄表，扩大了半导体分立器件产品的应用领域。共享单车、新能源汽车以及充电桩、无人机、电子烟和智能手机及快充等应用领域的发展进一步推动了肖特基、IGBT、大功率 MOSFET 等各类分立器件的市场需求。这些都在2016年的市场中体现出来，并将在今后的几年中持续保持快速增长。

3）国产换代进口产品的市场机遇

受生产要素成本以及半导体产业自身发展周期性波动的影响，世界半导体产业呈现向发展中国家产业转移的趋势。近年来，我国半导体分立器件进出口顺差逐年提高，产业转移趋势明显。同时，国产的分立器件产品替代进口产品的空间明显加大。据测算，近十年来，国内的分立器件出口单价处于持续提升趋势，而进口单价却一直相对稳定。国内分立器件行业内的优秀企业在参与全球竞争的同时，不断优化产品结构，预计未来会有更多的分立器件高端产品出口海外。

4）并购切入主流市场，国有品牌竞争力进一步强化

2016年建广资产收购了恩智浦公司标准产品部门，该部门业务包括分立器件、逻辑器件及功率器件等系列产品，在汽车电子、工业控制、计算数据、消费品和可穿戴设备等领域都有着广泛的应用。通过收购国际一流技术公司部门，国有品牌能更快切入主流功率器件市场领域，竞争力增强。同时，以 IGBT 为代表的国产高端功率器件产品也成功进入电力传输、工业自动化和铁路运输特别是高速铁路等重点应用领域。预测未来汽车分立器件

领域可能会有一波并购潮的出现。中国企业在国家和各地方集成电路产业基金的支持下，将有望成为这轮并购潮的主角。

2. 不利因素

长期以来，我国半导体分立器件行业整体技术水平与国际先进技术水平相比存在较大差距，国产分立器件主要品牌厂商以中低端市场为主，集中在传统的小功率二三极管、小功率MOS、小功率TVS、功率三极管、功率肖特基管等，高端产品市场的份额相对较小。目前，军品电子、汽车电子、充电桩、无人机、品牌手机等高端应用市场仍是国外厂商的天下。因此，我国半导体分立器件制造企业的产品进入国际大型整机公司的采购体系有相当大的难度。

六、2016年江苏省半导体分立器件产品发展动向

分立器件具有集成电路产品某些不可替代的功能，如在大功率、大电流、高电压、低噪声、高频率、低功耗等方面。2016年，江苏省半导体分立器件产品生产企业根据各自的技术研究方向，重点关注：一是，从高压大电流的GTO到高频多功能的IGBT、功率MOSFET的自关断、全控型器件，将Si、GaAs微波功率器件、功率MOS器件、光电子器件、变容管、肖特基二极管等产品，向着集成化、复合化、模块化及功率集成方向发展。二是，开发和生产以SiGe、SiC、InP、GaN等化合物半导体材料为基础的新型器件。三是，分立器件封装向小型化的SOT-723/923、SOD-723/923、DFN/FBP 1006等封装发展。四是，开发和生产大功率LED产品、MEMS传感器产品、功率IGBT产品等。

2016年，苏州固锝电子、常州银河、无锡美新、苏州纳米科技、苏州明皜、华润微电子、江苏东晨、江苏捷捷、苏州能讯、无锡力芯等公司在新产品研发和上市上量方面都取得了很大的进步和较好的业绩。

七、江苏省半导体分立器件产业发展方向展望

在我国绿色能源产业发展的推动下，功率半导体已经成为建设节约型社会、促进国民经济发展、践行创新驱动发展战略的重要支撑。功率半导体不仅涉及电力电子器件等各个行业的应用，还涉及相关的半导体材料和设备等，产业链长、产业带动作用巨大，在推进实施《中国制造2025》规划中具有重大意义。江苏省是功率半导体器件制造的集聚地，江苏省半导体分立器件产业将继续沿着"技术领先、功能创新、差异化突破"的模式持续发展。

在应用领域对节能降耗、缩减体积、系统整合等需求的推动下，江苏省分立器件企业近年来加强了大功率SiC技术研究，大功率SiC器件已经推向市场。SiC-SBD技术已经成熟地运用在光伏发电等领域，SiC-MOSFET优越的性能，可大幅降低模组中电容电感量，降低功率模组成本。SiC-IGBT未来将凭借其优异的性能在大型轮船引擎、智能电网、高铁

和风力发电等大功率领域得到应用。业界普遍看好 SiC 的市场发展前景，根据预测，至 2022 年其市场规模将达到 40 亿美元，年平均复合增长率可达到 45%，届时将形成很大的市场应用空间。

GaN 功率元件由于具有转换效率高、工作频率高、工作温度高等特点，被广泛应用于功率因数校正（PFC）、软开关 DC-DC 等电源系统设计，以及电源适配器、太阳能逆变器、服务器及通信电源灯终端领域。预计未来几年对 GaN 功率元件的需求将比现在提高 3～4 倍。

氮化铝（AIN）的禁带宽度达到 6.2eV，在电子器件领域，由于其工作温度可以超过 SiC 和 GaN 器件，预期可用于加固型功率器件。

金刚石作为半导体材料具有禁带宽度大、高介质击穿场强以及高热导率等特长，功率器件研制企业对高品质、大尺寸金刚石晶片寄予无限期望，但是研发难度还很大。

以 SiP 和 GaN 材料为代表的宽禁带半导体材料和器件产业已成为高科技领域中的战略性产业，国际领先企业已经开始部署市场，全球新一轮的产业升级已经开始。

根据我们对江苏省半导体分立器件企业的调查了解，随着市场对分立器件的需求不断更新，除了传统的消费电子、计算机、平板电脑及计算机外置外，现在网络通信、物联网、互联网、智能移动、轨道交通、新能源、电动汽车、LED 照明、便携医疗器械等应用领域，对分立器件要求越来越高。在未来的产业发展过程中，江苏省半导体分立器件产业还将继续壮大，企业产能和生产技术水平还将有所提升，产品将向高频、宽带、高速、低噪声、大功率、大电流、高线性、大动态范围、高效率、高亮度、高灵敏度、低功耗、低成本、高可靠、微小型等方面快速发展。

预计 2017 年江苏省半导体分立器件产业销售收入为 151.41 亿元，同比增长 5%。

第十五节 2017年江苏省集成电路产业发展预测

2017年江苏省集成电路产业主营销售收入预计为1166.51亿元，同比增长6.35%。其中，集成电路设计业预计销售收入达177.80亿元，同比增长10.2%；集成电路晶圆业预计销售收入达222.61亿元，同比增长3%；集成电路封测业预计销售收入达766.10亿元，同比增长6.5%。

2017年江苏省集成电路支撑业销售收入预计达359.97亿元，同比增长6.7%。

2017年江苏省集成电路产业销售总收入预计达1526.48亿元，同比增长6.4%（见表4.15.1）。

表4.15.1 2017年江苏省集成电路产业发展规模预测

序号	指标名称	单位	2017年度预测	2016年度实绩	同比（±%）
	集成电路产业主营销售收入	亿元	1166.51	1096.81	6.35
1	其中：IC设计业	亿元	177.80	161.34	10.20
2	IC晶圆业	亿元	222.61	216.13	3.00
3	IC封测业	亿元	766.10	719.34	6.50
	集成电路支撑业销售收入	亿元	359.97	337.37	6.70
	集成电路产业销售总收入	亿元	1526.48	1434.18	6.40

第五章

2016 年江苏省集成电路支撑业发展情况

第一节　2016年江苏省集成电路支撑业发展情况概述

江苏省集成电路支撑业由集成电路专用装备（设备、仪器、工模具）和专用材料（塑封料、内引线、外引线、基板、掩模板、光刻胶、硅材料、石英、磨抛材料、零部件、化学试剂、特种气体等）组成，是集成电路产业的重要组成部分，是支撑集成电路产业发展的有力基石。

江苏省集成电路支撑业发展主要依托苏南地区和半导体产业发达的上海市、浙江省，形成了较为完备的支撑业产业链体系，同时也有力地促进了江苏省集成电路产业的快速发展。

一、2016年江苏省集成电路支撑业总体发展规模

2016年江苏省集成电路支撑业销售总收入为337.4亿元，同比增长6.70%（见图5.1.1），增速同比提升3.0个百分点；占江苏省集成电路产业销售收入的23.52%，同比下降3个百分点。

2016年江苏省集成电路支撑业发展主要得益于集成电路、分立器件、LED、TFT等相关产业市场的快速增长，对支撑业的需求明显增大。在此形势下，支撑业各类企业抓住机遇迅速扩大生产，取得了显著的业绩。

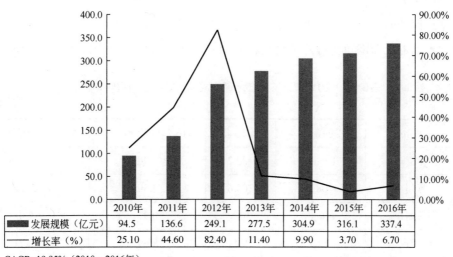

	2010年	2011年	2012年	2013年	2014年	2015年	2016年
发展规模（亿元）	94.5	136.6	249.1	277.5	304.9	316.1	337.4
增长率（%）	25.10	44.60	82.40	11.40	9.90	3.70	6.70

CAGR=19.95%（2010—2016年）

图 5.1.1　2010—2016年江苏省集成电路支撑业发展规模及增长情况

二、2016年江苏省各地区集成电路支撑业发展情况

江苏省集成电路支撑业有 90 余家企业，主要集中在苏州、无锡、常州、连云港、泰

州、南京等城市，各地产业发展各具特色。苏州市集成电路支撑业主要是以外资企业为主，其他城市以内资企业为主。江苏省各主要地区集成电路支撑业产品类别见表 5.1.1。

表5.1.1　江苏省各主要地区集成电路支撑业产品类别

序号	城市	支撑业产品大类
1	苏州市	电子专用设备、超净设备、引线框、塑封料、光刻胶、内引线、化学试剂、各种气体
2	无锡市	电子专用设备仪器、引线框、塑封料、化学品试剂、各种气体
3	连云港市	塑封料
4	常州市	电子设备仪器
5	泰州市	引线框
6	南京市	电子设备仪器、引线框

2016 年江苏省各主要地区集成电路支撑业销售收入情况见表 5.1.2、图 5.1.2 和图 5.1.3。

苏南地区支撑产业销售额占江苏省同业销售总额的 95.25%。其中，无锡市支撑产业销售额占全省同业销售总额的 58.14%；苏州市支撑产业销售额占全省同业销售总额的 32.1%；常州市支撑产业销售额占全省同业销售总额的 3.08%；南京市支撑产业销售额占全省同业销售总额的 1.93%。

苏中地区的泰州市支撑产业销售额占全省同业销售总额的 2.05%。

苏北地区的连云港市支撑产业销售额占全省同业销售总额的 2.71%。

表5.1.2　2016年江苏省各地区集成电路支撑业销售收入情况

单位：亿元

序号	城市	2016 年	2015 年	2016 年同比（±%）	占全省销售总额（%）
1	无锡市	196.00	180.2	8.90	58.14
2	苏州市	108.3	103.6	4.50	32.10
3	常州市	10.4	10.3	0.97	3.08
4	连云港市	9.13	8.4	8.69	2.71
5	泰州市	6.9	6.56	5.18	2.05
6	南京市	6.5	7.04	−7.67	1.93

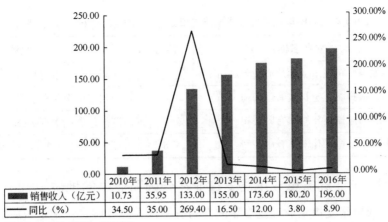

	2010年	2011年	2012年	2013年	2014年	2015年	2016年
■ 销售收入（亿元）	10.73	35.95	133.00	155.00	173.60	180.20	196.00
— 同比（%）	34.50	35.00	269.40	16.50	12.00	3.80	8.90

CAGR=51.44%（2010—2016年）

图 5.1.2　2010—2016 年无锡市集成电路支撑业发展规模及增长情况

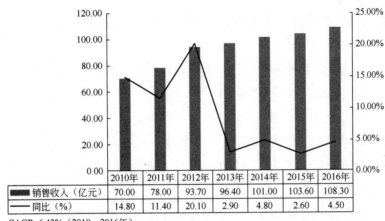

	2010年	2011年	2012年	2013年	2014年	2015年	2016年
■ 销售收入（亿元）	70.00	78.00	93.70	96.40	101.00	103.60	108.30
— 同比（%）	14.80	11.40	20.10	2.90	4.80	2.60	4.50

CAGR=6.43%（2010—2016年）

图 5.1.3　2010—2016 年苏州市集成电路支撑业发展规模及增长情况

三、2016 年江苏省集成电路支撑业企业情况

2016 年，随着制造业对设备、工具和原材料需求量的增加，江苏省集成电路支撑业企业产品的销量和销售收入也有不同程度的增长。根据会员单位的统计数据，各企业销售收入均有不同程度的增长，排名情况见表 5.1.3。2016 年度销售收入增长较多的企业依次有苏州爱发科、常州瑞择、华海诚科、苏州瑞红等（见表 5.1.4）。

表5.1.3　2016年江苏省集成电路支撑业企业销售收入排名情况

序号	企业名称	序号	企业名称
1	汉高华威电子有限公司	6	泰兴市永志电子器件有限公司
2	南京国盛电子有限公司	7	爱发科真空技术（苏州）有限公司
3	苏州住友电木有限公司	8	江阴康强电子有限公司
4	江阴润玛电子材料股份有限公司	9	江苏中鹏新材料股份有限公司
5	苏州瑞红电子化学品有限公司	10	江阴化学试剂厂

表5.1.4　2016年江苏省集成电路支撑业企业销售收入增长率排名情况

序号	企业名称	序号	企业名称
1	爱发科真空技术（苏州）有限公司	5	江阴润玛电子材料股份有限公司
2	常州瑞择微电子科技有限公司	6	泰州东田电子有限公司
3	江苏华海诚科新材料有限公司	7	苏州住友电木有限公司
4	苏州瑞红电子化学品有限公司	8	江苏中鹏新材料股份有限公司

四、2016年江苏省集成电路支撑业在全国同业中的地位

江苏省集成电路支撑企业经过多年的努力有了很大的发展，特别是集成电路材料企业取得了惊人的业绩。纵观2016年全国相关产业的情况，江苏省集成电路支撑企业在全国同业中的地位明显提高。

江苏省多晶硅产业位居全国第一，主要企业有江苏中能公司。该公司产量居世界第一位。

江苏省塑封树脂业位居全国第一，主要企业有江苏中鹏、华海诚、汉高华威、长春塑封（常熟）、苏州住友等。

江苏省光刻胶业位居全国第一，主要企业有苏州瑞红。

江苏省电子化学试剂业位居全国第一，主要企业有江阴润玛、江阴江化、江阴试剂等。

江苏省内引线业位居全国第一，主要企业有贺利氏招远（常熟）电子材料公司、田中电子（苏州）公司等。

江苏省净化设备业位居全国第一，主要企业有苏州苏净集团公司。

江苏省引线框业位居全国前茅，主要企业有宁波康强（江阴）、宁波华龙（泰州）、南京长江电子、华晶利达电子、住矿电子（苏州）、顺德工业（中国台资）。

除此之外，江苏省集成电路支撑业的内资企业还比较弱小，不少企业生产的产品绝大部分只能满足6英寸及以下的半导体生产线使用，少量产品品种和类型能够供8英寸半导体生产线使用。设备制造企业也偏少。现有的设备制造企业产品档次较低、产能有限。主要原因：一是缺乏专用设备制造技术人才；二是自行研制的设备上线验证难。江苏省集成电路专用设备制造企业与国内同行先进企业相比在技术水平、产品研发能力、经营规模各方面还存在较大的差距。

第二节　2016 年江苏省集成电路装备业发展情况

一、2016 年世界半导体设备业发展情况概述

半导体设备业是半导体产业链的关键环节，素有"一代技术、一代设备、一代产品"之称。高、精、尖的半导体设备制造能力是衡量一个国家整体科技水平的标志之一。半导体设备资本支出数额反映了集成电路产业景气状况，也是衡量总体经济态势的重要指标。

据 SEMI 报告，2016 年世界半导体设备销售额为 412.4 亿美元，与 2015 年世界半导体设备销售额相比增长了 12.9%（见表 5.2.1）。

表5.2.1　2010—2016年世界半导体设备销售额规模及增长情况

指标名称	单位	2010	2011	2012	2013	2014	2015	2016	CAGR
销售额	亿美元	399.3	435.3	369.3	320.0	374.9	365.3	412.4	0.46%
同比	%	131.0	9.0	−15.2	−13.8	17.8	−2.6	12.9	—

2016 年世界主要国家和地区半导体设备市场销售额情况见表 5.2.2。

表5.2.2　2016年世界主要国家和地区半导体设备市场销售额情况

指标名称	单位	中国台湾	韩国	中国	日本	美国	欧洲	其他	合计
2016 年	亿美元	122.3	76.9	64.6	46.3	44.9	21.8	35.5	412.4
2015 年	亿美元	96.4	74.7	49.0	54.9	51.2	19.4	19.7	365.3
增长率	%	27.0	3.0	32.0	−16.0	−12.0	12.0	80.0	12.9
2016 年占比	%	29.7	18.7	15.7	11.23	10.89	5.3	8.6	100.0

2016 年世界半导体设备市场各业销售额情况见表 5.2.3。2010—2016 年世界半导体晶圆制造业和封测业设备市场规模及增长情况分别见表 5.2.4 和表 5.2.5。

表5.2.3　2016年世界半导体设备市场各业销售额情况

类别	2016 年销售额（亿美元）	2015 年销售额（亿美元）	增长率（%）	占比（%）
制造业	326.2	286.2	14.0	79.2
封装业	30.5	25.4	20.0	7.4
测试业	36.5	32.9	10.9	8.9
其他	19.2	20.8	−7.7	4.5
合计	412.4	365.3	12.9	100.0

表5.2.4　2010—2016年世界半导体晶圆制造业设备市场规模及增长情况

指标名称	单位	2010	2011	2012	2013	2014	2015	2016	CAGR
晶圆制造设备支出	亿美元	315.5	326.8	281.7	245.2	287.5	286.2	326.2	0.48%
同比	%	5.5	3.5	−13.8	−12.9	17.3	−0.5	14.0	—

表5.2.5　2010—2016年世界半导体封测业设备市场规模及增长情况

指标名称	单位	2010	2011	2012	2013	2014	2015	2016	CAGR
封测设备支出	亿美元	63.8	71.0	66.1	52	64	58.3	67.0	0.70%
同比	%	65.3	8.7	−6.9	−21.3	23.1	−8.9	14.9	—

资料来源：CSIA/JSSIA 整理（2017.6）。

二、2016 年中国半导体设备业发展概况

在国家科技重大专项的支持下，中国集成电路专用设备业取得了喜人的进步，刻蚀机、氧化机、薄膜设备、光刻和离子注入等设备成功替代国外厂商同类产品，进入中芯国际等集成电路生产线。随着国产设备大量投入使用，使得我国晶圆制造业的设备采购成本降低不少。

1．2016 年中国半导体设备销售收入情况

2016 年中国半导体设备销售收入 57.30 亿元，同比增长 21.5%（见图 5.2.1）。其中，集成电路设备销售收入达到 28.14 亿元，同比增长 22.77%，占总销售收入的 49.1%；LED 设备销售收入完成 5.2 亿元，同比减少 11.26%，占总销售收入的 9.1%。2016 年中国各类别设备销售收入占半导体设备销售总额的比例见图 5.2.2。

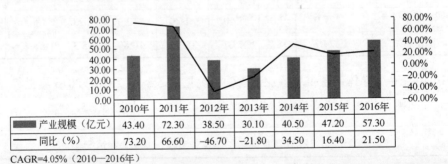

	2010年	2011年	2012年	2013年	2014年	2015年	2016年
产业规模（亿元）	43.40	72.30	38.50	30.10	40.50	47.20	57.30
同比（%）	73.20	66.60	−46.70	−21.80	34.50	16.40	21.50

CAGR=4.05%（2010—2016年）

图 5.2.1　2010—2016 年中国半导体设备业发展规模及增长情况

2．2016 年中国半导体专用设备销售数量情况

中国电子专用设备工业协会根据对我国 35 家半导体设备制造商统计，2016 年中国半导体设备销售 6169 台，同比增长 17.4%。其中，集成电路设备销售 2151 台，比 2015 年减少 1.8%；LED 设备销售 909 台，同比增长 24.7%。

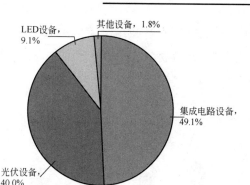

图 5.2.2　2016 年中国各类别设备销售收入占半导体设备销售总额的比例

3. 2016 年中国半导体设备出口、进口情况

2016 年中国半导体设备出口（13 类）17340 台，同比增长 23.2%；出口金额 4.09 亿美元，同比增长 30.2%。2016 年中国出口的 13 类半导体设备中，引线键合机、化学气相沉积设备和等离子体干法刻蚀设备的出口金额仍然居前三位，分别达到 1.52 亿美元、1.04 亿美元和 0.4 亿美元。

2016 年中国出口的氧化扩散炉、离子注入机出口金额增长最快，增长率分别达到 462.6% 和 408.9%。

2016 年中国 13 类半导体设备进口数量共计 25442 台，进口金额 46.31 亿美元，比 2015 年增长 7.9%。

2016 年中国进口的 13 类半导体设备中，化学气相沉积、等离子体干法刻蚀机、引线键合机的进口金额居前三位，分别达到 10.71 亿美元、7.94 亿美元和 5.69 亿美元。

2016 年进口的 13 类半导体设备与 2015 年相比，化学机械抛光机增长 1.8%，化学气相沉积装置无增长，等离子体干法刻蚀机同比减少 17.5%，分步重复光刻机同比减少 28.5%，其他 9 类半导体设备都呈现增长态势。

4. 集成电路专用设备重大专项情况和技术进步情况

通过科技重大专项关键设备量产应用工程项目的实施，基本实现了 QFN/LQFP、SiP、CSP、WLP、300mm TSV 等高密度晶圆级先进封装成套设备国产化，长电科技、华天科技、通富微电的先进专用设备中 60% 以上实现了国产化，晶方科技建成全球首座 300mm（12 英寸）3D TSV 晶圆级封装生产线，采购国产设备 264 台/套，国产化率达 80%，这充分表明我国集成电路先进封装装备取得了质的突破。2010—2016 年中国集成电路封装测试设备市场规模及增长情况见图 5.2.3。

2016 年国内半导体封装测试设备企业继续加大新品开发力度，国产封装测试设备取得了质的突破，中端设备完全实现了国产化配套，高端封装测试设备加快产品技术创新，通过技术创新提升了国产装备的技术能力和市场影响力。中国半导体行业协会、中国电子材料行业协会、中国电子专用设备工业协会、中国电子报社共同评选出了第十一届（2016 年度）中国半导体设备创新产品 12 项，北京中电科电子装备有限公司的 12 英寸晶圆减薄机、上海微松工业自动化有限公司的晶圆植球设备、无锡日联科技股份有限公司的微焦点 X 射线检测设备、杭州长川科技股份有限公司的集成电路多功能集成分选系统等获选进入 2016 年度中国半导体设备创新产品目录。

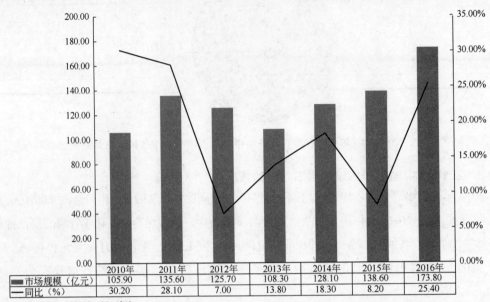

	2010年	2011年	2012年	2013年	2014年	2015年	2016年
■市场规模（亿元）	105.90	135.60	125.70	108.30	128.10	138.60	173.80
—同比（%）	30.20	28.10	7.00	13.80	18.30	8.20	25.40

CAGR=7.33%（2010—2016年）
资料来源：中电科第45所。

图 5.2.3　2010—2016 年中国集成电路封装测试设备市场规模及增长情况

2016 年中电科电子装备有限公司、北京北方华创微电子装备有限公司、中微半导体设备（上海）有限公司、上海微电子装备有限公司、沈阳拓荆科技有限公司荣获中国半导体行业设备五强企业称号。2016 年国内主要集成电路封测设备企业情况见表 5.2.6。

表5.2.6　2016年国内主要集成电路封测设备企业情况

序号	企业名称	产量（台/套）	销售额（万元）	序号	企业名称	产量（台/套）	销售额（万元）
1	中电科装备集团公司	1065	37797	9	南通金泰科技公司	73	2799
2	上海微电子装备公司	18	24872	10	上海新阳材料公司	24	2296
3	铜陵三佳股份公司	361	11336	11	上海微松自动化公司	15	2100
4	格兰达技术（深圳）公司	134	9063	12	合肥恒力电子装备公司	29	1942
5	铜陵富仕三佳公司	232	7000	13	上海中艺自动化公司	68	793
6	铜陵三佳山田公司	221	6713	14	其他	1500	38000
7	大连佳峰电子公司	76	3047		合计	3976	150684
8	江阴新基电子公司	160	2926				

三、2016 年江苏省集成电路装备业发展情况

1. 2016 年江苏省集成电路装备企业及分布情况

江苏省集成电路装备业企业主要集中在苏州市和无锡市，两市合计占江苏省总量的

90.3%，苏州市以外资和中国台资企业为主，无锡市以民资企业为主（见表5.2.7）。

表5.2.7　江苏省集成电路装备业企业情况

城市	序号	企业名称	类别	主要产品
苏州市	1	江苏苏净集团有限公司	内资	净化设备
	2	库力索法半导体（苏州）有限公司	美资	键合设备及零部件
	3	均强机械（苏州）有限公司	中国台资	贴片机
	4	TOWA半导体设备（苏州）有限公司	日资	塑封机
	5	爱德万测试（苏州）有限公司	日资	测试设备及部件
	6	永科电子科技（苏州）有限公司	新加坡	封包设备
	7	爱发科真空技术（苏州）有限公司	日资	真空镀膜设备
	8	苏州赛力精密工具有限公司	内资	切割刀片
	9	泉瑞科技（苏州）有限公司	中国台资	探针卡
	10	昆山中辰矽晶有限公司	内资	磨片机、抛光机
	11	张家港市德科超声有限公司	内资	清洗机
	12	安泰半导体（苏州）有限公司	中国台资	设备研发、生产、加工
	13	顺德工业（江苏）有限公司	中国台资	配输电设备、工模具
	14	昆山登祥光电设备有限公司	外资	光学仪器、工业成像等
	15	苏州斯利德电子有限公司	合资	磨片机、划片机、备件等
	16	苏州微影光电科技有限公司	内资	激光直接成像曝光机
	17	苏州美图半导体有限公司	内资	晶圆键合、光刻喷涂机
	18	苏州赫瑞特电子专用设备科技有限公司	外资	抛光机、研磨机、双面磨机
	19	江苏艾科瑞思封装自动化设备有限公司	外资	装片机
无锡市	1	江阴新基电子设备有限公司	内资	分选机、贴片机、去飞边机等
	2	江阴新杰科技有限公司	内资	编带机
	3	无锡瑞达电子科技有限公司	内资	清洗机、贴片机等
	4	无锡华晶电子设备有限公司	内资	清洗机、去胶机等
	5	江阴格朗瑞科技有限公司	内资	编带机、分选机、装料机等
	6	无锡帕特纳科技有限公司	日资	热老化箱、高低温试验箱
	7	无锡南亚环境设备厂	内资	高低温烘箱
	8	无锡凯世通科技有限公司	内资	太阳能设备研发生产
	9	无锡超钰微电子有限公司	台资	电脑外围设备
	10	无锡宏源芯盛半导体科技有限公	内资	半导体设备研发制造
	11	纽威仕微电子（无锡）有限公司	内资	通信电缆、电力设备
	12	无锡机床厂股份有限公司	内资	平面磨
	13	无锡斯威克自动化设备有限公司	内资	自动化焊接机
	14	无锡新智达自动化设备有限公司	内资	TO、IGBT、SMC非标设备
	15	中科芯集成电路股份有限公司智能装备部	内资	全自动分选机、编带机、测试系统

城市	序号	企业名称	类别	主要产品
南通市	1	南通金泰科技有限公司	内资	压焊机、打印机、排片机、编带机、分选机、机械手等
南京市	1	南京翰纳科技有限公司	内资	高频预热机、测试仪
	2	南京中南激光设备有限公司	内资	激光打印机
	3	南京大恒光电子技术有限公司	内资	激光打印机
	4	南京三超金刚石工具有限公司	内资	切割、磨削、抛光机
泰州市	1	靖江先锋半导体科技有限公司	内资	半导体设备、零部件
常州市	1	常州天龙光电设备有限公司	内资	单晶、多晶生长炉、宝石炉体
	2	常州瑞择微电子科技有限公司	内资	光掩模清洗设备
	3	江苏省华盛天龙机械股份有限公司（金坛市）	内资	单晶炉、切片机、研磨机等
	4	常州快克锡焊股份有限公司	内资	四轴焊接机器人、工具

2. 2016 年江苏省集成电路设备技术进步情况

根据中国半导体行业协会、中国半导体专用设备工业协会等评选出的"第十一届（2016年）半导体创新产品和技术"，江苏省集成电路专用设备企业入选情况如下：

● 无锡日联科技股份有限公司的微焦点 X 射线检测设备 AX9100，通过编程控制轨道速度和实现样品精确定位；封闭式射线源和平板探测器作为核心部件，辐射剂量小，具备绝佳的检测效果；强大的 SPC 数据分析随时追踪监视产线品质；该产品申请发明专利 2 项。

● 江苏苏净集团有限公司的液体颗粒计数器，采用精密传感检测光路的设计，微弱光电检测信号的处理，基于精密注射器结构的液体取样系统，提升了液体介质清洁度检测水平，本技术已获授权发明专利 3 项，实用新型专利 4 项。

3. 江苏省集成电路装备制造业主要企业产品发展情况

（1）江苏新基电子设备有限公司主要生产 OFN 自动测试分选机、高密度倒装贴机、SOT/SOD 激光去飞边机、高压水射流去飞边机、外观检测机等。

（2）无锡瑞达电子科技有限公司生产清洗机（蚀刻机、双槽全自动去胶机、清洗机）、后道工序的装备（划片机、装片机、倒角机、贴片机、键合机）、后道流程的工装夹具、料盒等。

（3）无锡华晶电子设备有限公司主要生产清洗机、去胶机、腐蚀机、测试打印机、编带机、自动分选机、料盒等。

（4）无锡凯世通科技有限公司从事太阳能设备的研发和生产。

（5）无锡宏源芯盛半导体科技有限公司从事半导体设备服务、制造和研发，半导体和LED 光刻、蒸发和 CVD 设备的设计、制造等。

（6）无锡新智达自动化设备有限公司致力于 IGBT、COB、轴向二极管及非标设备的研发，并生产、销售 SMA、SMB、SMC、SOD、MBC 等全自动一体设备。

（7）中科芯集成电路股份有限公司智能装备部生产全自动分选机、编带机、打标机、转塔式一体机、数字/模拟集成电路测试系统等，设备广泛应用于集成电路和分立器件产品生产。

（8）江苏苏净集团有限公司是我国规模最大的净化设备公司之一，以生产高效超净过滤器、超净厂房、超净管道、超净专业设备等为主。

（9）苏州汇科机电设备有限公司以生产锂电池粉料设备和陶瓷元件设备为主，曾获得电子专用设备产业最具成长性企业称号。

（10）顺德工业（江苏）有限公司主要生产电工电气—配电输电设备、五金工具、单体导线架、极体电路架、精密模具等。

（11）安泰半导体（苏州）有限公司从事集成电路有关设备和材料的研发、生产、加工，集成电路及其模块的设计、测试、应用等。

（12）苏州赫瑞特电子专用设备科技有限公司主要生产 X61/62 D9B2M-9T 双面研磨/抛光机等。

（13）苏州美图半导体有限公司主要生产晶圆键合系统、光刻胶喷涂系统及热板等半导体先进工艺设备。

（14）苏州斯利德电子有限公司主要生产磨片机、划片机、划片周边设备、备品备件等。

（15）苏州微影光电科技有限公司主要生产 Catamount 系列激光直接成像曝光机，适用于高阶 HDI、软板、软硬结合板、多层板的小批量多品种生产及成像解决方案，配备专利技术的动态倾斜扫描技术和业内最先进的光学系统及数据传输系统等。

（16）江苏艾科瑞思封装自动化设备有限公司专注于高端装片机的研发、设计、制造和销售。重点开发高速、高精准、更柔性的半导体封装设备（IC 封装、系统级封装、多芯片封装、夹焊工艺、高精度点胶等）。

（17）南通金泰科技有限公司主要生产超声波粗铝线压焊机、全自动测试分选机、图像分析仪、全自动激光打印机、半自动激光打印机、半自动打印机、上料机、自动装片机、全自动编带机、晶圆字符识别系统、测试分选机械手、QFP 三维引脚外观检测机等。

（18）江苏华盛天龙光电股份有限公司主要产品有硅、锗、砷化镓等各种晶体生长设备，单晶炉、单晶硅切片机、滚磨机，多晶硅铸造系统、硅芯炉等。

（19）常州市天龙光电设备有限公司主要生产一二类压力容器、单晶硅晶体生产炉体、多晶硅铸锭炉、宝石炉炉体，是目前国内专业生产光伏设备炉体部件的最大企业之一，也是压力容器行业专业制造厂商和领军者。

（20）南京翰纳科技有限公司主要生产臭氧发生器、EMC 高频预热器。

（21）南京三超金刚石工具有限公司主要生产应用于硅、蓝宝石、石英、陶瓷、硬质合金等材料的切割、磨削、精密抛光，还生产硅背面减薄砂轮、倒角砂轮、划片刀、金刚石线锯等产品。

第三节　2016年江苏省集成电路材料业发展情况

一、2016年江苏省集成电路材料业发展概述

江苏省集成电路材料产业起步于20世纪80年代。到2016年江苏省集成电路材料业产品范围包括集成电路塑封料、外引线、内引线、基板、硅材料、掩模版、光刻胶、高纯化学品试剂、特种气体、石英制品、磨抛材料等，形成了较强的产业特色，有力地支撑了江苏省集成电路产业的发展。

江苏省集成电路材料产业主要集聚地在苏州市、无锡市、连云港市及泰州市等。苏州市材料产业以外资、中国台资企业为主，主要为其母公司提供配套服务；无锡市的材料业以民资企业为主，面向国内企业提供服务；泰州市、常州市、南京市等集成电路材料产业主要是近几年发展起来的产业群。

2016年江苏省集成电路材料业主要企业的产品在全国同行业具有一定的地位：

江苏中鹏新材料股份有限公司生产的集成电路塑封材料居中资公司销量第一位。

长春塑封料（常熟）公司在塑封料行业中居全国第一位，汉高华威电子有限公司居第二位。

贺利氏招远（常熟）电子材料公司在内引线行业（产能）中居全国第一位，键合金丝居全国第三位。

苏州瑞红电子化学品有限公司在光刻胶行业中居全国第一位。

江阴康强电子有限公司借助其母公司宁波康强电子有限公司，在引线框架行业中居全国第一位。

江阴电子化学试剂业拥有江化微公司、江阴化剂厂、江阴市润玛公司等多家化剂企业，形成了江阴化剂集群，名列全国前茅。

江苏中能多晶硅产能和产量居世界和全国同业第一位。

二、2016年江苏省集成电路材料业技术进步情况

在中国半导体行业协会、中国电子材料行业协会、中国电子专用设备工业协会、中国电子报社共同举办的"第十一届（2016年度）中国半导体创新产品和技术"项目半导体专用材料中，江苏省集成电路材料企业榜上有名。

江阴润玛电子材料股份有限公司的高纯铝蚀刻液，采用自主研发的配方以及简单易行的杂质离子控制技术与混配工艺，可高效去除金属杂质离子，并高效控制颗粒含量，可控制蚀刻角度和蚀刻量，有效提高了蚀刻产品的良率，该技术获发明专利和实用新型专利各1项。

南京国盛电子有限公司的 8 英寸 BCD 集成电路硅外延片，通过温度及气流的精确控制，优化硬件配置及工艺参数，实现了高温下高阻薄层外延片的制备，提高了外延片均匀性水平，同时满足了埋层外延对于图形漂移及畸变的特殊要求，相关技术已获得 4 项专利授权。

三、2016 年江苏省集成电路材料业各类产品情况

（一）外引线框架材料

1．2016 年世界半导体引线框架产业情况

据宁波康强电子股份有限公司等调研报告指出：2016 年世界半导体引线框架产量为 6263 亿只，同比增长 4.2%；市场规模为 31.6 亿元，同比增长 5.7%（见表 5.3.1、表 5.3.2）。

表5.3.1　2011—2017年世界半导体引线框架产量规模及增长情况

指标名称	2011 年	2012 年	2013 年	2014 年	2015 年	2016 年	2017 年（E）	CAGR
产量规模（亿只）	4762	5081	5371	5718	6008	6263	6511	4.57%
同比（%）	—	6.7	5.7	6.5	5.1	4.2	4.0	—

表5.3.2　2011—2017年世界半导体引线框架销售收入规模及增长情况

指标名称	2011 年	2012 年	2013 年	2014 年	2015 年	2016 年	2017 年（E）	CAGR
销售收入（亿美元）	34.6	32.8	33.9	32.1	29.9	31.6	31.9	-1.15%
同比（%）	—	-5.2	1.8	-3.9	-6.9	5.7	1.0	—

2．2016 年中国集成电路引线框架产业情况

2016 年中国集成电路引线框架生产企业销售收入为 9.86 亿美元，同比增长 5%（见表 5.3.3），占国际市场需求总值的 31.2%。

表5.3.3　2011—2017年中国集成电路引线框架企业销售收入规模及增长情况

指标名称	2011 年	2012 年	2013 年	2014 年	2015 年	2016 年	2017 年（E）	CAGR
销售收入（亿美元）	10.31	10.19	10.50	10.07	9.39	9.86	10.12	-0.27%
同比（%）	—	-1.2	3.0	-4.1	-6.8	5.0	2.6	—

2016 年中国国内集成电路引线框架主要供需情况见表 5.3.4。

表5.3.4　2016年中国国内集成电路引线框架主要供需情况

类别	典型规格系列	客户要求等级	典型封测企业（例）	典型引线框架供应商（例）	备注
冲压分立器件引线框架	TO-92 系列	一般	长电、华达及国内大多数客户	康强、华龙等国内大多数供应商	传统封装的大众化引线框架

类别	典型规格系列	客户要求等级	典型封测企业（例）	典型引线框架供应商（例）	备注
冲压分立器件引线框架	SOT/SOD系列	高	英飞凌、NXP、菲尼克斯等外资企业	住矿、ASM、康强、华龙等指定供应商	高要求外资封测企业需求的引线框架
		中高	凯虹、长电、华天等	住矿、ASM、康强、华龙、SDI、复盛等。	
		一般	国内其他常规封测企业	国内大多数框架供应商	
冲压集成电路引线框架	DIP、SOP宽度小于75mm	一般	大多数国内封测企业	大多数IC框架供应商	传统封装的蚀刻引线框架
	SOP宽度75～85mm	高	日月光、矽品、Amkor等外资	住矿、三井等指定供应商	高要求外资封测企业需求的引线框架
		中高	凯虹、长电、华天	住矿、ASM、康强、华龙、SDI、复盛	
	SOP宽度90～100mm	高	气派、长电等	ASM、康强	技术难度高，还处于批量开发供货阶段
冲压功率器件引线框架	TO-220、TO-252、TO-3P等	高	ST、安深美等	SDI、界龙、TSP、康强，外商供货为主	高要求外资封测企业需求的引线框架
		中高	长电、华天、凯虹、通富等	康强、泰州永志、华龙等	
		一般	国内其他常规封测企业	国内大多数框架供应商	
蚀刻引线框架	金属、陶瓷封装的铁镍合金框架 QFN蚀刻引线框架	一般	国内其他常规封测企业	东盛、华立、康强、华洋等	
		高	日月光、矽品、Amkor等外资	住矿、三井等指定外商供应商	高要求外资封测企业需求的引线框架
		中高	长电、华天、通富等	三井、SAM、康强、华阳等	

3. 2016年江苏省集成电路引线框架产业情况

2016年江苏省集成电路引线框架产业主要内资企业情况见表5.3.5。

表5.3.5　2016年江苏省集成电路引线框架产业主要内资企业情况

序号	公司名称	企业性质	所在区域	主要产品
1	宁波康强电子股份有限公司	内资	宁波市江阴市	冲压框架（SOIC/SOJ、DIP、TSOP/SSOP、PQFP/TQFP、PLCC、SOT、TO Discrete、TO Power Discrete 等）及高端蚀刻框架（LQFP、QFN/DFN 等）

续表

序号	公司名称	企业性质	所在区域	主要产品
2	宁波华龙电子股份有限公司	内资	宁波市泰州市	冲压框架（SOIC/SOJ、DIP、TSOP/ SSOP、SOT、TO Discrete、TO Power Discrete 等）
3	南京长江电子有限公司	内资	南京市	冲压框架（SOIC/SOJ、DIP、TSOP/ SSOP、SOT）
4	无锡华晶利达电子有限公司	内资	无锡市	冲压框架（SOIC/SOJ、DIP）
5	江苏三鑫电子有限公司	内资	江阴市	冲压框架（SOIC/SOJ、DIP、TSOP/ SSOP、SOT、TO Discrete、TO Power Discrete 等）
6	泰州东田电子有限公司	内资	泰州市	冲压框架 TO 系列、DIP、TSOP/SSOP、SOT系列等
7	泰兴光电器材厂	内资	泰州市	冲压框架（TO Discrete、TO Power Discrete 等）
8	泰兴永志电子器件公司	内资	泰兴市	功率器件引线框架
9	泰州友润电子有限公司	内资	泰州市	功率器件引线框架
10	吴江恒源金属制品有限公司	内资	苏州市	功率器件引线框架

2016 年江苏省集成电路引线框产业主要外资及中国台资企业情况见表 5.3.6。

表5.3.6　2016年江苏省集成电路引线框架产业主要外资及中国台资企业情况

序号	公司名称	企业性质	所在区域	主要产品
1	住矿电子有限公司	日本独资	苏州市	中高端冲压框架（SOIC/SOJ、TSOP/SSOP、PQFP/TQFP）及蚀刻框架（LQFP、QFN/DFN 等）
2	顺德工业有限公司	中国台湾独资	张家港市	中端冲压引线框架（SOT、TO Discrete、TO Power Discrete 等）
3	新光电气工业（无锡）有限公司	日本独资	无锡市	中高端冲压框架（SOIC/SOJ、TSOP/SSOP、PQFP/TQFP）
4	一诠精密电子工业公司	中国台资	昆山市	LED 引线框架
5	无锡健策精密工业公司	中国台资	无锡市	做端子为主，兼做引线框
6	无锡泰石精密电子公司	韩资	无锡市	专做功率器件引线框架

4. 江苏省引线框架产业发展趋势分析

国际集成电路封装技术已经以 BGA、CSP、SIP 为主流技术，近几年，虽然国内封装企业在这方面发展很快，但主流的封装仍然以 DIP、SOT、SOP、QFN 等中、低端产品为主，且还有较大的发展空间，带动引线框架市场开发新产品及新工艺。2016 年，国内、江苏省内的引线框架生产企业已经在围绕宽排产品开发、高可靠性框架研究、精密蚀刻及环保技术研究以及智能制造等方面展开工作。通过开发更加精密的冲压模具、高效大区域电镀的自动生产线以及局部电镀技术来开发宽排高密度引线框架将是未来的发展方向。冲压引线框架目前主流的宽排产品已进入 75～85mm，同时 100mm×300mm 冲压及封装的工艺开发正在加速进行，预计 2017 年内就会逐步推开。

随着客户对封装产品可靠性的要求越来越高，封装企业也开始转向要求引线框架生产企业配合开发新的引线框架加工技术，以提高产品可靠性。其中目前最流行的是通过对引线框架的特殊表面处理，达到框架与塑封料的紧密结合，提高产品的可靠性。

国内和江苏省内的集成电路引线框架企业生产的产品在国际市场上具有价格优势。从 2016 年江苏省集成电路引线框架企业生产经营情况分析，在国际市场上具有的价格优势随着近两年企业各种成本的上升正逐渐缩小，产品竞争力有所下降。因此，企业需要加速推进智能制造来保证质量、提高效率，从而达到控制成本、提高企业竞争力的目的。

中国集成电路封装企业对引线框架的需求约占全球产量的 1/3。随着新一轮封测业大发展高潮的来临，国内市场需求将会进一步加大。从 2016 年国内企业引线框架产出量和销售额的情况看，远远满足不了国内市场的需求。据资料分析，近年来国际引线框架企业新增投入在减少。因此，江苏省集成电路引线框架企业利用这个好时机加速提升产能、提高技术水平，一定能够得到快速发展。

（二）有机封装基板材料

集成电路封装基板可以分为陶瓷基板、金属基板、有机基板以及硅玻璃基板等。

有机基板是在传统的印制电路板（PCB）制造原理和工艺的基础上发展起来的。有机基板可以分为刚性和柔性两种。刚性有机基板包括引线键合类和倒装芯片类的 BGA、CSP、WB-BGA、FC-BGA、FC-CSP 等，可广泛应用于 CPU、GPU 等领域。柔性有机基板主要形式有 CoF，主要应用于 LED、可穿戴设备等领域。

1. 2016 年世界集成电路封装用有机基板产业情况

2016 年世界集成电路封装用有机基板产业销售收入为 78.4 亿美元，同比增长 0.4%，占封装材料市场总值 40%左右的份额。2017 年预计可保持在这个规模。2016 年世界集成电路封装用有机基板主要生产厂商见表 5.3.7。

表5.3.7　2016年世界集成电路封装用有机基板主要生产厂商

序号	企业名称	国家/地区	主产品	序号	企业名称	国家/地区	主产品
1	揖斐电	日本	基板和 PWB 板	6	景硕	中国台湾	封装基板
2	欣兴	中国台湾	印制电路板	7	日月光材料	中国台湾	FCBGA PBGA 板
3	三星电机	韩国	FC-CSP 基板	8	京瓷	日本	FC-BGA 板
4	南亚	中国台湾	高端印制板	9	Simmtech	韩国	FC-CSP、 PBGA 板
5	新光	日本	PBGA 积层板	10	大德	韩国	FCCSP、积层 CSP 板

2．2016 年中国集成电路封装有机基板产业情况

随着集成电路产业的快速发展，2016 年中国集成电路封装用有机基板产业持续得到发展，国内主要有机基板生产厂商的情况见表 5.3.8。

表5.3.8 2016年中国集成电路封装用有机基板主要生产厂商

公司名称	产品类型	封装基板生产销售情况
深南电路	公司主要产品包含印制电路板、封装基板及表面贴装产品；封装基板的主要产品有传感器、硅麦克风、基带芯片、存储芯片、指纹芯片、功放芯片、机顶盒芯片封装基板等产品等	封装基板主要提供 2～6L 的 BGA 基板和 CSP 基板，量产产品的线宽/线距达到 25μm/25μm，研发产品能力达到 12μm/12μm，目前已经为设计公司如紫光展锐，国内封装企业长电科技、华天科技，国际封测客户龙头企业 ASE、SPIL、Amkor 等提供了封装基板产品
珠海越亚	无线射频功率放大器类高端芯片和基带微处理器类超薄芯片	基板属于 Coreless 及 Via Post 封装基板，可实现 1L～18L，利用 Build-up 工艺可实现线宽/线距达到 15μm/15μm
安捷利	主要产品包含 FPC 及柔性封装基板	卷带式柔性封装基板量产线宽/线距达到 15μm/15μm，卷带式高密度柔性板及柔性基板研发能力达到 10μm/10μm
兴森快捷	产品包含 PCB 和封装基板	封装基板处于起步阶段，量产基板外层线路的线宽/线距最小达到 20μm/20μm，研发能力达到 18μm/18μm
芯智联	MIS 基板（无芯基板，copper stud & Mold compound 介质层材料），主要应用于 RFIC、PMIC 及高可靠性（MSL1）产品	层数 1～4，build up 工艺，Embedded trace，量产线宽/线距达到 15μm/15μm，研发能力达到 12μm/12μm；2016 年产量 85 万条，客户包括国内外主要封装公司和 IDM 厂
五株科技	MicroSD、双面 CSP 产品等基板	2015 年进入封装基板研发，处于封装基板工艺的研发及客户的样品制作阶段

3．2016 年江苏省集成电路封装用有机基板主要企业情况

江苏省集成电路封装业规模居全国同业首位，江苏省集成电路封装用高端有机基板生产企业在 2016 年的表现也很引人注目。

深南电路生产的有机基板产品在江苏省集成电路封装企业被广泛应用。深南电路开发出的新型 Fine Line 技术，采用结合 EPP（Embedded Pattern Plating）技术实现无芯基板线路的三面埋入，产品可靠性高，两层板厚度小于 110μm，目前线宽线距达到 12μm/12μm，2018 年预计可达 10μm/10μm。

芯智联公司的 MIS 采用新颖的制作工艺和互连密度及绕线方式，具有特别高的可靠性和优越的电热性能。可以使集成电路射频器件做得更薄、更小，使用这种封装材料的集成电路射频器件主要应用于通信产品、无线电源管理产品、触控产品、穿戴式产品、无线充电产品等各类电子产品中。

由于封装密度增加、封装多功能化越来越显著，未来封装基板发展的重要方向是高密度化，包括细线条、窄节距、多层化等。采用半加成法工艺，普通 PBGA 基板产品的线宽/线距（L/S）由传统的 50μm/50μm 发展到 20μm/20μm，FC 基板产品的 L/S 发展到 10μm/10μm；PBGA 基板的焊盘节距是 40μm，采用普通焊料凸点的 FC 基板的焊盘节距可达到 130μm，而采用铜柱凸点则可将焊盘节距进一步减小；基板的层数已经突破 20 层。为满足先进封装产品的要求，各种基板新工艺也层出不穷，如无芯（Coreless）基板工艺在使封装薄型化的同时，还将基板成本降低 20%；埋入式（Embedded）基板可提高封装系统集成度；2.5D 有机转接板的概念则可利用薄膜（Thin Film）工艺获得 2μm 的超细线路，解决基板与芯片间特征尺寸不匹配的问题。

（三）2016 年集成电路金属、陶瓷封装材料业情况

2016 年中国集成电路金属陶瓷封装产业的技术水平和销售额比 2015 年有显著提升，金属陶瓷封装产业的销售额约为 29.3 亿元，较 2015 年增长 24.7%（见图 5.3.1）。

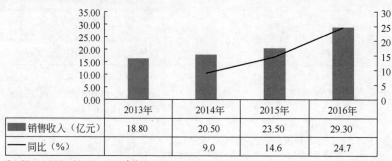

	2013年	2014年	2015年	2016年
销售收入（亿元）	18.80	20.50	23.50	29.30
同比（%）		9.0	14.6	24.7

CAGR=11.73%（2013—2016年）

图 5.3.1　2013—2016 年中国集成电路金属陶瓷封装销售收入规模及增长情况

2016 年除各类陶瓷基板外，金属陶瓷封装销售额约为 11.5 亿元，较 2015 年增长 28%。2016 年中国集成电路金属陶瓷封装产业各类型封装销售额所占比例情况见图 5.3.2。大功率金属外壳、光通信金属-陶瓷外壳、表面安装 CSOP 陶瓷外壳等增长显著，多芯片模块及系统级陶瓷封装增长较快；金属框钎焊于硅铝、轻质耐蚀、抗冲击优的钛合金壳体的金属外壳、低温玻璃钎焊光窗的光电外壳、高压隔离器件陶瓷外壳等开发成功。

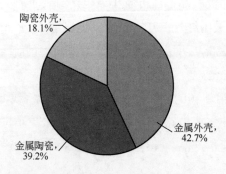

图 5.3.2　2016 年中国集成电路金属陶瓷封装产业各类型封装销售额所占比例情况

2016年国内和江苏省内集成电路金属陶瓷封装主要生产单位见表5.3.9～表5.3.11。

表5.3.9 2016年国内主要从事金属外壳的生产单位（排名不分先后）

序号	单位名称	主要生产外壳类型
1	中国电科43所（含合肥圣达电子科技实业有限公司）	混合集成电路、光通讯器件、微波器件与模块、大功率模块等用金属外壳、AIN基板等
2	中国电科44所	光电金属外壳及光窗
3	中国电科55所	微波外壳、陶瓷外壳等
4	青岛凯瑞电子有限公司	大功率金属外壳
5	宜兴市吉泰电子有限公司	混合集成电路、微波等用金属外壳
6	浙江长兴电子厂有限公司	金属外壳、陶瓷外壳
7	诸城市电子封装厂	金属外壳、光电外壳
8	无锡市惠波电子器材二厂	声表器件金属外壳、光电外壳等
9	蚌埠兴创电子科技有限公司	各类金属外壳
10	蚌埠市立群电子有限公司	各类金属外壳
11	海洋市佰吉电子有限责任公司	金属外壳
12	无锡市博精电子有限公司	各类金属外壳
13	武汉钧菱电子有限公司	混合集成电路用金属外壳
14	厦门宏发密封继电器有限公司	继电器用金属外壳

表5.3.10 2016年国内主要从事陶瓷外壳的生产单位（排名不分先后）

序号	单位名称	主要生产外壳类型
1	中国电科13所（含河北中瓷电子科技有限公司）	微波外壳、光电外壳、IC等用陶瓷外壳、LTCC和AIN基板等
2	中国电科55所	微波外壳、IC等用陶瓷外壳
3	江苏宜兴电子器件总厂（含宜兴钟山微电子封装有限公司）	各类陶瓷外壳
4	福建闽航电子有限公司	陶瓷外壳、陶瓷基板和陶瓷发热片
5	浙江长兴电子厂有限公司	金属外壳、陶瓷外壳
6	潮州三环股份有限公司	陶瓷基板、声表面波、晶体振荡器等表面安装型陶瓷外壳
7	南平三金电子有限公司	各类平缝盖板、低温玻璃熔封外壳、陶瓷基板

表5.3.11　2016年国内主要从事金属陶瓷封装的生产单位（排名不分先后）

序号	区域	单位名称	主要封装类型
1	华东	无锡中微高科电子有限公司	各类IC及模块、声表器件、MEMS等陶瓷封装
2		中国兵器214所	IC陶瓷封装、金属封装
3		美新半导体（无锡）有限公司	加速度计MEMS陶瓷封装
4	华北	中国航天772所	IC及模块陶瓷封装
5		北京瑞普北光电子有限公司	光电器件封装
6		北京宇翔电子有限公司	IC陶瓷封装
7	西南	中国电科24所	IC及模块陶瓷封装
8		中国电科26所	声表面波器件、模块金属和陶瓷封装
9	西北	中国航天771所	IC及模块金属和陶瓷封装
10		天水七四九电子有限公司	TO金属封装、IC陶瓷封装
11	东北	中国电科47所	IC及模块陶瓷封装

（四）2016年江苏省集成电路光刻胶产业情况

在集成电路技术的应用和发展过程中，光致抗蚀剂（俗称光刻胶）是极其重要的功能性材料。我国光刻胶产品的开发及产业化水平远落后于国际发达国家，到目前为止，光刻胶仍是制约我国集成电路制造自主发展的瓶颈和障碍。

2016年中国光刻胶市场约为18.91亿元，同比增长6.00%；光刻胶配套材料市场约为19.6亿元，同比增长5.9%。

2016年江苏省集成电路用光刻胶生产厂家仅有苏州瑞红电子化学品有限公司。该公司是目前国内产业化生产光刻胶2家企业之一（另一家为北京科华）。苏州瑞红公司的中方股东苏州电子材料厂自1976年起就致力于光刻胶的研发和生产，1993年和日本丸红株式会社及日本瑞翁株式会社共同出资，合资成立了苏州瑞红电子化学品有限公司，引进了日本瑞翁的光刻胶技术，并且通过多年的自主研发，形成了生产300吨负胶和300吨正胶的生产能力。2016年销售收入达2.6亿元，其中正胶销售201吨，负胶销售222吨。苏州瑞红电子化学品有限公司生产光刻胶产品的技术水平仍处于中、低档。为了在技术上赶超国际先进水平，苏州瑞红电子化学品有限公司自2010年起承担了国家重大科技专项，将I线光刻胶、248nm光刻胶以及厚膜胶作为专项的主要攻关内容。该项目到2016年年底已经结题。苏州瑞红公司的I线光刻胶、厚膜胶、248nm光刻胶产品已经获得相关验证、测试通过以及生产线应用的认可。目前正在进一步进行产业化后的推广应用。

在集成电路光刻胶产业的发展过程中，还需要得到相关包装材料、光敏剂、各种添加剂等生产厂家的大力支持。2016年江苏省已有多家公司正在进行光刻胶及其相关材料的研发和生产，如江苏省邳州开发区的上海大进邳州分公司等，这将促进江苏省集成电路光刻胶产业加速发展。

（五）2016年江苏省集成电路塑封料（EMC）产业情况

环氧塑封料（简称塑封料，Epoxy Molding Compound，EMC）作为封装电子器件和集成电路结构性关键材料之一，它是一种热固性高分子复合材料，在使用中通过高温低压传递方式封装分立器件、集成电路芯片。

2016年，中国环氧塑封料生产企业20家。2016年国内塑封料市场约为61亿元，同比增长19.7%。中国塑封料市场主要集中在半导体封装企业相对集中的长三角地区、珠三角地区、京津地区、西部地区等。目前环氧塑封料制造企业主要还集中在分立器件和中小规模IC封装用环氧塑封料的生产领域，大规模、超大规模等高端IC封装用环氧塑封料主要还是依赖进口。2016年国内环氧塑封料销售量排名前十的厂商见表5.3.12。

表5.3.12　2016年国内环氧塑封料销售排名前十的厂商

排名	企 业 名 称	销售量（吨）
1	长春封塑料（常熟）有限公司	14000
2	汉高华威电子有限公司（2017年2月被巨化集团收购）	10000
3	江苏华海诚科新材料股份有限公司	7000
4	江苏中鹏新材料股份有限公司	7000
5	长兴电子材料（昆山）有限公司	3500
6	住友电木（苏州）有限公司	6000
7	日立化成工业（苏州）有限公司	6000
8	北京首科化微电子有限公司	5500
9	北京中新泰合电子科技有限公司	2400
10	无锡创达电子有限公司	2400

江苏省是我国塑封料生产企业聚集地，2016年国内塑封料销售量排名前十位的企业中，江苏省塑封料生产企业就有8家。江苏省内的10家塑封料主要生产企业2016年的销售量占全国塑封料销售总量的90%以上（见表5.3.13）。

受国内集成电路封装市场需求旺盛的拉动，特别是长电科技、通富微电、华润微电子等省内封测企业发展强劲带动，江苏省集成电路塑封料产业将继续保持较快的增长速度。特别是在高中端绿色塑封料开发上已获突破，并能大量供货。

表5.3.13　2016年江苏省环氧塑封料主要生产厂商情况

序号	企业名称	企业性质	所在地	销量（吨）
1	长春封塑料（常熟）有限公司	日台合资	常熟	14000
2	汉高华威电子有限公司	德资	连云港	10000
3	江苏华海诚科新材料股份有限公司	中资	连云港	7000
4	江苏中鹏新材料股份有限公司	中资	连云港	7000
5	住友电木（苏州）有限公司	日资	苏州	6000
6	日立化成工业（苏州）有限公司	日资	苏州	6000
7	长兴电子材料（昆山）有限公司	台资	昆山	3500
8	无锡创达电子有限公司	中资	无锡	2400
9	科化新材料（泰州）有限公司	中资	泰州	2000
10	江苏晶科电材料有限公司	中资	连云港	700

江苏华海诚科新材料股份有限公司凭借强大的研发团队、领先的技术、先进的制造装备，已在中高端环氧塑封料市场占有一定的份额，公司在研发能力、技术水平、产品质量、产量销量等方面综合实力排名居国内塑封料内资生产企业前茅。

2016年世界半导体塑封料前十大生产厂商排名：日本住友电木、日本日立化成、中国台湾长春树脂、汉高华威（2017年2月被巨化集团收购）、日本松下电子、日本京瓷化学、中国江苏华海诚科、中国江苏中鹏、韩国金刚高丽化学、韩国三星等。日本住友电木、日本日立化成、中国台湾长春（日本和中国台湾合资）、松下电工、京瓷化学、信越化学依然统治着全球塑封料市场，占比为70%左右。日本系塑封料产品，以其产品在操作性和可靠性上的技术优势在SOP、QFP、BGA等中高端市场占较大份额。欧美系、韩系和中国系供应商以其成本优势占据分立器件DO、TO、SOD、SOT、DIP、SOP、QFP等中低端市场。

（六）2016年江苏省键合丝材料业情况

1. 2016年键合丝产业概况

伴随着中国半导体封装业整体规模不断扩展，加之近年来LED封装产业的快速崛起，催发了键合丝市场的旺盛需求，推动了键合丝产业的不断发展。2016年中国半导体键合丝市场产量为260亿米，同比增长15.30%。2016年中国半导体键合丝市场规模约为71亿元，同比增长16.4%。

2016年市场上批量使用的键合丝产品主要有四大类型：金丝、铜丝、银丝、铝丝。2016年中国键合丝企业四大类产品的产量分别占总产量的比重见图5.3.3。

从合金成分及复合结构细分，主要有纯金丝、金银合金丝、纯银丝、合金银丝、纯铜丝、合金铜丝、镀钯铜丝、镀金银丝（镀金银合金丝）、纯铝丝、硅铝丝等。

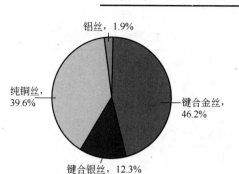

图 5.3.3　2016 年中国键合丝四大类产品产量分别占总产量的比重

2．2016 年键合丝企业情况

2016 年国内和江苏省内主要键合丝企业情况见表 5.3.14 所示。各类别产品主要企业销量见表 5.3.15～表 5.3.17。

表5.3.14　2016年国内和江苏省内主要键合丝企业情况

序号	公 司 名 称	产品系列	所在地
1	贺利氏（招远）贵金属材料有限公司	Au Cu Pd-Cu Al Ag	常熟、招远
2	田中电子（杭州）有限公司	Au Cu Pd-Cu Al	杭州
3	杭州日茂新材料有限公司（日铁 Nippon）	Au Pd-Cu	杭州
4	北京达博有色金属焊料有限责任公司	Au Cu Pd-Cu　Ag	北京
5	铭凯益电子（昆山）有限公司	Au Cu Pd-Cu　Ag	昆山
6	招金励福贵金属股份有限公司	Au Cu Ag	烟台
7	烟台一诺电子材料有限公司	Au Cu Pd-Cu Al Ag	烟台
8	喜星金属（海外企业）	Au Cu Pd-Cu　Ag	韩国仁川
9	乐金股份有限公司（海外企业）	Ag	中国台湾
10	广东佳博电子科技有限公司	Au Cu Pd-Cu　Ag	广州
11	宁波康强电子股份有限公司	Au Cu Pd-Cu	宁波
12	山东科大鼎新电子科技有限公司	Au Cu Pd-Cu　Ag	兖州
13	昆山矽格玛科技有限公司	Au　Ag	昆山
14	江西蓝微电子科技有限公司	Au Cu Ag	吉安
15	泰州天河电子科技有限公司	Au Cu Pd-Cu　Ag	泰州
16	其他		

表5.3.15　2016年国内（键合金丝/金合金丝）主要企业销量

公 司 名 称	2016 年总销量/KKM
贺利氏（招远）贵金属材料有限公司	1200
田中电子（杭州）有限公司	700
北京达博有色金属焊料有限责任公司	280
烟台招金励福贵金属股份有限公司	260
烟台一诺电子材料有限公司	220
山东科大鼎新电子科技有限公司	130
广东佳博电子科技有限公司	100
铭凯益电子（昆山）有限公司	100
四川长城精炼有限公司	100

表5.3.16　2016年国内（铜丝/铜合金丝/镀钯铜丝）主要企业销量

公 司 名 称	2016 年总销量/KKM
贺利氏（招远）贵金属材料有限公司	960
杭州新茂（Nippon）	550
田中电子（杭州）有限公司	450
烟台一诺电子材料有限公司	430
铭凯益电子（昆山）有限公司	420
烟台招金励福贵金属股份有限公司	90
北京达博有色金属焊料有限责任公司	80
山东科大鼎新电子科技有限公司	20
骏码科技有限公司	20
上海铭沣半导体科技有限公司	20

表5.3.17　2016年国内（键合银丝）主要企业销量

公 司 名 称	2016 年总销量/KKM
烟台一诺电子材料有限公司	330
铭凯益电子（昆山）有限公司	200
烟台招金励福贵金属股份有限公司	60
北京达博有色金属焊料有限责任公司	50
广东佳博电子科技有限公司	50
骏码科技有限公司	40
贺利氏（招远）贵金属材料有限公司	20

续表

公 司 名 称	2016 年总销量/KKM
泰州天河电子科技有限公司	15
山东科大鼎新电子科技有限公司	10
田中电子（杭州）有限公司	10

（七）2016 年江苏省半导体生产用化学试剂材料

江苏省半导体生产用化学试剂的制造企业主要集中在江阴市和苏州市。江阴市有江阴市润玛电子材料股份有限公司、江阴江化微电子材料股份有限公司、江阴化学试剂厂有限公司。苏州市有苏州瑞红电子化学品有限公司、苏州苏瑞电子材料有限公司、苏州晶瑞化学有限公司等。江阴江化微、江阴润玛等是国内规模较大的超高纯电子化学品生产企业。江苏省主要高纯化学品生产企业情况见表 5.3.18。

表5.3.18　江苏省主要高纯化学品生产企业情况

城市	序号	企业名称	资别	主要产品
苏州市	1	苏州晶瑞化学品有限公司	民资	高纯化学品试剂
	2	苏州苏瑞电子材料有限公司	民资	高纯化学品试剂
	3	苏州瑞红电子化学品有限公司	合资	光刻胶/显影液
	4	光洋化学应用材料科技（昆山）有限公司	外资	靶材、高纯化学品试剂
	5	苏州三和微电子有限公司	民资	化学试剂
	6	安智电子材料（苏州）有限公司	外资	光刻胶、显影液
	7	麦德美科技（苏州）有限公司	外资	高纯化学品试剂
	8	富士胶片电子材料（苏州）有限公司	外资	高纯化学品试剂
	9	林德电子特种气体（苏州）有限公司	外资	特种气体
	10	比欧西气体（苏州）有限公司	外资	高纯气体
	11	苏州金宏气体有限公司	外资	高纯气体
无锡市	12	江阴市润玛电子材料股份有限公司	民资	高纯化学品试剂
	13	江阴市化学试剂厂有限公司	民资	高纯化学品试剂
	14	江阴市江化微电子材料有限公司	民资	高纯化学品试剂
	15	江苏达诺半导体超纯科技有限公司	民资	高纯化学品试剂
	16	无锡高新气体有限公司	合资	特种气体
	17	无锡华润动力工程有限公司	国资	特种气体
	18	无锡建晶磨抛材料厂	民资	各种磨抛液

江苏省电子化学品试剂产品主要适用于 6 英寸生产线，并已有部分产品应用于 8 英寸生产线，而用于 12 英寸生产线的电子化学品试剂产品正在研发之中。

江阴市润玛电子材料股份有限公司凭借技术优势，全资建设"江苏中德电子材料科技有限公司"年产 10 万吨超净高纯电子化学品试剂，2016 年已初具规模，部分产线已经正常运行，有望今后在规模上成为全国最大的电子化学品生产厂家，某些产品力争打破国外企业垄断，突破技术壁垒，替代进口，发展具有自主知识产权的知名品牌。

（八）2016 年江苏省半导体硅基材料业情况

第一代半导体材料指硅（Si）、锗（Ge），是半导体分立器件、集成电路、太阳能光伏电池的最基础材料。几十年来，硅材芯片得到广泛应用。

2016 年，江苏省半导体硅材料企业数量不多，规模不大（见表 5.3.19）。国内较知名的企业是南京国盛电子有限公司。该公司主要从事高性能半导体外延材料的研发和生产，主营硅基/碳化硅基外延片（功率 IGBT 硅外延片、功率 MOSFET 硅外延片、肖特基器件外延片、微波毫米波器件外延片、IC 埋层硅外延片、碳化硅外延片等），产品覆盖 4～8 英寸的各类外延片，月产能达 30 万片（折合 6 英寸）。该公司拥有 10 多项国家发明专利，拥有省、市两级"半导体硅外延材料工程技术中心"，承担 10 余项国家、省、市科技项目等。

表5.3.19　江苏省主要硅基材料企业情况

城市	企业名称	类别
南京市	中国电科第 55 所	国资
	南京国盛电子有限公司	国资
	江苏南大光电材料股份有限公司	民资
苏州市	昆山中辰矽晶有限公司	台资
	苏州新美光纳米科技有限公司	民资
	苏州恒嘉晶体材料有限公司	民资

南京国盛电子有限公司连续两届（2015 年、2016 年）荣获由中国半导体行业协会和中国电子材料行业协会评选出的"半导体创新产品与技术"的光荣称号。

苏州新美光纳米科技有限公司可为客户提供硅片全面解决方案，提供各种规格硅片（调试硅片、测试级硅片、氧化硅片、氮化硅片、超平硅片、镀铝片、镀铜片、定制硅片）及硅片单面/双面抛光片、减薄、激光切割等加工服务等。

第二代半导体材料指化合物半导体材料，如砷化镓（GaAs）、锑化铟（InSb）、磷化铟（InP）；还有三元化合物半导体材料，如铝砷化镓（GaAsAL）、磷砷化镓（（GaAsP）；还有固溶体半导体，如锗硅（Ge-Si）、砷化镓—磷化镓（GaAs-GaP）等；还有非晶态半导体，如非晶硅、玻璃态氧化物半导体；还有一些有机半导体，如钛菁、钛菁铜、聚丙烯腈等。

第二代半导体材料主要应用于高速、高频、大功率及发光器件，作为高性能微波、毫米微波器件和随着互联网发展广泛应用于通信、移动通信、光通信和卫星导航等。

第三代半导体材料主要代表为碳化硅（SiC）、氮化镓（GaN）、氧化锌（ZnO）、金刚石、氮化铝（ALN）等，现正在研究以石墨烯作为基材。

第三代半导体材料与第一代、第二代半导体材料相比，具有更宽的禁带和厚度、更高的击穿电场、更高的热导率、更大的电子饱和速度及更高的抗辐射能力，更适合制作高温、高频、抗辐射的大功率器件。

苏州能讯高能半导体有限公司采用了整合设计与制造（IDM）的商业模式，率先在中国开展了第三代半导体氮化镓高能效功率半导体材料与器件的研发与产业化，其产品应用涵盖射频电子和电力电子两大领域。该公司设计产能为年产3英寸氮化镓晶圆6000片。该公司已拥有113项中国发明专利和32项国际发明专利，其技术力量和生产规模位于国际前列。

我国政府高度重视和支持第三代半导体材料的发展，现在已经有多家企业都在研发第三代材料（以SiC、GaN为主）的器件。第三代（SiC、GaN）材料制成的半导体器件将支撑起当今和今后我国集成电路、分立器件发展的未来。

（九）2016年江苏省半导体制造用的其他材料情况

2016年，与半导体产业相关的其他各类材料企业也为江苏省集成电路产业发展做出了应有的贡献。

无锡中微掩模电子有限公司是研发及生产0.13微米及高阶二元掩模（binary mask）、高阶工艺相移掩模（phase shifting mask）的企业。该公司拥有光学邻近效应（OPC）的处理技术。对于0.25微米及其以下的普通5英寸、6英寸二元掩模也具有兼容生产能力。

无锡晨旸科技有限公司是目前国内唯一可以批量生产氧化铝研磨微粉、绿碳化硅微粉，并替代进口的企业。

无锡日月合金材料有限公司主要产品是银基、铜基二元、三元及多元合金焊接材料，主要用于磁控管（微波发生器主要部件）封装和真空开关管（灭弧室，输、变电控制元件）封装。

江苏省太平洋石英股份有限公司、无锡迈图石英有限公司和苏州凯西石英电子有限公司为本地区半导体集成电路企业就近提供了高纯石英粉、石英管（棒）、扩散管、石英坩埚、各类石英器件等多种类型的石英制品。

苏州恒嘉晶体材料有限公司主营蓝宝石材料，生产2～4～6英寸蓝宝石晶圆，从事生产、切割、抛光等业务。

光洋化学应用材料科技（昆山）有限公司是专业从事真空溅镀靶材生产的外资企业。

苏州天华超净科技有限公司是一家向客户提供防静电、防微污染解决方案的企业，具备防控三大体系（人体防护系统、制程防护系统和环境防护系统），是国内三防工程超净产品行业中的领先企业。

江苏南大光电材料股份有限公司主要从事高纯金属有机化合物（MO源）的研发、生产和销售。

第六章

2016 年江苏省各地区集成电路产业

发展情况

第一节　2016 年南京市集成电路产业发展情况

在"十三五"开局之年，南京市政府于 2016 年 3 月 2 日印发宁政〔2016〕42 号《市政府关于加快推进集成电路产业发展的意见》及《市政府关于加快推进集成电路产业发展的若干政策》，南京市集成电路产业发展出现新局面。2016 年南京集成电路产业实现销售收入 55 亿元，同比增长 22.2%。

一、2016 年南京市集成电路产业主要指标完成情况

2016 年南京市集成电路产业销售收入情况见表 6.1.1 和图 6.1.1；2016 年销售收入 3000 万元以上的重点企业情况见表 6.1.2 所示。

表6.1.1　2016年南京市集成电路产业销售收入情况

指标	总量	其　　中			
		设计业	制造业	封装业	支撑业
销售收入（亿元）	55	41.3	—	7.2	6.5
与上年度同期相比	22.2%	27.1%	—	2.86%	18%

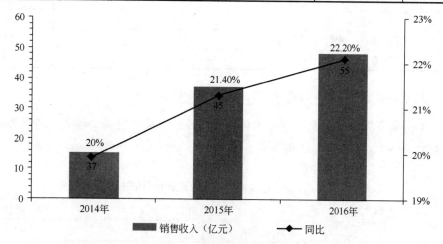

图 6.1.1　2014—2016 年南京市集成电路销售收入及增长情况

表6.1.2　2016年销售收入3000万元以上的重点企业情况

序号	企业名称	销售收入（万元）
1	中国电子科技集团公司第五十五所	259500
2	南京国盛电子有限公司	55000
3	南京国博电子有限公司	55000
4	江苏东大集成电路系统工程技术有限公司	43000
5	南京恒电电子有限公司	18000

序号	企业名称	销售收入（万元）
6	南京微盟电子有限公司	15000
7	南京智浦芯联电子科技有限公司	12000
8	南京桑德斯微电子有限公司	10000
9	江苏沁恒股份有限公司	9324
10	南京矽力杰半导体技术有限公司	9000
11	南京创锐半导体有限公司	9000
12	南京誉葆科技有限公司	8000
13	南京中旭微电子科技有限公司	6900
14	南京银茂微电子制造有限公司	6000
15	江苏凌比特微电子技术有限公司	6000
16	江苏新创光电通信有限公司	4500
17	南京沃天科技有限公司	4417
18	江苏天穗农业科技有限公司	4000
19	南京长江电子信息产业集团微电子有限公司	4000
20	南京美辰微电子有限公司	3800
21	南京矽邦半导体有限公司	3500
22	南京龙渊微电子科技有限公司	3500
23	南京芯力微电子有限公司	3500
24	江苏星宇芯联电子科技有限公司	3000
25	江苏肯立科技股份有限公司	3000
26	江苏英特神思科技有限公司	3000

二、2016 年南京市集成电路主要产品情况

2016 年南京市集成电路企业设计销售的主要芯片产品有电源管理类、通信类、卫星导航类、MCU 和 MEMS 等类别（见表 6.1.3）。

表6.1.3　2016年南京市集成电路企业设计销售的主要产品情况

序号	主要产品	主要企业	产量（万元）
1	电源管理芯片	南京微盟电子有限公司	15000
		南京通华芯微电子有限公司	1600
		南京芯力微电子有限公司	3500
		南京拓品微电子有限公司	2500
		南京智浦芯联电子科技有限公司	12000
2	通信芯片（含混合集成电路芯片）	中国电科第 55 所	259500
		南京国博电子有限公司	55000
		南京美辰微电子有限公司	3800
		南京恒电电子有限公司	18000

续表

序号	主要产品	主要企业	产量（万元）
2	通信芯片（含混合集成电路芯片）	南京誉葆科技有限公司	8000
		江苏肯立科技股份有限公司	3000
		南京宇都通信科技有限公司	1200
3	卫星导航芯片	江苏星宇芯联电子科技有限公司	3000
		江苏博纳雨田通信技术有限公司	3600
4	MCU及数字电路	江苏沁恒股份有限公司	9324
		南京国睿中数电子科技有限公司	1500
		南京中科微电子有限公司	2520
5	传感器芯片、电路	南京中旭微电子有限公司	6900
		南京沃天科技有限公司	4417
		南京派爱电子有限公司	1050
		江苏英特神思科技有限公司	3000
6	硅外延片	南京国盛电子有限公司	55000

三、2016年南京市集成电路产业发展特点

（一）产业规模在长三角地区呈快速增长之势

随着中国集成电路产业进入新一轮发展期，2016年南京市集成电路产业保持两位数增长，增速高于无锡、苏州市，达到18.0%（见表6.1.4）。设计生产的环境改善使得企业快速发展，中国电科第55所、南京国博、南京恒电等企业的增长幅度都达到30%以上。同时，设计企业数量也迅速发展，2016年南京市新增集成电路设计企业15家。

表6.1.4　2016年长三角地区城市集成电路设计业销售总量和增长幅度情况

城市	2015年（亿元）	2016年（亿元）	同比（%）
上海	303.6	365.2	20.3
杭州	40.8	63.2	54.9
无锡	76.1	84.6	11.2
南京	35.0	41.3	18.0
苏州	29.7	32.3	8.8
合肥	4.4	13.2	201.4

（二）产业园区加倍重视发展集成电路产业

2016年南京市各产业园区更加注重发展集成电路产业，出台了多种卓有成效的举措，加强了招商引资力度，尤其是江北新区、浦口经济开发区、南京软件园和新港高新技术产业园区，新投资注册入园企业数量逐步增加（见表6.1.5）。

表6.1.5 南京市各产业园区集成电路产业企业数量

单位：家

浦口经济开发区	玄武徐庄软件园	高新区南京软件园	栖霞新港高新技术产业园	雨花软件谷	江宁开发区	麒麟创新园	建邺新城科技园
12	12	5	5	5	5	2	4

（三）企业技术创新助推产业发展

● 中国电科第55所、南京国博电子有限公司自主研发的 SOI 射频开关产品在更小尺寸封装中提供更强的性能。该产品具有高线性、低插损、高隔离、低功耗、高集成度等特点，有更好的静电保护（ESD）功能，广泛应用于智能手机和物联网连接设备中。

该公司研制的第三代半导体 GaN 功率器件——基于 SiC 衬底的 GaN 微波功率器件是新一代的固态微波功率器件，在高频微波功率放大应用方面表现出显著的性能优势。目前产品覆盖 1.8～3.6GHz，具有功率大、效率高、频率特性好的特点，可广泛应用于 4.5G、5G 移动通信基站系统。

该公司研制成功的 5G 移动通信用微波毫米波多功能芯片采用 SiGe 工艺，集成 6 位移相器、6 位衰减器、收发控制开关、T/R 增益补偿放大器以及 26 位串并转换电路，具有高集成度、低成本等特点。可用于未来 4.5G、5G 移动通信系统。

● 南京美辰微电子有限公司研制成功了超宽带数模混合 SoC 芯片、四通道 S 波段 RFIC 和四通道数模混合芯片。同时，公司设计开发 X 波段多功能芯片等微波集成电路产品。

在定制集成电路产品方面，该公司陆续开发了 P-L 波段收发 RFIC（GR1000）和 S 波段收发 RFIC 芯片（GR2000），其中 GR1000 已经在产品上广泛使用，GR2000 已经通过了系统验证。

该公司的光通信集成电路产品主要有：MG1013、MG1015、MG2000、MG2020 等，MG2000 实现了民品订单为零的纪录，目前出货量占客户采购量的 70% 以上。公司被光迅、海信、优博创等公司评定为合格供应商，2016 年顺利通过华为公司合格供方认证，中兴通信合格供应商评审正在进行中。

● 2016 年南京恒电电子有限公司的微波混合集成电路拓展了新品种，窄带、宽带及超宽带的微波限幅器、放大器、PIN 开关、移相器、数控衰减器、开关滤波器组、变频模块、信道 T/R 组件，频率覆盖了 DC 40GHz，已成功应用于弹载、机载、舰载、车载多类装备，取得了 6 项发明专利，17 项实用新型专利，1 项软件著作权。

● 南京誉葆科技有限公司 2016 年获授权发明专利 1 项，实用新型专利 4 项，新受理发明专利 3 项。其中公司为 3mm 多波束阵列精确制导配套而研制的 3mm 多通道收发组件，填补了国内空白，达到国际先进水平。同时，"毫米波双通道接收机"项目在 2016 年江苏军民结合科技创新奖评选中取得优异成绩，技术水平达到国内领先水平。

● 南京中旭电子科技公司是国内唯一一家集军用霍尔集成电路和传感器于一体的科研生产单位。该公司的霍尔电流传感器、霍尔电压传感器、霍尔位置传感器及霍尔集成电路产品在航天、航空、舰船等高端领域市场占有率已达 70%以上，在汽车电子和工业控制领域市场占有率达 20%左右。尤其是应用于航天的霍尔零位传感器产品得到了用户的充分认可。

● 江苏沁恒股份有限公司加大了研发投入力度。该公司运用自研的数据包分时重组技术、流水线化的串并混合数据技术、软硬件结合重新分配运算量的优劣互补技术、蓝牙和 ZigBee 局部电路复用技术等开发出多款 USB、以太网、无线传输接口芯片，并内嵌到单片机中，从而使产品传输效率提高、兼容性增强、成本降低。主要产品有：

（1）基于光纤或千兆网的高速 USB 延长器芯片，支持 10 千米远距离通信。

（2）集成 PHY 的 100 兆以太网协议栈芯片，支持 TCP/IP/UDP/DHCP 等。

（3）带加密的 SATA 接口 SSD 固代存储控制器芯片。

（4）支持触摸按键和 USB 主从的增强型 8 位单片机，1 元以下超低成本。

（5）内嵌双路高速 USB 主从收发器的 32 位单片机。

（6）内嵌 BLE 蓝牙无线的低功耗 32 位单片机。

（7）USB 打印机数据采集器，成为绝大多数商业大数据公司的标配硬件。

● 南京拓品微电子有限公司 2016 年又推出采用自主研发的电池充电芯片新技术设计的产品"双防"锂电池充电芯片，在国内外产生了很大的影响。这是继该公司 5 年前首家推出防电池反接技术后的又一新产品。

● 南京宇都通信有限公司针对高清多媒体设备和移动电子设备之间的高速互联，开发了立足 SmartCable（有线千兆）和 Smart Air（无线千兆）的宽带通信芯片，将打破国外公司对中国宽带接入芯片的垄断，广泛用于下一代宽带接入标准为 HINOC2.0 的广电数字机顶盒、IPTV 机顶盒及新兴的 OTT 机顶盒。

● 南京国睿中数电子科技有限公司研制的华瑞系列 DSP 芯片华睿 1 号在支持多核处理架构、实时嵌入式操作系统方面取得了创新性突破，已在军工产品中大量装备。该公司推出的华睿 2 号采用了异构、8 核、可重构处理核、超低功耗设计等先进技术，大幅提高了芯片高速 IO 性能和集成度。

（四）高校科研成果丰硕

近年来，东南大学在集成电路科研方面取得丰硕成果，研制成功 IoT 芯片和应用、粗粒度可重构安全芯片、智能功率驱动器芯片及模块、MEMS 智能气象站、无线传感网射频收发芯片、图像处理集成电路、人工智能图像传感器芯片、物联网节点芯片、BLE 低功耗蓝牙芯片等。该校科研人员参与国家科技重大专项和 863 专项研发的个人移动信息终端 SoC 芯片、个人信息处理终端 SoC 芯片等项目取得了成效。

● 南大微电子所在分析研究同构多核 DSP 架构、异构 DSP 处理器&专用处理器架构、众核流处理阵列架构、可重构计算阵列架构四种主流架构的基础上，运用仿真平台对 DSP 体系架构中的片内互连、运算核心、存储架构、操作系统与编程模型四大核心问题中的具体问题进行建模仿真与研究，拟定出异构 DSP 处理器&专用处理器架构和众核流处理阵列架构两套满足应用需求的下一代高性能 DSP 架构方案。同时，献微电子所基于 GLOBALFOUNDRIES 的 0.18μm BCD 工艺开发出一款微型 3D 霍尔磁传感器，传感器面积仅为 80μm×80μm，其水平霍尔器件的灵敏度提高到了 964V/A·T，失调电压小于 10～4V。

献微电子所基于集成电路 CMOS 工艺开发了多频段太赫兹探测器芯片，设计了低功耗新型 CMOS 太赫兹探测器，并搭建成像光路系统对实物进行探测成像。

● 南京航空航天大学近年来研究开发了片上网络、片上系统的 2K-4K-8K 点 FF 处理器、SIMD 多核处理器、基于固态等离子的智能天线芯片、集成微波光子信号处理芯片、物理不可克隆函数（PUF）芯片等。

● 南京邮电大学研究开发了智能功率驱动芯片及模块，UHF RFID 阅读器芯片等。

（五）校企合作培养集成电路人才

南京有多所设立了微电子专业的高等院校。2016 年，东南大学、南京大学在加强国家示范性微电子学院建设的同时，与南京邮电大学、南京航空航天大学、南京三江学院、南京信息职业技术学院、南京金陵科技学院等高等学院与产业园区、集成电路科研院所和企业采用多种方式联合培养集成电路产业所需人才。

（六）产业载体和服务平台建设取得新进展

2016 年 7 月 7 日，台积电的 16 纳米、12 英寸晶园生产线在浦口经济开发区开工建设，预计 2017 年年底试产、2018 年正式投产。香港德科玛的"CMOS"图像传感器芯片"CIS"产业园在南京经济开发区落户。南京软件园专项投资 1 亿元建设的南京集成电路创新中心于 2016 年 11 月 19 日举行了揭牌仪式。创新中心的服务内容包括 EDA、MPW、IP 和专项测试论证等项目。南京新港高新技术产业园投资 1 亿元，与苏州中科合作开展为集成电路设计产业服务。

2016 年，南京市集成电路行业协会充分发挥桥梁和纽带作用，深入开展产业调研，协助政府制订规划，做了大量的工作。协会召开专业座谈会、专题讲座会；开办各类培训班、探讨会；为企业开展咨询服务，协助多家企业申报材料；组织有关业务和技术人员开展考察、交流活动。南京市集成电路行业协会支持中科 EDA 平台为企业服务，配合高新区搭建南京集成电路创新中心（ICC）等。

（七）产业投资基金注重投资南京集成电路产业

随着南京集成电路产业的蓬勃发展，各路产业基金越来越重视南京集成电路产业界的动向，元禾原点、中科招商、沿海资本和国家大基金等十多家基金机构先后来南京调研，截至 2016 年年底已在南京投资了 8 家集成电路设计企业。

四、2016年南京集成电路产业发展中存在的问题

（1）规模偏小。2016年南京集成电路产业总体规模为58亿元，落后于北京、上海、深圳，也落后于无锡、苏州。设计业尽管增长较快，仍落后于北京、上海、深圳和无锡等地。

（2）龙头型企业偏少。尽管南京有中国电科第55所和国博微电子等在江苏省排名前十的企业，但销售超过亿元的企业偏少，上海有36家，北京有33家，深圳有20家，无锡有12家，珠海有8家，而南京只有6家。

（3）设计业领军型人才缺乏。由于集成电路产业发展很快，产业制高点在上海、北京、深圳等经济发达地区，使高端设计人才向上述地区汇集。南京高校每年培养的硕博人才多数往这些地区就业，留本地的仍偏少。再加上地方政府的产业发展环境和政策滞后于产业发展速度，也不能更多地留住高端技术和管理型人才。

（4）产业链协同创新格局未形成，尤其是与系统厂商整合能力不足。南京只有中国电科第十四所投资的美辰微电子和国睿中数所开发的芯片可用于本所系统产品。地处南京的熊猫电子、南瑞、新联电子等电子整机企业与南京市集成电路芯片设计企业协同创新不够，不少整机企业家的芯片是从国外和外地采购，未能有效地与南京市集成电路企业进行对接，促进南京集成电路设计企业的发展。

五、南京市集成电路产业发展对策

（1）建议政府部门抓紧落实《南京市政府关于加快推进集成电路产业发展的意见》及《南京市政府关于加快推进集成电路产业发展的若干政策》出台实施细则，加大力度吸引国内外集成电路高端人才来南京工作，引导南京市中小企业快速发展，培育一批5亿元以上规模的集成电路设计企业。

（2）支持国家大基金和南京新兴产业发展基金参与集成电路产业园区建设，参与集成电路企业兼并重组投资发展。

（3）建议政府部门出台相关政策，促进南京电子整机企业与本地的集成电路设计企业产品应用对接，共同研发新品，协同发展。

（4）积极推进公共技术平台建设，结合集成电路设计企业需求落实服务项目，帮助中小企业降低设计成本，提升产品设计能力。

六、2017年南京集成电路产业发展预测

随着国内经济形势转暖，集成电路产业也会继续稳步发展，预计2017年南京市集成电路产业销售收入将超过60亿元。今后几年，随着南京台积电项目、德科码项目投产后，一批与台积电、德科码晶圆制造业务相关的企业将继续入驻浦口经济开发区、高新开发区、南京软件园和新港高新技术产业园、雨花区南京软件谷等产业园区，南京集成电路产业发展必将更上一个新的台阶。

第二节 2016年无锡市集成电路产业发展情况

一、2016年无锡市集成电路产业发展概述

中国引进国外先进技术和设备建设的第一条集成电路生产线在无锡。以这条生产线建设项目为基础，经过国家"六五""七五""九0八"工程项目的连续投入，无锡地区的集成电路产业逐渐发展壮大，并形成了较为完整的产业链。到2016年，无锡市列入统计的集成电路产业链企业有200余家，规模以上企业92家。

1. 2016年无锡市集成电路产业销售收入

2016年无锡市集成电路产业销售收入为770.87亿元，同比增长20.90%。其中，集成电路主营业销售收入为574.73亿元，同比增长25.7%；集成电路支撑业销售收入为196.14亿元，同比增长8.8%。

2. 2016年无锡市集成电路产业在全国同业中的地位

2016年无锡市集成电路产业销售收入为770.87亿元，居全国第二位（上海市1052.6亿元，居第一位；北京市754.7亿元，居第三位）。

2016年无锡市集成电路产业主营业销售收入为574.73亿元，居全国第三位（上海市940亿元，居第一位；北京市685.9亿元，居第二位）。

二、2016年无锡市集成电路产业在全省同业中的地位

无锡市集成电路产业销售收入770.87亿元，占江苏省同业销售收入1434.2亿元的53.7%，居江苏省第一位。

无锡市集成电路产业主营业务收入为574.73亿元，占江苏省同业主营业务收入1096.8亿元的52.4%，居江苏省第一位。

无锡市集成电路支撑业销售收入为196.14亿元，占江苏省同业销售收入337.37亿元的58.1%，居江苏省第一位。

三、2016年无锡市集成电路产业三业发展情况

1. 2016年无锡市集成电路设计业发展情况

无锡市集成电路设计企业有近百家。2016年无锡市集成电路设计业销售收入为84.64亿元，同比增长11.22%，占江苏省同业的52.46%，居江苏省第一位。

2016年无锡市集成电路设计业销售收入居全国第四位（北京市为510.4亿元，居第一位；深圳市为420亿元，居第二位；上海市为365.2亿元，居第三位），紧随其后第五位的

是杭州市，销售收入为 63.2 亿元。

2016 年无锡市集成电路设计业位居前列的企业有：无锡新洁能公司、无锡华润矽科公司、美新半导体（无锡）公司、无锡中微爱芯电子公司、无锡力芯微电子公司、无锡芯朋微电子公司、无锡友达电子公司、无锡德思普科技公司、无锡晶源微电子公司等。

2016 年无锡市集成电路设计企业经营情况良好，效益普遍提升和改善。经济效益增长较快的企业有：无锡新洁能、宽腾达通信（无锡）、无锡中微爱芯、无锡晶源微电子、美新半导体（无锡）、无锡芯朋微电子、无锡德思普科技公司等。

2016 年，无锡市集成电路设计业技术水准较高的企业芯片设计水平达到 14 纳米节点，并已经开始研究开发 10 纳米设计技术。少部分企业设计的芯片产品采用 40/20 纳米技术。

从 2016 年无锡市集成电路设计企业获奖情况来看：由中国半导体行业协会等主办和评选的"第十一届（2016 年度）中国半导体创新产品和技术"项目中：

● 江苏卓胜微电子有限公司基于 CMOS 技术的超低噪声 4G LTE LNA 放大器芯片，采用源简并低噪放大器结构在 LTE 频段实现最优噪声匹配。通过优化器件设计，提高了隔离效果，减小了寄生，精确地建立了器件的噪声优化模型，实现了硅工艺的最佳性能。该项目获 2 项发明专利和 4 项集成电路布图设计登记。

● 无锡硅动力微电子股份有限公司的 LED 开关调色温专用控制电路 SP5432F，利用墙壁开关控制色温切换，操作方便；电源脚检测开关是否导通，检测精确且易实现；色温切换的复位时间可自由设置；采用高压工艺设计，驱动能力强；工作电流极低，对系统功耗影响极小；内部设计电源钳位保护功能，防止电源电压过高时损坏电路；产品获得发明专利并授权一项。

在 2016 年"大中华 IC 设计成就奖"中，无锡硅动力微电子股份有限公司荣获"五大大中华杰出技术支持 IC 设计公司"称号，无锡芯朋微电子股份有限公司设计开发的"PN836X 系列"产品荣获"年度最佳电源管理 IC 产品"。

在 2016 年"中国芯"评选中，无锡华润矽科微电子公司的"智能联网火灾检测 SoC C821XX"获"最具潜质产品奖"。

中科芯集成电路股份有限公司设计的集成电路芯片采用 40 纳米技术，重点打造"亿芯"系列旗帜 FPGA，已经具备亿门级研制能力；千万门级 FPGA 进入量产。该公司突破扇入扇出技术难点，掌握了多项关键微系统技术。为实现自主可控，该公司建立了完整的 SoC 正向设计流程，搭建了 130～55 纳米设计平台。

无锡芯朋微电子股份有限公司开发的 AC-DC 新产品，无锡力芯微电子股份有限公司开发的 MCU、高压模拟电路、数模混合信号电路，都取得了较好成绩。

无锡新洁能股份有限公司获得 2016 年中国半导体行业功率器件十强企业称号。美新半导体（无锡）有限公司、无锡芯奥微传感技术有限公司、无锡康森斯克电子科技有限公司获得 2016 年中国半导体行业 MEMS 十强企业称号。

2. 2016 年无锡市集成电路晶圆业发展情况

2016 年无锡市集成电路晶圆业销售收入为 191.59 亿元，同比增长 3.81%，占江苏省集成电路晶圆业销售收入的 88.65%，居江苏省同业第一位；无锡市集成电路晶圆业销售收入占全国同业总额的 17%，居全国第三位。

在全国集成电路晶圆制造业销售收入排名中，SK 海力士（中国）有限公司居第三位，华润微电子有限公司居第四位［三星（中国）居第一位，中芯国际居第二位］。

无锡华润华晶微电子有限公司获得 2016 年中国半导体行业功率器件十强企业称号。

无锡市集成电路晶圆生产线有 24 条，其中，12 英寸线 2 条、8 英寸线 1 条、6 英寸线 4 条、5 英寸线 5 条、4 英寸线 8 条、3 英寸线 4 条。

SK 海力士（中国）有限公司 12 英寸生产线采用 90～40～20 纳米工艺技术，月投片量达到 17 万片，现正向 1Y 工艺技术发展。

华润微电子有限公司有 1 条 8 英寸晶圆生产线，月投 6 万片，技术水平为 0.25～0.13 微米，现正向 0.11 微米提升。

无锡市集成电路晶圆制造业拥有 4 条 6 英寸生产线（华润上华 2 条、华润华晶 1 条、江苏东晨 1 条）。月投片能力达到 26.5 万片，工艺技术水平处于 1.2～0.5～0.35 微米。5 条 5 英寸生产线（华润华晶 2 条，第 58 所 1 条，江阴新顺 1 条，力特半导体（无锡）1 条），月产 32 万片，工艺技术水平处于 3.6～2.0～1.6～0.8 微米。

2016 年无锡市集成电路晶圆代工业较 2015 年有较大的提升，拥有 BCD、HV CMOS、RF、DMOS、Xixed-Signal、e-NVM、Logic、Bicmos、IGBT、MEMS、FRD、Bipolar、MOSFET、VDMOS、数模等工艺平台，具有较强的代工能力和竞争实力。

3. 2016 年无锡市集成电路封测业发展情况

2016 年无锡市集成电路封测业销售收入为 298.5 亿元，同比增长 51.79%，占江苏省集成电路封测业收入 719.34 亿元的 41.5%，居江苏省同业第一位（首次超过苏州市）。

2016 年无锡市集成电路封测业销售收入占全国同业销售收入的 19.1%，居全国第二位（上海市集成电路封测业收入为 312.8 亿元）。

2016 年江苏新潮科技集团公司的销售收入为 193 亿元，居全国第一、世界第三位；海太半导体（无锡）有限公司以销售收入 32.4 亿元居全国第七位。

2016 年无锡市集成电路封测业进入全国销售收入前三十名的企业还有：英飞凌科技（无锡）为第 15 名，力特半导体（无锡）为第 25 名，无锡华润安盛为第 26 名。

江苏长电科技股份有限公司的 3D-SIP 系统级电源管理 IC 的模块封装技术入选"第十一届（2016 年度）中国半导体创新产品和技术"项目。其中包括特殊设计的引线框架技术、大尺寸引脚 SMD 器件贴装技术、3D 模块结构化封装技术和特殊结构的包封技术；实现了对原有电源管理配套封装的模块化、系统化，提高了产品的精度和性能；该项目已获得 2

项专利授权。

2016年江苏长电科技股份有限公司生产的Bumping产量达130万片、WLCSP产量达55亿块、FOECP产量破亿块。

4. 2016年无锡市集成电路支撑业情况

2016年无锡市集成电路支撑业销售收入为196.14亿元，同比增长8.85%，占江苏省集成电路支撑业销售收入的58.1%，居江苏省同业第一位。

2016年无锡市集成电路支撑业企业进入江苏省前十名的企业有：江阴润玛电子材料股份有限公司、江阴康强电子有限公司、江阴化学试剂厂有限公司等，在经营业绩上比2015年有所进步。

无锡集成电路支撑企业入选中国半导体行业协会主办的"第十一届（2016年度）中国半导体创新产品和技术"的企业有：

● 无锡日联科技股份有限公司的微焦点X射线检测设备AX9100，通过编程控制轨道速度和实现样品精确定位；封闭式射线源和平板探测器作为核心部件，辐射剂量小，具备绝佳的检测效果；强大的SPC数据分析随时追踪监视产线品质；该产品申请发明专利2项。

● 江阴润玛电子材料股份有限公司的高纯铝蚀刻液，采用自主研发的配方以及简单易行的杂质离子控制技术与混配工艺，可高效去除金属杂质离子，并高效控制颗粒含量，可控制蚀刻角度和蚀刻量，有效提高了蚀刻产品的良率，该技术获发明专利和实用新型专利各1项。

5. 2016年无锡市集成电路产业投资情况

2016年7月，中芯长电（江阴）二期项目开工，总投资10.5亿美元，开展IC 12英寸凸块和再布线加工服务，开展三维系统集成芯片业务。

2017年2月7日，SK海力士投资36亿美元，在无锡建第二座DRAM晶圆工厂，技术水平达1Y，月产能9万片。全部建成后，达到10纳米产品产能17.5万片/月，20纳米产品产能6万片。将于2022年竣工。

2017年2月20日，中电海康在无锡市建设物联网研究院及全国运营中心。

2017年4月18日，美国底特律汽车公司在宜兴投资18亿元，开展电动汽车业务。

2017年4月18日，东方环晟在宜兴投资50亿元，生产太阳能电池组件。

2017年4月24日，欧司朗在无锡投资1.95亿欧元，开建第二期工程，2019年竣工。

英飞凌科技在无锡投资3亿美元，建第二座工厂，于2016年年底竣工，2017年上半年投产。

6. 2016年无锡市集成电路产业环境向好

2016年无锡市政府发布了《无锡市加快集成电路产业发展的政策意见》（锡政发〔2016〕

272号）。文件共有18条，提出了设立"无锡市集成电路产业投资基金"200亿元，首期募集规模为50亿元，其中市财政引导资金占20%。基金主要用于集成电路产业链重大投资项目的引进、推动重点企业产能水平提升、兼并重组、对接国家和江苏省相关产业投资基金、配套支持发展无锡市集成电路产业项目等。在文件中还公布了无锡市发展集成电路产业的诸多优惠政策和激励机制。

2016年无锡市集成电路产业领导小组成立，汪泉市长任领导小组组长，市各职能单位为组员。

2016年无锡市集成电路企业申报的8个江苏省工业和信息产业转型升级专项项目获得江苏省集成电路专项资金的支持。

第三节　2016年苏州市集成电路产业发展情况

一、2016年苏州市集成电路产业发展情况概述

2016年，苏州市集成电路产业实现销售收入400.72亿元，同比增长6.1%，占江苏省同业的27.9%。其中，集成电路主营业务销售收入为292.42亿元，同比增长6.8%，占江苏省同业的26.7%。

苏州市集成电路设计业实现销售32.3亿元，实现同比增长8.8%，占江苏省同业的20.00%；集成电路晶圆制造业实现销售收入17.54亿元，同比下降3.2%，占江苏省同业的8.1%；集成电路封装测试业实现销售收入242.58亿元，同比增长7.3%，占江苏省同业的33.7%；集成电路专用设备、材料和配套等支撑企业实现销售收入108.3亿元，同比增长4.5%，占江苏省同业的32.1%。

二、2016年苏州集成电路芯片设计业情况

苏州集成电路设计企业的显著特点是核心团队实力强，创业者大多是技术背景，在中高端芯片产品设计领域不乏核心技术人员。近年来由于政府扶持，形成了良好的创业环境，苏州地区创新气氛浓郁、创投资本活跃、创新人才集聚，企业未来发展后劲十足。2016年，苏州出现了5家销售收入超过亿元的集成电路设计企业。创发信息科技（苏州）有限公司、三星半导体（中国）研究开发有限公司、苏州国芯科技有限公司、思瑞浦微电子科技（苏州）股份有限公司、张家港凯思半导体科技有限公司稳居前列。盛科网络（苏州）有限公司、华芯微电子股份有限公司、苏州迈瑞微电子有限公司、苏州明皜传感科技有限公司、苏州敏芯微电子技术有限公司等设计企业业绩喜人，这些设计企业有望在2017年销售收入破亿元大关。

苏州迈瑞微电子有限公司的指纹传感芯片得益于智能手机指纹解锁、支付等功能的实现，2016年该公司业绩取得爆发性增长。苏州东微半导体正式量产充电桩用高压高速MOSFET产品——GreenMOS，打破了这一领域国外厂商的垄断。盛科网络宣布完成新一轮战略融资，融资总额3.1亿元。该轮战略投资由国家集成电路产业投资基金领投，另一家出资方则是来自中国电子信息产业集团有限公司旗下的中电创新基金。明皜传感推出了全球最小封装尺寸的单颗电子罗盘，集成了3轴加速度传感器与3轴地磁传感器。同时，基于硬件的6轴电子罗盘，还提供软件陀螺仪算法。苏州英诺迅科技股份有限公司推出主要面向北斗卫星导航及通信RDSS系统应用的专用高增益高功率放大器芯片YP163038，可大规模应用于车辆监控、海洋渔业管理、气象探测、单兵手持终端等领域。

尽管2016年苏州集成电路设计业取得了很大进步，但是与国内排名靠前的设计企业

差距依然不小，一些深层次矛盾依然存在，进一步发展面临诸多困难。特别是苏州集成电路设计企业缺乏市场用量大、附加价值高的产品，在微处理器、存储器、可编程逻辑阵列、数字信号处理器等大宗战略产品的市场供给总量中，苏州集成电路设计企业所占份额有限。这说明苏州集成电路设计企业仍游离于国内外主战场之外，企业面临严峻挑战。

三、2016 年苏州集成电路芯片制造业情况

作为苏州唯一一家集成电路晶圆制造企业，和舰科技（苏州）有限公司拥有 2 条 8 英寸生产线，技术水平达 0.11 微米，月产能 10 万片，除为母公司联电（UMC）加工外，还积极对外承接代工（Foundry）业务。该公司拥有完整的 0.11μm 及微缩工艺技术平台，包含了晶圆制造工艺技术、完整的 IP 数据库及免费的设计单元资料库。和舰科技采用 0.11um 工艺技术生产计算机、通信及消费性电子等所需的多种集成电路芯片。2016 年该公司居全国晶圆制造业十大企业第十位。

四、2016 年苏州集成电路封装测试业情况

苏州集成电路封测产业销售规模一直处于国内的第一阵营。2016 年苏州集成电路封测产业销售收入占全国封测产业销售总额的 15.5%。

三星电子（苏州）半导体有限公司、矽品科技（苏州）有限公司和日月新半导体（苏州）有限公司销售位居苏州集成电路封测产业前三位。虽然苏州集成电路封测业具有相当规模，但主要厂商是以外商独资、中外合资企业为主。这些外资企业大多是国际大型 IDM 厂商在中国大陆投资设立的后段封测厂。2016 年在国家集成电路产业基金和集成电路产业兼并重组的作用下，苏州本地的集成电路封测企业借助国内资源，参与到全球化资源整合中。晶方科技在出资收购半导体后道封测及电子制造服务商智瑞达后，积极拓展自身产业链，将晶圆级封装技术与传统封装测试工艺及先进倒装工艺相融合，进一步开发了适用于安防、车用影像传感器等高可靠性应用的新一代先进封装工艺，扩展了应用市场。目前，晶方科技成为全球最大的传感器芯片供应商，年手机摄像头芯片出货量达 11 亿颗，出货量为世界最大。生物指纹芯片出货量达 7200 万颗，世界市场占有率达到 25%。加速度传感器芯片每月出货量超过 1000 万颗，成为世界最大的加速度传感器 WLCSP 封装服务商。

五、2016 年苏州集成电路产业投资情况

2016 年，国家大基金承诺对苏州元禾公司进行集成电路设计投资。

2017 年 5 月 25 日，清华大学、澜起、英特尔在昆山投资 20 亿元，联合开发英特尔 X86 架构的新型 CPU 可重构计算（CPU+ASIC）芯片。

2017 年 6 月 5 日，苏州卓胜微与美国 NI 公司达成战略合作，在苏州联合开发射频芯片，提高开关速度并量产。

2017 年 6 月 25 日，富士康与昆山市政府达成协议，在昆山投资 250 亿元建光通信连接器/高速连接器。

六、2016 年苏州市集成电路企业获奖情况

由中国半导体行业协会主办的"第十一届（2016 年）中国半导体创新产品和技术"项目，苏州市有关企业和产品获奖如下：

苏州能讯高能半导体有限公司的高功率氮化镓微波放大管 DX1H2527240，采用全新的高功率多指栅设计，多介质层沉积和复合场板结构，低阻抗多层复合金属结构欧姆电极，三维散热结构设计，可满足新一代移动无线通信基站的高性能要求；已申请国内外专利 86 项（其中，中国发明专利 66 项，国际发明专利 14 项，实用新型专利 6 项），获得授权 13 项。

江苏苏净集团有限公司的液体颗粒计数器，采用精密传感检测光路的设计，微弱光电检测信号的处理，基于精密注射器结构的液体取样系统，提升了液体介质清洁度检测水平，本技术已获授权发明专利 3 项，实用新型专利 4 项。

苏州固锝电子股份有限公司获"2016 年中国半导体行业功率器件十强企业"称号。

苏州迈锐微电子有限公司、苏州敏芯微电子科技有限公司、苏州明皓传感器科技有限公司获"2016 年中国半导体行业 MEMS 十强企业"称号。

七、推进苏州市集成电路产业发展的建议

2016 年，苏州集成电路产业持续发展，产业链联动机制和生态环境在持续优化，但是与国内集成电路发展领先的地区以及国外大企业相比，苏州在产业布局、产业投入等方面差距正逐步拉大。苏州从芯片设计、制造、封装测试到专用设备和材料等集成电路产业链各个环节都缺乏具有国际竞争力的大企业，加上产业投资不足，苏州集成电路产业销售收入大幅度增长的难度进一步增加。为此，苏州市地方政府和集成电路产业界都要注重以下几个方面。

（一）企业需要创新思路

从 2016 年苏州市集成电路设计企业经营情况分析，相关企业的产品存在着同质化和市场拓展难的问题。随着国内通信、消费电子等传统半导体应用市场面临的需求提升，物联网、智能电网、汽车电子、医疗电子等热点应用市场也不断升温，必然给苏州集成电路设计企业带来了新的市场机遇与挑战。因此，创新成为苏州集成电路设计企业进一步发展的关键。这种创新不仅局限在产品创新、技术创新，商业模式创新也极为重要。

（二）完善产业政策体系

2015 年开始，全国数个大中型城市纷纷将集成电路产业作为"十三五"期间大力发展

的主导产业之一，并在 2016 年陆续成立地方性集成电路产业基金，以配套当地大型集成电路产业项目落地。已经配套了产业投资基金的国内城市除北京、上海、深圳外，合肥、武汉、福建泉州、江苏南京、四川、陕西、辽宁、河北石家庄等多个地区也纷纷关注投资发展集成电路产业。

苏州地区有较好的集成电路产业基础，只要各地方政府加以重视，完善集成电路产业扶持政策，建立专项的集成电路产业基金，重点支持苏州地区集成电路企业兼并重组、上市融资、人才培养和公共服务平台建设，苏州集成电路产业发展必将更上一个新的台阶。

（三）加大力度引进人才

苏州要充分发挥工业园区、新区国际化程度高、产业集聚的优势，促进苏州集成电路设计产业向着结构与层次合理的方向发展。这就需要以产业向高端化攀升为目标，加大项目、企业与人才的招引力度，力争从美、日、韩等发达国家和我国台湾地区引进高水平设计公司或团队。

与此同时，苏州要进一步加强人才培育体系建设，构建起以高等院校微电子专业为主，社会培训机构和企业培训部门为有益补充的人才培育体系。在微电子人才的培养方面，建议：一方面，培养微电子人才的高校要紧密结合集成电路产业发展需求，加强与国际知名大学、跨国公司合作，引进国外师资和优质资源，及时调整课程设置、教学计划和教学方式，努力培养适合产业发展需要的复合型、实用性人才；另一方面，高校和企业要加强联系和沟通，建立校企结合的人才综合培训和实践基地。

（四）发展高端封装技术

随着智能设备尤其是可穿戴设备的崛起，集成电路封装要实现集成电路产品轻型化、薄型化和小型化的要求，以适应智能产品发展的趋势。苏州集成电路封装企业要充分发挥本地区的资源优势进一步向高端封装技术迈进，大力发展高端封装和测试技术，推进 3D 封装产品的进程，支持封装工艺技术升级和产能扩充。

（五）完善公共技术平台

为了帮助苏州集成电路企业快速发展，建议要进一步依托苏州中科集成电路设计中心，强化 EDA 平台功能，为初创型企业提供国内最便捷、性价比最高的 EDA 软件服务。要视苏州地区集成电路企业发展的共性需求，进一步增加 EDA 软件的种类；强化测试平台功能及使用率，推动中科与国内其他测试服务公司联合发展，提高可测试产品的覆盖面。建议继续积极引进光刻版制作、快速封装、设计服务、知识产权服务、法律咨询等机构，完善与园区知识产权局合作的集成电路专利专题数据库，为集成电路设计企业提供便捷、专业的集成电路专利查询、检索与预警服务。

（六）发展 MEMS 产业

苏州园区在 MEMS 产业布局多年，已经形成了 MEMS 传感器的芯片设计、研发、中试、封装测试的全覆盖的产业特色。苏州纳米科技发展有限公司投资 4.6 亿元建成 6 英寸微纳机电制造（MEMS）中试线在 2014 年正式运营，2016 年为中小 MEMS 企业新产品开发做出了很大的贡献。

可以预见今后若干年，随着智能手机的功能逐渐提升，所需要的微机电系统芯片以及模组的数量也将逐步增多。智能穿戴市场的发展更是对 MEMS 传感器产品的需求量猛增。因此，苏州地区集成电路产业差异化发展的策略之一，就是大力发展 MEMS 传感器产业。

第四节　2016 年常州市和镇江市集成电路产业发展情况

一、常州市集成电路产业发展情况

常州市在 20 世纪八九十年代生产电子元器件和电子产品的企业数量在江苏省内排名前列，多年来的发展过程中，原有的电子元器件生产企业大多数已经关停并转，部分留存的企业也已与境内外企业兼并重组。截至 2016 年，常州市有集成电路设计企业 1 家，小规模集成电路制造企业 1 家，封测（含分立器件制造）企业 5 家，专用设备、材料制造企业 5 家。

常州市集成电路产业相关企业数量少、规模小，但传感器产业却有较快的发展。2014 年，常州国家高新区传感器骨干企业 40 多家，传感器产业产值达到 125 亿元。区内拥有森萨塔、梅特勒-托利多、汉得利电子等一批传感器及其模块系统、典型终端产品的研发制造骨干企业，拥有包括浙江大学常州工研院、河海大学物联网学院等与传感器产业相关的各类创新载体、研发机构 21 家。通过规划引领、政策扶持、引进人才等措施，高新区传感器产业发展已具相当规模。2015 年 10 月常州国家高新区被江苏省经信委授予"江苏省传感器产业基地"称号，成为省级传感器产业基地。

二、镇江市集成电路产业发展情况

镇江市集成电路企业数量较少，现具有一定规模的江苏艾科半导体有限公司主营集成电路测试。2016 年起，该公司参与组建镇江新区集成电路产业园，规划用地 50 亩，新建厂房预计 2018 年交付使用，重点打造集成电路封装测试产业基地。在集成电路专用设备仪器企业和专用材料领域有镇江超纳仪器有限公司、爱思开新材料（江苏）有限公司。新建的集成电路设计企业镇江益海芯电子技术（江苏）有限公司正在开展低功耗 2.4G 光学传感器的研究、开发工作。

第五节 2016年苏中地区集成电路产业发展情况

江苏省苏中地区包括扬州、泰州和南通三市。苏中地区各地政府对发展集成电路产业给予积极支持，2016年苏中地区集成电路产业销售收入总额达172.4亿元，占2016年江苏省集成电路产业销售总额的12%。

一、扬州市半导体产业发展情况

2016年扬州市半导体产业主要企业销售收入情况见表6.5.1。扬州市半导体产业起步于原有的国营企业扬州晶体管厂。截至2016年年底，扬州市有分立器件制造企业6家，扬州扬杰电子科技股份有限公司和润奥电子（扬州）制造有限公司分别在创业板和新三板成功上市。扬州国宇电子有限公司是中国电科第55所投资控股的企业，现已成为我国新兴半导体功率器件制造基地之一。扬州半导体产业链主要企业情况简介见表6.5.2。

表6.5.1 2016年扬州市半导体产业主要企业销售收入情况

企业名称	主要产品	销售收入（万元）	增幅（%）
扬州国宇电子有限公司	功率半导体	17800	17
扬州扬杰电子科技股份有限公司	二极管、整流桥、高端芯片	119000	42.72
江苏汇成光电有限公司	各类显示器专用驱动芯片	32651	20.32
扬州晶新微电子有限公司	分立器芯片	21046	-15.21
扬州杰利半导体有限公司	半导体芯片	16000	10.12
润奥电子（扬）制造有限公司	功率半导体元器件	3000	13.93

表6.5.2 扬州半导体产业链主要企业情况简介

企业名称	技术产品情况	销售情况
扬州国宇电子有限公司（公司位于江苏省扬州市。中国电子科技集团公司第五十五所投资控股）	拥有5英寸功率半导体芯片生产线一条，晶圆加工能力为40万片/年。 国宇电子专注于电力电子用功率半导体器件、射频微波半导体器件的研发和生产。公司形成了功率肖特基势垒二极管芯片、大电流高压快恢复二极管芯片、MOSFET场效应晶体管芯片、CMOS集成电路芯片等功率半导体系列产品，超过300款批产型号产品生产和销售	目前每年产销近50万片晶圆（超过25亿只半导体芯片）。 2016年，销售收入17800万元，净利润510万元，纳税950万元，研发投入725万元

企业名称	技术产品情况	销售情况
扬州晶新微电子有限公司 [公司位于江苏省扬州市。1998 年由高祺先生个人、扬子江投资集团、扬州晶来半导体（集团）有限责任公司（原扬州晶体管厂）共同投资设立]	公司拥有 4 英寸生产线两条、5 英寸生产线一条，年产能分别达到 80 万片、60 万片。 公司主要产品有：高频小信号晶体管芯片、功率晶体管芯片、达林顿晶体管芯片、高速开关二极管芯片、肖特基二极管芯片、稳压二极管芯片、双极 IC 芯片、功率开关晶体管芯片、单/双向可控硅芯片等	公司的主要产品高频小信号晶体管芯片、开关二极管芯片、开关三极管芯片销量占全国总量的 60%以上。 2016 年公司年销售收入 2 亿多元
扬州扬杰电子科技股份有限公司 （公司位于江苏省扬州市，2000 年成立）	目前拥有月产 1 万片的六英寸线一条；月产 30 万的 PHOTO GLASS 的高端 GPP 芯片生产线 2 条；拥有先进的光伏旁路二极管生产线 1 条；拥有国内最齐全的整流桥生产线；拥有国内最先进的高端模块制造线； 公司集研发、生产、销售于一体，专业致力于芯片、二极管、整流桥、电力电子模块等半导体分立器件领域的产业发展，是中国优秀的芯片、整流桥、二极管、模块制造销售厂家之一	公司产品主要用于太阳能光伏、汽车电子、LED 照明、通讯电源、家用电器等各种领域。近几年来，公司销售业绩每年保持约 30%的增长。 2016 年销售 11 亿元，出口额占 20%
扬州佳境环境科技股份有限公司 （公司位于江苏省扬州市，成立于 2010 年）	佳境科技主要从事工业废水处理系统设备特别是重金属废水处理系统的研究和开发的研发、制造和销售以及设备的运营管理	佳境科技目前的市场主要集中在江苏地区，同时覆盖广东、重庆、贵州、山东、安徽等省、市。 佳境科技 2016 年营业额约 7500 万元（未经审计），较 2015 年增长约 45%

二、泰州市集成电路产业发展情况

泰州市集成电路封测业和材料业是伴随着苏南地区集成电路产业的发展逐步成长起来的。泰州海天电子有限公司经过多年的发展已经成为集成电路和分立器件封测行业较具规模的企业。在集成电路支撑领域有泰州东田电子有限公司等 4 家引线框架、模具制造企业；科化新材料泰州有限公司是主营塑封材料制造的企业。泰州市半导体产业链主要企业情况见表 6.5.3。

表6.5.3　泰州市半导体产业链主要企业情况

企业名称	技术产品情况	销售情况
泰州海天电子科技股份有限公司（公司位于泰州高港高新技术产业园，1996年无锡海天微电子有限公司搬迁扩建而成）	从事半导体功率器件的研发、封装、测试服务。有TO-92、TO-126、TO-220、TO-220F、TO-3PB等五大封装类型，已形成年产各类半导体功率器件12亿只的能力	通过完善项目管理模式，以市场和客户需求为导向，加快技术进步和新产品研发。2016年前三季度销售额达到6300万元
泰州东田电子有限公司（公司位于江苏省泰州市，无锡市东田有限公司2009年于泰州成立）	专业从事引线框架制造	公司这几年的销售情况一直是稳中有升。客户稳定，在市场竞争中有一定的主动权。2016年销售收入7000多万元
泰州华龙电子有限公司（公司位于江苏省泰州市，宁波华龙电子股份有限公司投资的全资子公司）	主要生产半导体塑封引线框架	
泰兴市永志电子器件有限公司（公司位于江苏省泰州市，2002年成立）	主要从事集成电路引线框架、铜带、电连接器产品的研究、开发、及销售	客户包括国内知名的集成电路封装企业，如江阴长电、无锡华晶、南通富士通、天水华天、杭州士兰、台湾日月光、宿迁长电、滁州长电、南通华达、启东吉莱等公司。2016年销售收入2.6亿元
泰州友润电子科技股份有限公司（公司位于江苏省泰州市，2009年成立）	主营产品半导体集成电路和分立器件塑封引线框架	公司目前TO-220系列产品为主，市场份额为80%。2016年产值达到1.7亿元

三、南通市集成电路产业发展情况

南通市集成电路封装测试业、半导体分立器件产业发展迅速，在产业培育、自主创新、公共技术支撑与服务平台建设等方面取得了一定成效。苏通科技产业园和南通科学工业园的建设，将更进一步提升产品层次，扩大产业规模，完善产业链条，提高配套能力。截至2016年年底，园区集成电路、半导体分立器件相关企业7家，其中投资规模1亿元以上的企业5家，投资规模10亿元以上的企业2家。南通市集成电路产业主要企业情况见表6.5.4。南通苏通科技产业园目前进驻的企业有通富微电、捷捷微电子、江苏微远芯、帝奥微电子、尚飞光电等集成电路相关企业。通富微电子股份有限公司是我国集成电路封测骨干企业，在"十二五"期间，通富微电在利用兼并重组快速壮大的同时，大力提升封测技术水平，在先进封装领域取得了丰硕成果。

大唐恩智浦半导体有限公司自2014年3月落户启东后，南通地区新增了集成电路设计企业。南通苏通科技产业园和南通科学工业园将打造集芯片设计、晶圆制造、封装测设、半导体材料于一体的集成电路完整产业链。

表6.5.4 南通市集成电路产业主要企业情况

企业名称	技术产品情况	销售情况
大唐恩智浦半导体有限公司（公司位于江苏省南通市。大唐电信持股51%,恩智浦持股49%）	公司业务定位于新能源汽车以及工业领域，专注于研发和销售采用高性能混合信号技术的高级汽车电子及工业应用IC。 主要产品有：车灯调节器芯片、门驱动芯片、电池管理芯片	车灯调节器芯片目前市场份额为全球第一。2014年销售额5130万元，出货量3208万颗；2015年销售额6602万元，出货量4210万颗
通富微电子股份有限公司（公司位于南通市，成立于1997年。南通华达微电子集团有限公司占股31.25%,富士通（中国）有限公司占股21.38%）	公司目前的封装技术包括Bumping、WLCSP、FC、BGA、SiP等先进封测技术，QFN、QFP、SO等传统封装技术以及汽车电子产品、MEMS等封装技术；测试技术包括圆片测试、系统测试等。通富微电在中国国内封测企业中第一个实现12英寸28纳米手机处理器芯片后工序全制程大规模生产，包括Bumping、CP、FC、FT、SLT等	公司主要市场为欧美、亚太及国内市场，在市场结构方面已形成这三个地区三分天下的格局。 2016年通富微电完成集成电路突破140亿块、销售38.5亿元，同比分别增长20%和23%。 2016年南通华达微电子集团有限公司销售总额达135.7亿元
南通皋鑫电子股份有限公司（公司位于南通市）	本公司是半导体整流器的专业制造商，产品主要分为两大类： （1）塑封高压二极管（俗称"硅粒子""硅堆"） （2）塑封普通整流二极管	产品在中国大陆客户覆盖率达80%以上。国际市场也占有相当的份额，如佳能、理光、松下、夏普公司、LG、三星、大宇惠尔浦公司等，都是公司的长期客户。 2016年销售收入达到8495万元

企业名称	技术产品情况	销售情况
江苏捷捷微电子股份有限公司（公司位于江苏省南通市，1995 年成立）	目前拥有四英寸线两条，年产 100 万片。 是一家专业从事半导体分立器件、电力电子元器件研发、制造和销售的江苏省高新技术企业。 公司主导产品为（0.6～110）A/600～1600V 双向可控硅、（0.8～250）A/600～2200V 单向可控硅、低结电容放电管、TVS 等各类保护器件、高压整流二极管、功率型开关晶体管，市场占有量达 5%以上	公司产品在国内市场已拥有很高的知名度和市场占有率，部分产品多年来已销往日本、韩国、西班牙、新加坡、中国台湾等国家和地区。2016 年实现销售收入 3.3 亿元
启东吉莱电子有限公司（公司位于江苏省南通市，2001 年成立）	目前拥有四英寸线 1 条，具有年产晶圆芯片 50 万片的能力。 公司专业从事电子器件，TVS/TSS 保护器件的研发、生产与销售	公司 2016 年总产值 12343 万元，销售收入 10446 万元

第六节　2016年苏北地区集成电路产业发展情况

江苏省苏北地区包括徐州、连云港、宿迁、淮安、盐城五市。苏北地区的连云港市集成电路支撑产业发展得较早，其他各市集成电路主要产业是近年发展起来的，在各地方政府的大力支持下，已经建成和在建的集成电路项目引起产业界的高度重视。

一、宿迁市集成电路产业发展情况

随着江苏省内江南地区集成电路产业转移，宿迁市将集成电路产业作为工业经济发展的重要方向。国内封测业骨干企业江苏长电科技股份有限公司在宿迁投资建设长电科技（宿迁）有限公司，使得半导体封测产业在苏北地区快速成长起来。江苏格立特电子股份有限公司也在宿迁投资建设并在上海股权交易中心成功挂牌。

为加快发展电子信息产业，宿迁市正在加紧苏州宿迁工业园区、沭阳电子信息产业园、泗洪电子信息产业园及市软件园等产业园区建设。

（1）长电科技（宿迁）有限公司是长电科技有限公司在宿迁的分公司，2016年，该公司成功完成C3厂SOP系列产品的搬迁，并在较短时间内完成调试适应，快速实现达标达产。2017年力争年销售额争取达到9亿～10亿元。

（2）江苏格立特电子股份有限公司主要生产高性能集成电路（芯片），广泛运用于手机、计算机、平板显示器等电子产品，可年产芯片3亿颗，于2014年5月28日在上海股权交易中心Q版成功挂牌，2016年12月28日在E板上市。

二、淮安市集成电路产业发展情况

2014年年初淮安工业园区制定了将集成电路产业作为园区主导产业的战略发展规划，并成功引进韩国纳沛斯集团晶圆芯片级封装项目，开启了淮安市集成电路产业元年。

近年来，德科玛图像传感器和时代芯存相变存储器两个项目先后落户淮安高新区。

（1）江苏纳沛斯半导体有限公司主要从事晶圆片级芯片封测服务。2015年9月正式量产，2016年下半年，逐步进入了发展的快速通道，1—11月已实现销售收入1.38亿元。晶圆级芯片测试智能车间获评2016年江苏省第一批示范智能车间。14纳米晶圆片级芯片封装项目通过封装及最终测试，已进入产品可靠性验证和客户终端应用。

（2）江苏时代芯存半导体有限公司于2016年10月开始投资建设，其主要业务为相变存储器的研究、开发、生产及销售。总投资130亿元，占地200亩，预计年产存储器50万片。一期投资30亿元的年产10万片相变存储器项目正在设计，预计年产存储器10万片。

（3）淮安德科码半导体有限公司2016年1月登记成立。公司主要以图像传感器芯片

CIS 产业园区建设、图像传感器芯片设计、制造为主，项目已开工建设，项目规划占地面积 350 亩，总投资 150 亿元。

三、盐城市集成电路产业发展情况

盐城市半导体集成电路产业才刚刚起步，目前项目主要集中在大丰电子信息产业园，园区总规划面积 4.5 平方公里。园区内主要企业有明微电子等。

（1）江苏明微电子有限公司成立于 2012 年 12 月，主要从事半导体晶圆测试、材料切割、挑粒及测封。项目总投资 2.3 亿元，2016 年实现营业额 2500 万元。

（2）巴伦电子江苏有限公司由韩国巴伦电子株式会社于 2015 年投资设立，计划在盐城市实施半导体存储卡、模块项目，总投资 8000 万美元，占地 100 亩，建设 4 条半导体存储卡、模块生产线。一期工程 2015 年 8 月已经开工建设，但是近期由于韩国方面的投资资金出现问题造成了基建搁置。

（3）江苏盐芯微电子有限公司成立于 2015 年，是一家专注于半导体分立器件封装测试业务的生产企业，注册资金 2000 万元。公司位于盐城国家高新技术产业开发区，占地 10000 平方米，拥有万级以上净化车间 11000 平方米。

四、徐州市集成电路产业发展情况

徐州集成电路产业主要集中在配套材料和设备领域，其中徐州市区有江苏中能硅业与大基金（国家集成电路产业投资基金）共同投资设立的江苏鑫华半导体材料科技公司，研制生产半导体用高纯多晶硅材料，目前项目正在建设阶段；徐州下属的邳州市在经济技术开发区内建立了欧洲半导体海归人才创业园，瞄准集成电路制造环节的设备与配套材料项目和企业进行招商，现已集聚了光刻胶单体材料、PCB 用光刻机、薄膜材料分析仪、MOCVD 配件等数家企业，2016 年产值为 2 亿～3 亿元。

（1）江苏鑫华半导体材料科技公司，依托江苏中能硅业（目前多晶硅年产量 7 万吨，占国内产量近 50%、全球的 22%）生产场地、部分设备和技术，建设高纯半导体多晶硅生产基地。该项目 2016 年 10 月启动。项目分两期建设，一期拟租赁中能空置厂房 3.2 平方米及其中部分闲置设备，总投资 22.8 亿元，进口 10 台、组装 33 台、自制 10 台还原炉，新增和改造部分设备；二期拟对一期项目进行技术改造，提高产能和效率。一期项目计划 2017 年 4 月中旬进行调试，10 月试生产，建成后可年产高纯半导体多晶硅 5000 吨，占全球产量约 15%，年预计实现产值 14 亿元。公司在建设半导体多晶硅项目的同时，积极设想产品进一步向下游延伸，从事单晶拉制和切片、制造特种气体（如硅烷等）和第三代半导体碳化硅材料等。

（2）徐州博康信息化学品有限公司成立于 2010 年 3 月，是国内光刻胶单体的知名供应商，其生产的 248 纳米、193 纳米光刻胶单体填补了国内空白，其中 193 纳米光刻胶单体国际市场占有率已达 10%。目前该企业是邳州市集成电路行业龙头企业，年产值 3 亿元，力争到 2020 年达到年产值 20 亿元的目标。

（3）江苏影速光电技术有限公司主要产品是掩模和 PCB 制版用激光直写光刻机，为博康信息集团控股企业，2016 年已有产品交付使用。目前正在装修厂房，以扩大生产规模，争取年生产 100 台激光直写光刻机。该企业在地方基金支持下收购了英国 NBL 公司，并在无锡市设有无锡影速半导体科技有限公司。

（4）江苏实为半导体科技有限公司主要加工制造半导体设备中的零部件和易损件，目前主要制造 MOCVD 易损件、备品备件和晶圆加工用静电吸盘，产品已向客户供货。

五、连云港市集成电路产业发展情况

连云港市是集成电路封装材料产业重镇，据连云港市经信委统计的集成电路封装材料、物联网及平板显示等数据，2015 年实现销售收入 66.3 亿元，2016 年为 82.3 亿元，同比增长 24.5%。

环氧塑封材料是连云港最具优势的产业，其规模目前位列全国第一。现有汉高华威电子有限公司、江苏中鹏新材料股份有限公司、江苏华海诚科新材料股份有限公司 3 家环氧塑封料骨干企业，其中汉高华威和中鹏新材料的市场规模分别居全国第一位和第二位。同时，连云港拥有全国规模最大的硅微粉生产企业——江苏联瑞新材料股份有限公司。硅微粉是环氧塑封料生产过程中所需的主要填料，共同构成了环氧塑封材料产业链。据测算，环氧塑封产业 2016 年实现产值约为 8.5 亿元（汉高 4 亿元、中鹏 1.8 亿元、华海诚科 1.12 亿元、联瑞新材料 1.6 亿元）。

相关产业方面，连云港市有 716 所、连云港杰瑞电子有限公司等重点企业和分立器件生产企业连云港丰达电子有限公司，杰瑞电子正在进行"新能源电动汽车高性能点击转子位置解码集成电路"项目建设。同时，高品质硅微粉、高纯石英玻璃制品等产品将进入平板显示上游材料产业。

（1）江苏联瑞新材料股份有限公司主要从事电子级二氧化硅微粉的研发和生产。硅微粉作为集成电路用环氧塑封料的主要填料，该成分在塑封料产品中所占比例达 40%。该公司 2015 年销售额 1.29 亿元，2016 年 1.6 亿元，2017 年预计可实现 2 亿元。产品在分立器件和芯片用环氧塑封料（EMC）、集成电路封装基板（CCL）行业市场占有率全国第一，全球前五。

（2）汉高华威电子有限公司是外商独资企业，国内规模最大的环氧模塑料研发和生产企业，现有 13 条生产线，产能 40000 吨/年，员工 533 人，拥有汉高乐泰 Hysol 品牌多个系列 100 多个品种的产品。2016 年实现销售收入 4 亿元。

（3）江苏中鹏新材料股份有限公司是环氧模塑料骨干企业之一，有环氧模塑料、酚醛模塑料、环氧粉末和改性材料四大类产品，建有中试线 1 条、生产线 6 条，产能为 1.4 万吨/年，员工 292 人，2016 年销售额 1.8 亿元，同比增长 33%。

（4）江苏华海诚科新材料股份有限公司是环氧模塑料的研发和生产骨干企业之一，2015 年 6 月在新三板挂牌上市。现有小试线 1 条，中试线 1 条，大生产线 3 条，综合生产能力 1.5 万吨/年，员工 226 人。2016 年销售额 1.1 亿元，同比增长 26%。

（5）连云港丰达电子有限公司主要产品为普工整流二极管、快恢复二极管、TVS 抗静电二极管，DB3 双向触发二极管等。拥有 2 条生产线，135 台套设备，员工 200 人，年生产能力 25 亿只。2015 年销售额 3836 万元，2016 年销售额 4216 万元，同比增长 10%。

第七章

2016 年江苏省多晶硅和太阳能光伏产业发展情况

第一节　2016 年江苏省多晶硅产业发展情况

一、2016 年世界多晶硅产业情况

2016 年世界多晶硅产业随着太阳能光伏市场的复苏而且实现了较好的增长，2016 年世界多晶硅产量预计为 37 万吨，同比增长 8.8%（见图 7.1.1）；2016 年世界多晶硅产能约为 51 万吨的规模，同比增长 6.3%（见图 7.1.2），产品供大于求的情况多年来仍未得到改变。

据 OFweek 报道，2016 年世界太阳能光伏硅片产量为 69GW，同比增长 14.4%。

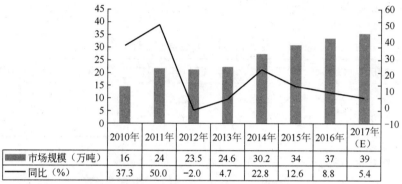

	2010年	2011年	2012年	2013年	2014年	2015年	2016年	2017年（E）
市场规模（万吨）	16	24	23.5	24.6	30.2	34	37	39
同比（%）	37.3	50.0	-2.0	4.7	22.8	12.6	8.8	5.4

CAGR=11.78%（2010—2017年）
资料来源：中国光伏行业协会/JSSIA整理（2017.2.17）。

图 7.1.1　2010—2017 年世界多晶硅产量规模及增长情况

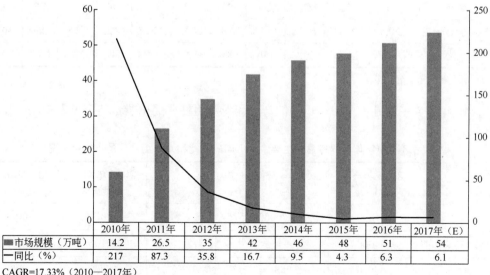

	2010年	2011年	2012年	2013年	2014年	2015年	2016年	2017年（E）
市场规模（万吨）	14.2	26.5	35	42	46	48	51	54
同比（%）	217	87.3	35.8	16.7	9.5	4.3	6.3	6.1

CAGR=17.33%（2010—2017年）
资料来源：中国光伏行业/JSSIA整理。

图 7.1.2　2010—2017 年世界多晶硅产能规模及增长情况

2016 年世界多晶硅主要生产国家产量分布情况见图 7.1.3。

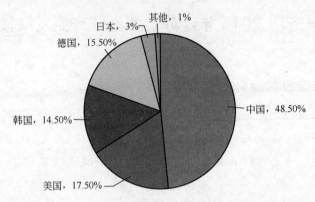

图 7.1.3 2016 年世界多晶硅主要生产国家产量分布情况

2007—2016 年世界多晶硅价格走势参见表 7.1.1。

表7.1.1 2007—2016年世界多晶硅价格走势

指标名称	2007 年	2008 年	2009 年	2010 年	2011 年	2012 年	2013 年	2014 年	2015 年	2016 年
价格（美元/千克）	200～300	300～450～110	110～70	70～100	100～50	50～30	30～18	18～22	18～20	20～17

2013—2016 年世界多晶硅生产成本见表 7.1.2。

表7.1.2 2013—2016年世界多晶硅生产成本

年度	2013 年				2014 年				2015 年		2016 年
季度	Q1	Q2	Q3	Q4	Q1	Q2	Q3	Q4	Q1	Q2	
成本（美元/千克）	20.59	17.64	15.98	15.75	14.49	14.13	13.05	13.23	12.8	12.98	10.00
环比	—	-14.3%	-9.4%	-1.4%	-8%	-2.4%	-7.6%	1.4%	-2.4%	1.4%	-23.0%

资料来源：光伏名人堂。

2016 年世界多晶硅主要生产厂商的产能和龙头组件厂的出货量情况见表 7.1.3。

表7.1.3 2016年世界多晶硅主要生产厂商的产能和龙头组件厂的出货量情况

排名	企业名称	2015 年产量（吨）	2016 年产能（吨）	排名	企业名称	2015 年产量（吨）	2016 年产能（吨）
1	瓦克	56000	大于 70000	5	东方希望	0	30000
2	江苏中能	74000	69345	6	新特能源	22106	24000
3	OCI	48000	52000	7	REC	17000	20000
4	Hemlock	18000	40000	8	新疆大全	9771	18150

续表

排名	企业名称	2015年产量（吨）	2016年产能（吨）	排名	企业名称	2015年产量（吨）	2016年产能（吨）
9	亚洲硅业	7540	15000	19	SunEdison	8000	8000
10	洛阳中硅	11600	15000	20	昆明冶研	1930	6000
11	四川永祥	10610	15000	21	赛维LDK	5500	6000
12	HKS	9600	15000	22	国电晶阳	4186	5000
13	德山	10000	13800	23	四川瑞能	4250	5000
14	韩华	10000	13000	24	神舟硅业	4500	4500
15	宜昌南玻	6430	12000	25	PTC	3000	3500
16	SMP	8000	10000	26	陕西天宏	1200	3000
17	盾安光伏	5840	8000	27	埃肯	3000	3000
18	Woojin	5000	8000	28	黄河水电	1959	2000

二、2016年中国多晶硅产业情况

据中国光伏行业协会报道：2016年我国多晶硅企业数有17家，比2015年的18家减少1家。

2016年我国多晶硅有效产能为21万吨/年，可满足国内45GW电池片生产的原材料需求。中国多晶硅七大主要企业在规模、技术、成本、质量等各方面均接近或代表国际最先进水平（见表7.1.4）。

表7.1.4 2016年中国多晶硅产能

单位：万吨

序号	公司名称	2016年	2017年（E）	2018年（E）	备注
1	保利协鑫	7.4	8.1	10.0	在新疆建厂年产6万吨
2	新疆特变	2.6	3.1	5.0	
3	洛阳中硅	1.6	2.2	4.0	
4	新疆大全	1.2	1.6	3.0	
5	亚洲硅业	1.3	1.6	3.0	
6	四川永祥	1.7	1.9	2.0	
7	赛维LDK	1.0	1.1	1.2	
	合计	16.8	19.7	24.2	
	全国多晶硅产能	21.0	25.0	28.5	
	占全国多晶硅产能比重	80%	80%	85%	

据硅业分会预测，2017 年中国多晶硅产能可达到 25 万吨/年，2018 年可达年产 28.5 万吨。中国光伏多晶硅原材料自给率超过 100%。

2016 年中国多晶硅产量为 19.4 万吨，同比增长 17.6%（见图 7.1.4）。

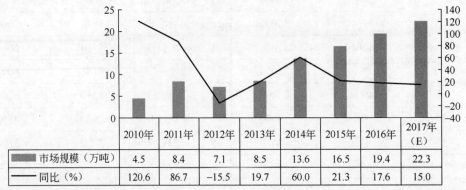

	2010年	2011年	2012年	2013年	2014年	2015年	2016年	2017年（E）
市场规模（万吨）	4.5	8.4	7.1	8.5	13.6	16.5	19.4	22.3
同比（%）	120.6	86.7	−15.5	19.7	60.0	21.3	17.6	15.0

CAGR=22.15%（2010—2017年）

图 7.1.4　2010—2017 年中国多晶硅产量规模及增长情况

2005—2017 年中国多晶硅产量占世界同业的比重见表 7.1.5。

表7.1.5　2005—2017年中国多晶硅产量占世界同业的比重

指标名称	2005年	2006年	2007年	2008年	2009年	2010年	2011年	2012年	2013年	2014年	2015年	2016年	2017年（E）	CAGR
世界多晶硅产量	2.90	3.50	4.00	6.00	11.70	16.00	24.00	23.50	24.60	30.20	34.00	37.0	39.0	22.13%
中国多晶硅产量	0.008	0.04	0.11	0.43	2.04	4.50	8.40	7.10	8.50	13.60	16.50	19.4	22.3	84.08%
中国多晶硅产量占比	0.3%	1.1%	2.8%	7.2%	17.1%	28.1%	35.0%	30.2%	34.6%	45.0%	48.5%	52.4%	57.2%	—

2016 年中国多晶硅进口量为 13.6 万吨，同比增长 126.7%（见图 7.1.5 和表 7.1.6）。

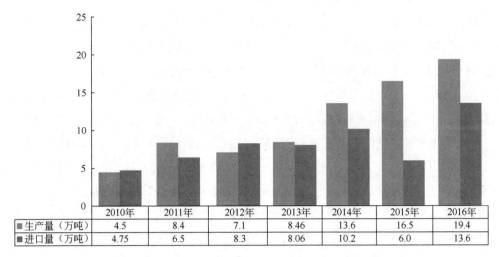

	2010年	2011年	2012年	2013年	2014年	2015年	2016年
■生产量（万吨）	4.5	8.4	7.1	8.46	13.6	16.5	19.4
■进口量（万吨）	4.75	6.5	8.3	8.06	10.2	6.0	13.6

图 7.1.5 2010—2016 年中国多晶硅生产和进口情况

表7.1.6 2010—2016年中国多晶硅生产和进口情况

进口情况	2010 年	2011 年	2012 年	2013 年	2014 年	2015 年	2016 年	CAGR
生产量（万吨）	4.5	8.4	7.1	8.46	13.6	16.5	19.4	23.21%
进口量（万吨）	4.75	6.46	8.28	8.06	10.2	6	13.6	16.22%
合计（万吨）	9.25	14.86	15.38	16.52	23.8	22.5	33.0	19.93%
生产量同比	125.00%	86.70%	-15.50%	19.20%	60.80%	21.30%	17.6%	—
进口量同比	—	36%	28.2%	-2.7%	26.6%	-41.2%	126.7%	—

2016 年中国电子级多晶硅产业的研发生产主要有青海黄河水电开发有限公司新能源分公司、昆明冶研新材料股份有限公司、江苏鑫华半导体材料科技有限公司、洛阳中硅等4～5 家，年产能超过万吨。黄河水电和昆明冶研分别有2200 吨的产量和200 多吨产量，这两个企业的电子级多晶硅材料已经进入认证和试用阶段。目前中国电子级多晶硅仍以进口为主。

据台湾光伏分析师分析，2016 年多晶硅价格仍维持在 100 元/千克左右，但预计到 2017 年第三季度硅材料价格可能跌破 100 元/千克，直至 90 元/千克。未来一段时间，多晶硅价格会处于下行通道，多晶硅行业马太效应将会显现，有更大成本优势的中国多晶硅企业将会有较强的竞争力。

三、2016 年江苏省多晶硅产业情况

江苏省发展多晶硅产业具有得天独厚的自然资源优势。江苏东海县拥有丰富优质的硅资源，已探明的东海天然水晶矿储量达 30 万吨，硅矿储量达 3 亿吨，硅矿资源占全国储量的 60%以上，占世界硅储量的 15%以上。这是江苏省发展多晶硅、单晶硅极为有利的条件。

2016 年江苏省太阳能级多晶硅产能将达到 10 万吨，占全国总产能的 47.6%。江苏省太阳能级多晶硅主要集中在徐州地区，江苏中能（保利协鑫）公司为世界第一大多晶硅企业，产能占世界总产能的 15.6%，占全国总产能的 33.9%，占全国总产量的 45.5%。该公司的技术水平达到

世界一流企业水准，在产品成本上能达到12万元/吨的水平以下，可与欧洲、美国、韩国、日本等国家和地区同类企业在市场上一决高下，成为江苏省多晶硅产业的一面旗帜。

2016年3月31日，保利协鑫成功完成对美国Sun Edison的收购案。如此一来，保利协鑫收购SunEdison，将获得电子级硅烷流化床颗粒硅技术及资产、第五代CCZ连续直拉单晶技术及资产、包含相关设备及知识产权等"干货"。

其中，针对电子级硅烷流化床颗粒硅技术，保利协鑫相关人士认为，"尽管国内晶硅生产企业大都还在采用传统的西门子改良技术，但未来肯定会被更先进的硅烷流化床技术取代"。

而硅烷流化床颗粒硅技术正是SunEdison附属公司MEMC Pasadena公司开发的技术。业界普遍看好流化床技术，被认为是最有希望大幅度降低多晶硅以及单晶硅成本的新技术。

材料行业专家表示，相比传统的西门子改良生产技术，硅烷流化床技术有两大突出好处。协鑫选择的硅烷流化床法承接了改良西门子法的三氯氢硅原料，利用了改良西门子法的部分工艺段，比改良西门子法流程大幅度缩短，完全反应，副产物很少，这一方面大大节省了能耗，硅烷流化床全程耗电在25度以下，是现有最好的西门子改良技术的35%左右；大幅度降低成本，是现有最好的西门子改良技术的一半。

事实上，早在此前，保利协鑫已从2013年开始，在改良西门子法多晶硅技术基础上投入硅烷流化床新工艺，其万吨硅烷和3000吨流化床项目于2015年投入试生产。

2015年5月，保利协鑫旗下成立宁夏协鑫晶体科技发展有限公司，从2016年第一季度开始生产单晶硅片。不过，保利协鑫并不愿在普通直拉单晶上进行重复投资，而是潜心于高效N型单晶。其中，以铸锭单晶替代普通单晶，经客户验证，铸锭单晶硅片的转化效率和直拉单晶相当，但却显著降低了生产的能耗成本。

而此番保利协鑫通过收购SunEdison而获取的其独有技术——第五代CCZ连续直拉单晶技术，可使晶体效率分布更均匀且产量更大。业内人士称："之前的直拉法技术中，一根硅棒约可拉出2米多，后来也尝试了多次加料，但不是连续的，而新技术采用后，一个坩埚中可连续拉2~3根棒，每根硅棒长达4米多，可连续加料连续提拉，成本大幅下降，晶体生产的转化率也更高。"

保利协鑫的公告中称，收购能够"大幅改善其单晶锭生产的拉晶效率和质素"，如果这一技术能够量化为产能，那么保利协鑫单晶硅生产的成本优势就能显现。而作为业务主力的多晶硅片也通过全面导入金刚线切大幅度降低成本，再次拉开市场上普通P型单晶技术的差距，实现单多晶并举，进一步巩固提升其光伏原料龙头地位。

2017年，保利协鑫宣布与多家光伏巨头在新疆联合新建6万吨多晶硅，预计2018年年底产能将超过10万吨。已经成熟运行多年的技术和团队，匹配新疆超低的电价，保利协鑫的全球多晶硅龙头地位将会进一步巩固。而且，在太阳能级多晶硅做到全球领先后，保利协鑫又进一步延伸产业链，和国家集成电路产业投资基金合作的6000吨电子级多晶硅即将量产，半导体产业链呼之欲出，引领中国多晶硅不仅在产量，而且在技术和品质方面领先国际一流水准。

第二节　2016年江苏省太阳能光伏产业发展情况

一、2016年太阳能光伏产业发展概述

据中国有色金属协会硅业分会报道：

（1）2016年世界太阳能光伏发电新增装机容量为73GW，同比增长37.70%；

（2）2017年世界太阳能光伏发电新增装机容量预计为75GW，同比增长2.7%（见图7.2.1）。

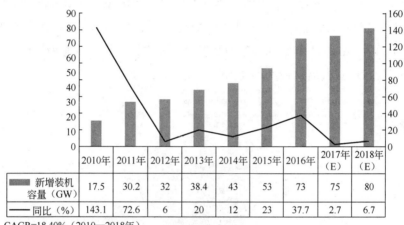

	2010年	2011年	2012年	2013年	2014年	2015年	2016年	2017年（E）	2018年（E）
新增装机容量（GW）	17.5	30.2	32	38.4	43	53	73	75	80
同比（%）	143.1	72.6	6	20	12	23	37.7	2.7	6.7

CAGR=18.40%（2010—2018年）
资料来源：中国光伏协会/JSSIA整理。

图7.2.1　2010—2018年世界太阳能光伏发电新增装机容量

从世界光伏市场需求来看，目前中、日、美光伏装机需求均逐步进入稳态化发展，而光伏在印度、东南亚、南美等地区的优势逐步显现，新兴市场光伏装机维持平稳增长（见表7.2.1）。整体来看，后期世界光伏需求仍将维持稳定增长趋势，预计2017年、2018年全球光伏装机有望达到75GW、80GW，中国装机维持在30GW左右，占到40%的份额。

表7.2.1　2016年世界太阳能新增装机量各地区情况

排序	国家/地区	2016年			2015年		2016/2015 占比（%）
		新增装机量（GW）	同比（%）	占比（%）	新增装机量（GW）	占比（%）	
1	中国	34.54	128.0	47.3	15.13	28.5	提升 18.8 个百分点
2	美国	14.10	93.2	19.3	7.30	13.8	提升 5.5 个百分点
3	日本	8.60	-21.8	11.8	11.00	20.8	下降 9 个百分点
4	欧洲	6.90	-14.9	9.5	8.11	15.3	下降 5.8 个百分点

续表

排序	国家/地区	2016 年			2015 年		2016/2015 占比（%）
		新增装机量（GW）	同比（%）	占比（%）	新增装机量（GW）	占比（%）	
5	印度	4.00	-27.3	5.5	2.00	3.8	提升 1.7 个百分点
6	其他	4.86	-48.6	6.7	9.46	17.8	下降 11.1 个百分点
7	合计	73.00	37.7	100.0	53.00	100.0	

资料来源：中国光伏行业协会（2017.2.17）。

2016 年，中国新增装机容量为 34.54GW，同比增长 128.0%，在全球市场占比为 47.3%，占比同比提升 18.8 个百分点；美国新增装机容量为 14.10GW，同比增长 93.2%，占比为 19.3%，占比同比提升 5.5 个百分点；印度新增装机容量为 4.0GW，占比为 5.5%，占比同比提升 1.7 个百分点；日本和欧洲在新增装机容量和占比同比上都有所下降。中国和美国是世界太阳能光伏产业发展的最大推动力（见图 7.2.2）。

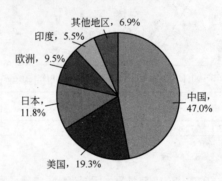

图 7.2.2　2016 年世界太阳能新装机容量各地区占比情况

据中国光伏行业协会统计报道：2016 年世界多晶硅片产量超过 69GW，与 2015 年多晶硅片产量 60.3GW 相比，同比增长 14.40%。

2016 年世界电池片产量为 69GW，与 2015 年电池片产量 62.1GW 相比，同比增长 11.1%。

2016 年世界太阳能光伏电池组件产量为 72GW，与 2015 年电池组件产量 63.5GW 相比，同比增长 13.4%；2017 年世界太阳能光伏电池组件预计为 86.3GW，同比增长 15%（见图 7.2.3）。

二、2016 年中国太阳能光伏产业发展概况

太阳能光伏产业是半导体技术与新能源需求相结合产生的战略性新兴产业，也是当前国际能源竞争的重要领域。2016 年，我国光伏产业克服诸多困难险境，延续了 2015 年以来的回暖，取得了不俗的成绩。2016 年中国太阳能光伏产业总产值达 3360 亿元，同比增长 27%。2016 年中国太阳能光伏产业新增装机容量为 34.5GW，同比增长 128%（见图 7.2.4），其中，地面电站为 30.3GW，占 87.7%；分布式电站为 4.24GW，占 12.3%。2005—2017 年

中国太阳能光伏累计装机总量及占世界同业的比重见表 7.2.2。

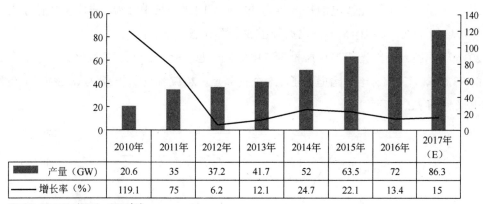

	2010年	2011年	2012年	2013年	2014年	2015年	2016年	2017年（E）
产量（GW）	20.6	35	37.2	41.7	52	63.5	72	86.3
增长率（%）	119.1	75	6.2	12.1	24.7	22.1	13.4	15

CAGR=19.61%（2010—2017年）
资料来源：中国光伏行业协会/JSSIA整理。

图 7.2.3　2010—2017 年世界太阳能电池组件产量及增长情况

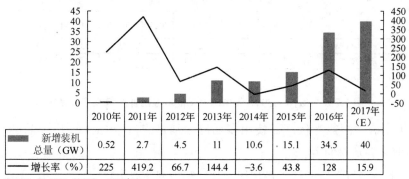

	2010年	2011年	2012年	2013年	2014年	2015年	2016年	2017年（E）
新增装机总量（GW）	0.52	2.7	4.5	11	10.6	15.1	34.5	40
增长率（%）	225	419.2	66.7	144.4	−3.6	43.8	128	15.9

CAGR=72.09%（2010—2017年）
资料来源：中国光伏行业协会（2017.2.17）。

图 7.2.4　2010—2017 年中国太阳能光伏新增装机总量及增长情况

表7.2.2　2005—2017年中国太阳能光伏累计装机总量及占世界同业的比重

指标名称	2005年	2006年	2007年	2008年	2009年	2010年	2011年	2012年	2013年	2014年	2015年	2016年	2017年（E）	CAGR
世界累计装机量	5.2	6.8	9.2	14.7	21.9	39.4	69.6	101.6	140.0	183.0	236.0	309.0	384.0	39.23%
中国累计装机量	0.05	0.08	0.10	0.15	0.30	0.61	3.5	8.0	19.4	30.0	45	60.1	133.1	83.43%
同比	0.1%	1.2%	1.1%	1.0%	1.4%	2.1%	5.1%	7.9%	13.9%	16.4%	19.1%	19.4%	34.7%	—

2016 年中国太阳能光伏业硅片产量为 63GW，同比增长 31.1%，占世界太阳能光伏业

硅片市场 69GW 的 91.3%，比 2015 年占世界市场的比例提升了 11.7 个百分点。

2016 年中国太阳能光伏电池片产量为 49GW，同比增长 19.5%，占世界太阳能光伏业电池片市场的 71%，比 2015 年占比提升了 5 个百分点。

2016 年中国太阳能光伏组件产量为 53GW，同比增长 15.70%，占世界太阳能光伏组件市场的 73.6%，比 2015 年占比提升了 1.5 个百分点。2017 年预计产量为 61GW，同比增长 15.00%（见图 7.2.5）。

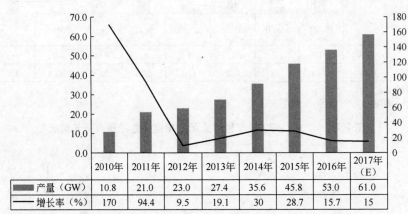

	2010年	2011年	2012年	2013年	2014年	2015年	2016年	2017年（E）
产量（GW）	10.8	21.0	23.0	27.4	35.6	45.8	53.0	61.0
增长率（%）	170	94.4	9.5	19.1	30	28.7	15.7	15

CAGR=24.16%（2010—2017年）

图 7.2.5　2010—2017 年中国太阳能电池组件产量及增长情况

2016 年中国太阳能光伏产品使用多晶硅为基材的占 70%，使用单晶硅为基材的占 25%，使用薄膜为基材的占 5%。

2016 年中国高效电池产品产量规模及增长情况见表 7.2.3。

表7.2.3　2016年中国高效电池产品产量规模及增长情况

年度	2013 年	2014 年	2015 年	2016 年	2017 年（E）
总产量（GW）	11.0	10.6	15.1	34.5	40.0
高效电池产量（GW）	1.8	2.7	7.3	12.4	22.3
同比（%）	—	50.0	170.0	70.0	80.0
占比（%）	16.4	25.5	48.3	35.9	55.6

2016 年中国太阳能光伏电池产品成本见表 7.2.4。

表7.2.4　2016年中国太阳能光伏电池产品成本

序号	项　目	成本
1	多晶硅成本	70 元/kg 以下
2	硅片加工成本	1.4 元/片 以下
3	电池片加工成本	0.5 元/W 以下

续表

序号	项　目	成本
4	组件加工成本	2.45 元/W
5	逆变器成本	0.3 元/W
6	非硅成本	0.27 元/W
7	混合成本（含双反税）	0.40 元/W
8	硅材料成本	70 元/kg
9	生产能耗	80 千瓦/kg

三、2016年中国太阳能光伏产品出口情况

2016年中国太阳能光伏产品出口情况见表7.2.5，出口主要国家见表7.2.6。

表7.2.5　2016年中国太阳能光伏产品出口情况

序号	项目名称	出口额（亿美元）	同比（%）	占比（%）	出口量
1	硅片	26.9	28.3	19.2	34.5 亿片
2	电池片	8.1	11.5	5.8	2.9GW
3	组件	105.0	−18.0	75.0	21.3GW
	合计	140.0	−10.4	100.0	—

表7.2.6　2016年中国太阳能光伏产品出口主要国家

序号	国家名称	同比（%）	出口占比（%）	序号	国家/地区名称	出口占比（%）
1	日本	−28.4	19.2	6	中国台湾地区	7.8
2	美国	−24.8	9.8	7	韩国	5.3
3	印度	79.9	17.9	8	荷兰	4.4
4	马来西亚	132.3	4.6	9	泰国	2.9
5	巴西	832.1	2.4	10	澳大利亚	2.5

四、2016年江苏省太阳能光伏主要企业情况

江苏省历年来是我国太阳能光伏产业的强省，产量占全国近一半。主要企业在江苏，其中，协鑫集团居全国第一位，世界第一位；常州天合居全国第二位，世界第二位；阿特斯居全国第四位，世界第五位；江苏爱康居全国第五位，世界第六位；扬州晶澳居全国第六位，世界第九位。

2016年太阳能光伏企业二十强（综合类）见表7.2.7；组件企业二十强见表7.2.8；逆变器主要企业二十强见表7.2.9；支架企业二十强见表7.2.10。

表7.2.7　2016年中国太阳能光伏企业二十强（综合类）

序号	公 司 名 称	营业收入（万元）
1	协鑫（集团）控股有限公司	3685958.00
2	常州天合光能有限公司	2179970.00
3	晶科能源控股有限公司	2140000.00
4	阿特斯阳光电力有限公司	1901263.50
5	江苏爱康实业集团有限公司	1900000.00
6	晶澳太阳能控股有限公司	1570000.00
7	隆基绿能科技股份有限公司	1150000.00
8	中电科电子装备集团有限公司	852000.00
9	中利腾晖光伏科技有限公司	840000.00
10	浙江正泰新能源开发有限公司	776312.08
11	东方日升新能源股份有限公司	702042.15
12	信息产业电子第十一设计研究院科技工程股份有限公司	641289.16
13	浙江昱辉阳光能源有限公司	620278.88
14	海润光伏科技股份有限公司	620000.00
15	阳光电源股份有限公司	603616.12
16	中盛光电能源股份有限公司	566000.00
17	无锡尚德太阳能电力有限公司	449229.99
18	中节能太阳能股份有限公司	433300.00
19	山东力诺太阳能电力工程有限公司	408497.00
20	青岛昌盛日电太阳能科技股份有限公司	305607.33

表7.2.8　2016年太阳能光伏组件企业二十强

序号	公 司 名 称	出货量（兆瓦）
1	晶科能源控股有限公司	6656.00
2	常州天合光能有限公司	6352.00
3	阿特斯阳光电力集团	5232.00
4	晶澳太阳能控股有限公司	5166.20
5	协鑫集成科技股份有限公司	4600.00
6	东方日升新能源股份有限公司	2664.76
7	乐叶光伏科技有限公司	2340.80
8	海润光伏科技股份有限公司	2300.00
9	无锡尚德太阳能电力有限公司	2138.78

续表

序号	公 司 名 称	出货量（兆瓦）
10	英利绿色能源控股有限公司	2100.00
11	中利腾晖光伏科技有限公司	2050.00
12	浙江正泰新能源开发有限公司	1642.00
13	常州亿晶光电科技有限公司	1500.00
14	中盛阳光新能源科技有限公司	1160.00
15	浙江昱辉阳光能源有限公司	1155.00
16	上海航天汽车机电股份有限公司	894.00
17	中节能太阳能科技（镇江）有限公司	888.81
18	正信光电科技股份有限公司	800.00
19	江苏爱康实业集团有限公司	600.00
20	晋能清洁能源科技有限公司	587.00

表7.2.9　2016年中国光伏逆变器企业二十强

序号	公 司 名 称	出货量（兆瓦）
1	华为技术有限公司	18130
2	阳光电源股份有限公司	10000
3	上海电气股份有限公司	2700
4	特变电工西安电气科技有限公司	2000
5	深圳科士达科技股份有限公司	1681.74
6	深圳古瑞瓦特新能源股份有限公司	1612
7	厦门科华恒盛股份有限公司	1420
8	江苏固德威电源科技股份有限公司	775
9	易事特电源股份有限公司	572.8
10	宁波锦浪新能源科技股份有限公司	563
11	上海兆能电力电子技术有限公司	475.4
12	深圳市首航新能源有限公司	452
13	广州三晶电气股份有限公司	450
14	上海正泰电源系统有限公司	413
15	江苏宝丰新能源科技有限公司	332
16	无锡山亿新能源科技有限公司	327
17	湖北追日电气股份有限公司	268
18	杭州禾迈电力电子技术有限公司	255
19	深圳茂硕电气有限公司	192
20	艾伏新能源科技（上海）股份有限公司	180

表7.2.10　2016年中国光伏支架企业二十强

序号	公 司 名 称	出货量（兆瓦）
1	江苏国强镀锌实业有限公司	2908
2	江苏爱康实业集团有限公司	2600
3	江苏中信博新能源科技股份有限公司	2561.33
4	深圳市安泰科建筑技术有限公司	2137.10
5	天津仁汇新能源科技有限公司	1907.50
6	江苏威尔五金有限公司	987.20
7	河南天丰集团	963.20
8	江阴永嘉新能源科技有限公司	913
9	迈贝特（厦门）新能源有限公司	866.98
10	江苏华康电力钢结构有限公司	785.75
11	黄山睿基新能源股份有限公司	732
12	天津恒兴太阳能科技有限公司	717.62
13	清源科技（厦门）股份有限公司	683
14	索沃（厦门）新能源有限公司	680
15	诺斯曼能源科技（北京）股份有限公司	640.76
16	天津市共益钢铁有限公司	620
17	江阴市泰坦光伏材料有限公司	541
18	江苏聚亿智能科技有限公司	530
19	江西晶科光伏材料有限公司	514.77
20	同景新能源科技（上海）有限公司	509

2016年中国太阳能光伏企业盈利能力见表7.2.11。

表7.2.11　2016年中国太阳能光伏企业盈利能力

型别	企业名称	盈利率（%）	型别	企业名称	盈利率（%）
多晶硅	大全	30.0	逆变器	阳光电源	26.0
	新特	30.0		福斯特	32.0
硅片	隆基	26.2		中来	31.0
	保利协鑫	30.0		亚麻顿	13.6
组件	常州天合	17.6		爱康	20.0
	阿特斯	18.0	上市公司	31家上市公司有9家利润增幅超过100%	
	晶科	20.0	并购	● 易成新能重组赛维LDK	
	晶澳	16.0		● 隆基股份收购美国太阳能爱迪生公司的马来西亚工厂等	

五、2016 年太阳能光伏产业投资和技术进步情况

2016 年中国太阳能光伏先进工艺技术产业化进程加快，先进晶体硅电池技术研发多次打破世界纪录，黑硅制绒、背面钝化（PERC）、N 型双面等一批高效晶硅电池工艺技术产业化加速，已建成产能超过 10GW，单晶和多晶电池平均转换效率达到 20.5%和 19.1%；多晶硅生产工艺得到进一步优化。

国家大基金投资上海新昇材料公司已拉制出 12 英寸硅单晶棒。国家 IC 大基金投资于江苏鑫华半导体科技开发生产电子级多晶硅产业（年产 2200 吨），以及青海黄河水电开发公司新能源分公司开发生产电子级单晶硅。

江苏宜兴东方环晟投资 50 亿元发展太阳能电池组件，宁夏宁和投资 30 亿元生产单晶硅片，昆明冶研所新材料公司、洛阳中硅等发展电子级单晶硅。

以上公司投资达产后，我国电子级单晶硅总产能可达万吨规模，从根本上改变了我国电子级单晶硅"一穷二白"的面貌。